명저로 읽는 텔레비전의 과거, 현재, 미래

책, 텔레비전을 말하다

2014
세종도서 학술부문

명저로 읽는 텔레비전의 과거, 현재, 미래

책, 텔레비전을 말하다

한국방송학회 엮음
임영호, 정재철 외 지음

culture look

책, 텔레비전을 말하다
명저로 읽는 텔레비전의 과거, 현재, 미래

엮은이 한국방송학회
지은이 임영호 정재철 외
펴낸이 이리라

편집 이여진 한나래
편집+디자인 에디토리얼 렌즈
로고 디자인 이지영

2013년 11월 20일 1판 1쇄 펴냄
2014년 7월 30일 1판 2쇄 펴냄

펴낸곳 컬처룩
등록 제2011–000149(2010. 2. 26)
주소 121–898 서울시 마포구 동교로27길 12(동교동 198–8) 씨티빌딩 302호
전화 070.7019.2468 | 팩스 070.8257.7019 | culturelook@naver.com
www.culturelook.net

Published by Culturelook Publishing Co.
Printed in Seoul

ISBN 978–89–968858–8–7 93330

* 이 도서의 국립중앙도서관 출판시도서목록(CIP)은 e-CIP홈페이지(http://www.nl.go.kr/ecip)와 국가자료공동목록시스템(http://www.nl.go.kr/kolisnet)에서 이용하실 수 있습니다. (CIP제어번호: CIP2013022328)

* 2014 세종도서(구 문화체육관광부 우수도서) 학술 부문 선정 도서

차례

일러두기

· 한글 전용을 원칙으로 하되, 필요한 경우 원어나 한자를 병기하였다.
· 한글 맞춤법은 '한글 맞춤법' 및 '표준어 규정'(1988), '표준어 모음'(1990)을 적용하였다.
· 외국의 인명, 지명 등은 국립국어원의 외래어 표기법을 따랐으며, 관례로 굳어진 경우는 예외를 두었다.
· 사용된 기호는 다음과 같다.
  논문, 방송 프로그램, 신문 및 잡지 등 정기 간행물, 영화, 그림: 〈 〉
  책(단행본): 《 》

텔레비전 문화의 비판적 이해를 위하여

"텔레비전은 인간의 마음에 영향을 미치는 엄청난 힘, 전에는 결코 존재한 적이 없는 힘을 지니고 있습니다. 만일 우리가 그 영향력을 제한하지 않는다면, 그것은 계속해서 우리를 문명으로부터 멀어져가는 경사면으로 인도할 것이며, 선생님들을 그 사태에 대해서 어떠한 조치도 취할 수 없는 무능한 존재로 만들 것입니다. 4, 5년 전부터 나는 이러한 경고를 큰소리로 외치기 시작했습니다. 하지만 아무런 효과도 없었습니다. 텔레비전의 무시무시한 힘을 멈추게 하고 싶은 사람이 아무도 없다는 것을 나는 압니다."

— 칼 포퍼, 《우리는 20세기에서 무엇을 배울 수 있는가?》

(이상헌 옮김, 생각의 나무, 2000. p.169).

위의 인용문은 20세기의 위대한 철학자 가운데 한 명으로 꼽히는 칼 포퍼Karl Popper가 말년에 가진 인터뷰에서 따온 것입니다. 그 인터뷰에는 "텔레비전은 인류를 타락시킨다, 전쟁처럼"(!)이라는 제목이 붙어 있습니다. 포퍼는 텔레비전이 인류의 도덕적 타락과 '반反문명화' 과정을 재촉하고 있으며, 특히 폭력성을 강화한다고 보았습니다. 따라서 그는 텔레비전으로부터 어린이들을 보호하기 위한 자율적·타율적 규제가 필요하다고 주장합니다. 사실 이러한 포퍼의 논지는 전혀 새로운 것이 아닙니다. 영화와 텔레비전의 탄생 이래 수많은 사람들이 비슷한 걱정과 우려를 내놓은 바 있습니다. 우리는 텔레비전에 대한 노학자의 시각이 지나치게 고리타분하며 도덕주의적 비관론에 물들어 있다고 일축해 버릴 수도 있을 것입니다. 하지만 그것만으로는 충분치 않아 보입니다. 우리는 반대로 이렇게 자문해야 하지 않을까요? 과연 포퍼의 말을 자신 있게 반박할 수 있을 만큼 우리가 텔레비전의 '무시무시한 힘'에 관해 정확하고 풍부한 지식을 축적하고 있는지 말입니다. 포퍼가 자동차 못지않은 '개인 서비스의 혁명'으로 간주했던 텔레비전에 관해 우리는 과연 무엇을 얼마나 알고 있을까요?

이 책은 '책들에 관한 책'입니다. 구체적으로 이 책에는 텔레비전의 복잡한 제작과 수용 과정을 비롯해, 사회 정치적 의미, 산업적 논리, 그리고 문화적 효과를 성찰한 스무 권의 '명저'에 대한 해제가 담겨 있습니다. 여기에서 다룬 책들이 명저로 여겨지는 이유는 그것들이 텔레비전에 대한 독창적인 시각과 질문을 제시하면서, 나온 지 대개는 수십 년이 지난 지금까지도 방송 연구에 심층적인 영향력을 발휘하고 있기 때문입니다. 우리 방송학계의 대표적인 중견·신진 학자 스무 명이 각각 자신의 연구 분야에 큰 족적을 남긴 명저를 선정하고 해설하는 역할을 자청해 주셨습니다. 물론 이 명저 목록에는 텔레비전 관련 주제를 직접적으로 분석하고 논의하는 연구서들만 올라와 있지는 않습니다. 거기엔 좀더 넓은 범위에서 미디어의 철학적·정치적 의미를 탐구하는 책들이라든지, 영상 문화의 특성을 포괄적으로 탐색하는 책들 또한 들어 있습니다. 어찌 보면 이는 당연한 일일 것입니다. 텔레비전의 문제는 그것만을 고립시켜 접근하면서 잘 볼 수 있는 측면들 못지않게, 다른 미디어와의 다층적인 관계나 광범위한 사회·역사적 맥락과 연결시켜 조망함으로써만 제대로 이해할 수 있는 측면들 역시 많기 때문입니다.

이 책은 제25대 한국방송학회의 출판 기획 사업의 일환으로 만들어졌습니다. 애초에 출판기획위원회에서는 방송학의 '고전들*classics*'을 선정하고 해제하는 내용의 책을 구상했습니다. 철학, 역사학, 정치학, 경제학, 사회학에 나름의 고전이 있듯이, 방송학에도 우리가 아직 그 목록을 체계적으로 정리해 보지 않은 나름의 고전들이 있을 것이라는 판단에서였습니다. 프랑스에서 20년 전에 나온 《언론정보학 핵심 논선 *Sciences de l'information et de la communication-Textes essentiels*》(D. Bougnoux ed., Paris: Larousse, 1993)이라든지, 영미권에서 10년 전 나온 《미디어 연구의 정전들*Canonic Texts in Media Research*》(E. Katz et al. eds., London: Polity, 2003)은 커뮤니케이션학 분야의 고전적 텍스트들에 대한 해제서로서 선구적인 기획 사례를 제공하고 있습니다. 하지만 그 책의 편집자들도 머리말에서 토로하듯이, 어떤 학문의 고전적 텍스트들을 체계화하는 일은 대단히 까다로운 작업일 수밖에 없습니다. 그 선정의 주체, 방법, 절차, 의의, 정치적 효과 등 진행의 매 단계에서 다양한 실질적 문제들이 쏟아지기 때문입니다. 방송학과 같이 역사는 오래지 않은 반면 분화와 전문화는 극심한 연구 영역의 경우, 그 어려움은 훨씬 더할 것입니다.

이러한 사정을 고려해 출판기획위원회는 원래의 야심찬 계획을 현실에 맞추어 조정하지 않을 수 없었습니다. 그리하여 기획의 초점은 우리 방송 연구자들이 열심히 읽어 왔고 또 일반 시민과 학생들에게 권해 주고 싶어 하는 텍스트 가운데 특히 '텔레비전 시대'의 이해에 도움을 줄 만한 책들의 소개와 해설에 맞춰졌습니다. 출판기획위원회는 현재 800여 명에 이르는 방송학회 회원들에게 출간 계획을 공지하고, 명저 선정과 집필 신청을 받았습니다. 텔레비전의 과거·현재·미래를 조망할 수 있게 해주는 스무 권의 명저, 그리고 그 명저의 전문 해설자들이 그렇게 뽑혔습니다. 텔레비전의 미로 속으로 여러분을 인도할 스무 개의 문이 그렇게 열렸습니다.

포퍼의 말이 아니더라도, 텔레비전이 지난 세기의 세계를 변화시킨 희대의 '기술'이자 '장치*dispositif*'의 하나라는 사실을 부인할 사람은 아무도 없을 것입니다. 더욱이 그것이 앞으로 어떻게 진화해 나가면서 우리 문명에 어떤 새로운 지각 변동을 가져올지 예측하기도 쉽지 않습니다. 앞서 인용한 포퍼의 인터뷰는 1991년에 이루어진 것입니다. 1902년생인 이 철학자는 1994년에 타계했습니다. 한데 그가 세상을 떠난 후 지난 20년의 기간만 따져 보더라도, 텔레비전은 눈부신 변신을 거듭했습니다. 우리 사회에 채 열 개도 안 되었던 방송 채널수는 케이블과 위성방송, IPTV 등의 도입에 힘입어 수백 개에 이르렀습니다. 작고 둔중한 브라운관은 넓은 고해상도의 평면 패널 디스플레이로 변신했고, 텔레비전은 거실의 벽에 액자처럼 걸리고 있습니다. 방송과 통신의 경계는 아예 모호해졌으며, 콘텐츠 소비 경로와 소비 방식도 다변화했습니다. 이제 많은 사람들이 DMB, 웹하드, 각종 스트리밍 서비스 등을 통해 프로그램을 다운로드받아 보고, PC, IPTV, 스마트폰 등 다양한 기기를 하나의 공유 스크린처럼 활용하거나, 온라인 콘텐츠를 텔레비전 화면으로 시청합니다. 정해진 방송 시간이나 장소에 구애받지 않고, 패블릿, 내비게이션, 스마트폰 등을 통해 아무 때나 심지어 이동하면서 텔레비전을 보는 시청자들도 엄청나게 많아졌습니다. 텔레비전의 편재성과 이동성, 개인화와 파편화 현상을 가리키는 '포스트*post*텔레비전'이라는 용어까지 나왔습니다. 스크린, 주변 기기, 콘텐츠, 시청 양식이 놀랄 만큼 달라졌을지라도 어쨌든 '텔레비전'은 앞으로도 한참 동안, 어쩌면 예전보다 더욱 강력하게 우리의 일상을 지배할 가능성이 높습니다.

이러한 텔레비전에 관해 우리는 과연 얼마나 총체적이고 통합적인 지식을 가지고 있을까요? 또 방송학자들은 포퍼처럼 텔레비전 문명의 미래를 걱정하는 지식인과 일반 시민들, 텔레비전에 이론적·실천적 관심을 갖고 있는 후속 세대들에게 어떤 지혜를 전해 줄 수 있을까요? '책들에 관한 책'인 이 책은 그러한 '자문'에 대한, 부분적이지만 집단적인 '자답'입니다. 세부적이고 전문적인 주제를 깊이 있게 파고드는 데 익숙한 방송학자들이 거시적이고 장기적인 차원에서 텔레비전 문제에 관해 고민하고 성찰한 명저들을 고르고, 그 책들에서 그려놓은 텔레비전의 풍경을 친절하게 펼쳐 보이고 있습니다.

다만 한 가지 못내 아쉬운 점은 이 명저들이 모두 외국 학자들의 책이라는 것입니다. 이는 의도하지 않았지만, 우리 방송학의 학문적 편향성을 일러주는 지표일지도 모릅니다. 국내에서 신문방송학이 본격적으로 제도화된 지도 벌써 반세기가 지났고, 방송학자와 관련 분야 전문가들이 한 해 수백 편의 논문과 글들을 발표하고 있습니다. 그럼에도 동료들이 명저로 꼽는 국내 저자의 책이 없다는 사실은 우리 연구자들이 텔레비전 현상을 종합적으로 인식할 수 있게 해주는 탁월한 저서는 제대로 내놓은 바 없다는 의미일 수 있습니다. 아니면 국내의 독자적인 연구 전통을 정립하지 못한 채, 학문적 참조 체계의 근본에 있어서는 여전히 외국 지향적인 태도를 유지하고 있다는 의미일 수도 있습니다. 그 어느 쪽이든 부끄러운 노릇이 아닐 수 없습니다. 어쨌거나 그것이 현실이라면, 이를 있는 그대로 인식하고 새로운 변화 모색의 출발점으로 삼아야 할 것입니다. 또한 이와 같은 의미에서 이 책은 방송학계에는 반성의 거울이자 정진을 위한 채찍으로 받아들여져야 할 것입니다.

이 책에 실린 글들은 각각 한 권의 텔레비전 관련 명저를 다루고 있습니다. 그런 만큼 어떤 글부터 읽기 시작하더라도 별 상관은 없습니다. 하지만 독자들의 편의를 위해 스무 편의 텍스트를 크게 여섯 개의 주제 아래 분류하였습니다. 해제 대상 도서들이 반드시 어느 한 범주에만 속하지 않는 경우가 많아서, 이러한 분류가 확고한 것이라고 말하긴 어렵습니다. 다만 텔레비전에 대한 명저의 접근 방식이라든지 주제 영역과 관련해, 독자들이 전체적인 감을 잡는 데에는 나름대로 쓸모 있지 않을까 기대합니다.

먼저 1부 "텔레비전 미디어의 철학"에서는 허버트 마셜 매클루언의 《미디어의 이해: 인간의 확장》, 존 더럼 피터스의 《흩뿌려진 목소리들: 커뮤니케이션 개념의 한 역사》, 레이먼드 윌리엄스의 《텔레비전, 기술과 문화적 양식》이 다루어집니다. 이 책들은 미디어 일반의 속성, 그리고 미디어로서 텔레비전이 갖는 고유성에 대한 철학적 성찰을 제시하면서도, 역사적 비교 분석 위에 그러한 성찰을 구축하고 있다는 점에서 특징적입니다. 2부 "텔레비전과 영상 문화"에서 논의되는 책은 존 버거의 《다른 방식으로 보기》, 롤랑 바르트의 《이미지-음악-텍스트》, 더글러스 켈너의 《미디어 문화》, 존 피스크의 《텔레비전 문화》입니다. 앞의 두 책이 텔레비전이 만개시킨 영상 문화 전반을 이해하는 데 핵심적인 관점과 개념들을 제안하고 있다면, 뒤의 두 책은 미디어와 텔레비전에 좀더 집중해 그것들이 생산하는 문화 산물과 텍스트의 복잡한 효과를 해부하고 있습니다. 3부는 "텔레비전·일상생활·수용자"입니다. 여기에서는 패디 스카넬의 《라디오, 텔레비전과 근대 생활》, 조수아 마이로위츠의 《장소감의 상실: 전자 매체가 사회적 행동에 미친 영향》, 스튜어트 홀의 《스튜어트 홀의 문화 이론》, 이엔 앙의 《달라스 보기: 솝 오페라와 멜로드라마적 상상력》이 논의됩니다. 이 책들은 텔레비전이 사람들의 일상생활과 행위 맥락을 구조화하는 데 어떤 영향을 미쳤는지, 그리고 사람들은 또 그러한 환경에 어떻게 능동적으로 대응하면서 삶을 영위하고 문화를 형성해 나가는지 탐구하고 있습니다.

4부인 "텔레비전 저널리즘"에서는 피에르 부르디외의 《텔레비전에 대하여》, 게이 터크만의 《메이킹 뉴스》, 닐 포스트먼과 스티브 파워즈의 《TV 뉴스 어떻게 볼 것인가》가 다루어집니다. 앞의 두 책은 텔레비전 저널리즘이 갖는 특성들을 제대로 이해하려면, 그 생산 과정의 내적·조직적 논리를 분석해야 한다고 역설합니다. 그러면서도 이 책들은 모두 텔레비전 뉴스가 기존 지배 체제 옹호적인 경향을 띤다는 점을 비판하는데, 뒤의 책은 이러한 비판을 전면화해 텔레비전 뉴스의 다양한 문제점들을 제기하고 비판적 수용 태도를 촉구합니다. 5부 "텔레비전·정치·공론장"에서는 위르겐 하버마스의 《공론장의 구조 변동》과 캐슬린 홀 제이미슨의 《전자 시대의 웅변술: 정치 연설의 변동》이 논의됩니다. 앞의 책이 숙의 민주주의의 토대로서 공론장의 중요성을 제기하면서, 텔레비전의 정치적 영향력을 부정적으로 전망했다면, 뒤의 책은 텔레비전 시대가 본격화하면서 일어난 정치적 소통 양식의 변화를 세밀하게 추적합니다. 마지막 6부는 "텔레비전 산업과 정책"입니다. 여기에서는 이시엘 디 솔라 풀의 《자유 언론의 테크놀로지》, 브루스 오웬 등의 공저인 《텔레비전 경제학》, 영국 애넌위원회의 〈애넌위원회 보고서〉, 그레이엄 머독의 《디지털 시대와 미디어 공공성: 미디어, 문화, 경제》가 다루어집니다. 이 책들은 텔레비전의 경제적·산업적 속성을 고려하면서 '표현의 자유'와 '미디어 공공성'을 극대화할 수 있는 실천적인 방안을 모색하고 있다는 공통점을 가집니다.

이 책에서 다루어진 명저들 가운데 반 이상은 우리말 번역본이 있지만, 나머지 책들은 그렇지 못합니다. 주로 학생들과 일반 독자들을 겨냥한 책을 소개하면서 우리말 번역본이 없는 책들을 명단에 올리는 일이 과연 바람직한 것인지 출판기획위원회가 고심한 것도 사실입니다. 하지만 그러한 기획을 그대로 밀고 나간 데에는 크게 두 가지 판단이 작용했습니다. 우선 원서를 읽을 줄 아는 독자들, 특히 학부 고학년생이나 대학원생들이라면, 해제문을 통해 새로운 책에 다가가도록 좋은 지적 자극을 받을 수 있다는 것입니다. 또한 원서의 해제문이, 설령 원서를 읽지 못하는 독자들에게라도, 이미 그 자체만으로 충분히 유익한 내용을 전달할 수 있다는 것입니다. 물론 그렇다고 해서 그것들이 단순히 명저의 '정통 요약본'이라든지 '원서 다이제스트'로 오해받거나 오용되는 일은 없어야 할 것입니다. 이 책에 실린 글들은 각 명저의 전체 내용을 균형 있고 충실하게 요약·정리한 것이 아니라, 텔레비전론의 관점에서 의미 있는 논지를 취사선택한 것이기 때문입니다.

출판기획위원회는 필자들에게 전문적이고 학술적인 해제보다는 평이하고 일반적인 소개 내지 해설을 부탁드렸습니다. 그리하여 모든 글은 형식상 각주와 참고 문헌을 최대한 배제한 상태에서, 저자에 대한 전기적 정보, 해당 저작의 주요 아이디어와 주장에 대한 발제, 그리고 그 학문적 영향력과 현재적 의미에 대한 논평을 담게 되었습니다. 또한 대상 도서가 텔레비전에만 한정해 논의하고 있지 않다 하더라도, 해제에서는 그것의 텔레비전 관련 내용에 중점을 두었습니다. 나아가 특정한 주제나 저작에 이끌린 독자들이 관심의 지평을 더 넓혀갈 수 있도록 필자들이 글의 말미에 해당 명저와 함께 읽으면 좋을 만한 책을 세 편 안팎으로 추천하였습니다.

출판기획위원회의 한 가지 바람을 보탠다면, 이 책을 계기로 방송 학계 내부에서 연구 논문 쓰기뿐만 아니라, 단행본 저술, 그리고 서평 쓰기에 대한 관심이 더욱 많아졌으면 합니다. 학계와 대학 안에서 연구 논문 쓰기의 부담이 지나치게 커져가면서, 넓은 시야와 긴 호흡을 갖춘 저작이 나올 수 있는 여지는 점점 축소되고 있습니다. 또 방송 관련 학술지들이 대부분 '서평 원고 모집'을 표방하고는 있지만, 실제 그런 원고가 투고되거나 게재되는 경우는 거의 찾아보기 어렵습니다. 연구 공동체에서 책이 '만들어지기' 어렵고 설령 '만들어지더라도' 제대로 된 평가와 논쟁의 대상이 되기 힘든 상황은 결코 바람직하지 않습니다. 그것은 단지 분과 학문의 장기적인 발전을 위해서뿐만 아니라, 전문 지식의 사회 환원과 기여를 위해서도 마땅히 타개되어야 할 현실이 아닐 수 없습니다. 미약하나마 이 책이 그러한 현실을 개선하는 데 촉매제 역할을 할 수 있길 기대합니다. 부차적으로는 이제껏 잘 알려져 있지 않았던 방송학 명저들이 이 책을 매개로 우리말로 옮겨질 수 있는 기회를 갖게 되길 바랍니다.

방송학계의 집단적 협업의 결과물인 이 책이 모쪼록 텔레비전에 관한 시민 사회의 지식을 증진시키고 합리적 공공 토론을 자극하며 궁극적으로 텔레비전 문화의 비판적 이해에 기여할 수 있길 간절히 희망합니다.

제25대 한국방송학회 출판기획위원회

이상길(연세대), 강명현(한림대), 권장원(대구가톨릭대),

김상호(경북대), 김수정(충남대), 박지훈(고려대), 정용국(동국대)

part 1
텔레비전 미디어의 철학

허버트 마셜 매클루언의 《미디어의 이해: 인간의 확장》, 존 더럼 피터스의 《흩뿌려진 목소리들: 커뮤니케이션 개념의 한 역사》, 레이먼드 윌리엄스의 《텔레비전, 기술과 문화적 양식》은 역사적 비교 분석 위에서 미디어 일반의 속성, 그리고 미디어로서 텔레비전이 갖는 고유성에 대한 철학적 성찰을 제시하고 있다.

미디어가 메시지인가

허버트 마셜 매클루언

《미디어의 이해: 인간의 확장》

김상호

1

미디어의 이해: 인간의 확장
Understanding Media:
The Extensions of Man

허버트 마셜 매클루언
Herbert Marshall McLuhan

1964 | 김상호 옮김 | 커뮤니케이션북스 | 2011

미디어를 연구하는 사람들은 물론 현대 미디어 상황에 대한 이해를 원하는 이들이라면 반드시 읽어야 하는 미디어에 관한 고전. 《미디어의 이해》는 바로 전에 출판된 《구텐베르크의 은하계》와 함께 매클루언의 가장 대표적인 책이다. 이 책은 우리가 흔히 알고 있는 미디어의 범위를 영화, 라디오, 텔레비전, 신문 등과 같은 매스 미디어에서 인류가 만들어 낸 인공물 전체로 확대시켰다. 이로써 미디어라는 것에 대해 생각해 볼 수 있는 전혀 다른 새로운 길을 만들어 냈다. 또한 미디어의 내용에 집중해 왔던 미디어 연구 전통에서 어느 정도 벗어나 미디어의 고유한 힘과 영향에 대해 고민해 볼 수 있는 길을 열었다. 이 책에서 매클루언은 미디어를 내용을 전달하는 단순한 그릇이나 도구로 보지 않는다. 미디어는 우리가 세상을 경험하고, 다른 사람들과 상호작용을 하며, 우리 몸의 감각들 — 미디어가 확장한 바로 그 감각들 — 을 사용하는 데 변화를 일으키는 중요한 주체라고 보기 때문이다.

◆◆◆ 김상호는 고려대학교 신문방송학과를 졸업하고 같은 학교 대학원에서 석사, 미국 오클라호마대학교에서 언론학 박사 학위를 받았다. 현재 경북대학교 신문방송학과 교수이다. 책으로는 《미디어의 이해: 인간의 확장》(역), 《매체, 역사, 근대성》(공저), 《TV 코뮨: 달리-서로-너머-》(공저) 등이 있다.

:: 매클루언, 그의 시대와 삶

《미디어의 이해》가 탄생한 1960년대의 시대적 분위기는 매클루언의 주장이 사회적으로 호응을 받기에 매우 우호적이었다. 당시 서구는 매우 역동적인 상황들이 펼쳐지고 있었는데, 과거에 확실했던 것들이 부서지고 새로운 세상이 만들어지는 것에서 오는, 마치 미지의 세계로 탐험을 떠나는 이들이 느끼는 모종의 묘한 분위기가 있었다. 베트남 전쟁이 이러한 분위기를 다소 가시게 했지만, 다른 한편으로는 기존의 사회 관습이나 합의의 붕괴를 촉진하기도 하였다. 성 혁명, 히피 문화, 대학가의 폭동, 만연한 마리화나와 LSD와 같은 향정신성 약물의 복용 등 모든 것은 과거와 묵시록적인 단절을 시도하는 것과 같은 징후를 보여 주었다. 1960년대 내내 매클루언은 이러한 현상의 원인과 의미를 설명하였다. 이 시기에 발간된 매클루언의 대부분의 저작들은 이런 과정 에서 탄생한 것이지만, 어떤 의미에서 《미디어의 이해》는 바로 그 모든 설명들이 집약되어 있는 책이다. 매클루언의 삶의 궤적을 따라 이 책에서 제시되는 사상이 출현한 배경을 살펴보자.

허버트 마셜 매클루언은 1911년 7월 21일, 캐나다의 앨버타 주 애드먼튼에서 태어났다. 매클루언은 1928년 만니토바대학에 입학하여 영문학과 철학을 전공한다. 그러나 매클루언은 이 학교에서 자신을 가르치는 선생들을 신뢰하지 못했으며 그들의 교육이 부적절하다고 생각했다. 이 시기에 그의 지적인 경험 중 가장 중요한 영향을 미친 것은 영국 작가인 길버트 케이스 체스터튼Gilbert Keith Chesterton을 알게 된 것이다. 체스터튼의 지적인 힘과 삶의 패러독스에 대한 사랑 그리고 매혹적인 언어의 구사는 매클루언에게 많은 영향을 주었고, 특히 근대성*modernity*에 대한 비판과 거부는 그에게 이후 심오한 영향을 미치게 된다. 매클루언은 종종 청년기에는 근대를 혐오했다고 말하곤 했는데, 그 근거들을 체스터튼이나 19세기 급진 토리당적 입장에 서있던 토머스 칼라일Thomas Carlyle과 존 러스킨John Ruskin 등에서 찾곤 했다. 매클루언은 비록 끝까지 근대에 대한 혐오를 버리지 않았지만, 궁극적으로 근대에 대항할 수 있는 유일한 수단은 바로 그 근대를 이해하는 것이라는 점을 깨닫게 된다. 그 과정에서 그는 특히 근대의 커뮤니케이션 미디어에 주목하게 된다.

1934년, 매클루언은 만니토바대학에서 영문학 석사 학위를 받고 영문학을 공부하기 위해 케임브리지대학으로 가게 된다. 이 선택은 그에게 가장 행운이 따르는 행보였다. 그는 케임브리지대학에서 I. A. 리처즈I. A. Richards와 F. R. 리비스F. R. Leavis와 같은 신비평*New Criticism*으로 알려진 새로운 비평의 선구자들을 만나게 된다. 리처즈와 같은 신비평 조류의 비평가들은 시詩의 표현법이나 작법보다는 주로 시가 어떻게 의미를 전달하는가에 주목했다. 리처즈는 대부분의 단어는 여러 개의 다른 의미들을 지니며, 시어 속에 사용된 한 단어의 의미는 그 단어가 쓰이는 맥락에 따라 달라진다는 것을 강조했다. 그래서 어떤 시어가 어떤 의미를 지니는지는 그것이 사용되는 맥락에 많은 주의를 기울여야 하며, 다양한 의미들 중 가장 적절한 의미가 무엇인지를 세심하게 선택해야 한다고 주장했다. 이러한 점은 매클루언이 《미디어의 이해》를 집필할 때 그 바탕에 깔려 있는 생각이 된다.

매클루언은 1936년에 케임브리지대학에서 박사 과정을 마친 후 미국의 위스콘신대학에서 강의를 맡게 된다. 한편 그는 박사 학위 논문을 계속 진행하는데, 그 주제는 논리학, 문법, 수사학으로 구성된 중세의 세 교과목에 관한 연구였다. 1943년에 이 논문을 완성하게 되며, 이 주제는 이후 그의 마지막 저서인《미디어의 법칙》에서 미디어를 다루는 중요한 방법으로 다시 등장한다. 매클루언은 논리학을 학문의 최고 중심에 둔 중세 후기의 스콜라 철학에 반기를 든 에라스무스, 토마스 모어와 같은 르네상스 인문주의자들에게 매료되었는데, 특히 모어와 에라스무스의 독자를 뒤흔드는 절묘한 수사학에 굉장한 흥미를 느꼈다. 이런 이유로 매클루언은 현대의 광고들이 고대의 수사학이 구사하는 기법들과 거의 동일한 기법들을 사용한다는 것을 발견하게 된다. 시인들이 그들이 원하는 어떤 효과를 창조하기 위해 언어를 사용하는 것처럼 광고인들도 어떤 사상이나 개념을 전달하는 것이 아니라 그들이 원하는 어떤 효과를 만들어 내는 것이 자신들의 일이라는 점을 본능적으로 알고 있다고 매클루언은 생각했다. 비록 매클루언은 광고에서 예술을 타락한 형식으로 사용하는 것을 혐오했지만, 그럼에도 불구하고 우리는 광고에 심각한 주의를 기울여야 한다고 주장했다. 왜냐하면 그런 심각한 주의를 기울일 때에만 광고가 우리에게 행사하고 있는 힘을 잃어버리기 때문이라는 것이다. 매클루언의 광고에 대한 기본적인 생각은 미디어 전반을 바라보는 그의 입장과 동일하다.《미디어의 이해》의 가장 핵심적인 내용이 바로 미디어가 우리에게 가하고 있는 힘을 올바르게 이해하고, 그 이해를 바탕으로 미디어가 우리에게 가할 수 있는 잠재적인 폐해를 극복할 방법을 모색하는 것이기 때문이다.

매클루언이 미디어와 커뮤니케이션을 중심으로 하는 그의 특징적인 사상을 형성하는 데 있어서 마지막으로 지적 자극을 준 것은 토론토대학 정치경제학과 교수로 있던 해롤드 이니스Harold Innis와의 만남이다. 이니스는 저서 《제국과 커뮤니케이션*Empire and Communications*》과 《커뮤니케이션의 편향*The Bias of Communication*》이라는 두 책을 통해서 커뮤니케이션의 수단이 각 제국의 특성을 형성해 왔다는 것을 지적한다. 이니스의 사상은 매클루언으로 하여금 말하기와 쓰기라는 커뮤니케이션 양식을 넘어서, 모든 주요 커뮤니케이션 수단을 이니스적인 바탕에서 고찰하도록 자극을 주었다. 이후 매클루언은 이전에 언어에 대해 적용하던 자신의 탐구 방식을 커뮤니케이션 미디어에 접목하게 된다. 앞서 말한 것처럼, 시의 단어들은 그것이 전달하는 몇몇 단어의 개념 때문에 중요한 것이 아니라 그것들이 독자에게 미친 영향 때문에 중요한데, 이 영향은 다양한 맥락과의 연관성들로 인해서 획득되는 특성이 있기 때문이다. 《미디어의 이해》에서는 이런 기본적인 인식이 지속적으로 적용되고 있다. 예를 들어 인쇄와 같은 하나의 미디어는 인쇄라는 미디어 그 자체에서 보이는 특성들, 즉 어떤 정해진 표준을 따라서 반복적으로 내용이 재생산되는 것과 같은 특성들만을 통해서는 이해될 수가 없고 그 미디어가 인간의 감각과 정신적 구조에 미친 영향을 통해서 그 의미와 내용을 알 수 있다는 것이다.

1950년대가 거의 다 갈 때 즈음, 그의 결론적인 주장에는 여전히 미심쩍어했지만 그의 연구들은 점점 더 많은 독자와 청중으로부터 관심을 얻어갔다. 1959년 미국의 전국교육방송인협회The National Association of Educational Broadcasters는 학교 현장에서 사용할 수 있는 미디어에 관한 강의안을 개발해 줄 것을 매클루언에게 요청한다. 이 연구 보고서가 《미디어의 이해: 인간의 확장》의 핵심적인 내용이 된다. 매클루언은 1958년 전국교육방송인협회의 모임에서 행한 연설 중에, 일반인들에게 가장 널리 알려진 유명한 구절 "미디어가 메시지이다*the medium is the message*"라는 말을 처음 하게 된다. 그의 이 발언 내용 중 가장 중요한 부분은 모든 미디어는 그것이 명시적으로 전달하는 정보의 내용과는 별도로 인간의 정신 구조에 영향을 미친다는 점이었다. 매클루언은 전기적 기술을 이용한 방송이 만든 새로운 세계를 설명하는 용어인 '지구촌*Global Village*'과 함께 '미디어가 메시지이다'라는, 당시로서는 다소 생경하고 충격적인 구호로 결국 유명 인사가 된다. 매클루언의 주장에 대한 폭발적인 양상은 1962년 《구텐베르크의 은하계: 문자적 인간의 탄생*The Gutenberg Galaxy: The Making of Typographic Man*》과 1964년 《미디어의 이해》의 출판 이후에 시작되었다.

:: '인간의 확장으로서의 미디어'가 말하는 것은 무엇인가

《미디어의 이해》에서 제시된 매클루언의 논쟁적인 주장의 핵심 내용은 우리가 미디어를 이해하기 위해서는 그 주된 관심을 미디어의 내용보다는, 우리의 무의식에 특정한 조건과 전제들을 부여하는 미디어의 형식이 지닌 힘에 초점을 맞추어야 한다는 것이다. 그가 제시한 "미디어가 메시지이다"라는 간략한 말이 이러한 주장을 모두 함축한다. 따라서 《미디어의 이해》를 소화하는 핵심은 "미디어가 메시지이다"라는 말을 어떻게 해석하느냐에 달려있다고 해도 과언이 아니다. 이 말에 담긴 주장이 흔히 이해되듯이, 미디어의 내용보다는 형식이 중요하고 그 형식을 부여하는 원천인 미디어가 우리의 인식의 내용을 '결정'한다는 그런 간단한 주장이 아니기 때문이다.

매클루언은 라디오든 텔레비전이든 혹은 지금 핵심적인 미디어로 떠오른 스마트폰이든 그 구체적인 미디어가 무엇이든지 상관없이, 현재 지배적인 미디어 환경이 무엇인지에 대해 이해해야만 하고, 그래야 그것에 대응하는 능력을 가질 수 있다는 점을 분명한 목소리로 말하고 있다. 그가 말하듯이 우리가 현재 벌어지고 있는 일들에 대해 숙고할 준비가 되어 있는 한, 세상에는 불가피하게 맞이해야만 하는 일이라는 것은 없기 때문이다. 매클루언에게 많은 영향을 준 해럴드 이니스가 제시한 핵심적인 주제는 '지식의 독점'이라는 기제를 통해 사회와 미디어가 보여 주는 관계 맺음의 양상에 관한 것이다. 매클루언은 이 양상들 중에서 정치 경제적인 체제보다는 미디어가 우리 인간들의 감각과 맺는 관계를 보다 더 중요하게 생각한다. 그러나 그의 사상은 비단 인간의 감각이라는 문제에만 국한되어 있는 것이 아니라 현재 벌어지고 있는 정치적·사회적인 문제를 조망하고 분석해 볼 수 있는 틀을 제시하고 있기도 하다. "미디어가 메시지이다"라는 말은, 사람들이 사회 정치적 문제를 탐색할 때 흔히 그 벌어지고 있는 현상의 내용에만 주목하고 정작 그러한 현상의 원인을 제공하고 있는 환경으로서의 미디어에는 그다지 주목하지 않는다는 점을 비판한다. 환경으로서의 미디어를 인식하지 못하는 사람들은 대부분 미디어를 단지 내용을 전달하는 수단으로 생각하는 경우가 많은데, 그럴 경우 우리는 그 미디어가 던지는 어려움을 맞설 방법을 찾아낼 수가 없다고 매클루언은 《미디어의 이해》에서 주장하고 있다.

매클루언은 우리의 눈에 보이지 않지만 분명히 존재하는, 커뮤니케이션에 대한 편향된 인식을 지적한다. 우리는 흔히 이성*reason*과 글을 읽을 수 있는 능력*literacy*을 동일한 것으로 혼동하고 있으며, 서구의 (특정한 시기에 형성된) 합리주의와 하나의 기술, 즉 활자라는 기술을 혼동해 왔다는 것이다. 그러나 매클루언이 보기에는 이런 이성이라는 것과 합리주의라는 것은 특정한 기술을 매개로 탄생한 그 시대의 특별한 인식과 지각의 방법이다. 사실 이 말은 얼핏 매클루언의 주장을 '기술이 인식 방식을 결정한다'라는 기술결정론적인 것으로 오해하게 만든다. 그러나 매클루언이 《미디어의 이해》 곳곳에서 펼치는 내용은 기술결정론이라기보다 '기술-문화적 변환에 관한 이론,' 즉 '미디어를 통한 변환 기제*mediamorphosis*'에 관한 이론이라고 보는 것이 더 타당하다. 그는 인류 역사의 전개 과정에서 등장했던, 인간들이 미디어와 맺고 있는 관계망의 일반적인 작동 과정을 기술-문화적인 환경을 통해 이해하는 방식을 제시하기 때문이다.

매클루언의 주장은 상당 부분 해석학적 전통과 맥이 닿아 있다. 이를테면 그의 접근 방식은 일종의 기술-문화적 해석학이라고 할 수 있다. 마치 해석학적 존재론이 하이데거의 핵심이라면 매클루언 주장의 핵심은 기술-문화적 해석학이라고도 할 수 있다는 말이다. 우리는 '세상이 그렇게 존재함' 혹은 '세상의 존재 방식'에 관한 집합적 감각 혹은 공통의 감각*sensus communis*을 지니고 있다. 그런데 우리가 그것을 만들어 가는 과정은 미디어와 기술을 통해 우리들 일상의 삶 속으로 우리 자신을 확장함으로써 얻어지게 된다. 왜냐하면 우리가 세상에 관한 이해를 만들어 가는 방식 속에 바로 집합적 감각 혹은 공통의 감각이 깊게 함축되어 있기 때문이다. 매클루언은 이러한 기본적인 입장을 바탕으로 각기 특정한 역사적 시기마다 그 시기의 특징적인 미디어와 기술들이 특정한 문화를 지배하고 있으며, 이것들이 작동하는 곳에서의 경험이 우리의 이해와 지식을 형성한다고 주장한다. 《미디어의 이해》에는 이런 주장이 31개의 구체적인 미디어들의 사례를 통해 제시되고 있다.

매클루언은 미디어가 다양한 감각과 속성의 발달을 촉진하거나 지체시킨다고 주장했다. 또 각각의 미디어는 그것이 도입되는 문명의 역사적 상태에 따라서 각기 다른 영향력을 지니고 있음을 반복적으로 밝히고 있다. 매클루언은 《미디어의 이해》의 1부에서 우리가 어떤 미디

▶ 기술–문화적 변형의 전개

기술 *Technology*	감각들 *Senses*	문화적, 문명적 상황
구어	청각 (귀)	구술 문화
글쓰기	시각 (눈)	문자/시각 문화
활판 인쇄	시각 (눈)	시각/기계 문화
라디오	청각 (귀)	전기*Electric*/청각 문화
텔레비전	청각/시각/촉각	전기/전자*Electronic* 문화
컴퓨터	모든 감각	전자 문화

어를 사용하면 그 미디어를 쓰는 사용자의 주관적인 의도와는 관계없이 특정 감각에 특징적으로 작동하는 효과가 있다는 사실을 강조한다. 즉 구어적인 말–귀–음향적 미디어의 결합, 그리고 글쓰기, 활판 인쇄술–눈–시각적 미디어의 결합이 그 대표적인 예이다. 이러한 내용을 표로 간단히 나타내면 다음의 '기술–문화적 변형의 전개'로 제시할 수 있다. 여기서 하나 덧붙여야 하는 것은 매클루언의 이러한 구분이 정태적이고 결정론적인 것이 아니라, 각 미디어 환경은 새로운 미디어의 개입을 통한 진행 과정 속에서 계속 상호작용을 하며 변화해 간다는 것을 강조하고 있다는 사실이다. 특히 하나의 미디어로 인해 과열된 미디어 환경은 다른 새로운 미디어들의 도입을 통해 다른 방식으로 전환된다는 점을 강조한다. 이런 점에서 매클루언은 특정 미디어를 두고 그것이 좋은 미디어인가 혹은 해로운 미디어인가라고 묻는 것은 어리석은 질문이라고 지적한다. 왜냐하면 새로운 미디어들이 '좋은 것이냐? 나쁜 것이냐?'라는 어설픈 도덕주의적 판단은 그 새로운 미디어가 도입되는 것이 지니는 의미에 대한 진지한 통찰이나 이해를 오히려 방해하는

요소로 작용하기 때문이다.

:: 뜨거운 미디어와 차가운 미디어

활자 미디어와 텔레비전의 차이를 말할 때 흔히 동원되는 뜨거운 미디어*hot media*와 차가운 미디어*cool media*라는 구분은 《미디어의 이해》에서 가장 특징적이고 재미있는 구분인 동시에 독자들의 이해를 어렵게 하는 것이기도 하다. 이 구분은 단순히 미디어의 물리적 특성을 기준으로 이루어진 것도 아니고, 사용하는 수용자의 경험을 통해 규정된 것들도 아니기 때문이다. 앞서 말한 그 두 가지 요소, 즉 미디어의 물리적인 특성과 수용자가 미디어를 사용할 때 동원되는 감각의 밀도라는 것이 동시에 작동하고 있는 것을 설명하기 위해 매클루언은 이 구분을 도입하고 있다. 그는 기술과 문화의 작동 방식에 두 가지 차원이 있다고 본다. 그 하나는 감각들에 작동하는 방식이고, 다른 하나는 미디어들 사이에서 작동하는 방식이다. 어떤 미디어도 단독으로는 의미와 존재를 갖지 못하며, 다른 미디어와 언제나 상호작용을 행함으로써 의미를 낳게 되고 존재를 주장할 수 있기 때문이다.

감각 데이터가 가득 차 있으며 특정한 하나의 감각이 다른 감각과는 고립된 상태에서 확장되는 미디어 그리고 수용자의 몰입과 참여를 상대적으로 배제하는 것이 뜨거운 미디어이다. 그 반대 성격을 지닌 것이 차가운 미디어이다. 즉 다양한 감각들이 동시에 개입할 수 있으며, 수용자의 몰입과 참여로 미디어를 사용할 때 사용자가 그 비어 있는 부분을 채워야 하는 미디어가 차가운 미디어이다. 매클루언이 정보를 전달하는 미디어에 대해서 이야기할 때, 그는 미디어에 의해 전달되는 사실*fact*이나 지식에 대해서 말하는 것이 아니라 우리의 신체 감각들이 그 미디어에 보여 주는 반응을 말하고 있다. 따라서 높은 정세도의 미디어는 많은 정보를 주고, 수용자의 참여를 별로 요구하지 않는 반면, 낮은 정세도의 미디어는 적은 정보를 주고, 수용자로 하여금 빠진 부분을 채워 넣도록 만든다. 이것이 뜨거운 미디어와 차가운 미디어의 대비가 지닌 가장 기본적인 부분이다. 매클루언이 제시한 몇몇 예를 살펴보자.

차가운 COOL	뜨거운 HOT
전화	라디오
말	인쇄
만화	사진
텔레비전	영화
세미나	강의

'강의/세미나'의 비교는 뜨거운 미디어는 참여가 낮은 반면 차가운 미디어는 높은 참여를 가져온다는 것을 보여 준다. 다른 예들은 여기에서 참여라는 것이 주로 지적인 관여*intellectual involvement*와 개입이 아니라 '정세도'와 '정보'에서 알 수 있는 것처럼, 하나의 미디어가 우리의 신체 감각들을 어떻게 개입시키는 것인가를 말한다는 것을 일깨워준다.

그러나 차가운/뜨거운 미디어와 같은 정식화는 이니스의 시간-편향 미디어, 공간-편향 미디어에 대한 강조와 유사하게 느껴지지만, 이니스의 시/공간 편향성이 미디어의 물리적 속성에 근거를 둔 정태적인 구분이 아닌 것처럼 매클루언의 구분도 정태적이고 물리적 속성에 의한 구분은 아니다. 매클루언도 이니스처럼 미디어의 내용에 대한 관심보다는 차가운/뜨거운 미디어의 구분을 통해서, 미디어와 그 미디어를 사용하는 주체들인 수용자들 사이의 관계망으로 우리의 관심을 전환하도록 유도하고 있다. 즉 우리의 다섯 감각들의 확장인 미디어가 서로 작용할 때는 우리 감각뿐만 아니라 미디어들 사이의 관계망에도 새로운 배분 비율이 만들어지게 된다. 따라서 개별 미디어는 그 미디어가 처한 미디어 환경과 상관없이 뜨겁거나 차가운 속성을 지니는 것이 아니라는 것이다. 흔히 하나의 미디어가 차가운 미디어인가 아니면 뜨거운 미디어인가를 묻지만 이것은 잘못된 질문이 되기 십상이다. 이 구분은 항상 상대적이기 때문이다. 뜨거운 미디어라고 한다면 다른 어느 미디어보다 상대적으로 뜨겁다는 것을 의미할 뿐, 그것이 영원히 뜨거운 미디어로 남는다는 말은 아니다. 텔레비전은 차가운 미디어라고 하지만 최근 등장하는 초고해상도(UHD: Ultra High Definition) TV는 점점 더 뜨거워져 이제 우리는 이 텔레비전을 과연 차가운 미디어라고 부를 수 있는가라는 질문을 할 시점에 와있다고도 할 수 있다. 즉 뜨거운 미디어와 차가운 미디어의 구분은 미디어가 우리 인간의 감각과 작동하는 방식을 설명하기 위한 일종의 이해를 위한 도우미의 역할을 하는 것이지 미디어 자체의 특징을 기술하는 개념이 아니라는 말이다.

매클루언이 《미디어의 이해》 곳곳에서 계속 강조하듯이 하나의 미디어는 또 다른 미디어의 내용이 된다. 말이라는 미디어는 글의 내용이고 글은 다시 인쇄의 내용이며, 인쇄된 미디어는 텔레비전이나 영화의 내용이 된다는 것이다. 이처럼 하나의 미디어와 다른 미디어가 형식과 내용이라는 것으로 만나게 되면 이전 각각의 미디어가 지닌 물리적 특성을 훨씬 넘어선 새로운 혼성 미디어로서의 효과를 나타내게 된다. 이런 점 역시 하나의 미디어를 뜨거운 혹은 차가운 미디어로 특징지어서 부를 수가 없는 이유가 된다. 이런 구분이 상대적이라고 말하는 또 하나의 이유는 어떤 미디어든지 그 미디어가 수용되는 사회 문화적인 상황에 따라 동일한 물리적 특성을 지닌 미디어도 전혀 다른 효과를 나타낸다는 점 때문이다. 라디오가 미국이나 영국과 같은 나라에 도입될 때와 독일과 같은 유럽에 도입될 때, 그리고 사막의 베두인족에게 도입될 때는 전혀 다른 효과를 만들어 내기 때문이다. 결론적으로 뜨거운/차가운 미디어의 구분은 미디어 그 자체만을 염두에 두고 생각할 것이 아니라 미디어와 미디어의 관계, 그리고 그 혼성된 미디어와 그것이 도입되는 사회 문화적인 밀도와 함께 고려되어야 하는 일종의 과정에 대한 설명이라고 보아야 한다. 이를 텔레비전의 경우를 통해서 살펴보자.

:: 텔레비전 — 소심한 거인

매클루언은 텔레비전을 말하면서 항상 이전 활자 미디어에 의해 형성된 문자 문화를 배경에 두고 생각한다. 왜냐하면 텔레비전이라는 미디어는 이전의 인쇄 문화를 겪어온 사람들에게 매우 충격적인 경험을 던져 줄 수밖에 없기 때문이다. 선형적이고 외파적인 확장과 서구의 논리적 구조에 입각한 인쇄 문화는, 모자이크적이고 내파적이며 시청자의 참여를 강력하게 요청하는 텔레비전 미디어와 너무도 달랐기 때문이다. 매클루언은 지금도 벌어지고 있는 폭력 행위들의 이면에는 활자 미디어 시대가 부여한 민족이나 국가 혹은 개인의 정체성을 전자 미디어, 특히 텔레비전이 흔들어 놓았기 때문이라고 지적한다. 근대 국민 국가의 탄생을 가져온 활자 미디어의 역할에서도 알 수 있듯이, 활자 미디어는 움직이지 않는 강고한 정체성의 형성에 기여한 반면, 모든 사람의 일에 모든 사람이 개입하는 것이 가능하게 만든 전자 미디어, 특히 텔레비전 미디어는 정체성의 위기를 초래했다는 것이다. 흔히 텔레비전이 지닌 강력한 시각적 특성과 몰입도로 인해 텔레비전 시청자들 사이의 통일적인 정체성 형성에 기여했다고 생각하지만 사실은 오히려 나의 정체성의 근간이 되어 주었던 가족, 민족, 국가의 역할에 의문을 제기하게 만들었다는 것이다. 그 파급력의 범위와 개입의 강도가 너무도 강력해서 거인의 모습을 하고 있지만, 텔레비전 미디어는 활자 미디어처럼 확장을 목표로 하지 않고 뚜렷한 지향점과 목적을 설정하지도 않는 소심한 미디어이다.

텔레비전은 시각적 미디어라기보다 우리의 모든 감각을 깊은 상호작용 속에 참여시키는 촉각적-청각적 미디어다. 오랫동안 인쇄와 사진의 다양한 시각적 경험에만 익숙해진 사람들은 수동적이고 개별 사안에 대해 분리된 태도를 지니고 있게 마련인데, 텔레비전 미디어는 이를 버리게 하는 공감각적 혹은 촉각적인 깊이를 지니고 있다. 흔히 텔레비전이 수동적인 시청 경험만을 제공한다는 생각은 인쇄 문화를 거치면서 만들어진 상투적인 인식이 만들어 낸 편견이다. 텔레비전은 그 어떤 미디어보다 창조적으로 참여하는 반응을 불러일으키는 미디어이다. 그래서 매클루언은 텔레비전의 프로그램보다 텔레비전 미디어 그 자체가 지니고 있는 모자이크적인 특성에 주목한다. 이 특성이 텔레비전을 사용하는 시대의 문화와 지각 방식을 만들어 낸다고 생각하기 때문이다. 텔레비전이라는 미디어를 경험한 젊은이들은 세상의 일과 사물들에 깊이 관여하고 싶은 강한 충동을 가지게 된다. 그런데 이런 현상은 그 젊은이들로 하여금 인쇄 문화의 사람들이 설정하곤 하던 먼 장래의 목표를 비현실적일 뿐 아니라 자신들과는 관계없는 것처럼, 더 나아가 무기력하고 활기 없는 것처럼 보이게 만든다. 대신 텔레비전의 모자이크적 영상을 통해 젊은이들 속에서 일어나고 있는 것은 '지금 현재' 벌어지고 있는 일들 전체에 전면적으로 관여하는 것이다. 그것이 인쇄 문화 시기의 기준에서 보면 나와 그리고 나의 미래와 아무런 관련이 없는 일처럼 보일지라도, 텔레비전 미디어를 사용하는 사람들에게는 지금 텔레비전을 통해 나에게 보이는 상황이 나의 전면적인 개입을 요청하고 있기 때문이다. 이러한 태도 변화는 프로그램의 내용과는 아무런 관계도 없고, 프로그램이 온전히 최고의 문화적 내용을 담고 있다 할지라도 상황은 마찬가지일 것이다. 1964년에 지적된 텔레비전에 대한 이런 주장은 지금도 여전히 설명력을 잃지 않고 있다. 《미디어의 이해》에서 텔레비전을 설명하기 바로 직전 부분에 매클루언은 이런 상황 변화에 대해서 마치 현재의 우리 상황을 보고 말하듯이 적시해 두었다. "이전에 '식량을 채집하던 인간'이 뜻밖에도 '정보를 수집하는 인간'으로 다시금 나타난다. 이런 수집의 역할을 하면서, 전자 시대의 인간은 구석기 시대의 조상들만큼이나 유목민의 삶을 산다"는 말이 그것이다.

:: 매클루언, 인터넷 시대의 예언자 혹은 수호 천사

매클루언의 《미디어의 이해》는 미디어를 공부하는 사람은 물론이고 많은 일반인들의 입에 오르내리는 고전이다. 모든 고전의 운명이 그러하듯이 이 책 역시 처음부터 끝까지 읽은 사람이 그리 많지 않다. 하지만 미디어를 연구하는 많은 사람들이 직간접적으로 이 책의 영향으로부터 벗어날 수 없을 것이다. 《미디어의 이해》는 바로 전에 출판된 《구텐베르크의 은하계》와 함께 매클루언의 가장 대표적인 책이다. 이 책은 우리가 흔히 알고 있는 미디어의 범위를 영화, 라디오, 텔레비전, 신문 등과 같은 매스 미디어에서 인류가 만들어 낸 인공물 전체로 확대시켰다. 이로써 미디어라는 것에 대해 생각해 볼 수 있는 전혀 다른 새로운 길을 만들어 냈다고 할 수 있다. 또한 미디어의 내용에 집중해 왔던 미디어 연구 전통에서 어느 정도 벗어나 미디어의 고유한 힘과 영향에 대해 고민해 볼 수 있는 길을 열었던 것이다. 환경으로서의 미디어에 초점을 맞추고 미디어를 탐구하는 미디어 생태학*Media Ecology*과 같은 새로운 연구 전통의 출발점에 매클루언이 있다는 점은 그가 미친 학문적 영향력을 보여 준다. 미디어 생태학은 매클루언의 학문적 입장을 가장 잘 계승하고 발전시키고 있는 영역이라고 할 수 있다. 이 전통은 미디어를 내용을 전달하는 단순한 그릇이나 도구로 보지 않는다. 매클루언이 말한 것처럼 미디어를 우리가 세상을 경험하고, 다른 사람들과 상호작용을 하며, 우리 몸의 감각들 — 미디어가 확장한 바로 그 감각들 — 을 사용하는 데 변화를 일으키는 중요한 주체들로 보고 있기 때문이다. 그래서 이 미디어들은 그것들의 효과를 통해서 연구되어야만 한다. 미디어들 사이에서 지속적이고도 불가피하게 일어날 수밖에 없는 상호작용은 이러한 효과들을 잘 드러나지 않게 만들고 미디어들을 효과적으로 사용할 수 있는 우리의 힘을 약화시키기 때문이다.

매클루언은 그가 처음 자신의 주장을 제시하던 당시의 사람들에게는 도무지 이해가 되지 않는 말을 하는 사람이었다. 왜냐하면 전자 미디어 시대의 특성을 설명하는 그의 주장이 인쇄 미디어에 익숙한 당시의 사람들에게 도저히 이해가 되지 않았던 것이다. 오히려 오늘날 그의 설명을 이해할 수 있는 환경이 조성된 것이다. 매클루언의 설명은 오늘날 인터넷 시대에 더욱 선명하게 빛을 발한다. 그의 주장이 처음 등장하던 때에는 그것이 새로운 하나의 충격적인 시각이었다면, 지금은 우리 주위에서 벌어지는 SNS를 비롯한 각종 다양한 미디어 현상을 설명할 수 있는 해설서로서 읽을 수 있다. 또한 비단 지금이 아니라 앞으로 나타나게 될 새로운 미디어를 이해하고 수용하는 데도 길잡이로서 그 가치는 여전할 것이 분명해 보인다. 이런 사실은 매클루언이 라디오나 텔레비전 혹은 전화와 같이 개별 미디어 그 자체에 대한 이해와 설명을 시도하는 것이 아니라, 그가 설정하고 있는 미디어의 범주가 인간의 확장으로 볼 수 있는 모든 인공적인 산물들을 포괄하는 데서 잘 알 수 있다.

매클루언의 지적처럼 개별 미디어에 대한 주목은 오히려 '미디어의 이해'를 방해한다. 따라서 미디어의 이해를 위해서는 '미디어가 무엇인가에 대해서'가 아니라 '미디어가 어떻게 하는가'에 대해서 더 주목해야 한다. 즉 미디어 자체가 아니라 미디어가 만들어 낸 효과에 대해서 숙고해야 한다는 것이다. 매클루언은《미디어의 이해》곳곳에서 새로운 미디어가 던지는 메시지에 대해서 빨리 깨닫고 준비할 것을 경고하고 있다. 그는 우리가 미디어의 메시지를 깨닫고자 하는 마음의 준비가 되어 있는 한, 미디어 폭발이 가져 오는 방사능 낙진 같은 미디어 낙진의 위험으로부터 벗어날 수 있다고 말한다. 매클루언은 미디어가 지닌 고유한 힘의 위험성에 대해서 숙고할 것을 요구하는데, 이 점은 그가 우리에게 전하는 가장 중요한 메시지이다. 미디어가 지닌 힘에 대해서 무지한 상태로 살아간다면 우리는 미디어가 펼치는 힘의 자장에서 벗어나지 못하고 그 속에 빠져서 익사하고 말 것이기 때문이다. 나르시스는《미디어의 이해》의 단골손님이자 미디어가 인간 신체의 확장이라는 사실을 이해하는 데 실패한 것 그리고 미디어(기술)에 의해 메시지(새로운 환경)가 만들어진다는 점을 지각하는 데 실패한 것에 대한 은유다. 매클루언은 이 은유를 통해 미디어의 힘에 대해 이해할 것을 요구하고 그 이해가 우리에게 또 다른 세상을 만들어 나갈 수 있는 힘을 줄 것이라는 점을 말하고 있다.

매클루언의 주장을 비판적으로 검토한 일련의 학자들은 그의 주장이 일종의 선언문이나 인상주의적 비평에 가깝다는 혹평을 하기도 했다. 그 주된 이유는 과학적인 혹은 학문적인 주장이 최소한 확보해야 하는 법칙이나 방법론을 준수하지 않고 있거나 새로운 방향으로 제시하지 못하기 때문이라고 주장한다. 미디어를 연구하는 언론학 분야에서도 아직 이런 분위기는 여전히 감지되고 있다. 그러나 매클루언의 미디어 이해 방식에서 중요한 것은 미디어들 간에 삼투되고 혼재되며 일어나는, 또한 동시적이고 역동적인 측면에 대한 파악이다. 그렇다면 미디어에 관한 이러한 매클루언의 이해 방식은 과학적 '법칙들*laws*'과 같은 것이라고 할 수 있을까? 물론 여기에는 '과학적'이라는 개념과 용어 자체에 대한 다양한 논의가 선행되어야 하겠지만, 흔히 우리가 말하는 사회과학적 입장에서 그의 이론을 과학적인 이론이라고 부르고 법칙적 성격을 지녔다고 말하기는 힘들 것이다.

매클루언은 그 자신이 책에서도 주장하고 실례를 보여 주듯이, 하나의 커뮤니케이션 미디어에 대해서 하나의 정확한 설명이 아니라 여러 가지 다양한 대안적인 설명이 가능한 '개념틀' 혹은 사고의 방식을 제시하고 있다. 즉 그가 제시하는 바는 확실한 법칙이나 내용의 전달이나 제시가 아니라 그것에 이르는 과정에 대한 것이다. 또한 그것에 이르는 과정에 있어서도 법칙적으로 따라야 하는 순서나 정리*theorem*가 있는 것이 아니라, 연구자의 경험과 지식 그리고 풍부한 경험에 의존하고 있기 때문에 법칙이라기보다는 탐구의 방법*a system of inquiry*에 가깝다고도 할 수 있다. 따라서 엄밀한 법칙을 발견하기 위한 방법과 그 결과물에 대한 평가의 한 지침으로서 그의 방법론이 과학적인 것인가라는 질문에 대해 긍정적으로 답하기는 상당히 어렵다고 할 수 있다. 그러나 그의 방법이나 이론이 미디어의 출현과 그에 따른 사회의 변동 그리고 미디어 생태계의 동학에 관한 훌륭한 탐구 방법을 제시하고 있다는 점은 누구도 부인할 수 없을 정도로 분명하다.

매클루언은 전기 피부 반응 장치 기술이나 우리가 일상적으로 사용하는 스마트폰과 같은 기술에 대한 아무런 지식도 없었다. 그는 아마도 '바이오마우스*biomouse*'가 어떤 것인지 상상조차도 못했을 것이다. 그러나 그는 이 모든 것들을 이해하는 방법을 제시했는데, 이들 기기 자체를 두고 설명한 것이 아니라 그것들이 다른 미디어들과, 과거의 기술들과 그리고 무엇보다 우리들 자신 — 우리의 신체, 우리의 신체 감각 그리고 우리의 심리적 균형 — 과 맺고 있는 관계를 통해서 설명하고 있다. 1964년 매클루언이 《미디어의 이해》를 발간했을 때, 그는 19세기의 인식 방식이라는 족쇄를 차고 21세기를 향해 발을 질질 끌며 가고 있는 인류를 보면서 무척이나 불편해했다. 오늘날 우리의 상황은 어떤가? 여전히 과거의 미디어에 의해 형성된 인식 방식이라는 족쇄를 차고 매우 새로운 네트워크 미디어의 세상으로 걸어가고 있지는 않은가? 아마도 그가 이 상황을 본다면 이전 못지않게 불편해할 것이다. 그런 의미에서 매클루언의 주장을 담은 《미디어의 이해》가 지니고 있는 현재적 의의는 바로 그 족쇄를 벗어던지도록 우리에게 도전할 주제와 탐색의 방식을 제공한 것이 아닐까?

함께 읽으면 좋은 책

구텐베르크의 은하계 The Gutenberg Galaxy

허버트 마셜 매클루언 지음 | 1962 | 임상원 옮김 | 커뮤니케이션북스 | 2001

음성 언어에서 문자 언어로의 전환을 거치는 과정에서 나타나는 인간 정신과 지각의 변화 과정을 미디어를 중심에 두고 설명한다. 매클루언을 이해하는 데 필수적인 입문서이며, 이후 나온《미디어의 이해》를 이해하기 위해 반드시 읽어야 할 책. 이 책의 주제와《미디어의 이해》의 주제는 서로 분리할 수 없을 만큼 연결되어 있다.

구술 문화와 문자 문화 Orality and Literacy

월터 J. 옹 지음 | 1982 | 임명진 · 이기우 옮김 | 문예출판사 | 1995

매클루언의 미디어에 관한 논의를 가장 잘 소화하고 수용한 책이라고 할 수 있다. 음성 언어(말)라는 미디어와 문자라는 미디어가 어떻게 다른 인식 방식과 가치 체계 그리고 의식 구조를 만들어 나가는가를 탐색한다. 미디어와 인간 의식의 밀접한 관련성을 잘 보여 주며 두 개의 대표적인 다른 문화를 그 문화를 형성한 미디어를 중심으로 보여 준다. 이를 통해 전자 미디어로서 형성될 제2의 구술 문화라는 것을 가늠해 볼 수 있기도 하다.

커뮤니케이션의 편향 The Bias of Communication

해럴드 이니스 지음 | 1951

매클루언의 미디어 사상에 가장 많은 영향을 끼친 해럴드 이니스의 책. 이 책을 읽고 매클루언이《미디어의 이해》의 많은 부분을 생각하게 되었다. 모든 미디어는 각각의 편향이 있어서 이를 통해 전혀 다른 문명과 정치 · 사회 · 문화적인 관계가 형성됨을 설명한다. 매클루언의 미디어 사상에 영감을 불어넣은 책이다.

'흩뿌려지는 것'에 대한 사랑과 욕망

존 더럼 피터스

《흩뿌려진 목소리들: 커뮤니케이션 개념의 한 역사》

성민규

2

흩뿌려진 목소리들:
커뮤니케이션 개념의 한 역사
Speaking into the Air:
A History of the Idea of
Communication

존 더럼 피터스
John Durham Peters

University of Chicago Press | 1999

커뮤니케이션 개념과 실천의 역사를 역사학, 철학, 미학, 문학, 정치학, 사회학, 심리학 등 인문학과 사회과학을 가로지르며 토론하는 피터스의 이 책은 커뮤니케이션은 근본적으로 관계의 단절과 실패의 해결책이 아니라 그 자체를 구성하는 것이라고 주장한다. 근대 서구 사회에서 일방향적 커뮤니케이션으로서 방송이 어떻게 대중사회의 에로스적 관계를 구성하였는지 토론함으로써 관계의 단절과 실패가 어떻게 인간 커뮤니케이션의 근본을 이루는 역할을 했는지 탐색한다. 피터스는 방송 연구에서 많이 다루는 이른바 '행정적 연구'와 '비판적 연구'를 새롭게 조망하여 커뮤니케이션학의 이론적 빈곤의 원인을 계보학적으로 파헤쳐 제시함으로써 1980년대 중반부터 미국을 비롯해 국제적으로 학계의 큰 주목 받기 시작했다. 커뮤니케이션의 역사와 철학뿐만 아니라 미디어 기술, 종교, 영화와 이미지, 민주주의와 언론 등에 이르기까지 자신의 학문적 관심과 네트워크를 확장하고 있다. 현재 피터스는 미국 아이오와대학교 커뮤니케이션학과에서 교수(A. Craig Baird Distinguished Professor)로 재직하고 있다.

◆◆◆ 성민규는 미국 아이오와대학교 커뮤니케이션학과에서 박사 학위를 받았다. 현재 울산과학기술대학교(UNIST) 기초과정부 조교수이다. 미디어 연구와 레토릭의 방법을 통해 민주주의와 커뮤니케이션, 과학 기술 및 의학의 수사학적 실행, 다문화주의와 공적 문화 등을 탐색하고 있다. 주요 논문으로는 〈The Psychiatric Power of Neoliberal Citizenship〉, 〈소셜 미디어의 문화 정치: '저널리즘 미학화'에 놓인 과잉 커뮤니케이션〉, 〈용기의 윤리 정치와 커뮤니케이션: 미셸 푸코의 사유를 중심으로〉 등이 있다.

:: 소통의 아포리아

'소통'은 21세기 디지털 미디어 커뮤니케이션 시대의 환희와 열정 그리고 좌절과 회환을 담아내는 키워드가 되었다. 거리 곳곳의 민의를 기술적으로 하나하나 확인하기 어려웠던 과거 '아날로그 매스 커뮤니케이션' 시대에 정치인들은 그런 민의를 쉽게 무시하거나 무시할 수 있는 핑계를 댈 수 있었을 것이다. 요즘은 각 정당마다, 정치인마다, 텔레비전 방송 프로그램마다, 가족마다, 친구마다, 연인마다 이메일, 트위터, 페이스북 등 '디지털 인터랙티브 커뮤니케이션'을 통해서 자신에게 어느 누가(비록 익명이라 하더라도) 어떤 내용의 메시지를 전달하는지 확인할 수 있다. 과거와 같은 방식으로 민의를, 연인의 메시지를 무시한다면(또는 무시한 핑계를 댄다면), 장담컨대 이는 소통할 의지가 없는 무모한 행위로 간주될 것이다. 여기서 한 가지 주지할 점은, 소통이 현재 우리 삶의 키워드가 될 수 있었던 이유가 단순히 이러한 메시지 교환의 기술적 가능성에만 놓여 있지 않다는 점이다. 우리는 그 이유 중 중요한 하나를, 그러한 메시지 교환의 기술적 가능성을 통해서 사람들이 보다 완전한 '상호 이해*mutual understanding*'를 이룰 수 있다는 바람에서 찾을 수 있다. 어떤 점에서 이는 아날로그 시대나 디지털 시대나 인간 간의 커뮤니케이션에서 가장 우려되는 것이 바로 커뮤니케이션의 '단절' 또는 '무너짐*breakdown*'이란 것을 말해 준다.

존 더럼 피터스는 《흩뿌려진 목소리들》(1999)에서 "우리가 하는 실수 중 하나는 커뮤니케이션을 통해서 커뮤니케이션의 문제들을 해결할 수 있다고 믿는 것"이라고 말한다. 가령, '나는 그 사람과는 소통이 잘 된다'라고 말할 때, 사람들은 보통 각자가 서로 의미하는 바가 같은 상태, 즉 의미론적*semantic* 상호 이해를 전제하는 경우가 많다. 피터스는 이런 경험이 커뮤니케이션 참여자들이 서로 간에 만들 수 있다고 믿는 "서로의 공유된 내면에 대한 열망"에서 비롯된다고 말한다. 소통이 잘 된다는 믿음은 내가 상대방의 마음속까지 잘 들여다 볼 수 있을 만큼의 친밀감을 가지고 있거나 그렇게 하고 있다는 확신과 함께 표현된다. 하지만 이런 믿음은 오히려 타인의 "내면에 접근 불가능성에 대한 두려움"이자 소통에 대한 서로 간의 확신을 제대로 전달하지 못하는 "언어라는 커뮤니케이션 수단에 대해 참을성 없이 판단하는" 속단을 함축한다. 커뮤니케이션 참가자 간의 '의식의 합치*correspondence of consciousness*'를 완벽한 소통의 상태로 생각하는 한, 그 범위에 끼어들 수 없는 소통은 '문제 있는 것*pathological*'이 되고 만다. 프로이트를 따라 읽어 가며, 피터스는 이런 문제 있는 커뮤니케이션, 즉 커뮤니케이션의 단절과 실패가 잘못된 인간 관계가 만들어 낸 구성물이 아니라 사회에서 인간의 지위와 인간 간의 관계를 만들어 내는 인간 문명의 근본적인 구성 요소라고 본다.

요컨대, 커뮤니케이션을 잘하지 못했기 때문에 더 나은 커뮤니케이션에 대한 동기가 만들어지지만, 사람들은 많은 경우 커뮤니케이션을 할 필요가 없을 만큼의 완벽한 의미론적 상호 이해를 커뮤니케이션의 목표로 상정하는 모습을 보인다. 이처럼 '목표의 성취'가 '동기의 지속성'을 압도할 때, 그 목표의 성취를 위한 제한된 사고와 행위들만이 용인될 수 있는 위험에 빠질 수 있다. 키에르케고르의 용어를 빌자면(피터스 역시 이를 토론하는데), 이는 "보편적인 것*the universal*"을 위해 "특수한 것*the particular*"은 언제나 희생될 것을 각오해야 하는 상황이다. 다원성 *plurality*은 상상할 수 없게 된다. 이러면 커뮤니케이션이 가능한 조건이란, 생각과 마음이 그리고 의견이 이미 잘 맞는 사람들 간에나 시도할 수 있는 경우가 된다. 나의 말이 '수취인 불명'의 상황처럼 '흩뿌려진다 *scattered; broadcast*'는 것은 바람직하지 않은 것이 된다. 이는 커뮤니케이션이 가능한 조건에 부합하지 않기 때문이다. 의식의 합치를 위해서는 수취인을 명확하게 두어 발화자인 나의 목표를 성취하기 위해 그에 걸맞는 커뮤니케이션의 수단(미디어 테크놀로지)과 언어적 양식을 만들어야 한다는 생각이 득세를 한다.

피터스의 《흩뿌려진 목소리들》은 바로 이와 같은 '흩뿌려지는 것'에 대한 두려움에 관하여 철학적, 역사적 반론을 이끌고자 한다. 아래에서는 커뮤니케이션 개념에 대한 새로운 인식틀이라는 차원에서 다뤄질 만한 이러한 그의 탐구를 물질주의, 대화주의, 송신자 중심의 권위주의라는 그의 세 가지 반론 대상들을 경유하며 토론해 본다. 사랑의 관계로서 몸*the body*을 동반하는 커뮤니케이션에 대한 그의 인식은 커뮤니케이션과 타자*the Other*의 문제에 대한 질문들을 던져 준다.

:: 영혼과 몸의 커뮤니케이션

존 더럼 피터스는 독실한 몰몬교 신자이다. 아이오와대학교가 위치한 미국 아이오와 주 아이와시티의 몰몬교회를 함께 이끌고 있기도 한다. 어린 시절 피터스는 당시 하버드대학교 의과대학에서 학위 후 교수로 재직 중이던 아버지(이후 로스앤젤레스 남가주대학교의 환경보건학 교수)를 따라 가족들과 함께 미국 동부의 보스턴에서 성장했다. 다른 많은 몰몬교 신자들처럼 피터스는 1975년 '몰몬교 대학'이라 불리며 유타 주에 위치한 브리검영대학교 영문학과에 입학하여, 네덜란드 등 유럽 지역에서 선교 봉사 활동을 했다. 그가 독일어, 프랑스어, 스페인어, 네덜란드어, 고대 희랍어 등을 유창하게 구사하며 서구 철학과 역사를 아우르는 배경 지식을 갖고 있는 것은 이런 그의 종교적 신념 및 활동과 깊은 연관을 갖는다. 브리검영대학교에서 유타대학교로 옮겨 공부한 그는 1981년에 졸업했다. 이듬해 같은 대학에서 스피치 커뮤니케이션학으로 석사 학위를 받았다. 그 후 그는 스탠포드대학교 커뮤니케이션학과에서 1986년 〈매스 커뮤니케이션 이론의 재구성Reconstructing Mass Communication Theory〉이라는 논문으로 박사 학위를 받았다. 그는 현재 아이오와대학교 커뮤니케이션학과 교수로 있다.

《흩뿌려진 목소리들》의 첫 장에는 그가 거쳐간 대학 네 곳에서 그가 함께한 은사들에게 이 책을 헌납한다고 쓰여 있다. 이 책은 자신의 박사 학위 논문을 비롯해 그가 1986년 아이오와대학교 커뮤니케이션학과에서 처음 교수 생활을 시작한 이후 1990년대 후반까지의 작업들을 모아 재구성한 기획이다. (물론 이 책은 기존 발표 논문들을 모아 재편집한 저서도 아니며, 단순 재구성 이상의 훨씬 포괄적인 기획이다.) 앞으로 좀더 자세히 살펴보겠지만, 기독교 내 소수파인 몰몬교도로서의 신념과 선교 활동 그리고 이를 통한 타문화와의 경험, 영문학으로부터 시작하여 레토릭(스피치 커뮤니케이션) 그리고 매스 커뮤니케이션 이론에 이르는 그의 학위 여정 등은 이 책을 보다 잘 이해하는 데 중요한 배경을 제공해 줄 수 있다.

영적 체험으로서 커뮤니케이션

사회 구성원들이 갖는 커뮤니케이션 방식을 미디어 기술의 출현과 함께 설명하려고 할 때 부딪히는 어려움 또는 유혹 중 하나는, 어떤 미디어의 사회적 영향 또는 그 미디어를 통해 구성되는 커뮤니케이션의 양식이 그 미디어가 갖는 기술적 특성만으로 설명될 수 있다는 믿음이다. 트위터와 페이스북을 통한 버추얼 네트워크의 형성과 디지털 사회 운동의 등장은 그 각각의 서비스를 제공할 수 있는 인터넷이라는 미디어 기술에 내재되어 있다는 설명이 그러한 예가 될 수 있다. 이처럼 사회 관계의 구성과 기술 발전의 추이를 단선적인 인과 관계로 설명하는 것을 우리는 '기술결정론'이라고 부른다. 기술결정론적 시각에 대해 20세기 중후반 이후 많은 인문·사회과학자들은 꾸준한 비판과 도전을 해왔다. 그러한 단선적인 인과론으로 조야한 수준의 기술결정론적 시각을 찾기는 요즘 무척 어려울 것이지만, 그렇다고 기술결정론적 시각이 사라졌다고 볼 수 없다. (가령, 범죄 통제와 예방을 위해 사용되는 CCTV, 정신 의학적 증상과 관련한 의학 도구인 기능적 자기공명영상(fMRI), 교육과 자원에 대한 접근과 배분을 위한 IT 기술 등에서 기술 발전에 의한 생물학적, 사회적 질병의 치유라는 수사는 흔히 접할 수 있다.)

《흩뿌려진 목소리들》에서 영적 체험*spiritual embodiment*으로서 커뮤니케이션이란 피터스의 접근이 단순히 기술결정론을 검토하는 것에 초점을 둔 것은 아니다. 그런 기술결정론을 가능케 하는 배경으로서 일종의 '물질주의*materialism*'에 대한 성찰을 제공하고자 한다. (기술결정론에는 다양한 접근법들이 있고, 이를 여기서 토론하는 것은 이 글의 범위를 벗어남을 미리 말한다. 그리고 여기서 필자가 말하는 물질주의란 영적 삶의 요소를 배타적으로 파악하는 것으로서 인간의 의식과 영혼조차도 물질 작용의 부차적 결과라고 믿거나, 의식이나 영혼은 물질로 환원 가능하다고 생각하는 정도로 다소 느슨하게 이해할 것을 제안한다. 피터스 역시 영적 커뮤니케이션을 설명하기 위해 물질주의라는 용어를 사용하고 있지는 않다.) 기술이 사회적 관계의 복합적인 총체로서 다루어지지 않고, 위에서 토론했듯이 복잡한 사회적 관계를 기술 발전의 궤적만으로 해명하거나 해결할 수 있다는 믿음의 중요한 결과는, 기술이 인간에게 미치는 영향을 지나치게 단순화시키는 오류를 범한다는 것이다. 그런 비극적 단순화에서 인간의 영혼*soul*은 언제나 기술의 영향력에 취약한 병리적 대상일 뿐이다. 피터스는 이 물질주의 내러티브를 탐색하기 위해 이를 다룬 가장 오래된 고전인 플라톤의 《파에드로스*Phaedrus*》로부터 시작을 한다.

여기서 플라톤은 문자의 발명과 사용 이후 '쓰기*writing*'라는 미디어 기술이 커뮤니케이션 참여자들이 갖는 진정성*authenticity*을 왜곡하여 궁극적으로는 말하는 사람과 듣는 사람 간의 상호적 관계를 파괴한다고 믿는다. 이 고전에서 자신의 스승인 소크라테스를 통해 플라톤이 주장하는 것은, 면 대 면*face-to-face*으로 커뮤니케이션 현장에 자신들의 '몸을 동반하지 않는*disembodied*' 커뮤니케이션의 한 방식으로서 쓰기에서는, 가령 글을 읽는 사람이 그 글을 쓴 사람의 의도를 온전히 파악하지 못할 위험이 있다는 문제뿐만 아니라(또한 바로바로 궁금한 것을 질문할 수도 없으며), 가장 치명적으로는 발화자가 자신이 특정한 수신자에게 보내는 '사랑*eros*'의 메시지, 그리고 이 둘 간의 사랑 관계가 왜곡될 수 있다. 피터스에게 커뮤니케이션은 궁극적으로 사랑의 관계를 구축하는 것이다. 알렉산더 그래햄 벨이 자신이 발명한 전화로 그 건너편 수화기의 상대방에게 처음 한 말인 "Mr. Watson. Come here. I need you"는 커뮤니케이션의 그런 의미를 함축적으로 제시해 주는 사례라고 피터스는 말한다. 플라톤에게 쓰기라는 새로운 미디어 기술은 인간 영혼을 제대로 전달할 수도 표현할 수도 없다. 미디어 기술에 제대로 담겨질 수 있을 인간의 영혼이란 없다. ("하지만 19세기 이후, 인간은 사진술과 영화, 축음 기술*phonograph* 등과 같은 미디어 기술을 통해서 자신의 기억뿐만 아니라 주체성*subjectivity*까지도 표출하기 시작했다.") 우리가 이런 플라톤식으로 커뮤니케이션을 이해할 때, 발화자(송신자)로부터 메시지를 "충분히 처리할 의지와 능력을 갖춘 수신자"라는 관점에 이르게 된다. 면 대 면의 커뮤니케이션이란 수신자의 편에서는 송신자의 메시지뿐만 아니라 그의 의도 역시 제대로 파악할 수 있고 또 파악하지 않을 수 없는 가장 이상적인 상황이기 때문이다.

이런 '능력 있는 수신자'라는 개념이야말로 메시지 송신자로서 발화자가 수신자에 대해 가질 수 있는 권위주의적이고 계몽적인 태도에 대한 비판적인 관점을 제공해 줄 수 있지 않을까? 얼핏 보기에 그렇게 보일 수도 있겠지만, 피터스의 답은 그렇지 않다. 그에 따르면, 플라톤식의 면 대 면 커뮤니케이션론은 수신자에게 메시지에 대한 부담을 떠안기는 모델이다. 메시지에 대한 해석뿐만 아니라 그 메시지를 보낸 송신자의 진정한 의도를 파악하는 몫까지 수신자에게 남겨진다. 수신자가 그런 능력을 갖추기 위해서는 송신자를 면 대 면으로 자신의 앞에 둔 상황, 즉 수신자에게 송신자의 존재가 필수적이게 된다. 이는 단순히 커뮤니케이션의 상호성*reciprocity*을 넘어 수신자의 메시지 해석에서 송신자의 도움이 필수적이란 것을 의미한다. 이렇게 되면, 수신자가 가져야 하는 그런 능력이란 무엇이고 어떻게 가능할 수 있을까라는 질문이 나온다. 플라톤에게 메시지의 수신자는 송신자의 메시지와 그 의도까지 정확하게 파악해야 하기 때문에, 사실상 수신자가 커뮤니케이션 과정에서 갖는 수행 범위는 지극히 제한적일 수밖에 없다. 궁극적으로 메시지의 수신자는 송신자의 선택에 의한 것이다. 이런 식으로 이해되는 대화*dialogue*의 시작은 언제나 듣는 사람의 필요('동기의 지속성')가 아니라 말하는 사람의 목적과 의도('목적의 성취')에 따른다. 송신자의 목적을 성취하기 위해서는 그 목적 성취에 필요한 수신자가 갖고 있지 않은 무언가를 우선 채워 주어야 한다는 믿음이 따른다. 이와 같은 송신자의 도움이 반드시 필요하다는 커뮤니케이션은 많은 정책 연구에서 쉽게 발견될 수 있다. 과학 커뮤니케이션에서 '공중의 과학에 대한 이해 *Public Understanding of Science*'를 강조하며 과학자들과 공중 간의 소통을 강조하는 연구에서도, 최근 자신들의 연구에서 그동안 자연스럽게 수용되어 왔던 이러한 무언가 부족*deficit*하여 채워질 수밖에 없는 '과학 정보의 수신자'로서 공중이라는 개념화에 대해 비판적인 성찰이 진행되는 것도 또 다른 사례가 될 수 있다.

피터스는 키에르케고르를 통하여 이러한 플라톤식의 인간 영혼에 대한 병리적 접근에 도전하며, "송신자의 도움 없이도 커뮤니케이션의 과정을 마무리 지을 수 있는 수신자" 개념을 제안한다. 이러한 키에르케고르식의 수신자가 플라톤식의 수신자와는 다른 중요한 차이는, 언제나 해석을 동반하는 커뮤니케이션에서 그 해석이란 송신자가 전달해주는 것이 아니라(피터스는 이를 신의 메시지를 전달하는, 해석학*hermeneutics*의 어원이기도 한, 헤르메스Hermes 천사의 모델이라고 말한다), "귀를 가지고 듣는 사람들이라면 누구나 할 수 있다"는 데에 있다. 나아가 피터스는 플라톤식의 "화자와 청자 간의 상호적 짝짓기"가 아니라, 화자와 청자들이 보다 급진적으로 "다처다부식의*polygamous* 교섭"을 상상할 수 있는 커뮤니케이션의 대표적 사례로 예수의 복음 전파*dissemination*를 든다. 예수가 "사람을 구별하지 않고 사랑을 뿌리는 것*scattering; broadcasting*처럼, 일방향적인 커뮤니케이션이 반드시 나쁜 것만은 아니다." 키에르케고르식의 수신자에 대한 믿음과 함께할 때만이 송신자는 자신으로부터 뿌려지는 것에 대한 두려움을 덜 수 있다. 소크라테스가 '뿌려지는 말'이라는 매스 커뮤니케이션을 두려워한 첫 번째였다면, 예수는 그런 매스 커뮤니케이션을 두려움 없이 적극적으로 활용한 첫 번째였다는 것이 피터스의 해석이다.

뿌려지는 것이 단정하게 정리될 것이라고 기대하는 것은 어렵다.

커뮤니케이션이 그러하다면 그것은 일종의 뒤죽박죽 상황이 아닌가? 여기에 피터스는 '공동체'가 되고 '공유'를 의미하면서도 '오염'과 '명확치 않음'을 또한 의미하기도 하는 커뮤니케이션의 그리스어 어원인 "koinoō"를 빌어온다. 커뮤니케이션이 언제나 명확한 의미 전달과 서로 간에 의식의 합치를 의미한다면, 그것은 이상*ideal*을 넘어서 일종의 폭력이 될 수도 있지 않은가? 스토킹*stalking*에서처럼 상대방에 대해 과도한 애정을 갖는 것은 그에 대한 책임감이 아니라 집착이며 관계의 판단 기준을 자신의 행복에만 두는 것이다. 방송이 시청(청취)자들의 행복을 위해 최선을 다한다고 말할 때, 그것이 스토킹이 될지 애정어린 몸짓이 될지 역시 그런 경계선에서 생각되어야 하지 않을까? 그런데 뉴스에서는 성폭력 범죄자의 단죄를 위해 '화학적 거세'를 강조하면서, 가요쇼와 연예 프로그램 등을 통해 선정적으로 '걸그룹'들을 끊임없이 내보내는 사도-마조히즘적인 광경은 스토킹인가 아니면 잠재적 성폭력 범죄자군에 속하면서도 구매력 높은 '삼촌 부대' 시청자들을 위한 존경과 애정의 표현일까?

마음의 심연을 향한 커뮤니케이션의 꿈

상대방 마음의 깊은 곳까지 도달하고자 하는 인간의 욕망은 커뮤니케이션 과정에서 발화자 또는 메시지의 송신자를 중심에 두는 권위주의와 연관된다. 피터스는 이 '영적 전통*spiritualist tradition*'이 상당히 견고하게 현재까지도 사회에서 다양한 커뮤니케이션 방식들을 해석하는 데 많은 관여를 하고 있다고 본다. 그의 목적은 단순히 이 전통 또는 관점과 방법을 해체하는 데 있는 것이 아니다. 이 전통에 대해 제대로 이해하고 우리의 커뮤니케이션 행위에 적용하고 평가할 때, 커뮤니케이션 과정에서 언제나 수행되고 동반되며 상상되는 영적 체험을 보다 잘 이해할 수 있다는 것이다.

의식과 영혼이 물질로 대체되거나 환원될 수 있다는 물질주의적 믿음이 팽배한 이른바 테크노-커뮤니케이션 시대에 대응하기 위한 피터스의 영적 전통에 대한 계보학적 작업은, 서구 4세기 신학자인 아우구스티누스로부터 13세기 중세 스토아 철학을 집대성한 토마스 아퀴나스, 자유주의의 아버지라 불리는 17세기 영국의 존 로크를 경유한다. 피터스가 보기에, 이들 위대한 서구 철학자/사상가들에게 공통적인 주장은 인간이 커뮤니케이션을 할 때 서로가 자신의 즉각적인 순수한 내면*interiority*을 공유하면서 그러한 영적*spiritual*, 심적*mental* 내용을 정확하게 상대방에게 전달한다는 것이다. 따라서 성 아우구스티누스와 로크에게 커뮤니케이션이란 송신자와 수신자 간에 차이보다는 동일성*identity*을 확인하는 수단이며, 아퀴나스에게 커뮤니케이션은 송신자로부터 수신자에게 이르기까지 잃어버리는 것 없이 그 모든 메시지가 고스란히 전달되는 천사의 행위로 이해된다.

이러한 '커뮤니케이션의 꿈'은 18세기 독일의 프란츠 메스머Franz Mesmer의 동물 자기*animal magnetism*라는 최면술로 이어진다. 19세기 유럽 전역에서 큰 유행을 했던 메스머리즘*Mesmerism*은 최면술을 거는 사람과 최면에 걸리는 사람 이 둘의 영혼 간에 "완벽한 융화*total fusion*"를 상상했다. 메스머리즘이 신체적으로 드러나지는 않는 상태의 두 영혼의 결합을 가리켰다면, 비슷한 시기 엑토플라즘*ectoplasm*은 영매*medium*의 살*flesh*을 통해 전유되어 전달되는 영혼 간의 물질적 교감과 표출이다. 이와 같은 '비과학적' 영적 커뮤니케이션에 대한 상상과 꿈들은 19세기 중후반 '과학적' 정신 연구*psychical research*뿐만 아니라 2차 대전 후 앨런 튜링Allan Turing의 인공 지능 연구를 위한 중요한 모티프였다. (최면술은 21세기 한국의 과학 수사에서도 중요한 방법으로 쓰이고 있다!) 당시 정신 연구의 본산이라 할 수 있었던 영국의 케임브리지대학교와 캐번디시연구소Cavendish Laboratory는 2차 대전 이후 방송 기술과 천문 외계 탐사 연구를 위한 전파 천문학에서 혁신적인 연구를 하기도 한다.

이처럼 다른 사람 마음의 심연을 확인하려는 커뮤니케이션에 대한 상상과 열망은 궁극적으로 20세기 초 무선 통신과 라디오 방송의 현실화를 이끌었다는 것이 피터스의 계보학적 해석이다. 드넓은 들판에 "씨를 뿌리는 행위*the scattering of seeds*"로 비견되기 시작했던 근대 사회에서 방송의 파급력은 사생활 침해를 만드는 당시 인쇄 미디어의 힘을 압도할 태세였다. '관심있는 누군가*To Whom It May Concern*'라는 영문 편지 서식의 시작과 마찬가지로 방송에서는 청취자들이 누구인지도 그들의 수신처가 어디인지도 명확치도 않다는 방송에 대한 사회적 불평과 불안감이 일기 시작했다. 피터스는 이런 "전파를 통한 접촉의 열망이 어떤 종류의 도덕적, 정치적 의무감을 만들었는지"를 묻는다. 1920년대 미국의 라디오 방송은 그러한 불평과 불안감을 재빠르게 간파하고 "함께하는 시청자 여러분*fellow listeners*" 등 친근감을 자아내는 내레이션과 톤과 같은 "대화적*dialogic*" 전략들을 고안해 낸다. 1933년 당시 미국의 루스벨트 대통령은 한 라디오 방송에서 "제 물잔이 어디 있죠?"라고 말했고 이는 편집 없이 그대로 라디오 방송을 통해 청취자들의 귀로 흘러들어갔다. '몸이 동반되지 않는*disembodied*' 매스 커뮤니케이션에서 대통령도 똑같은 인간의 몸(생리적 욕구)을 가졌다는 사실은, 방송이라는 매스 커뮤니케이션에게 쏟아졌던 그런 불평과 불안감을 불식시킬 만큼 방송의 친밀감과 솔직함을 자아냈다. 피터스는 이런 점에서 몸 없이도 의식의 합치 또는 마음의 심연을 확인할 수 있다는 것은 일종의 판타지라고 말한다.

그렇다고 피터스가 커뮤니케이션 현장에 몸을 동반하는 면 대 면 커뮤니케이션, 즉 대화주의*dialogism*의 이상을 복원하고자 하는 것은 아니다. (피터스는 미하일 바흐친Mikhail Bakhtin을 따라, 대화란 송신자와 수신자 양편 사이에 가지런히 놓이는 정보의 순환이 아니라 "목소리들의 뒤엉킴"이며, 따라서 일종의 소규모 방송이라고 얘기한다.) '흩뿌려지는' 매스 커뮤니케이션으로서 방송의 친밀감과 솔직함을 몸을 통해 확인한다는 것이나 방송에서 친밀감이 부족하다는 사회적 불평과 불안감을 느끼는 것은, 방송 역시 근본적으로 '사랑의 관계'를 만드는 과정이라는 것을 의미한다. 따라서 어떤 의미에서 보면, 상대방의 몸을 확인할 수 없기 때문에 쓰기*writing*라는 커뮤니케이션의 방식이 관계의 심각한 왜곡을 야기한다고 믿었던 플라톤에게나, 루스벨트의 라디오 방송에서처럼 매스 커뮤니케이션의 이론가들에게나, 커뮤니케이션은 궁극적으로 '몸'을 둘러싼 사회적, 정치적, 문화적 관계들을 구성하는 것이다. 이런 측면에서 몸을 동반한 사랑의 관계가 문명의 차원에서 사회적으로 확장되었다고 본 프로이트는 "매스 에로스*mass eros*"로서 매스 커뮤니케이션을 개념화한 위대한 근대 사회의 커뮤니케이션 이론가이다. '마음'의 심연에 닿기 위해 '몸'을 떼어 놓는 순간 커뮤니케이션은 현실의 관계망을 벗어난 꿈이 된다.

:: '죽은 자들'과의 대화

커뮤니케이션에서 몸에 대한 성찰은 근본적으로 세계에서 인간이 자신의 지위와 이를 통해 맺게 되는 사회적 관계를 이해하기 위해 필수적인 과정이다. 인간 내면 의식의 합치라는 '영적 전통'의 커뮤니케이션 이상에 대하여, 피터스는 인간 자아*self*에는 어떠한 내부*inside*도 없다는 헤겔의 인식을 따라서 인간 내면은 그 자체로 태어나는 것이 아니라 관계를 맺는 인간 간의 상호 인식*mutual recognition*으로 부여되는 것이라고 본다. 상호 인식을 통한 인간 주체의 형성에서 관계의 위계 구조가 정당화되는 헤겔의 철학은 마르크스에 의해 전복된다. 마르크스에게는 상징적, 물질적 자원의 부당한*unjust* 배분을 통해 정당화된 관계의 위계 구조가 바로 사회에서 인간 주체들 간의 커뮤니케이션이 실패하는 원인이기 때문이다. 그럼으로써 마르크스의 커뮤니케이션은 소수 지배 계급에 의한 다수 피지배 계급 의식의 조작이거나(가령 《독일 이데올로기*Die Deutshe Ideologie*》), 아니면 모든 인간 주체들 모두의 동등한 대화의 가능성을 의미해야 한다. 하지만 인간에게 어떤 측면에서의 고독과 소외는 보호받고 싶은 사생활의 한편을 구성한다. 키에르케고르는 이를 "아이러니"라고 말한다. 사회에서 인간의 생존과 존중을 위해 고독과 소외는 제거되어야 하지만, 생각의 나래를 펼치기 위해서 고독과 소외는 "영적 산파*spiritual midwifery*"가 된다는 아이러니를 만든다.

그럼에도 불구하고 고독과 소외에 대한 과도한 기대와 해석은 인간 자율성*autonomy*에 대한 이데올로기적 판타지를 만든다. (피터스는 저서 《심연을 헤아리며: 언론 자유와 자유주의 전통*Courting the Abyss: Free Speech and the Liberal Tradition*》[2005]에서 이처럼 스토아주의를 과대하게 포장한 자유주의에 대한 비판적 성찰을 한다.) 고독과 소외는 사회 관계에서 인간의 완벽한 진정한*authentic* 자아를 드러내 주는 경험이 아니라 언제나 완벽할 수 없는 자아를 그리는 붓이다. 완벽할 수 없는 자아의 진정성을 그릴 수 있는 것이야말로 우리가 사회에서 커뮤니케이션을 하는 이유이다. 피터스는 비트겐슈타인의 말을 빌어 "사자*lion*의 말*speech*을 이해하고자 한다면 사자의 몸에 들어가 살면서 그 삶의 양식을 경험해야 한다"고 본다. 타자의 모습은 언제나 내 자신 내면의 모습일 수 있다. '나의 자아를 위해서 존재하는 타자'라는 생각은 자칫 폭력의 경계를 넘기 쉽다. (프랑크푸르트학파의 테오도르 아도르노Theodor Adorno는 이러한 헤겔적 타자를 《부정 변증법 *Negative Dialectics*》에서 비판한다.) 나의 자아를 위해서 타자를 인식하는 것뿐만 아니라 그 타자를 진심으로 존중하고 '나로서' 받아들일 수 있을 때, 비로소 내가 다른 사람들과의 의미의 관계망에 놓여 있음을 깨달을 수 있다.

커뮤니케이션은 근본적으로 단절과 실패의 가능성으로부터 출발한다는 피터스의 주장은 우리가 저편에 있는 우리의 대화 상대자들의 생각에는 어쩌면 그저 스치듯이 닿을 뿐이라는 것을 말해 준다. 진정한 자아도 없듯이 진정한 타자도 없다. 우리는 단지 타자들이 남긴 (랄프 왈도 에머슨Ralph Waldo Emerson이 말한) "흔적들에 대한 해석"으로 그들과 커뮤니케이션을 하는 것이다. 얼핏 급진적으로 보이겠지만 피터스에게 타자들 가운데 자신들에 대한 해석에 가장 관대한 이들은 다름 아닌 "죽은 자들*the dead*"이다. 죽은 자들과의 면 대 면 대화란 가능하지 않다. 그들로부터 어떤 회신도 받을 수 없지만 살아 있는 나로부터의 그들로의 일방향적 커뮤니케이션은 역사를 탄생시켰고 과학을 움직인다. 묘지의 비문 앞에서, 교회와 성당과 사찰에서, 도서관의 서가에서, 사진첩에서, 페이스북에서 우리는 날마다 죽은 자들과 대면한다. 우리의 커뮤니케이션에서 죽은 자들이 사라진다면, 타자도 사라지고, 자아도 사라지며, 근본적으로 커뮤니케이션이란 개념은 아예 존재하지 않을지도 모른다. 하이데거가 말한 '죽음을 향한 나'를 깨닫는 것과 함께, 내가 나 자신을 향한 만큼의 사랑과 욕망을 타자들에게도 나누어주는 관대함을 갖는 것이 죽은 자들과의 커뮤니케이션이 주는 위대한 교훈이다.

:: 학제 간 연구에서의 커뮤니케이션학

커뮤니케이션이란 개념이 거쳐 온 흔적들을 일련의 사회적, 문화적, 정치적 사건들과 함께 엮어낸 피터스의 이 철학적, 역사적 작업의 의의는 무엇일까? 과도한 단순화를 무릅쓰고 말하자면, 우선 그의 작업은 커뮤니케이션의 학생들과 연구자들이 역사학, 철학, 사회학, 심리학 등 커뮤니케이션 연구의 원류를 형성했다고 논의될 만한 학문에 대해 가질 수 있는 무언가 '자신감 없음'의 느낌을 덜어주는 데 도움을 준다는 것이다. 이것이 단순히 학문 간의 영역을 구별해야만 한다거나, 독립된 학문 분야로서 커뮤니케이션학이 갖는 지위와 그동안의 기여를 폄하하거나, 그 지위와 기여를 과대 포장 및 자만하고자 하는 것을 의미하지 않는다. 사실, 그동안 많은 커뮤니케이션의 학생과 연구자들 사이에서 이루어진 자기 학문 성찰적 고민 중 하나가, 왜 우리는 그러한 학문으로부터 나온 이론과 개념들을 커뮤니케이션 연구로 끌어들일까 하는 데 지나친 관심과 편향을 갖는가라는 질문이다. 이러한 학문 행위는 학제적 연구를 대하는 독립된 학문의 적절한 기대와 역할에도 부합하지 않을뿐더러 학문의 정체성에 대해 폐쇄적인 자세와 비전을 갖게 한다. 피터스는 이 작업을 통해서 '커뮤니케이션'이 철학, 신학, 미학, 역사학, 정치학, 심리학, 사회학 등의 내용을 구성하는 핵심 개념임을 보여 준다.

가령, 키에르케고르는 단순한 신학자, 철학자가 아니라 커뮤니케이션을 탐구*inquiry*의 대상으로 삼아 자신만의 독특한 철학과 신학의 메시지를 전달한다고 피터스는 해석한다. 플라톤은 단순히 면 대 면 대화의 중요성을 강조한 철학자가 아니라 당시 고대 그리스 사회의 새로운 매스 미디어 기술로서 '쓰기'의 사회적 영향력을 간파한 미디어 기술의 사회학자이다. 독립된 학문의 개념 및 이론과 방법으로 자신의 정체성을 명확히 할 때 진정한 학제 간 연구가 가능하지 않을까? 학제 간 연구는 단순히 개념과 연구 방법을 서로 차용하는 것을 의미하는 것이 아니라 자신의 학문이 어떤 연구 주제에 기여할 수 있는 바를 명확히 제시할 수 있는지 여부와 연관된다. 이런 점에서 피터스의 《흩뿌려진 목소리들》은 커뮤니케이션을 탐구의 주제와 대상으로 한 학제적 연구의 아주 획기적인 사례이다. 이런 면모는 2003년 〈캐나다 커뮤니케이션 저널*Canadian Journal of Communication*〉에 게재한 〈공간, 시간, 그리고 커뮤니케이션 이론Space, Time, and Communication Theory〉이라는 그의 논문에서도 엿볼 수 있다. 여기서 그는 천문학과 지질학에서도 역시 커뮤니케이션이 이들 학문의 중요한 탐구적 개념이라고 주장한다. 시간과 공간을 가로질러 망원경을 통해 몇 광년 떨어진 별을 관찰한 것은 이미 없어졌을 수도 있는 별을 현재 존재하는 것으로서 다루어 해석하는, 어쩌면 '죽은 자들'과의 원거리 커뮤니케이션에 비견될 수 있다. 지질학자들도 비슷하게 지층을 관찰하고 무수한 화석들과 퇴적물로 구성된 단층들을 통해 먼 과거의 존재자들과 커뮤니케이션을 하는 학문이다.

피터스는 2005년 출간된 《심연을 헤아리며》에서 인간 내면의 깊은 무언가를 특권화시키는 시도로서 자유주의에 대한 비판을 내놓는다. 자유주의의 자유 언론 전통은 사람들이 어떤 생각을 사회에서 나누더라도 자신들 내면에 일종의 사고 처리*thought processing*의 메커니즘을 두고 있고 따라서 어떤 경우라도 그런 사고 처리의 메커니즘을 존중해야 하며 누구라도 어떤 의견을 듣더라도 그 의견을 처리할 충분한 능력이 있다고 믿는다. 피터스가 여기서 동의하는 바는 인간들마다 각자 나름의 사고 처리 또는 해석 능력을 가지고 있다는 것이다(왜냐하면 우리 인간들 모두 "귀를 가진" 덕택으로). 하지만 그가 동의하지 않는 것은 그런 메커니즘의 고유성 정도에 있다. 우리 인간에게 어떤 고유한 사고 처리 능력이

'본질적으로' 있다는 것인가? 자유주의는 그러한 본질적 능력의 덕택으로 인간은 사회에서 악마의 메시지라도 처리할 능력이 있고 실제로 악마의 메시지로 인해 사회에서 도덕적으로 '좋음'에 대한 의견이 만들어진다고 믿는다. 2005년 덴마크 일간지 〈질란트 포스텐*Jylland-Posten*〉에는 이슬람교의 마호메트를 풍자한 만화가 실린다. 자유주의에게 이는 언론의 자유와 표현의 자유이지만, 피터스가 보기에 자유주의자들의 이런 주장은 이슬람이라는 타자가 갖는 내면의 사고 처리 메커니즘을 자신들의 것과 단순히 동일시해 버리는 오만의 커뮤니케이션이다. 이 자유주의 논쟁은 펜실베니아대학교 커뮤니케이션 교수인 캐롤린 마빈Carolyn Marvin의 《심연을 헤아리며》에 대한 리뷰가 2008년 〈국제 커뮤니케이션 저널*International Journal of Communication*〉에 실리고 같은 호에 피터스의 답신과 그에 대한 마빈의 답신으로 이어지면서 큰 반향을 일으켰다. (마빈은 피터스가 과거 다른 지면에서 비판적으로 검토한 바 있었던 저명한 커뮤니케이션 학자 제임스 캐리James Carey의 제자이다.)

피터스는 현재 고인이 된 아이오와대학교 역사학과 교수이자 자신의 가장 절친한 동료였던 케네스 크밀Kenneth Cmiel(2006년 갑작스런 뇌졸중으로 세상을 떠났다)의 미완성 유작을 완성하는 작업을 하고 있다. 아이오와대학교의 국제학대학원 크로싱 보더 펠로쉽Crossing Borders Fellowship 프로그램의 수업을 함께 운영하기도 했던 크밀과 피터스가 함께 쓰는 책의 제목은 "잡다한 지식: 역사적 관점에서의 본 정보 시대*Promiscuous Knowledge: The Information Age in Historical Perspective*"이다. 디지털 미디어와 함께 더욱 더 멀리 더 넓게 흩뿌려지는 정보의 네트워크에 대한 철학적, 역사적 탐색이 될 전망이다.

함께 읽으면 좋은 책

파에드로스 Phaedrus

플라톤 지음 | 김주일 옮김 | 이제이북스 | 2012

피터스 책의 모티프 구성에 출발점을 제공한 고전 중 하나이다. 여기서 플라톤은 자신의 스승인 소크라테스를 주인공 캐릭터로 등장시켜 인간 영혼의 불완전함을 커뮤니케이션의 문제로 인식하고 이를 극복하기 위한 특정한 커뮤니케이션 양식으로서 면 대 면 대화를 강조한다. 고대 그리스 시대 새로운 미디어 기술이었던 문자와 종이를 통한 '쓰기'가 사회에 대해 갖는 영향력을 탐색하였다. 이를 통해 플라톤의 수사학에 대한 관점을 명확히 이해할 수 있다.

청취의 과거 The Audible Past: Cultural Origins of Sound Reproduction

조너선 스턴 Jonathan Sterne 지음 | 2003 | 윤원화 옮김 | 현실문화 | 2010

'사운드'는 어떻게 탄생하게 되었는가? 근대 사회 그리고 자본주의는 '사운드'를 어떻게 문화의 산물로 가공, 재생산, 상품화시켰는가? 이런 질문에 대해 이 책을 통해서 읽을 수 있다. 커뮤니케이션의 중요한 감각으로서 '듣기'가 어떻게 근대 자본주의 사회를 거치면서 길들여지면서도 또한 어떻게 문화 산업에 도전을 하였는지 볼 수 있는 문화 연구 및 커뮤니케이션 역사서라고 할 수 있다.

기계 복제 시대의 예술 작품 / 사진의 작은 역사 외: 발터 벤야민 선집 2

발터 벤야민 지음 | 최성만 옮김 | 길 | 2007

커뮤니케이션의 근본 역할이 관계의 단절과 실패의 해결책이 아니라 그 원인 제공이라는 피터스의 파격적인 주장은, 보다 근원적으로는 세계의 모든 인간 구성물이

완벽할 수 없다는 성찰이라고 할 수 있다. 벤야민은 대량 복제되는 인간 구성물이 그것의 원본이 갖는 진정성을 갖출 수 없기 때문에 오히려 그 복제물로서의 불완전한 진정성을 보다 찬연히 드러낸다고 본다. 완벽 또는 완전할 수 없기 때문에 더욱 더 그 메시지의 생산과 수용을 미학적으로 만들 수 있다는 벤야민의 논의는 피터스의 주장을 이해하는 데 도움이 된다.

3

레이먼드 윌리엄스, 텔레비전의 변화상을 진단하다

레이먼드 윌리엄스

《텔레비전, 기술과 문화적 양식》

이기형

텔레비전, 기술과 문화적 양식
Television, Technology, and Cultural Form

레이먼드 윌리엄스
Raymond Williams

1974 | Routledge | 2003

텔레비전의 변화하는 역사적인 궤적과 이 매체가 사회 내에서 발휘하게 된 복수의 기능들을 광의의 사회문화사적인 관점에서 폭이 넓고 동시에 유연하게 다루어 낸 역작. 이 작업은 기존의 텔레비전의 정체성을 기술의 전개상과 제도적인 측면에서만 주로 강조하고 풀어내는 관점이나, 이 매체가 재현하는 장르와 텍스트의 의미 작용을 중심으로 상세하게 탐구하는 입장을 넘어서서, 이 두 관점을 선별적으로 조합시켜 접근한다.

윌리엄스는 텔레비전이라는 매체가 사회 내에서 기술적으로 배치되고 제도화되는 복합적인 과정과 행로를 꼼꼼하게 진단해 낸다. 한편 텔레비전이 발현하는 독특한 흐름과 프로그래밍의 전략을 다루는 장들에서는 텔레비전의 문화적인 구성과 기획의 특징 그리고 수용자에 대한 영향을 동태적으로 그려 낸다. 이러한 다면적인 관심과 대안적인 사유를 통해서, 이 책은 텔레비전이라는 변모하는 기술적인 그리고 사회 문화적인 매(개)체의 역할을 매우 탄력적으로 그리고 다변화시켜 조명함으로써, 후대의 미디어 연구자들에게 커다란 영향을 끼쳤다.

◆◆◆ 이기형은 연세대학교 영문학과를 졸업하고 미국 일리노이대학교 사회학 석사와 커뮤니케이션학 박사 학위를 받았다. 현재 경희대학교 언론정보학과 교수이다. 책으로는 《TV 이후의 텔레비전》(공저), 《한국 사회의 소통 위기》(공저), 《Asian Media Studies》(공저), 《미디어 문화 연구와 문화정치학으로의 초대》 등이 있으며, 논문으로는 〈현장 혹은 민속지학적 저널리즘과 내러티브의 재발견〉, 〈담론 분석과 담론의 정치학〉 등이 있다.

:: 텔레비전의 사회·문화적인 활용과 역할을 어떻게 유기적으로 사유할 것인가

레이먼드 윌리엄스(1921~1988)의 저작 《텔레비전, 기술과 문화적 양식》은 텔레비전과 문화 연구 분야의 '고전'이자, 텔레비전의 역할과 변화상을 탐구하는 학자들에게 아직도 상당 부분 유용하고 문제의식을 촉발하는 매우 영향력 있는 작업으로 평가된다. 이 글은 그가 TV의 구조적인 속성과 변화상에 대해 제공한 비판적인 관찰점과 역사적인 문제의식에 주목하고, 이 작업의 함의를 다양한 각도에서 논하고자 한다.

1974년에 발간된 이 책은 사십여 년이 지난 현재, 대다수의 미디어 연구자와 수용자들이 접하는 텔레비전 체계나 역할 혹은 일상적인 존재감과는 상이한 매체를 둘러싼 환경에서 TV가 발휘하던 특정한 사회적인 활용 방식과 맥락성을 담아낸다. 윌리엄스가 이 책을 쓸 당시에는, 위성 방송이나 케이블 방송은 물론이고 다매체와 다채널의 일상적인 확산, 국경과 지역을 넘어 소비되는 텔레비전 프로그램들의 활발한 흐름 등은 현재와 비교하기가 어려운 상황이었음을 기억할 필요가 있다.

예를 들면 그 당시 북미에서는 가정에서 통상 약 3~6개 정도의 지상파 채널들을 접할 수 있었고, 거대 시장을 겨냥하는 케이블 TV는 아직 크게 상용화되지 못했다. 또 가정의 거실에서 소파에 앉은 가족 구성원들이 지상파 방송사가 송출하던 프로그램을 상대적으로 '수동적으로' 접하던 시기였고, 리모트 콘트롤 기기(RCD)나 방영된 프로그램을 저장하고 수용자가 다시 원하는 시간에 볼 수 있는 재생 장치들은 아직 상용화되지 않았다. 매체 환경 면에서는 지상파 영역의 ABC, CBS, NBC 같은 거대 방송사들의 프로그램과 시청 관련 지배력이 아직은 상대적으로 강한 힘을 발휘하던, 이른바 '네트워크 시대*the Big Three dominant network era*'의 말기이기도 했다.

이른바 '포스트텔레비전'의 등장과 디지털화, 다변화된 수용자의 부상과 분화된 내로캐스팅*narrowcasting*, 그리고 텔레비전 프로그램을 포함하는 문화 콘텐츠의 혼종화*hybridization*와 탈지역적인 소비 등이 일상적으로 이루어지는 지금의 급변한 환경을 떠올리며, 혹자는 이 책의 가치나 효용성을 텔레비전의 기술적 진화와 문화적 전개가 판이한 과거의 유적이자 시대적 한계가 드러나는 작업으로 판단할지도 모른다.

하지만 이 책은 미디어 연구가 체계화되던 시기에 학문적인 논의에서 상대적으로 뒤쳐져 있던 텔레비전이라는 매체와 테크놀로지에 관한 진중하고 다면적인 진단과 사유를 매우 창의적이고 유연한 방식으로 탐문한 시도이다. 이러한 점에서 이 저작은 후대의 학자들에게 매우 큰 지적인 영향력을 끼친 '기념비적인' 텍스트로 평가받는다.

이 책에서 윌리엄스는 통상적으로 텔레비전의 특성과 역할을 텔레비전의 제도적 차원이나 사회 내 주요한 기구적 특성과 역할을 중심으로 거시적으로만 접근하거나, 특정 장르나 프로그램을 중심으로 "읽어내는" 기존의 관행화된 분석틀로만 접근하지 않는다. 또한 텔레비전의 정체성과 역학*dynamics*을 문화 연구 내의 공인되고 종종 반복적으로 시행되는 특정한 주제들로만 — 예컨대 의미화*signification*와 '재현의 정치학' 혹은 매체와 문화의 민주화나 텔레비전이 재현하고 매개하는 정치성과 같은 주요한 주제 등 — 한정시키는 접근 방식만을 택하지도 않는다. 한편 이 책은 텔레비전의 공공적인 그리고 사회·정치적인 행위자로서의 역할을 당대에 형성된 매체와 (대중) 문화의 지형만을 중심으로, 즉 역사적인 측면에 대한 고려보다는 주로 공시적인 측면에서만 풀어내는 작업도 아니다.

윌리엄스의 이 저작은 1970년대 중반이라는 출간 시기를 고려할 때, 그가 이미 '비판적-역사적인' 시선으로 텔레비전의 변화하는 궤적과 일상 속의 역할을 얼마나 날카롭고 개방된 인식으로 조명하고 있었으며, 나아가서 사회·문화적인 요구와 이해관계들이 매체 기술과 어떠한 방식으로 결합하고 중층적인 상호작용을 일으키고 있는지를 땀땀이 기술하고 동시에 깊이 있게 사유한 매우 '선도적인' 시도로 간주된다. 윌리엄스는 대중 사회의 도래와 산업화 이후 근대성이 발현되는 주요한 수단이자, 일상적으로 소비되는 전자화된 대중 문화의 대표적인 유형이며 대표적인 담론과 정보의 매개체이기도 한 텔레비전의 사회 내 역할들을 설명한다. 즉 이 매체의 정체성과 역할에 개입하는 사회-기술적인 구성*the social shaping of media technologies* 과정과 다면적인 효과들을 매우 폭이 넓고 동태적으로 관찰하는 방식을 제공한다.

윌리엄스의 작업은, 부연하자면 복잡한 제도적인 이해관계와 기술적인 구성의 역사를 발현한 바 있는 텔레비전이, 어떠한 방식으로 수용자들의 일상적인 습속과 리듬을 구조화하게 되었으며, "유동적 사사화*mobile privatization*"의 과정을 기반으로 가정이라는 '친밀성 영역*the sphere of intimacy*'을 중심으로 방송의 특정한 소비와 수용 단면들이 생성되었고, 동시에 텔레비전이 상업적인 이해관계를 직간접적으로 발현하게 되었는지의 간단치 않은 과정과 행로에 특히 주목했던 것이다. 유동적인 사사화란 텔레비전이 집 안으로 본격 진입하며 소비 문화와 유기적으로 연결되고, 가정이라는 영역이 매체의 활용으로 인해 변화하는 양상을 관찰하기 위한 개념으로 제시되었다.

윌리엄스는 이러한 매체의 대중적인 활용과 사회·기술적인 변화상을 하나의 연계된 해석틀로 포착하는 작업을 제시함으로써, 매체를 중심으로 부상하게 된 일련의 현상들을 유기적으로 아우를 수 있는 중요한 사례와 전범*model*을 제공한 것이다. 이러한 측면에서 그의 작업은 향후 등장할 텔레비전을 포함한 대중 매체의 역할과 구성에 관한 진전된 '사회·문화사적인' 관점을 선도하고 예시했다고 볼 수 있다.

또한 이 대목에서 윌리엄스가 주목한 바 있는 결코 단순치 않은 또한 상당한 기간을 두고 이루어진 텔레비전의 '사회적인 배치'와 '활용*uses*' 그리고 TV가 매개하는 광의의 제도와 문화 정치적인 차원의 효과들에 대한 분석은, 후대의 미디어 연구와 문화 연구자들에 의해 부문별로 조밀한 사례 분석과 문제의식이 보다 조직적으로 확장되고 심화되기도 했다.

윌리엄스는 텔레비전이라는 기술적, 문화적, 그리고 사회적인 실행들의 복합적인 구성물*ensemble*이자 사회 내 주요한 행위자의 역사적인 구성과 역할을 특정하고 강력한 몇몇 요인만을 중심으로 구현되는 단선적인 서사*linear narrative*로만 풀어내지 않는다. 그는 크게는 매체 기술과 사회적인 실행들 그리고 문화적인 실천과 습속 간의 복잡한 상호작용과 불균등한 접합의 양상들, 그리고 이러한 측면들 간의 집합적인 결합을 일종의 '구성주의'적인 시각으로 풀어내는 것이다. 즉 구성주의는 매체의 성격을 구현하는 테크놀로지의 특성과 기능들, 특정한 매체의 사회적인 활용을 가능하게 하는 제도적인 이해관계와 영향력, 그리고 이러한 매체의 콘텐츠를 구현하는 생산자들의 실행과 전술 등이 어우러져 집합적으로 발휘되는 상호작용을 상세하게 관찰하고, 동시에 이러한 과정의 함의들에 관한 통합적인 진단을 시도하는 대안적인 접근방식을 의미한다. 이 과정에서 그는 텔레비전의 정체성과 역할을 주로 문화 구성체나 텍스트적인 실행을 중심으로 논하는 기존의 문화(연구)적인 분석의 틀만을 고수하지 않는다. 또한 텔레비전의 정치·제도적인 역할을 외부의 관찰자적인 관점에서 분석·비판하는 기존의 방송학이나 제도 중심의 미디어 분석의 작업들과도 상당히 차별화되는 대안적인 관점을 보여 준다.

이러한 윌리엄스의 선구적인 시도는 텔레비전과 매체 기술 그리고 텔레비전이라는 특정한 문화적인 양식에 대한 관심과 연계된 문제의식을 전면에 내세운 이 책의 제목에서도 강하게 감지된다. 예컨대 문화 연구 영역의 텔레비전과 관련된 대표적인 고전으로 평가받는 존 피스크의 《텔레비전 문화》나 존 피스크와 존 하틀리John Hartley의 《텔레비전 읽기*Reading Television*》와 비교하면, 윌리엄스가 집중했던 분석적인 방점과 인식의 차이들이 드러난다. 현재도 미디어 문화 연구에서 교과서로 종종 활용되는 이 저작들과 비교할 때, 윌리엄스의 작업은 텔레비전의 사회적인 역할을 좁은 차원의 프로그램이나 텍스트들이 발휘하는 의미 중심의 분석*meaning-centered analysis*이나 제도적인 기구로서 TV가 발휘하는 특정한 가치와 이데올로기의 담지체*vehicle*로서의 기능에만 분석적인 시선을 고정시키지 않았던 것이다.

크게 두 부분으로 나누었을 때, 이 책의 전반부는 텔레비전이라는 매체와 방송의 변화상을 기술결정론*technological determinism*으로 접근하는 관행적인 시각을 탈피하면서, (매체) 기술과 사회·정치적인 그리고 문화적인 요구나 필요성*needs*의 상호연관성과 이 과정에서 접합·생성되는 일련의 효과들을 중심으로 대안적인 사유와 관찰을 펼친다. 이 책은 텔레비전이 가정으로 진입하고 상용화되는 문제를 자생적이며 독립적인 힘의 발현이나 기술적인 '진화'와 '돌파'의 과정으로 간주하는 단선적인 시각을 강하게 비판하면서, 텔레비전의 변화상을 일련의 기술적인 전개와 이를 수용·전유했던 사회·문화적인 요구와 상업적인 이해관계를 결합시켜 논한다. 윌리엄스는 텔레비전의 변화상을 이렇듯 '다층적'으로 다루면서, 전신과 신문, 영화와 라디오 등의 선행했던 공공적인 그리고 대중적인 매체의 등장과 사회 내 전개상 그리고 이들 매체들이 발휘하게 된 주요한 기능을 텔레비전이 사회적으로 배치되는 과정과 상호 비교하면서, 이 매체의 역사적인 전개상과 대중적인 활용을 면밀하게 상술해 낸다.

이 책의 후반부는 텔레비전이라는 근대적인 문화 양식이 발현하는 의미화와 상업화의 단면들을 매우 세밀하게 관찰하고 신중한 분석으로 풀어내면서, 일상 속에서 발휘되는 텔레비전의 복합적인 정체성과 매(개)체로서의 특성을 창의적으로 사유하는 방식을 취한다. 특히 그가 영국을 떠나 미국에서 조우하게 된 텔레비전의 기술적·상업적인 변화상은 그의 텔레비전에 관한 대안적인 문제의식을 구체화하는 데 상당한 영향을 끼친 바 있다. 윌리엄스는 개개의 프로그램 사이에 등장하고, 규칙적인 흐름을 만들어 내는 광고나 예고*trailer*와 같은 홍보물*promotional segments*들의 역할과, 이들 구성 요소들이 제시된 스케줄과 장르적인 경계를 넘어서서 기존의 프로그램들과 섞이고*blending* 동시에 이 과정에서 생성되는 의미와 기대의 효과들, 그리고 나아가서 이러한 제도화된 상업화의 기제가 텔레비전의 거시적인 정체성과 제도적인 실행을 변화시키고, 수용자들에게 발휘하는 특정한 영향을 예리한 관찰과 특유의 유연한 논점으로 지적해 낸 바 있다.

사회적인 맥락의 측면에서 접근하면 공영 방송과 미디어의 공공적인 측면이 상대적으로 강조되던 영국이라는 미디어 환경을 떠나서, 윌리엄스는 조직적으로 텔레비전이라는 매개체의 역할이 (초)상업화의 기제로 작동하고 있는 미국의 사례를 접하면서, 새로운 문제의식과 지적

·비판적인 개입의 필요성을 체감하게 된 것이다.

텔레비전은 통상적으로 그리고 과거 특정한 시점에 '거실 구석에서 명멸하는 상자*the flickering box in the living room*'였고, 먼 곳의 정경*television*을 보여 주는 재현의 기구이자, '바보상자'이기를 거부하면서 향후 기술적인 진보와 더불어 매우 '똑똑해진' 매체로 변화했으며, 이미지와 문화를 특정한 생산과 소비의 단위로 묶어 내는 독특한 사회적인 장치*social apparatus*로도 간주된다. 윌리엄스의 저작은 이러한 텔레비전의 매우 복합적인 정체성과 변화하는 궤적을 비판적인 안목과 개방된 사유로 풀어내는 데 매우 유용한 일련의 단서들을 제공한다.

:: 레이먼드 윌리엄스의 지적인 여정

레이먼드 윌리엄스는 문화 연구 진영의 주요한 이론가이자, 미디어 연구의 영역에서 질적, 역사적, 그리고 해석적인 접근 기반을 제공한 대표적인 학자로 분류된다.

그는 문학과 예술, 매체와 매체 기술, 마르크스주의, 미디어 분석과 비평, 언론과 문화 민주화, 그리고 문화 이론 등의 영역에서 다수의 기념비적인 저작과 주요한 해석틀을 제공한 학자이자 문화 비평가였다. 그는 커뮤니케이션학과 대중 문화 그리고 문화 연구의 지형을 가로지르며, 공적인 영역에서 매우 선이 뚜렷하고 큰 영향력을 발휘한 일련의 지적·개입적인 작업을 부단히 시도했던 '공적인 지식인*public intellectual*'으로서의 기억할 만한 업적을 제공하기도 했다.

영국에서도 소수자적인 정체성이 두드러지는 웨일즈 출신이자 철도 노동자의 후예로 성장한 윌리엄스는 영국 지성과 기득권의 본령인

케임브리지대학에서 수학했으며, 이곳에서 문학 비평에 대한 공부를 하게 된다. 2차 대전 기간에 그는 나치즘에 맞서 군에서 복무한 이력도 있으며, 자신의 경험을 소설이라는 대중 서사 양식을 빌려 유려하게 풀어낸 작가이기도 했다. 그는 교육자로 엘리트 교육 기관만이 아닌 성인 교육에 참여하기도 했다. 또한 사회·정치적인 의제들에 관한 활발한 비평 및 저술 작업과 발언을 통해서 문화가 발휘하는 잠재력과 역능 그리고 참여적인 민주주의와 문화라는 — 그가 '장구한 혁명*the long revolution*'이라고 지칭한 — 문제의식을 매우 장기간에 걸쳐 일관되게 고심했던 인물이기도 했다.

윌리엄스의 지적인 그리고 공적인 정체성은 여기서 그치지 않는다. 그는 사회 변화상에 큰 관심과 활동을 투사한 사회주의자로 일생을 살았으며, (대중) 문화와 언어 그리고 담론의 역할과 역량을 재평가하고 확장시키는 데 기여한 문화 좌파*the cultural left*의 핵심이자, 전방위적인 활동을 보여 준 문화 비평가로서의 확고한 위상을 구현하기도 했다. 그는 예술 비평에서 문학과 문화의 사회성과 정치성, 그리고 매체의 역할과 대중 문화의 함의를 활발하게 기술했으며, 동시에 당대의 사회·정치적인 현안에도 적극적으로 개입하고 발언했던 비판적인 지식인의 전형을 보여 주었다. 나아가서 윌리엄스는 스튜어트 홀이나 리처드 호가트Richard Hoggart 등과 함께 학제적인 실행이자 동시에 구체적인 기획과 프로그램 그리고 발전된 이론틀과 변혁 지향성을 발휘하는 지적인 실천으로 문화 연구가 정련화되는 데 심대한 역할을 한 대표적인 지성인이었다.

그가 시도한 작업의 요체는 무엇보다도 '문화유물론*cultural materialism*'과 넓은 범주의 문화주의*culturalism*라고 정의되는 문화의 역량과 상대적인 자율성 그리고 가치를 폭이 넓고 유연한 방식으로, 또한 역사적인 변화상과 동력을 아우르며 조감했던 지적인 동시에 비판적인 기획으로 대표된다. 그는 문화의 문제를 특정한 사회의 엘리트층이 향유·독점하는 고급 문화의 틀에 가두지 않고, 피지배민들이나 사회 내 다기한 주체들의 활동상과 경험들, 그리고 저항과 대안적인 실천을 세밀하게 파악하고, 일상 속에서 문화가 생생하게 체화*lived culture*되는 과정과, 문화가 수행하는 복합적이며 동시에 생산적인 역할에 주목한 바 있다. 윌리엄스에 따르면 문화는 '삶의 총체적인 방식*a whole way of life*'이며, 추상적이거나 특정한 계급 혹은 집단만의 전유물이 결코 아니다. 문화는 또한 특정한 가치나 의미만으로 재단되고, 방어되며, 평가할 수 있는 대상도 아니다.

그는 《문화와 사회*Culture and Society*》, 《장구한 혁명*Long Revolution*》, 《키워드*Keywords*》, 《모더니즘의 정치학*Politics of Modernism*》, 《시골과 도시*The Country and the City*》, 《마르크스주의와 문학*Marxism and Literature*》, 《문화사회학*Sociology of Culture*》, 《희망의 자원*Resources of Hope*》 등 일련의 작업들을 통해서 문화의 위상과 의의를 독립적으로 동시에 사회 내 역할과 긴밀하게 맥락화시켜 파악하고, 문화와 계급 그리고 문화와 지배 및 저항의 문제를 상호 맞물려 있는 구체적인 문제틀*problematic*로 제시한 바 있다.

그는 영국 사회에서 장기간에 걸쳐서 강한 영향력을 행사해 온 문화에 대한 지배적인 정의와 인식, 그리고 문화 현상에 대한 엘리트주의적인 그리고 다분히 '이상론'이나 규범론에 입각한 관점들을 비판하면서, 대중 문화와 노동자 문화 혹은 이민자와 타자들의 문화 실천을 중심으로 문화가 생성하고 수행하는 일련의 역동적이고 변화 지향적인 측면과 명암들을 매우 상세하게 천착했다. 바꾸어 말하면 윌리엄스는 '일상적인' 혹은 다수가 공유하고 체화하며, 의미화하고, 실천하는 문화의 형성과 동력을 일련의 구체적인 사례와 이들 사례들의 함의를 유기적으로 엮어 내는 설명법으로 제시했다. 그는 향후 추구되는 대중 문화와 미디어 문화를 다루는 '문화 정치적인' 작업들이 더욱 풍성해지고 유연하게 정련될 수 있는 중요한 이론적인 자원과 구체적인 사례들을 그리고 이러한 작업을 끌어갈 수 있는 성찰적인 상상력을 제공했던 것이다.

특히 윌리엄스가 고안한 '지배적인, 부상하는, 그리고 잔여적인 문화*dominant, emergent, and residual culture*'와, 그가 강조했던 (대중) 문화를 둘러싼 투쟁 및 겨룸의 과정 — 즉 헤게모니론 — 에 대한 깊이 있고 세밀한 천착과 고민은, 문화를 둘러싸고 끊임없이 벌어지는 생산과 배치, 수용과 실천, 그리고 권력 작용의 역학을 다층적으로 사유하고, 문제의식을 급진적으로 진전시킨 작업이었다. 그는 하위 문화나 대중들이 향유하는 문화를 질시하고 이들 대상에 대한 폄하나 비판을 제기하던 지배적인 그리고 특정한 가치가 투사된 도덕주의적인 문화 비평을 반대하면서, 복수의 문화들과 공유되는 문화*common culture*, 그리고 이러한 문화적인 실천을 가능하게 하며 향유하는 사회적인 주체들이 펼쳐 내는 다기한 활동의 의의와 정치적인 함의를 세밀하게 진단하기도 했다.

한편 윌리엄스는 범좌파 진영 내에서도 문화를 상부 구조에 한정시키고, 물적·제도적인 차원과 모순에 보다 큰 중요성과 가치를 두는 특정한 그리고 상당한 영향력을 행사했던 거칠고 교조적인 유물론의 입장에서 벗어나고자 했다. 그는 문화를 경제나 정치적인 심급*level*의 종속적인 존재 내지는 수동적인 반영물로 바라보는 시선을 탈각하고자 했던 것이다. 예컨대 윌리엄스에게 문화는 사회적인 투쟁과 현실을 변화시키는 갈등을 포함하는 그리고 특정한 가치와 의미 혹은 상식이 형성되고 재편되는 주요하고 동적인 자원*resources*이자, 현실 속의 정치·

사회적인 변환과 모색들이 치열하게 표출되는 공간*field*이기도 했다.

문학에서 매체와 특정한 문화 현상들을 끊임없이 다루면서, 분석 대상에 대한 세밀하고 유려한 해독과 결코 역사성과 정치적인 함의의 문제를 배제하거나 우회하지 않는 호흡이 길고 정치한 분석과 유려하고 폭이 넓은 사유의 방식은 윌리엄스의 작업을 통해서 구체적으로 체화되었고, 후대의 학자와 독자들에게 강한 인상과 더불어 숙고할 상당한 지적인 기반과 자원을 제공한 것이다.

:: '흐름'의 개념으로 텔레비전의 변화하는 정체성 진단하기

텔레비전이 사회 내에서 발휘하는 일련의 역할과 의미 작용 그리고 효과들을 성찰적으로 분석하고 비판적으로 자리매김하는 작업은 문화 연구자와 비평가들이 천착해 온 주요한 지적 관심사 중 하나이다. 《텔레비전, 기술과 문화적 양식》에서 윌리엄스는 특히 '흐름*flow*'의 개념을 통해서 그가 조우한 상업적인 텔레비전의 변화하는 측면들을 대안적으로 진단하고 나아가서 새롭게 이론화하려는 노력을 기울였다. 그에 따르면 이 개념은 진전된 '기술적 성취*technology*'이자 동시에 '문화적 양식*cultural form*'으로서 방송의 속성과 특징을 대안적으로 정의하기 위한 노력의 일환으로 제시되었다.

윌리엄스는 무엇보다도 그가 미국 마이애미와 샌프란시스코에서 마주하게 된 텔레비전의 단절감이 없이 끊이지 않는 방영과 흐름*seamless flow*에 놀랐고, 이러한 기획된 이미지와 서사의 흐름을 복수의 각도에서 그리고 대안적으로 읽어 내고 이 현상의 함의를 세밀하게 평가하고자 하는 문제의식을 선도적으로 제기하게 된 것이다. 특히 방송의 공공적인 역할이 강조되던 영국의 텔레비전 환경과 비교할 때, 매우 조밀하게 대중적인 주목과 소비 그리고 이와 연동된 '시간 관리*time management*'를 적극적으로 고려한 프로그램 생산과 이를 상업적인 차원에서 극대화시켰던 미국식 네트워크 텔레비전과의 조우는 그에게 큰 문화적인 '충격'이었고, 나아가서 새롭고 대안적인 분석의 출발점을 제공했다.

이 지점에서 윌리엄스의 관찰점과 개념화의 노력은 다음과 같이 정리할 수 있다. 텔레비전이 발현하는 특정한 장르적인 차이나 관습적인 의미들과 함께, 텔레비전의 생산자들은 시청률을 확보하고 수용자들의 관심을 지속적으로 끌어내고 유지하기 위해서, 특정하게 기획되고 구조화된 일련의 복잡한 흐름을 일상적으로 제공한다. 이는 방송의 콘텐츠를 생산하고 기획하는 주체들이 방송의 개별 프로그램에 대한 세밀한 기획과 더불어, 수용자들의 관심을 견인하고 시청률을 확보하기 위한 시도이자, 동시에 '취향 문화*taste culture*'의 구성에도 간여하는 집합적인 측면의 스케줄 구성 및 편성과 제도적인 고려를 자신들이 추구하는 프로그래밍과 상업화의 주요한 전략으로 발전시킨 데 기인한다.

윌리엄스가 주목한 흐름의 예시는 다양한 방식으로 제시될 수 있다. 예컨대 텔레비전의 프로그램과 프로그램 사이에 '규칙적으로' 등장하는 광고와 홍보물 그리고 다른 프로그램에 관한 예고는 기획된 프로그램과 프로그램 사이에서 주기적으로 존재감을 드러내며, 방영되는 텍스트와 재현되는 의미의 연속성을 일시적으로 단절시키기도 한다. 또한 드라마나 시리즈물과 같은 프로그램들은 개별 에피소드에서 서사적인 종결이 이루어지지 않기 때문에, 다음의 에피소드나 전체 시리즈로 의미와 서사적인 연결성이 이어지거나 '흐르게' 된다.

조금 다르게는 TV의 특정한 프로그램이나 드라마에 등장하는 캐릭터가 광고나 다른 작품 속에 등장하게 됨으로써 일정한 의미의 연속성이나 기호적인 상호연결성*intertextuality*을 제공하기도 한다. 한편 뉴스와 같은 대표적인 프로그램은 광고나 공공 캠페인 혹은 다른 유형의 텔레비전 콘텐츠 일부와 유사한 양식성이나 의미를 부분적으로 발현하며, 텔레비전에서 일상적으로 접할 수 있는 뉴스 프로그램과 광고 혹은 홍보용 프로그램들은 종종 매우 비슷한 화법과 발화의 톤을 구사한다.

한편 뉴스라는 양식은 일련의 특정 주제와 연관된 '분절된' 텍스트들의 파편을 제공하며, 이러한 측면에서 뉴스의 큰 흐름은 몇 가지 구분 가능한 — 혹은 수용자의 측면에서 '소화(수용) 가능한' — 주제들로 편재된 작은 흐름들 혹은 비유하자면 일련의 마디나 띠들*stripes*로 구성된다. 조금 다르게 표현하면 텔레비전이라는 복합적인 구성체이자 거대한 텍스트 속에는 일상적으로 출몰하는 광고와 상업적인 메시지들, 홍보용 텍스트들이나, 가상적인 이야기나 픽션을 담아내는 드라마와 같은 다수의 프로그램-텍스트들이 공존 혹은 '혼재'하는 복잡한 양식성이 발현되는 것이다.

그럼에도 윌리엄스가 제시한 흐름의 개념을 예시할 수 있는 가장 이해하기 쉬운 사례로는 음악 텔레비전을 들 수 있을 것이다. 예컨대 MTV와 같은 텔레비전 양식은, 24시간 동안 비교적 짧은 텍스트인 뮤직 비디오를 거의 멈추지 않고 방영하면서, 이 텍스트들 사이사이에 광고와 홍보성 프로그램, 예고편, 진행자의 코멘터리 등이 주기적으로 등장하는 독특한 구성과 면모를 보인다. 이러한 측면은, 윌리엄스가 지적했듯이, 기존의 개별 텔레비전 프로그램에 관한 개별 장르 중심의 분석이나 텍스트 비평이 상당한 한계를 지닌다는 점을 시사해 준다.

윌리엄스는 이렇듯 텔레비전이 생산하는 독특한 '흐름의 논리*flow logic*'에 주목했다. 그의 문제의식에 따르면 텔레비전 생산자들에 의해 기획되고 부단히 생성되는 흐름들은, 수용자들에게 제시되는 개별 프로그램 단위의 내용과 의미들을 넘어서서 감지할 수 있는 특정한 의미와 이미지들의 결합과 프로그래밍의 전략에 대한 보다 구체적인 관찰과 진전된 이해를 필요로 한다.

그런 측면에서 텔레비전이 보여 주는 구조화되고 기획된 흐름 *structured and planned flow*은 기존에 세밀한 관찰이나 심화된 개념화가 이루어지지 못했던 텔레비전이 제공하는 공간에서 특정한 기술적인, 수용 차원의, 그리고 제도적인 실행들의 결합이 복합적으로 형성하는 특정한 단면과 효과에 관한 새로운 통찰성과 문제의식을 생성했다. 윌리엄스의 작업은 텔레비전의 역할과 수용 과정을 동태적으로 그리고 다변화시켜 사유할 수 있는 획기적인 단서들을 제공한 것이다.

달리 표현하면 흐름이라는 개념은 점차 분화되는 수용자들의 기호나 관심과 연동되는 특정한 의미와 텍스트성의 생성과 텔레비전의 제도적인 구성을 유연하게 포착하기 위한 새롭고 '야심적인' 개념이었다는 평가를 받는다. 즉 흐름은 존 코너John Corner나 윌리엄 우리키오 William Uricchio 등의 연구자들이 지적하듯이, TV의 독특한 기술적-제도적-문화 텍스트적인 속성을 '징후적으로' 파악하려한 시도이자, 프로그래밍과 수용의 영역을 '가로질러가며' 고안한 새로운 개념이었으며, 이러한 간단치 않은 접합의 과정을 대안적으로 포착하기 위한 일종의 문화적인 '은유*metaphor*'라고도 정의할 수 있는 것이다.

비교 예시를 조금 더 들어보자. 텔레비전이 방영하는 텍스트들은 영화나 문학 텍스트에 비해, 주제와 서사*narrative*의 일관성과 통일성이 상대적으로 많이 떨어지며 산만하고 파편화된 동시에 복합적으로 서사와 이미지의 요소들이 '조합되고 재활용되는' 성격*recombinatory character*을 구현한다. 즉 서사적인 완결성과 높은 수준의 미장센을 드러내며 상당한 집중과 몰입이 필요한 영화 텍스트에 비해, 텔레비전이 방영하는 텍스트들은 특정한 중심이 부재한 파편화된 성격을 드러내며, 특정하고 명쾌하게 구분되는 서사적 종결*narrative closure*을 보여 주기보다는 계속해서 개선 혹은 업데이트되는 속성을 발현한다.

한편 과정적으로 프로그래밍의 차원을 넘어서서 텔레비전의 수용 과정과 연계시킬 때, 흐름은 일정한 의미나 장르적인 성격을 공유하는 텍스트의 덩어리가 수용자들과 만나서 해독되고 체험될 때 생성되기도 한다. 이러한 감지와 체험은 텔레비전 프로그램이 영화와 같은 시작과 끝이 상대적으로 확연하게 존재하는 문화물이 아닌, 분절화와 흐름을 특징적으로 보여 주는 이질적인 동시에 '지속적으로 제공되는' 텍스트 혹은 문화 양식이라는 특징을 시사해 준다. 즉 텔레비전이 방영하는 콘텐츠는 영화와 같은 단일하고 집중도가 높은 텍스트라기보다는, 연속적이고 파편화된 동시에 이어지는 텍스트들의 조각들이자 흐름*stream*이라는 관점 및 관찰점이 강조되는 것이다. 텔레비전 수상기 앞에 앉은 수용자는 개개의 프로그램-텍스트를 나누어서 혹은 생산자가 제시한 스케줄에 따라 관람한다기보다는, 끊임없이 이어지는 — 혹은 수용자 자신의 선택에 의해 '전유'되는*poaching* — 일련의 프로그램의 흐름(들)과 그러한 선택에 의해 생성된 텍스트들을 접하게 되는 것이다.

클라우스 브룬 옌센Klaus Bruhn Jensen과 같은 미디어 연구자는 이러한 프로그래밍이 발현하는 흐름을 보다 세분화시키면서, 다음 세 가지 유형으로 흐름의 모델을 제시한다. 첫째, 생산자들이 기획하고 제작한 프로그램으로 구현되는 '채널의 흐름*channel flow*,' 둘째, 수용자가 자신의 필요나 관심에 의해 취사 선택하는 텔레비전 보기와 관련된 수용의 양태를 지칭하는 '수용자가 만드는 흐름*viewer flow*,' 그리고 마지막으로 이러한 요소와 과정을 매개로 복합적으로 생성·결합되는 TV 영역

내 거시적인 흐름을 '초흐름*super-flow*'으로 정의한다. 이러한 텔레비전의 독특한 특징은, 수용자가 자유롭게 수상기의 전원을 넣고 원하는 시간에 특정한 기획된 흐름을 접하는 독특한 환경적인 특성에 대한 관찰과 더불어, 텔레비전이라는 매체가 일상 속에서 발휘하는 편재성과 접근성을 시사해 주기도 한다. 윌리엄스의 작업 이후에, 텔레비전을 매개로 이루어지는 흐름이라는 현상과 논리에 대한 개념화는 여러 미디어 학자와 문화 연구자들의 관심을 받으며 향후 수용자 연구와 생산자 연구를 중심으로 보다 정련되기 시작한다.

조금 다르게 이러한 텔레비전을 매개로 하는 복합적인 흐름(들)의 생산은 텔레비전 프로그램 생산자의 의도와 제도적인 이해관계, 그리고 수용자의 일상 속에서 반복적으로 수행되는 미디어 생산물에 대한 소비가 결합되어 '관습적'으로 형성되고, 체험되는 측면을 포괄한다. 한편 우리키오와 같은 연구자는 윌리엄스가 고안했던 매우 획기적이며 치밀한 이론화가 여전히 필요한 흐름의 정의를 방송이 구사하는 프로그래밍의 대표적인 전술*programming strategy*이자, 프로그램의 시청과 수용이 중단되거나 끊어지는 것을 막기 위해 생산자가 주도하는 다양한 유형의 방송 텍스트들을 의도된 방식으로 배치하는 행위라고 풀어내기도 했다.

이 지점에서 현재의 변화된 텔레비전 상황을 고려하면서 윌리엄스가 제시했던 흐름의 개념을 둘러싼 함의를 잠시 논해 보자. 먼저 텔레비전이 일상적으로 방영하는 프로그램들 속에 유사성과 혼종성*hybridity*이 증가하면서 텔레비전 콘텐츠들의 장르적인 경계가 '흐려지게*blurred*' 된다. 또한 윌리엄스의 관찰점이 주목을 받기 시작한 이후, 흐름의 개념을 재정의하게 된 주요한 동인으로, 수용자들이 리모트 콘트롤과 같은 기기를 사용하게 됨으로써, 생산자가 제공하는 기획된 흐름을 벗어나거나 거스르면서, 자신들이 원하는 프로그램을 '상대적으로 능동적인 방식'으로 수용하게 되는 과정 또한 빼놓을 수 없다.

이러한 측면과 관련해서 비록 윌리엄스가 이 책을 쓸 당시에는 크게 현실화되지 못했지만, 특정한 수용자들의 관심을 세분화시켜 반영하는 이른바 '니치*niche*' 프로그램을 생산하면서 리모트 콘트롤을 이용한 채널 바꾸기*channel surfing*에 적극적으로 '대응'하는 방식으로 텔레비전의 프로그래밍 전략이 점차 변화·강화된 측면이 부상했음을 고려할 필요가 있다. 또한 이 대목에서 TV에 관한 수용자들의 역할과 권력이 증대된 측면도 기억할 필요가 있다. 1970년대 중후반을 지나면서 리모트 콘트롤과 VCR이 점차 일상화되면서, 수용자들은 기존의 방송이 운용하고 제공하는 프로그래밍의 흐름을 자신의 취향과 즐거움의 추구에 따라 상대적으로 자유롭게 변화시킬 수 있는 강력한 수단을 갖게 되었기 때문이다.

이러한 집합적인 시청 경험은, 그 이전에 텔레비전의 구성이나 수용 과정과는 매우 변화된 상황과 조건을 제공함으로써, 텔레비전의 정체성을 변화하는 기술·사회적인 맥락에 위치시켜 논하는 후대의 작업에 상당한 영향과 관점의 변화를 끼치게 되었다. 그러한 결과 프로그램의 기획과 이 과정에서 유발되는 효과들에 대한 학문적인 관심의 일부는 수용자 중심의 텔레비전 소비의 단면을 확장시켜 조명하는 방향으로 이동되기도 했다.

부연하면 수용자들이 채널을 옮겨가며 시청하는 습관은 텔레비전 프로그램을 기존에 주어진 대로 분절적인 혹은 묶인*bounded* 방식의 소비가 아닌, 수용자들의 수용 행위와 취향에 의해 새롭게 생성되는 텍스트성의 생성에 관한 보다 분화되고 세밀한 분석적인 관심을 촉발하게 된 것이다. 즉 흐름과 흐름의 논리에 대한 지적인 관심은 언론에 등장하는 개별 프로그램에 대한 정보나 장르적인 차이를 넘어서, 실제 수용의 측면에서 수용자들이 인지하고 경험하는 의미와 기획된 프로그램 구성 및 소비 방식을 조밀하게 결합시켜 파악하기 위한 해석 틀로 후대 학자들에 의해 보다 다양한 방식으로 모색되고 (재)구성되었던 것이다.

정리하자면 텔레비전의 매체적인 특성을 예시하는 대표적인 구성 요소로서 흐름은 점차 관습화되고 표준화되는 그리고 비서구권으로도 전파·확산되었던 기술적인 그리고 문화적인 양식성이기도 했으며, 동시에 이는 상당한 기술적인 성취이자 특정한 — 서구라는 — 사회적인 맥락성에 기인하기도 했다.

이러한 문제의식이 점차 확산되면서 1980년대 후반 이후에는 미디어 연구나 문화 연구의 진영에서 텔레비전이 방영하는 단일한 프로그램 중심의 텍스트 비평이나 이데올로기 분석이 지니는 한계를 인지하고, 수용 영역과 생산자들의 활동에 분석의 초점을 상세하게 적용하는 학문적인 관심과 방법론적인 전환이 대거 이루어지기도 했다.

윌리엄스가 제공한 매체 기술 중심의 한정적인 그리고 관습적인 이해에 대한 비판적인 사고는, 매체 연구와 관련하여 보다 심화되고 대안적인 문제의식을 촉발하는 데 크게 기여했다. 최근 십수 년간 텔레비전과 인터넷 그리고 다양한 유형의 저장 장치와 '스마트한' 시각 장치들이 일상 속에서 매우 활성화되는 이른바 '컨버전스*convergence*' 시대가 본격적으로 도래하면서, 윌리엄스가 제시한 흐름의 논리는 과거에 비해 훨씬 더 복잡하고 확장된 매체의 정경*mediascapes*들과 만나며, 보다 세밀한 분석과 다층적인 이해가 필요해졌다. 또한 온라인과 탈경계적인 영상 문화의 흐름이 기존의 지리학적인 경계와 지역성*the local*을 해체·변화하는 현재의 맥락에서, 윌리엄스의 선구적인 관점은 미디어 연구와 문화 분석이 공간 연구나 문화지리학 등의 공유하는 문제의식을 가진 지적인 실천을 수용하면서 학제적인 관심을 투사하는데도 상당한 영향력을 끼친 바 있다.

텔레비전이라는 매체의 변화하는 역할과 역동적인 변화상을 다면적으로 그리고 역사적인 문제틀로 파악하는 유연하고 확장된 관찰과 이해를 통해서, 윌리엄스는 기존의 텔레비전이라는 매체에 관한 관습적이고 고착된 이론화를 넘어서서, 사회적인 매체이자 문화와 습속의 중요한 매개자*mediator*로서 텔레비전이 역사·문화적으로 발현해 온 결코 단순하지 않은 행로와 역할을 매우 기민하게 맥락화했다는 평가를 받는다.

이러한 측면에서 우리는 윌리엄스의 작업을 고전이라는 이름으로 높은 평가와 상찬을 주면서 지난날의 역작으로만 기념할 것이 아니라, 현재적인 함의와 가능성을 모색하기 위한 유용한 자원으로 재활용해야 할 상당한 이유와 대면하게 되는 것이다.

함께 읽으면 좋은 책

한국 방송의 사회문화사: 일제강점기부터 1980년대까지

한국방송학회 엮음 | 한울 | 2011

이 책은 일제강점기의 라디오 등장에서 1960년대에서 1980년대에 이르기까지 텔레비전이 사회 내에서 발휘했던 복수의 기능들을 다층적으로 조명하면서, 방송 미디어가 행위자로서 사회 문화적인 변동상을 재현하고 이 과정에 개입했던 측면을 구체적으로 분석한다. 이 작업은 기존 매체의 역할과 관련된 거시사나 인물 중심의 분석 작업이 아닌, 문화적인 동인과 제도와 기술 차원의 이해관계들을 복수의 — 예컨대 담론 분석, 구술 생애사, 자기 기술지, 그리고 문화사 등의 — 접근 방식으로 세밀하게 결합시켜 진단하는 매체의 '사회문화사'를 지향한다.

TV 이후의 텔레비전 연구 Television Studies after TV

그레엄 터너Graeme Turner · 지나 테이Jinna Tay 엮음 | Routledge | 2009

이 작업은 지상파 주도의 시대 이후, 디지털화와 세방화 그리고 문화의 혼종화 등의 강한 영향 속에서 텔레비전이라는 기술과 문화적인 양식의 결합물이자 더 이상 거실의 반짝이는 박스만이 아닌 '똑똑해진' TV가 발현하는 변화하는 정체성을 매우 다양한 각도에서 그리고 구체적인 사례 연구로 진단한다. 이 책은 변모하는 텔레비전의 공공적인 위상과 담론 작용에서, 로컬과 글로벌한 범주를 탄력적으로 오가며 풀어낸 텔레비전의 확장된 역할과 사회 문화적인 영향력에 대한 상세한 탐구와 관찰을 제공한다.

part 2

텔레비전과 영상 문화

존 버거의 《다른 방식으로 보기》와 롤랑 바르트의 《이미지-음악-텍스트》가 텔레비전이 만개시킨 영상 문화 전반을 이해하는 데 핵심적인 관점과 개념들을 제안하고 있다면, 더글러스 켈너의 《미디어 문화》와 존 피스크의 《텔레비전 문화》는 미디어와 텔레비전에 좀더 집중해 그것들이 생산하는 문화 산물과 텍스트의 복잡한 효과를 해부하고 있다.

이미지와 영상 문화 읽기

존 버거

《다른 방식으로 보기》

김영찬

4

다른 방식으로 보기
Ways of Seeing

존 버거
John Berger

1972 | 최민 옮김 | 열화당 | 2012

현대 영상 미디어와 영상 문화에 관심을 가지고 연구하는 사람들에게는 롤랑 바르트의 《현대의 신화》와 함께 바이블과 같은 책. 뛰어난 미술 비평가이자 화가이자 소설가인 버거의 전방위적인 문화적 감수성이 고스란히 드러나는 이 책은 서양 유화, 사진, 광고에서 가져온 다양한 이미지들에 대한 역사적, 텍스트적 분석과 비평을 시도한다. 그는 우리의 일상에 넘쳐나는 이미지들이 어떻게 구성되고 또 우리는 그런 이미지들을 어떻게 바라보는가에 대한 비판적 고찰을 통해 우리가 세상을 바라보는 방식에 대해 근본적인 질문을 던진다. 그 질문은 곧 문화의 영역에 작동하는 권력의 문제로 향한다.

◆◆◆ 김영찬은 한국외국어대학교에서 스페인어와 프랑스어를 공부하고 미국 일리노이대학교에서 커뮤니케이션학 박사 학위를 받았다. 현재 한국외국어대학교 미디어커뮤니케이션학부 교수이다. 책으로는 《한국 방송의 사회문화사: 일제 강점기부터 1980년대까지》(공저), 《TV 이후의 텔레비전: 포스트 대중 매체 시대의 텔레비전 문화 정경》(공저) 등이 있으며, 논문으로는 〈1970년대 텔레비전 외화 시리즈 수용 연구: 자기민속지학과 구술사 방법론을 중심으로〉, 〈1960년대 후반 여성지를 통해 본 근대적 패션과 소비 문화에 관한 연구〉(공저) 등이 있다.

:: 문화인 존 버거

존 버거의 《다른 방식으로 보기》는 1972년 영국의 BBC에서 방영된 동명의 미술 비평 텔레비전 시리즈를 책으로 묶어서 펴낸 것이다. 특이하게도 단 한 줄의 문장도 없이 온전히 이미지로만 이루어진 에세이 3편을 포함하여 총 7개의 챕터로 구성된 이 책은 국내에서 1987년에 《영상 커뮤니케이션과 사회》(강명구 옮김, 나남)라는 제목으로 첫 번역본이 출간되었다. 2012년 《다른 방식으로 보기》라는 제목으로 네 번째 번역본이 출간될 정도로 국내 학자들의 주목을 받아 온 이 책은 미술사나 미술 비평 분야는 물론 사진과 광고를 비롯한 현대 영상 문화 연구 분야에서 널리 읽히는 명저 중 명저이다. 《다른 방식으로 보기》에 바치는 오마주*homage*임을 공공연히 밝히는 《영상 문화의 이해*Practices of Looking*》(마르타 스트러큰 · 리사 카트라이트 지음, 윤태진 외 옮김, 커뮤니케이션북스, 2006) 같은 영상 문화 연구서가 이 책이 발간된 지 수십 년이 지난 2000년대에도 나올 정도다.

존 버거는 영국을 대표하는 미술 비평가이자 화가이며 동시에 소설가라는 다중적 정체성을 가지고 있다. 1926년에 태어난 그는 사실 문화 비평가도 학자도 아닌 화가로서 자신의 프로페셔널 커리어를 시작했는데, 1940년대 후반부터 드로잉을 가르치기 시작했고, 1950년대 들어 미술 비평을 활발하게 쓰기 시작한 걸로 알려져 있다.

한마디로 이미지의 전통적인 작동 방식에 대한 비판적 고찰과 우리 시대의 영상 문화에 관한 뛰어난 통찰력을 제공하는 에세이집이자 연구서라 할 수 있는 이 책은 흔히 발터 벤야민Walter Benjamin의 유명 저작인 《기계 복제 시대의 예술 작품*The Work of Art in the Age of Mechanical Production*》으로부터 많은 영감을 받은 것으로 알려져 있다. 하지만 버거의 이 책은 벤야민의 에세이 한 편을 넘어서는 확장된 스펙트럼을 가지고 있다. 즉 서양 유화, 사진, 현대 광고 등에 대한 방대한 기호학적, 도상학적, 미술사적 지식과 함께 현대 영상 문화와 소비 문화에 대한 치열한 비판과 성찰이 들어있다.

《본다는 것의 의미*About Looking*》(박범수 옮김, 동문선, 2000)와 함께 손꼽히는 그의 저서 《말하기의 다른 방법*Another Way of Telling*》(이희재 옮김, 눈빛, 2007)에서 버거는 오랫동안 협업을 해온 스위스의 사진작가 장 모르Jean Mohr와의 작업을 통해 다큐멘터리 기법에 대해 논평하고, 사진의 사적인 사용과 개인의 기억의 문제에 천착하여 자신만의 독특한 사진 이론을 개진한다.

1970년대에 한때 영화 제작에도 깊이 관여했던 버거는 지난 수십 년간 사진, 예술, 정치, 기억 등에 관해 꾸준히 글을 써왔다. 비교적 최근 발간된 그의 저작 《벤투의 스케치북*Bento's Sketchbook*》(김현우 · 진태원 옮김, 열화당, 2012)은 처음에 화가로 출발했던 버거의 삶의 궤적을 보여 주듯 유려하고 빼어난 드로잉 실력을 유감없이 보여 준다. 또 철학적 사색이 예술과 어떻게 결합할 수 있는지 잘 보여 준다는 점에서 매우 흥미롭다. 스피노자는 생전에 항상 스케치북을 들고 다닐 정도로 그림 그리는 걸 즐겼던 것으로 알려져 있는데, 안타깝게도 갑작스런 그의 죽음 이후 스케치북의 행방은 묘연해졌다. 《벤투의 스케치북》(벤투는 스피노자의 애칭)은 그렇게 사라져 버린 스피노자의 스케치북에 어떤 드로잉들이 들어 있을지 상상하며 버거가 그린 일종의 자서전적 드로잉에 자신의 삶과 문학과 철학에 대한 그의 사색이 교직되어 있는 흥미로운 텍스트다. 말하자면 《벤투의 스케치북》은 이미 역사적으로 존재해 온 이미지들을 대상으로 미술 비평가로서 자신의 시각과 해석을 펼쳐 보였던 《다른 방식으로 보기》의 형식에, 단순한 비평가가 아닌 저자이자 화가로서 발랄한 상상력을 더한 2010년대 버전이라고 할 수 있다.

정규 교육이라고는 영국의 첼시예술학교Chelsea School of Art와 센트럴예술학교Central School of Art에서 공부한 것이 전부라고 알려진 버거는 미술 비평뿐 아니라 문학 분야에서도 주목을 받아왔다. 1958년에 첫 소설 《우리 시대의 화가*A Painter of Our Time*》를 출간했고, 1972년 소설 《G》로 부커상을 받은 바 있으며, 2000년대 들어 노벨 문학상 후보로도 여러 번 거론된 바 있다. 이렇게 미술과 사진, 다큐멘터리 그리고 문학 분야에서 높은 평가를 받아온 그의 작업은, 매우 당연하게도, 영상을 소통의 기본 언어로 삼는 텔레비전과 현대 텔레비전 문화에 대한 이해에 깊은 통찰력과 영감을 제공한다.

:: 미술 비평과 미디어 문화 연구의 상호 영향

존 버거의 《다른 방식으로 보기》가 텔레비전과 같은 현대 미디어를 연구하는 학자들에게 갖는 학술적 의미는 크게 두 가지로 압축할 수 있다. 우선 이 책은 이미지나 영상 커뮤니케이션 연구 또는 영상 문화 연구 분야에서 시도할 수 있는 역사적 접근*historical approach*과 맥락적 접근*contextual approach*의 전범을 보여 준다.

또한 이 책에 실린 고흐의 그림 〈까마귀가 나는 밀밭*Wheat Field with Crows*〉에 대한 버거의 비교 분석은 영상 문화 연구의 핵심이 이미지와 텍스트 간의 접합*articulation* 관계 내지 상호작용을 밝히는 데 있음을 매우 상징적으로 압축해 보여 준다. 버거는 '고흐가 자살하기 전 마지막으로 그린 작품'이라는 캡션(사진 설명)이 있을 때와 없을 때 그 그림이 갖는 의미가 달라지는 것에 주목한다. 그는 영상 이미지의 의미란 이미지 자체에 내재해 있지 않고 문자 또는 언어 텍스트에 의해 결정되는 속성이 있음을 다양한 예시를 통해 보여 준다.

흥미롭게도 이것은 바로 프랑스의 대표적 기호학자이자 포스트구조주의자인 롤랑 바르트가 일찍이 설파한 바 있는 '의미의 정박*anchoring*'과 일맥상통하는 개념이다. 여기서 의미의 정박이란 특정한 기호가 특정한 의미를 띠게끔, 즉 단 한 가지 의미로만 고정되도록 부호화*encoding*하는 것을 뜻한다. 프랑스의 사회학자 피에르 부르디외 역시 《텔레비전에 대하여》에서 "사실상 이율배반적으로 영상의 세계는 말에 의해 지배되고 있다. 사진은 어떻게 읽어야 할지를 설명하는 캡션이 없으면 아무것도 아니다"라는 동일한 주장을 한 바 있는데, 이러한 대학자들의 혜안은 존 피스크나 주디스 윌리엄슨Judith Williamson 같은 탁월한 문화 연구자들에 의해 널리 공유되며 대중화되었다.

예를 들면 피스크는 《문화 커뮤니케이션론*Introduction to Communication Studies*》이라는 저서에서 흑인 여성과 백인 경찰이 싸우는 장면을 찍은 사진이라는 하나의 이미지만 놓고 우리가 해독할 때와, 이 사진이 〈데일리 미러*Daily Mirror*〉지라는 구체적인 맥락/장 안에서(즉 주로 영국의 백인 중산층을 위한 대중적 신문이라는 맥락 안에서) 특정한 헤드라인과 캡션에 의해 맥락화되었을 때, 전혀 다른 해독이 가능함을 보여 준 바 있다. 흑인 여성과 백인 남성 경찰이 몸싸움을 벌이며 실랑이 하는 순간을 포착한 이미지 위에 "데모하는 흑인들, 런던 경찰과 충돌하다*Demo Blacks Clash with London Police*"라는 헤드라인이 붙는 순간, 그 사진 속의 여성은 물리적 힘에서 남자에 비해 절대 열세인 연약한 '여성'이 아니라 (폭력적인) '흑인'으로 위치 지어진다. 마찬가지로, 부상당한 경찰 사진에 '강제 진압'이 아닌 '충돌*Confrontation*'이란 소제목이 붙는 순간, 역시 젠더의 영역은 인종의 정치학 구도 내에서 제대로 재현되지 않고 소거되고 만다.

첫 번역본의 역자 강명구는 서문에서, 버거는 이 책에서 "미술, 사진, 광고에 드러나는 영상 이미지는 제도화된 언어의 체계에 의해 규정된다는 것"을 일관되게 주장한다고 지적한 바 있다. 피스크가 제시한 위의 사례에서 보듯, 이미지와 그 이미지에 대한 정보를 결합시켜 보여주는 현대 영상 미디어의 이 평범한 관행은 버거나 바르트나 부르디외의 주장이 전혀 과장된 것이 아니라 이미지가 의미를 획득해 나가는 메커니즘을 잘 간파해 낸 것임을 여실히 드러내 준다.

위에서 든 신문 사진 외에 텔레비전과 같은 영상 미디어에도 이와 유사한 사례들은 얼마든지 찾아볼 수 있다. 이른바 텔레비전 광고의 '클로징 멘트' 한마디가 모호하기만 한 이미지의 의미 그리고 광고 전체의 의미를 정박시키는 결정적 요소로 작동하는 사례도 흔히 볼 수 있다. 텔레비전 드라마의 경우, 방금 끝난 에피소드의 정확한 의미가 다음 주 예고편의 보이스 오버나 자막, 사운드트랙 등에 의해 비로소 완결되는 시청 경험이 이미지와 텍스트의 긴밀한 접합 관계를 극명하게 보여 주는 또 다른 유력한 사례라 할 수 있다. 이렇게 보면, "내가 그의 이름을 불러 주기 전에는 그는 다만 하나의 몸짓에 지나지 않았다. 내가 그의 이름을 불러 주었을 때 그는 나에게로 와서 꽃이 되었다"라는 시인 김춘수의 〈꽃〉이라는 시는 버거는 물론 바르트, 부르디외가 이미지에 대해 이야기하는 것과 결국 같은 이야기를 하고 있는 셈이다.

버거는 《다른 방식으로 보기》에서 우리의 일상에 넘쳐나는 수많은 이미지들을 어떻게 바라보고 그 의미를 해석할 것인가에 대한 명징한 해답을 제시하지는 않지만 몇 가지 중요한 문제 제기를 한다. 여성을 — 특히 벌거벗은 여성의 육체를 — 보는 시각과 서양 유화의 모순적인 전통 등에 대해서 버거가 이미지만을 이용해 구성한 에세이 3편과 광고 이미지 등에 관한 에세이 4편에서 주장하는 핵심 논지는 크게 네 가지로 정리할 수 있다.

이미지의 속성

우선 버거는 이 책에서 서양 회화의 역사와 구체적 작품들에 대한 분석을 통해 이미지의 속성에 대해 이야기하고 있다. 주지하듯이, 모든 이미지는 인간에 의해 만들어진 것이고 그 이미지는 어떤 광경이나 모습을 재창조하거나 재생산해 낸 것인데, 그것이 원래 나타난 시간과 공간으로부터 절연(즉 탈맥락화)되어 있다. 이미지의 속성에 대해 버거와 같은 문제의식을 갖고 있는 주디스 윌리엄슨은 가족 사진의 예를 통해 모든 이미지가 사물을 바라보는 특정한 한 방식을 보여 주고 있음을 밝힌다. 동시에, 어떤 이미지에 대한 우리의 지각이나 감상도 우리들 스스로의 보는 방식에 의해 결정된다고 본다. 가족 사진의 경우, 가족 이데올로기를 가장 잘 표상하는, 사진사가 선택한 특정한 순간이 바로 그 가족을 바라보는 방식을 결정함으로써, 그 가족을 바라보는 하나의 방식*a way of seeing*은 그 가족을 바라보는 절대적인 방식*the way of seeing*으로 자리잡게 된다는 것이다. 이 과정에서 하나의 유력한 가족사는 다른 가족사보다 득세하게 되고, 특정한 가족사는 은폐된다.

이미지란 애초에 현재 존재하지 않는 그 무엇을 나타내고 형상화하기 위해 쓰였는데, 점차 이미지란 것이 그 이미지가 표상하는 그 무엇보다 더 오래갈 수 있다는 사실이 명백해졌다. 이것은 '이미지가 리얼보다 더 리얼하다'는 포스트모더니스트들의 하이퍼리얼*hyperreal*에 대한 개념화와 유사한데, 어쨌든 사진과 같은 이미지는 과거를 모호하게 만들며 과거를 명백하게 드러내기보다 신화화시킨다고 보는 것이 바로 버거가 갖는 문제의식이다.

사적인 영역인 가족에 대한 기억도 그렇지만, 우리가 갖고 있는 전쟁에 대한 집합적/대중적 기억이라고 하는 것은 사실 특정한 시각에 의해 만들어진 다큐멘터리 영화나 릴 테이프에 담긴 기록 영화, 혹은 텔레비전의 교양 프로그램 등에 의해 형성된다. 과거 미국과 러시아의 냉전 당시 공산주의 체제를 바라보는 적대적인 시각이 담긴 007 시리즈 영화라든가, 9·11 테러 이후 이슬람 세계를 바라보는 미국과 서방 언론의 보도 행태나 할리우드 블록버스터 영화에서 아랍인을 테러리스트와 등치시키는 시각 등에서 볼 수 있듯이, 어떤 역사에 대한 대중적 기억을 특정인들이 특정한 방식으로 만들어 특정한 채널을 통해 전파시키는 것은 사실이다. 물론 대부분의 경우 그 유통 채널의 역할을 맡는 것은 미디어다.

사물을 바라보는 다양한 방식들이 단 하나의 방식으로 고착될 수 있음을 밝힌 버거는 현대 사회의 이미지가 갖는 의미에 관한 벤야민의 논의를 끌어들이는데, 카메라가 발명되고 벤야민의 표현대로 예술품의 기계적 복제와 재생산이 가능해지면서 한 미술 작품이 갖고 있는 아우라*aura*와 독특함*authenticity*은 파괴되고 결과적으로 그 그림의 의미는 변하게 된다. 즉 이러한 변화는 의미의 지평이 확대되는 동시에 다양한 의미로 파편화되기 시작함을 의미한다. 기계적 복제 나아가 전자적 복제 시대에 복제된 이미지는 여러 가지 다양한 용도로 쓰이게 되며 그 의미도 변하게 되는 것이다.

《다른 방식으로 보기》에 나오는 보티첼리의 그림 〈비너스와 마르스*Venus and Mars*〉의 육체적인 분위기와는 전혀 다르게 거침없이 컷 아웃된 청순한 소녀의 초상화와 고흐의 그림 〈까마귀가 나는 밀밭〉은 각각 이미지 부분 복제와 재맥락화의 사례이다. 이 그림들은 원작을 원래의 맥락에서 탈구시켜*de-contextualization* 재맥락화*re-contextualization*함으로써 새로운 의미를 만들어 낸다는 점에서 팝 아트를 연상시키는 포스트모던 기법의 한 예라 할 수 있다. 즉 고급 예술과 대중/상업 예술의 경계를 무너뜨리고 새로운 질료로 새로운 맥락에 위치시킴으로써 기존 이미지의 의미를 전복하고 새로운 의미를 창출한다는 측면에서 로이 리히텐슈타인Roy Lichtenstein이나 앤디 워홀Andy Warhol 같은 팝 아티스트의 작업을 떠올릴 수 있는데, 캡션이 붙은 고흐의 그림의 사례에서 보듯 한 이미지의 의미는 바로 그 옆이나 뒤에 오는 말이나 이미지에 따라 변하게 된다. 여기서 한 텍스트가 다른 텍스트를 연상시키며 긴밀한 관계를 맺는 성질을 지칭하는 상호텍스트성*intertextuality* 개념은 이미지가 넘쳐 나는 현대 미디어 사회를 이해하는 데 필수적으로 요구되는 핵심 개념으로 떠오르게 된다.

한편 이미지가 나타나는 전체적 맥락에 따라서도 이미지가 갖는 의미는 변하게 된다. 인상파 화가들의 작품을 상업적 목적으로 전유해 가져다 쓴 오디오 기기 업체와 가전 업체의 광고가 그 대표적 사례들인데, 이와 같이 근대적 복제 수단은 예술품의 권위와 아우라를 무력화시킨 반면, 새로운 이미지와 영상 언어를 사용하면 새로운 형태의 권력을 행사할 수 있는 가능성이 열린 것도 사실이다.

예를 들어 세계 곳곳의 분쟁 지역을 취재하는 '1인 미디어'인 비디오 저널리스트들의 작업은 우리와 그들의 개인적/역사적 경험을 좀더 정확히 맥락적으로 정의하고 의미를 부여할 수 있게 해준다. 즉 과거나 역사를 특정한 방식으로 신비화하거나 모호하게 만드는 소수 특권층의 이미지/언어가 아닌 민주적 가능성*democratic potential*이 있는 대중의 이미지/언어로 자리매김할 수 있는 길이 열림으로써, 신화화된 역사가 아닌 우리가 삶과 경험의 주체인 그런 역사를 새로 쓸 수 있게 된 것이다. 이런 측면에서 버거의 이미지의 속성에 대한 고찰은 전혀 과거 회귀적이지 않다. 오히려 정반대로, 현대 미디어 사회에서 개인 미디어/모바일 미디어를 비롯한 뉴 미디어와 커뮤니케이션 테크놀로지가 갖는 중요성과 그것이 만들어 내거나 매개하는 이미지들의 함의에 대한 미래 지향적 논의로 나아갈 수 있는 계기를 제공한다고 평가할 수 있다.

예술에 나타난 여성의 이미지

버거에 따르면, 유럽 회화의 전통에서 벌거벗은 여체, 즉 누드는 주요 오브제 중 하나이며 항상 관습화되어 있다. 유명 회화의 누드 모델이 취하는 포즈는 현대 여성지에 의해 관습화되어 그대로 계승되고 있으며 심지어 현대 포르노그래피에서도 이와 유사한 포즈들을 발견할 수 있다. 우리는 왜 이런 관습이 생겼으며 누드가 의미하는 것은 대체 무엇인지 질문을 던져 보아야 한다. 먼저 이 누드화들은 여성의 섹슈얼리티와는 전혀 상관없이 철저하게 남성의 섹슈얼리티에 어필하기 위해 만들어진 것임을 직시할 필요가 있다. 누드라는 것은 남들에게 보이기 위한 하나의 대상이 되는 것인데, 베르메르의 그림 〈진주 귀걸이를 한 소녀*Girl With A Pearl Earring*〉를 모티프로 삼은 동명의 소설과 영화에서도 잘 드러나듯이, 유럽 누드화의 전통에서 어디까지나 화가와 그림의 소유주는 남자이며 모델로 대상으로 취급되는 사람은 여자이다.

'카메라 뒤에는 남자, 카메라 앞에는 여자'라는 현대판 구도로 이어지는 이러한 불평등한 권력 관계는 우리 문화와 서구 문화에 아주 깊게 뿌리박고 있어서, 여전히 많은 여성들의 의식 세계에 깊은 영향을 미친다. 즉 남성이 여성의 육체를 바라보는 지배적 방식을 여성들이 내면화하여 자신의 모습을 바라보게 됨으로써, 여성들은 자신의 여성성을 남성의 눈으로 바라보고 판단하는 경향을 보이게 된다. 결국 남성이 여성을 — 여성의 육체를 — 특정한 방식으로 바라본다는 것은 사회적 관계를 결정짓는 권력 작용에 다름 아닌 것이다.

유화의 사회사

버거는 예술에 나타난 여성의 이미지에 대한 논의에서 한걸음 더 나아가 유화의 사회사 분석을 통해 시각 예술과 현실 사회의 관계에 대한 — 즉 시각적 재현*visual representation*과 의미 작용*signification*의 단계에서 작동하는 담론과 이데올로기의 체계에 대한 — 천착을 시도한다.

유화에는 그 당시를 살아 냈던 사람들의 세계관*weltanschauung*이 잘 드러나 있다. 어느 시대에나 예술은 지배 계층의 이데올로기와 이해관계에 복무하는 경향이 있었는데, 버거는 16세기에서 20세기 사이의 유럽 회화에 나타난 세계관은 사유 재산과 상품 교환에 대한 새로운 태도에 영향을 받았다고 주장한다. 유화는 모든 대상을 교환 가능한 상품으로 파악하였고 따라서 현실 세계는 그 물질적 속성에 의해 규정되고 재단되었다. 결국 유화는 사유 재산에 대한 찬미로 가득 차 있는 지극히 자본주의적 재현 양식이며, 사람들의 정체성은 그들이 가지고 있는 물건에 의해 규정된다는 물질주의적 시각에서 비롯된 예술 형식이라고 버거는 본다. 이러한 물질 문화는 20세기가 막 시작되던 시기의 미국에서도 사회 전면에 본격적으로 등장하기 시작한다. 소비 행위와 근대적 삶에 대한 새로운 태도와 시각을 보여 주는 20세기 미국의 광고 이미지와 텍스트에 대한 연구 결과가 19세기까지의 유럽 유화를 연구한 버거의 주장과 크게 다르지 않다는 점은 매우 흥미롭다.

광고 이미지와 사회

마지막으로 버거는 이미지 중에서도 우리의 일상에서 가장 유비쿼터스하게 그 존재감을 드러내는 광고 이미지와 현대 사회의 관계에 대해 고찰한다. 광고는 항상 현재 진행형이지만 역설적으로 현재에 대한 언급이 아닌 과거와 미래에 대한 언설과 이미지로 가득 차 있다. 대표적인 것이 노스탤지어를 자극하는 광고와 현실 도피적인 광고다. 시장에서 경쟁하는 광고는 경쟁 관계인 동시에 상호 보완적인 속성도 지니고 있다. 즉 광고는 동일한 주장을 펴는 하나의 거대한 담론/이미지 체계로서 무엇인가를 구매해서 소비함으로써 우리 자신과 우리 인생을 변화시키라고 끊임없이 제안한다.

말하자면 현대 광고는 우리를 민주 사회의 시민이 아닌 소비자로 호명하며, 단순히 상품을 사라고 하는 것이 아니라 삶의 한 가지 방식*a way of life* 또는 자신과 이 세계를 바라보는 한 가지 방식*a way of seeing*을 사라고 권유하는 것이다. 결국 현대 광고는 상품 자체가 아니라 구매자가 상품 구매로 얻게 될 '사회적 관계'에 대한 것이며, 이것은 흔히 타인과의 관계에서 어떻게 권력*power*과 성적 매력을 확보하느냐의 문제로 귀결되곤 한다. 마셜 매클루언이 이미 1950년대에 저서《기계 신부*Mechanical Bride*》에서 자동차는 단순한 기계 제품이 아니라 섹스와 테크놀로지의 결합체라고 갈파한 바 있듯이, 현대 광고는 예전의 유화가 그러했듯이 이미지를 통해 사회가 자신을 바라보는 시각을 전파한다. 유명 회화를 혼성 모방*pastiche*함으로써 광고 이미지와 메시지에 권위와 그럴듯함을 불어 넣는가 하면, 회화와 마찬가지로 과거와 역사를 신화화/신비화시켜 상품의 질에 대한 자기 주장의 참조 체계*reference*로 사용하기도 한다.

궁극적으로 광고는 소비를 민주주의의 대체재로 표상한다. 사람들은 더 이상 민주 사회의 시민이 아니라 소비 사회의 소비자로 위치지어지고 호명되며, 무엇을 입고, 먹고, 어디에 살고, 무슨 차를 몰 것인지 등에 관한 선택이 시민 사회에서 정치적 선택의 자리를 대체하게 된다. 즉 무언가를 획득하고 사는 것이 모든 다른 행위를 대체해 버리고, 오직 상품을 살 수 있는 파워만 인정하고 인간의 다른 지각과 욕구들은 이 파워에 종속된다. 현대 광고의 폐해에 대한 버거의 이러한 통렬한 비판은 커뮤니케이션학자인 조셉 터로Joseph Turow의 저서 《파편화된 미국 사회*Breaking Up America*》에서도 공명되는데, 광고 기획자와 마케터들은 '시장 세분화*market segmentation*' 전략을 필요 이상으로 지나치게 밀어붙임으로써 쓸 데 없이 사회 계층 간 골을 깊게 만들어 '사회의 파편화'에 기여한다는 것이 터로 비판의 핵심이다.

:: 현대 영상 미디어 연구의 지향점

클라우스 브룬 옌센이 《미디어와 커뮤니케이션 연구 핸드북*A Handbook of Media and Communication Research*》에서 이미 지적한 바와 같이, 현대 미디어는 전통 사회에서 회화의 사회적 기능과 역할을 많이 물려받았지만 전통적인 미술과는 달리 미디어는 세속적인 삶과 동떨어진 별도의 독립된 세계에 존재하는 것이 아니다. 미디어는 모든 사회 계층의 일상적 삶 속에, 권력의 사회적 제도 속에 포함되어 있다. 바꿔 말하면 미디어는 권력이 사회적으로 행사되는 데 중심적인 역할을 한다는 뜻이다.

미술이건 현대 미디어건 간에 권력이 행사되는 메커니즘을 파악하고 이해하기 위해서는 이미지와 텍스트가 어떤 접합 관계를 맺고 있는지, 또는 어떤 조응 관계에 놓여 있는지를 밝혀내는 것이 가장 중요하다. 바로 이 책《다른 방식으로 보기》에서 버거는 그 구체적인 해체/분석/해석의 틀과 방법들을 제시한다. 그중에서도 버거가 주로 사용한 역사적 접근과 부분적으로 사용한 기호학 및 도상학은 특히 유력한 수단들이라 할 수 있다.

옌센의 지적처럼, 미디어 연구는 특히 미술사나 미술 비평에서 다소 소홀하게 다루어져 왔던 예술과 사회적 맥락에서 관계의 중요성에 대해 더 강조하는 경향성을 띤다. 버거는《다른 방식으로 보기》에서 수백 년에 걸친 방대한 서양 유화의 사회사를 비판적으로 고찰한다. 사실 미술사는 전통적으로 미학주의에 매몰되어 미술 작품을 독자적인 것으로 보고 예술 자체에 대한 논의에 그치는, 즉 '미술 작품 분석을 위한 미술 작품 분석'에 그치는 경향을 보여 왔다. 반면 1972년에 나온 버거의《다른 방식으로 보기》는 미디어 연구 혹은 미디어 문화 연구의 맥락 중심적 접근 방식을 미술사 분야에 받아들인, 이 분야의 독보적인 저술이라 할 수 있다. 물론 정반대로, 이미지에 대한 그의 미술사적 접근은 현대 미디어 문화 연구에서 그간 상대적으로 간과되어 온 역사적 접근의 필요성을 강력히 시사한다.

이 둘을 적절하게 교직시키는 것, 즉 역사적 접근과 맥락적 접근을 텔레비전이 생산하는 이미지와 영상 문화 연구에 적용해서 그 둘을 매끈하게 접합시키는 것이 존 버거의《다른 방식으로 보기》가 우리에게 던지는 과제가 아닐까. 즉 버거가 이미지와 영상과 미디어와 문화를 연구하는 후학들에게 던지는 핵심 메시지는 바로 이것이다. 우리 시대에 시공간을 가로지르며 넘쳐나는 이미지와 지배적 영상 문화를 분석하고 해석할 때는 '항상 역사화하고, 항상 맥락화하라!'

함께 읽으면 좋은 책

재현 Representation: Cultural Representations and Signifying Practices (2nd edition)

스튜어트 홀 · 제시카 에반스Jessica Evans, 션 닉슨Sean Nixon 엮음 | Sage | 2013

영미권의 대학뿐 아니라 국내 대학에서도 문화 연구 분야의 기본 이론서로 널리 쓰이는 책. 대중 문화/영상 문화 영역의 핵심 이슈들인 재현, 의미 작용, 정체성, 소비, 일상, 테크놀로지, 담론 등에 관한 흥미로운 논의와 사례 연구로 구성되어 있다.

영상 연구 방법론 Visual Methodologies (3rd edition)

길리언 로즈Gillian Rose 지음 | Sage | 2011

이미지와 영상에 관한 다양한 문화 이론들에 대한 이해를 바탕으로 실제 영상물들을 해석하는 구체적인 방법론을 제시한다. 기호학, 정신분석학, 푸코식 담론 분석, 수용자 연구 등에 대한 상세한 방법론적 검토는 물론, 질적 연구 방법과 양적 연구 방법의 강점과 한계를 비교 성찰해 볼 수 있는 기회를 제공하는 통합적 관점의 질적 방법론 교재이다.

텔레비전 프로그램 텍스트의 즐거움

롤랑 바르트

《이미지-음악-텍스트》

김예란

5

《이미지-음악-텍스트》는 프랑스의 기호학자 이자 문화 비평가인 롤랑 바르트(1915~1980)가 1960년대부터 1970년대 초반에 쓴 글들을 영문학자 스티븐 히스Stephen Heath가 영어로 번역하여 묶은 책으로, 1978년 출간되었다. 이 책에는 바르트가 이미지/소리/글 혹은 영화/음악/문학에 대해 분석한 13편의 글들이 묶여 있다. 기호학의 방법론에서부터 육체와 즐거움의 문제에 이르기까지 텍스트, 읽기, 쓰기에 관한 바르트의 핵심적인 사유를 모았다. 이 글들의 묶음과 흐름 자체가 구조주의적 작업에서부터 포스트구조주의에 이르는 바르트의 이행의 궤적을 표상한다.

◆◆◆ 김예란은 서울대학교 언론정보학과를 졸업하고, 런던대학교 골드스미스 칼리지에서 석사와 박사 학위를 받았다. 현재 광운대학교 미디어영상학부 교수이다. 논문으로는 〈불안: 그 느낌, 표정, 말들에 관하여〉, 〈'스마트' 체제에 대한 이론적 고찰: '장치'와 '주체의 윤리학'의 관점에서〉, 〈감성 공론장〉, 〈Idol Republic: the Global Emergence of Girl Industries and the Commercialization of Girl Bodies〉 등이 있다.

오늘날의 텔레비전은 무척이나 가볍다. 워낙에 단순한 미디어(바보상자라는 우스꽝스러운 이름!)로 간주되었던 텔레비전이었지만 이에 한층 더 가벼움을 더한 요인 중 하나는 텔레비전 기술의 복잡화이다. 텔레비전이 디지털 네트워크와 만남으로써 텔레비전 프로그램 제작과 유통, 소비 방식에 전면적인 변화가 일어났다. 이것은 흔히 '포스트텔레비전'이라 불리는 현상으로, 개인화, 파편화, 편재성, 이동성이 두드러지는 특징이라 할 수 있다. 산업 차원에서 일어난 합병과 분화의 거대한 움직임은 말할 것도 없고, 이 글이 주목하는 텔레비전 프로그램 텍스트의 차원에서도 적지 않은 변화는 계속되고 있다.

포스트텔레비전에서 프로그램은 활발하게 분리되고 재구성된다. 제작자가 만든 한 편의 프로그램 텍스트는 네트워크를 따라 흐르다가 수용자의 개입 행위에 의해 다수의 조각들로 나뉘어져 세분화되고 그것을 접한 누군가에 의해 재구성되며 또 하나의 작은 프로그램 텍스트로 새롭게 탄생한다. 한 편의 프로그램이 넓고 무거운 반면 프로그램 조각들은 무척이나 작고 가볍다. 디지털 네트워크 환경에서 텔레비전의 탈중심화와 해체 작용이 활발하게 일어나고 있음을 알 수 있다. 물음은 여기서 시작된다. 이러한 기술적–형식적 탈중심화와 해체 양상은, 마치, 바르트가 말한 즐거움으로서의 텍스트를 연상시킨다. 그렇다면 이렇듯 가볍고 빠르며 활달한 텔레비전 프로그램의 형식 안에서, 어떤 의미 작용이 벌어지고 있을까? 그 의미 혹은 의미 작용 역시 그 형식과 유사하게 가볍고, 투명하며, 자유로울까? 그러나 형식의 가벼움과 내용의 자유로움이 등치한다고 단언하기에 앞서, 텔레비전 프로그램 텍스트의 속성을 조금 더 꼼꼼히 살펴볼 필요가 있다.

여기에 우리 시대 텔레비전과 바르트를 연결짓는 화두가 생성된다 — 텔레비전 프로그램 텍스트의 형식과 내용, 혹은 기술과 의미 구조와의 관계. 텔레비전 프로그램이 형식적인 차원에서 해체되고 파편화되고 있다면, 그 텍스트의 내용과 의미 작용에서는 어떠한 변화가 과연 일어나고 있는지를 알아보는 것이다. 이 문제를 생각함에 있어 프랑스의 기호학자이자 문화 비평가인 롤랑 바르트의 《이미지－음악－텍스트》는 유의미한 텍스트이다. 이 책에는 바르트가 이미지/소리/글 혹은 영화/음악/문학에 대해 분석한 13편의 글들이 묶여 있다. 이 글들의 묶음 구조는 곧 구조주의적 작업에서부터 포스트구조주의에 이르는 바르트의 이행의 흐름을 표상한다고 볼 수 있다. 텔레비전 프로그램 텍스트의 변화 양상을 고민하는 우리에게 있어서, 바르트의 구조주의로부터 포스트구조주의로의 이행에 대한 이해는 긴밀하게 도움이 된다. 이 이행의 궤적이 현대 매스 미디어 구조에 속해 있었던 텔레비전이 디지털 네트워크 안에서의 포스트텔레비전으로 변모해 가는 과정과 유사한 외양을 띠기 때문이다.

바르트가 자신을 텍스트로 쓴 실험적인 자서전인 《롤랑 바르트가 쓴 롤랑 바르트*Roland Barthes par Roland Barthes*》와 롤랑 바르트의 대담집인 《목소리의 결정*Le grain de la voix: Entretiens 1962～1980*》 역시 포스트텔레비전 프로그램 텍스트의 형식성과 의미 작용의 성격을 이해하는 데 참조할 만하다.

:: 포스트텔레비전에 관한 반구조적 비평

롤랑 바르트, 특히 그의 《이미지-음악-텍스트》를 '가지고' TV 방송을 말하는 이 작업에 대해 간단한 설명이 필요할 것이다. '가지고'란 무얼 뜻할까? 누군가의 이론을 이용해서? 그의 관점에 비추어? 혹은 그의 논리를 따라가면서? 바르트의 텍스트가 지니는 고유성은, 그의 텍스트는 곧 그의 이론과 사유를 형상화한다는 사실에 있다. 그렇다. 그의 텍스트는 '설명'하거나 '표상'하는 것이 아니라, 그의 사유 자체를 '형상화'한다. 바르트가 기호, 나아가 기표의 의미 생성적 힘을 논할 때, 그의 텍스트는 기표의 자유로운 놀이로 엮어 흘러간다. 또한 바르트가 텍스트의 즐거움에 관해 쓴 글은, 그 자체 환희로 격렬하게 운동하며 나아간다. '단상'이라고 불리는 그의 글쓰기 스타일이 기표들의 존재와 운동의 — 그것은 직선 혹은 지그재그의 움직임을 그릴 수 있다 — 스타일을 보여 주는 것이다. 엄밀하게 말한다면, 그는 언어의 생산 작용으로서 기호도, 기의도, 기표도 아닌, '시니피앙스*signifiance*'에 관심을 두었다. 시니피앙스는 "의미의 체제이지만 결코 어떤 기의로 닫혀지지 않는 체제"이다. 즉 "자신의 내적 텍스트의 차원에서조차도…… 의미를 닫아 버리지 않고 의미를 가로질러 기표에서 기표로 끊임없이 나아가"는 듣기와 말하기와 글쓰기다. 그 과정에서 말과 단어가 벗어나고, 꼬이고, 엮이면서 의미를 만드는, 혹은 의미를 해체하는 효과가 곧 그의 글쓰기를 이룬다. 기표들이 여러 기호들의 부딪힘과 부침을 만들어 내고 그로부터 차이가 생성되어, 전체성의 신화를 무너뜨리는 일. 그러나 이것은 분쟁이 아니다. 의미들의 다량화와 분산화를 통해 '차이'를 만들어 내는 '복수주의*pluralisme*'다. 그리고 그것은 단순한 '다의성'이 아니라 이질적이고 모순적인 의미들이 비스듬히 결합하는 '이중성'인 것이다. 바르트에게 있어서 '텍스트'란 이렇듯 "언어 활동의 불가능에의 모험"으로서의 '세미오시스(기호계)'이다.

그가 《롤랑 바르트가 쓴 롤랑 바르트》에서 말했듯이, 바르트는 일반화되고 고정된 의미를 강하게 거부한다. 그것은 문학에 대한 텍스트의 승리, 혹은 독사*doxa*에 대한 거부로서의 패러독스에 대한 지지다. 독사는 "합법적이고 자연스런 지배"이다. 그것은 "권력의 축복을 받아 산포된, 전면에 뒤집어씌우는 덮개"이면서 "보편적인 담론"이기에, "기원과 진실을 동시에 격파하고 그것을 단 하나의 증거로 삼"기를 추구한다. 독사는 "확산적"이며 "끈적끈적"하다. 반면 독사에 대한 이반은, 그 기원과 진실의 체계를 "담론의 무한한 운동 속에 재차 투입"하는 일이다. 글쓰기는 독사를 분해하고 분산함으로써 차이를 만들어 낸다. 그의 비교를 따른다면, 문학이 "유한의 세계를 표상"하는 것이라면, 텍스트는 "지식, 이성, 지성에 의하지 않고서," 순전히 기호들의 작동에 따라 "언어 활동의 무한성을 '형상화'하는 것"이다. 그래서 마침내는 '평범'으로 '포위된 담론'으로부터 차이를 만들어 내는 것이다. 이는 기호들의 놀이로, 의미의 진부함을 벗어나서 각 기호들이 빚어내는 욕망을 추적하고 육체를 드러내는 일이다.

그렇다면 바르트 텍스트를 '가지고' TV 방송에 대해 말한다는 것은, 그가 실행한 텍스트적 실험을 방송에 적용해 보는 것이 될 것이다. 구체적으로는 방송, 또는 그것이 지닌 고정되고 응고된 의미 작용을 담론의 무한한 운동 속에 투입함으로써, 그것의 전체성을 해체해 보려는 것이다. 어쩌면, (수줍게 고백하자면) 이것은 바르트를 서투르게 모방하는 옹졸한 짓이 될지도 모른다. 그러나 어찌 알랴, 모방이 단순한 반복에 머물지 않고, 그 반복들의 운동과 리듬이 텔레비전 담론의 새로운 구조를 만들 수도 있다. 하나의 바르트 대신, 그로부터 새로이 파생된 여러 바르트 텍스트들! 또한 바르트는 '구조'란 단어에 대해서는 반대했지만, 구조를 만드는 일, 즉 '구조화'에 대해서는 찬성했다. 그렇다면 현재의 포스트텔레비전에 새로운 담론을 충돌시키고 연계함으로써 새로운 의미들을 구조화하는 것이, 바로 바르트를 가지고 하는 텔레비전 비평 텍스트가 될 것이다. 기원과 진실을 자임하고 명명하는 전체성의 신화로서 방송의 독사를, 글쓰기를 통해 차이화하는 작업인 것이다.

이것은, 바르트의 용어를 인용한다면, '반反구조적 비평'으로서 이야기될 수 있을 무엇이다. 바르트는 '작품의 질서가 아닌 무질서를 탐구'하는 것을 반구조적 비평으로 이해했다. 반구조적 비평 안에서 작품은 "백과사전처럼 잡다하게 이질적인 대상들"로 쌓아진 "난해하고도 미친 듯한" 진열*poligraphie*과 같다. 이는 우리가 경험하는 포스트텔레비전의 형태와 매우 흡사하다. 오늘날 텔레비전 프로그램 텍스트를 질서정연하게 관찰하고 탐구하는 일은 도통 가능해 보이지 않는다. 차라리 그 반구조의 무더기를 해체해 가는 작업이 유용하게 느껴진다. 그것은 다름 아닌 포스트텔레비전에 대한 반구조적 비평을 이룰 것이다.

포스트텔레비전 프로그램 텍스트의 형태 측면에서 반구조적 비평이 행해질 수 있다면 의미 차원에서는 그 진부함의 문제가 탐구된다. 텔레비전의 재미는 대체로 '예측 가능한 담론들에 대한 권태'로 느껴진다. 그것으로부터 조우하게 될 내용을 대체로 우리는 이미 '추정'할 수 있다. 이렇게 '예측 가능성의 정도에 의거한 담론들'의 유형이라는 점에서 텔레비전은 일종의 '사자死者들의 텍스트'이다.

이처럼 형식의 반구조성과 의미의 진부성 사이에 존재하는 포스트텔레비전의 모순이 주목된다. 요컨대 텔레비전 프로그램 텍스트의 형식은 언뜻 바르트가 말한 (문학 작품이 아닌) 텍스트의 성격에 가깝고 반구조적 비평에 적합할 듯 보인다. 자유로우며 운동적이고 육체적인 열림의 구조화로서 말이다. 그러나 텔레비전 프로그램 텍스트의 위험은, 그것을 무겁고 두꺼우며 닫힌 구조로 빠트리는 의미적인 진부성에 있다. 오늘날의 텔레비전은 형식적 자유로움과 의미적 고정성 사이에서 진동하고 있다.

:: 단계와 위치

이 작업의 성격을 좀더 분명히 하기 위해, 앞에서 말한 텔레비전 프로그램 텍스트 비평의 실험을, 바르트의, 혹은 바르트 텍스트의 역사의 한 지점에 위치 짓는 일이 적합할 수 있겠다. 다시 말해, 바르트를 가지고 방송을 읽고 쓰는 나의 텍스트화 작업이, 여러 다양한 성격의 바르트들 중에서 어느 '단계'에 해당하는지를 명료하게 밝히는 것이 좋겠다. 바르트가 스스로 밝힌 자기-텍스트의 '단계들'은 다음 표와 같다.

지금 행해지는 포스트텔레비전에 관한 반구조적 비평은 위 표의 마지막 단계, 즉 니체와 상호텍스트적 관계 안에 있는 단계에 위치한다. 이 단계에서 제시된 상호텍스트성이란 단지 "반드시 영향이 교차하는 장소"와 같이 실용적이고 효과론적인 측면을 가리키는 것이 아니다. 바르트는 상호텍스트성을 "문채, 은유, 단어로서의 사고가 엮는 악보"라고 밝히고 있다. 이처럼 육체와 기호의 상호텍스트적 연관 속에서 차이의 의미를 연속적으로 만들어 내는 운동이자 과정으로서 그의 이론을 살피고 텔레비전을 말할 것이다.

▶ 단계들

상호텍스트	장르	작품
(앙드레 지드)	(글쓰기에 대한 욕구)	
장 폴 사르트르	사회적 신화학	《글쓰기의 영도》
칼 마르크스		연극에 대한 여러 저술
베르톨트 브레히트		《신화학》
페르디낭 드 소쉬르	기호학	《기호학의 원리》
		《모드의 체계》
필립 솔레르스	텍스트성	《S/Z》
줄리아 크리스테바		《사드, 푸리에, 로욜라》
자크 데리다, 자크 라캉		《기호의 제국》
(니체)	도덕성	《텍스트의 즐거움》
		《롤랑 바르트가 쓴 롤랑 바르트》

:: 작품으로부터 텍스트로

《이미지-음악-텍스트》에 실린 〈작품으로부터 텍스트로〉라는 글에서 바르트는 작품*oeuvre*과 텍스트*texte*를 구분한다. 크게 구분해 보면, 작품은 굳어 있고 정해져 있으며 일방적인 것이다. 반면 텍스트는 움직이고 흔들리며 대화적인 것으로 이해할 수 있다. 바르트는 사유의 무게중심을 물론 작품보다 텍스트에 두었다. 그가 밝힌 텍스트의 특징을 작품과 비교하면서 조금 더 상세히 살펴보기로 하자.

첫 번째, 텍스트는 하나하나 개별적으로 셀 수 있는 물리적 대상이 아니다. 작품이 마치 책 한 권처럼 전시될 수 있는 것이라면, 텍스트는 특정한 규칙에 따라 말하여지고 보이는 과정이다. 작품이 손 안에 쥘 수 있는 것이라면 텍스트는 언어 안에 담겨 오직 담론의 운동으로서 존재하는 것이다. 유의할 점은 작품이 해체된 것이 텍스트인 것이 아니다. 순서를 바꾸어, 텍스트에 대해 상상적인 꼬리처럼 잔존하는 것이 작품이다. 강조하자면 텍스트는 자르고 통과하는 형성적인 움직임으로서, 오직 "생산 행위로서만 경험될 수 있는 것이다."

두 번째, 텍스트는 고전적인 범주들에 대해 전복하는 힘으로서 존재한다는 사실이다. 이런 점에서 텍스트는 고상한 문학 작품이나 위계적인 질서 혹은 장르적 구분과 같은 것이 아니다. 텍스트는 현대 대중사회에서 일반화된 의견, 즉 독사의 임계점 바로 그 뒤편에 위치한다. 그런 점에서 텍스트는 언제나 '패러독스*paradox*'이다.

세 번째, 텍스트는 기표로서 체험된다. 이에 비해 작품은 해석되어야 하는 의미다. 즉 기의로서 그 자체 과학과 제도의 자명한 언이로 기능하며 대문자로 표명되는 기호*Sign*다. 반면 텍스트는 기표들 놀이의 멈춤 없고 마침 없는, 영원히 지속되며 지연되는 행위*deferred action*이다. 텍스트는 심층적*comprehensive*이지 않은 대신 환유적*metonymic*이다. 그것의 연계와 우연, 운반의 행위들이 상징적인 에너지를 발산하는 것이다. 그런데 상징의 방식에도 차이가 있어서, 작품이 온건하게 상징적이라면(그 상징이란 언젠가 결말에 도달하거나 중도에 중지되어야 할 것이라는 점에서), 텍스트는 '급진적으로' 상징적이다. 텍스트는 언어에 의해 회복되는 것이 아니다. 마치 언어 자체가 그러하듯이 중심을 벗어나 닫힘없이, 중앙 또는 폐쇄가 없이 구조화되는 것이 텍스트다.

네 번째, 텍스트는 복수*plural*로 존재한다. 이것은 단지 하나의 텍스트가 여러 의미를 지님을 뜻하는 것이 아니다. 텍스트가 의미의 복수성을 이룬다는 뜻이다. 독자는 텍스트의 이질적인 것들이 다양하게 엮인 실체와 관점으로부터 다수적이고 비환원적이며 분절적인 것들을 지각한다. 빛, 색깔, 열기, 공기, 소리의 결들, 새들의 지저귐, 아이들의 목소리, 길, 몸짓, 먼 곳에 아련히 보이는 옷자락과 같은 것. 이처럼 텍스트는 규정적 문법 대신, 인용, 준거, 메아리, 문화적 언어들을 뚫고 엮으며 만들어지는 것이다. 그래서 차이*difference* 속에 존재하며 차이들을 만든다. 따라서 모든 텍스트들은 특정한 텍스트의 원형에 뿌리를 둔다기보다는, 상호텍스트의 관계 속에, 텍스트와 텍스트의 사이에 서로 존재한다. 이러한 위상학 안에 있기에 텍스트는 항상 복수적이고 차이적이다.

다섯 번째, 작품이 저자 중심으로 집결된 형태로 존재하는 것에 비해서, 텍스트는 '네트워크'에 비유된다. 텍스트는 연합적이며 체계적으로 자기 확장한다. 반면 저자의 생물학적인 연대기를 따라 제작되는 것은 작품이다. 텍스트에서 저자는 마치 한 명의 '손님'처럼 등장할 따름이다. 작품의 저자에게 있어 생물학적 이력*bio-graphy*이 매우 강한 어원적 힘을 지닌다면, 텍스트의 경우에 있어서 저자란 곧 '종이-저자*paper-I*'이다. 즉 저자는 그 자신이 텍스트로서 구성되는 것이다(《롤랑 바르트가 쓴 롤랑 바르트》라는 그의 저서가 좋은 사례이다). 텍스트와의 관계에 있어서 저자가 텍스트를 만드는 것이 아니라 텍스트로서 구성된 그가 곧 저자다.

여섯 번째, 작품은 소비의 대상이다. 반면 텍스트에 있어서는 소비되도록 놓이는 것이 아니라, 그것을 다시 붓고 옮겨서 '놀이, 행동, 생산, 실천'될 수 있도록 한다. 여기서 '놀이'란 여러 의미로 이해될 수 있는데, 하나는 텍스트 자체가 놀이라는 뜻이며 다른 하나는 독자가 텍스트를 마치 게임처럼, 다시 새롭게 만들고 연주한다는 뜻에서이다.

마지막으로 텍스트의 궁극적 지향은 '즐거움'이다. 결코 분리되지 않고 무수히 부딪치고 엮이고 새로이 탄생하면서 일어나는 기호들의 격렬한 환희다. 심판자도, 분석가도, 고백자도 해독자도 없이 기호의 자유로운 행위로서 만들어지는 "사회적 유토피아*social utopia*"가 곧 텍스트다. 이리하여 텍스트의 이론이란 결국 글쓰기의 실천에 다름 아닌 것이다.

:: 저자의 죽음 그리고 독자의 탈환

《이미지-음악-텍스트》에 실린 글 〈저자의 죽음〉에서 바르트는 독자의 위상에 대해 주의를 환기시키고 있다. 앞서 말했듯이, 바르트에게 있어 '글쓰기'란 목소리, 또는 목소리가 상징하는 근원과 원형을 해체하는 행위다. 글쓰기는 영도에 위치한다. 그것은 중립적이고 구성적이며 좌우와 상하를 판별할 수 없는 공간이다. 영도의 "자리는 존재하지만 비어 있다. 우리는 누가 그 자리를 메우게 될지, 우리가 누구를 위해 글을 쓰고 있는지 결코 알 수 없다." 글쓰기의 공간에서 주체는 미끄러져 사라지고, 저자는 죽음을 맞이하며, 목소리는 해체된다. 그 자리에 글쓰기가 나타나며 몸의 글쓰기 바로 그것으로서 정체화가 일어난다.

바르트가 설명하듯이 '저자'란 개념은 근대적 산물이다. 독립적이고 자율적인 개인성, 그의 이념과 발언의 결정체가 저자다. 반면 글쓰기에서는 목소리의 개별적 주체로서 저자가 소멸하는 대신 텍스트 스스로 발화하는 언어들이 그 자리를 채운다. (그리고 우리는 곧이어 이 자리에 독자가 들어서는 것을 목도하게 될 것이다!) 목소리와 글쓰기의 관계는 저자와 텍스트의 관계와 같다. 또한 저자가 작품에 항상 우선하는 선재성을 선점하고 있다면, 글쓰기는 항상 현재형이다. 글쓰기는 바로 지금 — 내가 이 문장을 쓰는 이 순간 — 현재형으로 계속되며 자체 발생하고 있다. 글쓰기는 수행적*performative*이다. 그것은 발화하는 행위 이외의 다른 내용물은 가지지 않는다. 오직 글쓰는 행위가 의미 생성의 힘이자 과정으로 유효할 따름이다. 글쓰기란, 움직이는 손으로 체현되는, 각인의 몸짓*gesture of inscription*에 의해 탄생한다. 그래서 현재 생성되고 있는 언어 그 이외의 다른 원형이라고는 가지지 않는다. 글쓰기는 단지 원형을 가지지 않을 뿐만 아니라, 끊임없이 원형을 문제삼는 언어이다. 글쓰기는 원형을 해체하고 새로운 차이들과 복수성을 만들어 낸다.

텍스트는 다수의 문화로부터 유입된 대화, 패러디, 경쟁 등의 상호관계에 있는 다수 글쓰기들의 집합이라고 할 수 있다. 이러한 각계각층의 흐름과 관계들이 마침내 수렴되는 지점으로서 '독자*reader*'가 있다. 텍스트란 단위가 현존하는 곳은 그것의 원형*origin*이 아니라 도달점*destination*이다. 마찬가지로 글쓰기를 이루는 모든 글의 인용이 새겨지는 지점은 저자가 아니라 독자다. 원형이라는 것이 있어 이것이 저자이고 여기로부터 텍스트가 파생되는 것이 아니라, 현재 진행 중인 글쓰기가 닿는 자리에 독자가 있고 바로 이 지점에서 텍스트가 생성되고 존재할 수 있는 것이다. 여기서 독자란 생물학적인 개체, 혹은 휴머니즘적인 관점에서 정의되는 인격이 아니다. 다시 말해 독자는 글쓰기가 구성한 주체이자, 글로 만들어지는 텍스트가 흔적의 형태로서 구성될 수 있도록 엮고 지지하는 누군가인 것이다. 독자의 자리에 만들어지는 텍스트, 그것은 저자 중심적인 글쓰기의 신화가 소실되고, 저자의 죽음을 대신하여 독자가 탄생하는 순간이다. 이것은 또한 글쓰기의 미래를 연다.

:: 즐거움에 관해

바르트는 텍스트의 즐거움을 두 가지로 설명한다. 대체로 우리말로는 한 단어로 번역되는 '즐거움'이지만, 프랑스어에서는 '플레지르*plaisir*(*pleasure*)'와 '주이상스*jouissance*(*joy*)'로 구분된다(다소 까다롭지만 한국어 번역으로는 전자가 '즐거움'으로, 후자가 '환희'로 번역되거나, 전자가 정적인 '즐거움'과 후자가 동적인 '즐김'으로 번역된 바 있다). 《목소리의 결정》에 실린 바르트의 설명에 의하면, 플레지르는 "안락, 개화, 편안함의 가치들을 신뢰하는 한결같은 자아나 주체에 연결"되어 있는 것이다. 예컨대 고전 작품의 독서가 이에 해당된다. 반대로 주이상스는 "주체로 하여금 한결같이 확고하게 존재케 하는 게 아니라, 자신을 상실하게 하며 (……) 즐김이라는 그 소모 경험을 느끼게 하는 독서 혹은 언술 행위"다. 플레지르가 현상을 고수하고 규범 안에서 편안하게 취해지는 즐거움이라면 주이상스는 급진적이며 도전적이고, 안정된 질서에 대해 해체적인 것이다. 바르트는 우리 문화 안에 있는 대부분은 플레지르의 텍스트인 반면 주이상스의 텍스트는 매우 소수라고 말한다. 더군다나 텍스트들은 주이상스의 텍스트로부터 플레지르의 텍스트로 넘어가는 경향을 보이기까지 한다. 이는 텍스트를 "문화가 흡수해 버리기 때문"이다. 이처럼 문화는 텍스트들을 길들이고 응고시킨다. 이러한 응고의 상황으로부터 이탈하고 그것을 해체하는 힘이 즐거움의 저항성이다.

플레지르와 주이상스의 관계는 작품과 글쓰기의 관계와 연결된다. 작품은 '배금주의적인 사회'가 매달릴 수밖에 없는 것이다. 그것은 '하나의 상품'으로서 구축되고 끝내져야 하는 것이기 때문이다. 이에 비해 글쓰기는 '영속적인 산출 작용으로서, 또 무조건적인 분산 작용으로서, 유혹의 에너지로서,' 그가 '끊임없이, 한계 없이, 기한 없이' 즐길 수 있는 것이다. 글쓰기는 '협소한 공간'에서 그가 "어떻게든 몸의 방향을 바꾸는 '유희'이다." 글쓰는 이는 자신의 고유한 영혼과 지성과 육체를 작동시켜 감각을 곤두세운다. 그 육체는 "글을 쓰기 위해 필요한 히스테리와 사회적 커뮤니케이션의 목표(및 시야)를 감시하고 버릇을 고치고, 순화시키고, 평범화시키고, 코드화하고, 수정하고, 강제하는 상상계 사이에서 몸부림치고 있다." 이렇게 글쓰기의 극단 — 바로 급진성 그 자체 — 에서는 공감이 불가능한, 일종의 '공감의 상실'이 주이상스로서 체험된다. 왜냐하면 글쓰기는 차이와 분산의 정점이기에.

:: 포스트텔레비전, 작품으로서 혹은 텍스트로서……?

텔레비전이 우리 시대의 독사인가 패러독스인가, 작품인가, 텍스트인가, 그것이 안겨주는 즐거움은 어떠한 성격의 것인가? 이 문제에 답하기는 쉽지 않다. 우리가 살펴본 바르트의 텍스트들 중에서 바르트가 방송에 대해 직접적으로 언급한 사례는 거의 찾아보기 어렵다. 《롤랑 바르트가 쓴 롤랑 바르트》에서 라디오 방송에 대해, 그것이 독사적인 담론과 '본능적인 유사성'이 있다고 언급한 내용을 찾을 수 있는 정도다.

바르트의 방송에 대한 부정적인 판단을 염두에 두고 우리의 안건인 포스트텔레비전에 대해 생각해 보기로 하자. 서두에서 제시한 것처럼, 아마도 텔레비전의 형식과 의미로 나누어 살피는 것이 문제 다루기에 도움이 될 것 같다. 형식의 차원에서 볼 때 텔레비전은 지속적인 분화와 분산을 추구하고 있다. 한 마을 사람이 다함께 한 대의 텔레비전을 보는 것이 그 근대적 광경이었다면, 20세기의 텔레비전은 가족의 미디어로 발전해왔다. 21세기 텔레비전은 개인의 미디어로 이용된다. 텔레비전의 시간성에 있어서도 그 단위는 더욱 미세하고 분산적이 되었다. 전통적인 텔레비전이 일주일 단위의 정규성을 기준으로 하였다면, 오늘날 텔레비전에서 편성의 개념을 찾는 일은 거의 무의미하다. 인터넷 네트워크를 통해 개별 프로그램 혹은 프로그램의 조각들이 언제 어디서나 개인에게 도달할 수 있게 되었다. 또한 전달 통로에 있어서 복잡화와 확산을 계속하고 있다. 과거의 텔레비전이 송신탑을 통해 전국으로 널리 전달 — 문자 그대로 '방송放送' — 되는 일방적이고 중심화된 구조를 지녔다면, 오늘날의 텔레비전은 네트워크로서 편재한다. 텔레비전 수상기는 물론이고 PC, 태블릿, 스마트폰 등 디지털 개인 미디어 네트워크 발전에 따라, 텔레비전은 세계를 포화시키고 있는 듯하며 개인의 사적 영역에 신속하고 날쌔게 파고드는 데에 탁월하게 성공했다. 저자의 위상에도 엄청난 변화가 일어난다. 전통적인 텔레비전 프로그램이 제작자와 감독을 저자로 한 완결품이었다면, 오늘날 텔레비전 프로그램은 작은 단위 조각들로 분해하기에 매우 용이하다. 시청자들은 자신이 원하는 시공간 질서 안에 텔레비전 프로그램을 영위하면서, 작은 조각들로 잘라 되섞고 그 내용에 끼어들기를 하는 식으로 새로운 프로그램들의 연쇄 사슬들을 만들어 낸다(예를 들어 자신이 좋아하는 프로그램에 자막을 새겨 넣거나, 재편집을 하여 새로운 프로그램 조각을 만들어 내는 경우). 바르트의 표현을 따르면, 시청자가 개입하고 재구성하는 과정에서 텔레비전 프로그램은 '읽기의 텍스트*readerly text*'로부터 '쓰기의 텍스트*writerly text*'로 변화하는 중이다.

형태의 측면에서 보면 텔레비전은 분산과 자유와 해체의 흐름을 따르는 '텍스트'의 성격과 유사하다. 그렇다면 내용의 의미 작용 차원에서는 어떠할까? 우리 방송은 항상, 너무나 즐겁다. 최근 들어 방송의 모든 채널에 홍수처럼 몰아닥친 일련의 유사한 리얼리티-예능 프로그램이 대표적인 사례다. 현실과 허구, 일반인과 스타, 일상과 이벤트의 경계를 흐리면서, 리얼리티-예능 프로그램은 소박하고 솔직한 우리의 삶을 공감할 수 있는 스타일로 그려낸다는 호평을 흔히 받는다. 이들의 세계는 그저 즐거움에 넘친다. 그러나 이들이 그려내는 즐거움은 지극히 안온하며 현실 순응적이며, 주체의 안정성과 불변성을 강화하는 성격의 즐거움이다. 대부분 여러 명의 남성 출연자와 소수의 여성 출연자가 배치되는 식으로 구성되는 이들 프로그램은 백설공주와 일곱 난장이들의 화목한 축제를 연상시킨다. 이것의 즐거움은 아름답고 청명한 자연, 따뜻한 인심, 협동하는 공동체, 아름다운 미녀 배우와 강직하고 유머 넘치며 인품 좋은 남성들의 전형성, 그리고 그러한 전형성이 파생시키는 안정성과 안락함에 있다. 이들은 예측 가능하고 평범한 '좋음'들의 표상이다. 이러한 이미지에는 이상적인 일상의 가치가 응고되어 있다. 좋은 삶에 대한 독사를 보여 주는 것이다. 이제 이 독사적 이미지들은 우리의 가치와 신념 형성에 영향을 준다. 우리는 우리의 일상이 응당 이러해야 할 거라고 믿고, 또 그러기를 희원한다. 이제 일상이라는, 문자 그대로 자연스러움을 본질로 하는 그것이 인위적으로 상품화되고 요란스럽게 전시된다. 그리고 이 인위적·이념적 상품이 재차 당연한 것으로 자연화되는 과정이 뒤따르는 것이다. 전통적으로 일상을 '벗어난' 환상이 방송의 상상계를 이루었다면, 지금의 리얼리티 프로그램에서는 일상 그 자체를 상상계로 변모시킨 후, 그것을 일상으로 투입시키는 연쇄적인 위장이 일어난다. 일상－상상－일상의 순환 고리가 형성되면서 이중의 신화화가 진행된다. 즐거움의 장치가 이중, 삼중으로 두터워진다. 즐거움이 응착적이고 안정된 것이 될수록 급진적이고 도전적이며 해체적인 즐거움의 가능성은 좁아진다. 이처럼 내용의 차원에서 보면 텔레비전 프로그램은 바르트가 말한 사자들의 텍스트다. 여기에서 예측 가능한 것, 상식화된 것, 진부한 표현, 일반성과 보편성의 기원과 진실을 자임하는 신화가 창출·강화된다.

단지 리얼리티 프로그램뿐만이 아니라, 텔레비전 프로그램은 대체로 지배적인 사회 질서를 자연화하고 합법화한다. 행복한 가정은 늘 도시의 아름다운 저택에서 밝게 웃는 젊은 부모와 즐겁게 뛰어노는 어린 아이들, 건강하고 기름진 털을 자랑하는 강아지와, 세련되게 꾸며진 인테리어로 표현된다. 미래에 투자하는 기성인들, 도전에 투신하는 젊은이들, 보호와 안위의 품 안에서 밝게 자라나는 아이들, 발전하는 국가와 진보하는 세계의 박력이 화려하게 제시된다. 역으로 이러한 틀 바깥에 현존하는, 수많은 타자화된 진실은 이 즐거운 세계 안에 들어설 틈

이 없다. 외로운 영혼, 병들고 고통스런 몸들, 돈과 권력의 폭력 안에서 지친 사람들, 물론 이렇듯 아픈 이미지들도 우리 방송에 자주 등장한다고 말할 수 있을는지도 모른다. 아니, 실상 이러한 부정의 이미지들은 과잉되게 텔레비전에 흘러넘치고 있다. 그러나 이들은 사회의 '현실'로서 다루어지지 않는다. 예외적인 상황으로서, 우리가 그저 거리두고 바라보거나 피해감으로써 부정되어야 하는 타자로서 말하여질 뿐이다. 이러한 타자의 스펙터클화는 반성과 성찰을 매개로 하는 진정어린 관계맺기 대신 '우리'로 하여금 '그들'의 이미지를 소비하는 쉽고도 달콤한 길을 유도한다. 타자를 스펙터클한 이미지로 소비할 수 있는 위치, 그 다행스런 즐거움이 마땅히 있어야 할 윤리적 양심과 사회적 비판 의식을 대체한다. 텔레비전에서 과잉되게 배출되고 있는 타자의 스펙터클한 이미지는 자본주의 영혼계의 분열되고 이중적인 모습을 적나라하게 드러낸다. 타자화된 고통의 이미지들은 배금수의적이며 개인주의적이고 경쟁적인 질서의 이면으로서, 전자는 후자를 지탱하고 강화하며 그것의 도덕적 죄의식과 출구 없는 욕망을 달래고 채우는 '형성적 타자 *Constitutive Other*'인 것이다.

:: 텔레비전에서의 푼크툼

바르트는 두껍고 응결되며 틀지어진 작품으로부터 벗어나, 혹은 그것을 해체하며, 급진적인 자유로움을 수행하는 텍스트를 지향했다. 이러한 대립적 관점에서 보면 우리의 텔레비전은 형식적으로는 '텍스트'로 향해 가면서 내용의 측면에 있어서는 '작품'의 질서 안에 종속되어 있는 것으로 보인다. 텔레비전에서 독사 대신 패러독스를, 플레지르뿐만 아니라 주이상스를 즐길 수 있는 가능성은 없는 것일까? 있다면 어디서 찾아야 할 것일까?

오래전에 텔레비전에서 본 다큐멘터리의 한 장면이 기억난다. 그 다큐멘터리는 유명한 감독이 만든 거작이 아니라 어느 날 밤에 채널을 돌리다가 우연히 볼 수 있는, 여느 프로그램들 중 하나였는데, 십여 년이 지난 오늘날까지도 내 기억에 선명하게, 내 감각과 마음을 찔러 통렬한 즐거움을 낳은 — 바르트의 표현을 빌어온다면 '푼크툼*punctum*'의 — 이미지로 남아 있다. 프로그램의 내용은 서구의 식품 유통 대기업이 자사 브랜드로 경영하는 아프리카의 한 농장의 이야기였다. 하나의 마을 차원으로 경영되는 이 농장에서는 해마다 길러야 하는 농산물의 종류가 그 땅을 사는 주민의 삶이나 이 고장의 지리학적인 특성이나 역사적인 맥락과는 전혀 무관하게, 기업의 이해관계에 따라 계획되고 설정된다. 수확 시기에 이 농장을 경영하는 서구 기업인들은 마을을 방문하고 이때 아프리카 주민들은 지배자를 모시기 위해 갖은 정성을 기울인 환영 행사와 축하 잔치를 연다. 그런데 이 행사의 가장 중요한 목적은 협업자들 사이에 기쁨을 나누는 것이라기보다는 서로 다른 집단 간 힘의 불균등 상태를 자연화하고 강화하기 위한, 지극히 현실적인 것이다. 아프리카 농작인들은 자신들이 기른 농작물이 서구 기업가들 눈에 만족스러운지, 이번 해의 계약 내용이 무사히 수행된 것인지, 다음 해에도 이 마을의 생사가 걸린 농작 계약이 계속 연장될 것인지를 판정받아야 하기 때문이다. 말하자면 이 다큐멘터리의 의도는 서구 대기업과 아프리카 농업 사이에 작동하는 새로운 형태의 농업 제국주의를 고발하는 것이었다.

이 진지한 다큐멘터리는 '좋은' 다큐멘터리 전형의 진지성, 논리성, 감동성을 겸비했다. 그러나 막상 내 심부를 깊숙이 찌른 이미지는, 서구의 거만하고 탐욕스런 기업가의 모습도, 힘의 불균등을 고발하는 다큐멘터리 감독의 날카로운 시선도 아니었다. 그것은 마지막 장면에 나타난 한 소년의 실루엣이었다. 역광에 비춰진 그 아이의 뒷모습은 어둡고 둥글게 구부러져, 기운 없고 무심한 소년의 마음을 비춰보이고 있었다. 이 어두운 그림자에서 소년 얼굴의 이목구비는 볼 수 없었지만, 그 몸으로부터 표정을 읽을 수 있었다. 그 소년의 몸은 이 세계의 진실을 한 몸으로 안고 있었다. 그 몸에는 숨가쁘게, 숨조르듯이 진행되는 지구적 자본주의의 구조가 배태한 슬픔, 고달픔, 위태로움, 그리고 그에 대한 도저한 분노가 고요하게 숨죽이고 있었다.

그 아이의 형상은 이 세계의 진실을 투명하게 보여 주기에 위대하고, 진실의 아픔을 드러내기에 급격하며, 이 세계를 지배하는 강고한 질서에 연약하되 날카로운 흠집을 내기에 용감하고 도전적이다. 보는 이의 감정을 깊게 흔드는 이 조용한 이미지는 어떠한 이론과 사유도 미처 발동하기 이전의, 격렬한 육체적 동요-격동을 낳는다. 감동의 격류는 육체의 진물처럼 눈물로 빚어진다. 매우 짧지만 강렬하게, 도발적이며 급진적인 즐거움이 휩쓴다. 이 소년은 저자의 웅변과 같은 목소리를 지니지 않았다. 침묵할 따름이다. 그러나 그의 느릿하게 멈춰가는 그 육체의 움직임은 푼크툼의 이미지로서, 세계의 비참한 진실을 찰나적으로 꿰뚫으며 산포해 내고 있었다. 스쳐 지나가는 이미지들에서 푼크툼을 발견하고 몸을 전율할 찰나, 작품에 대해 보는 자였던 그녀는 마침내 '쓰기의 텍스트'의 독자로 새로이 태어난다.

함께 읽으면 좋은 책

롤랑 바르트가 쓴 롤랑 바르트 Roland Barthes par Roland Barthes

롤랑 바르트 지음 | 1975 | 이상빈 옮김 | 동녘 | 2013

프랑스의 대표적인 기호학자이며 문화 비평가인 롤랑 바르트가 자신을 하나의 텍스트로 보고, 자신의 언어와 이론을 밝힌 책이다. 자신을 '나,' '자기 자신' 또는 '그'라고 부르며 재귀적인 텍스트화를 꾀하는 이 책에서 롤랑 바르트의 핵심적인 개념들에 대한 정확하고 체계적인 이해를 얻을 수 있다. 아울러 이 책에 실린 실험적이고 아름다운 단장 형식의 글들은 독자들로 하여금 '읽기' 혹은 '쓰기'로서의 '읽기'의 즐거움에 몸소 도달하도록 이끈다.

현대의 신화 Mythologies

롤랑 바르트 지음 | 1957 | 이화여자대학교 기호학연구소 옮김 | 동문선 | 1997

롤랑 바르트가 현대의 대중 문화를 비평한 글들을 모은 책이다. 광고 이미지, 배우의 사진에서부터 스포츠와 문학 작품에 이르기까지, 우리 삶의 세계에 포화된 각양의 이미지와 텍스트들에 시선을 던지고 있다. 바르트는 그들에 대한 기호학적 분석을 통해 자본주의 신화를 고발하는 한편 그에 저항할 수 있는 시적인 언어의 정치적 행동력을 제안하고 있다. 현대 기호학의 문화 비평서의 근본을 이루는 중요 저작이다.

두꺼운 언어와 얇은 언어: 디지털 시대의 문화 변동과 담론 연구

박명진 엮음 | 문학과지성사 | 2012

기호학과 담론 분석을 이용하여 한국의 문화 상황 및 변동 양상을 분석한 책이다. 전문적이고 이념적인 언어를 두꺼운 언어로, 대중적이고 감각적인 언어를 얇은 언어로 이름 붙이고, 저널리즘, 방송, 인터넷을 아우르는 미디어 환경에서 생성되는 두껍고도 얇은 문화-담론의 현상들을 현재 우리 삶의 통치 구조-신자유주의, 자본주의, 지구화의 관점에서 진단한다.

미디어 스펙터클 제대로 보기

더글러스 켈너

《미디어 문화》

이수범

6

미디어 문화
Media Culture: Cultural Studies, Identity and Politics between the Modern and the Postmodern

더글러스 켈너
Douglas Kellner

Routledge | 1995

더글러스 켈너는 《미디어 문화》에서 보수주의 이데올로기를 재생산하거나 그에 대항하는 영화들, 스파이크 리 감독의 영화에서 랩 음악에 이르는 미국의 흑인 문화, 마돈나로 대표되는 이미지, 텔레비전 드라마, MTV, CNN과 미국의 텔레비전 뉴스, 광고, 걸프전으로 알려진 미디어 스펙터클, 사이버펑크 소설 등을 문화 연구 및 보드리아르의 포스트모더니즘을 비롯한 다양한 사회 이론들을 활용하여 포괄적인 방식으로 미디어 문화의 의미를 분석하였다. 켈너는 프랑크푸르트학파 전통의 비판 연구 이론가로서 마르쿠제의 영향을 받은 포스트모던 사회 철학을 미디어와 문화 연구에 접목시켰다.

◆◆◆ 이수범은 한국외국어대학교를 졸업하고 서강대학교 대학원에서 석사, 미국 오클라호마대학교에서 언론학 박사 학위를 받았다. 현재 인천대학교 신문방송학과 교수이다. 책으로는 《지역 방송 정책론》(공저), 《디지털 시대의 음악 산업》, 《스마트 시대의 광고 미디어》(공저), 《퍼블릭 스피킹》(공역), 《Hallyu: Influence of Korean Popular Culture》(공저), 《영화 마케팅 PR론》 등이 있다.

:: 더글러스 켈너와 《미디어 문화》

1943년에 출생한 더글러스 켈너는 이른바 프랑크푸르트학파 전통의 비판 연구 이론가 3세대에 해당되는 학자이다. 1973년에 컬럼비아대학교에서 철학 박사를 받은 후, 1973~1997년까지 텍사스대학교 철학과 교수로 재직하였다. 이 당시 텍사스 지역 텔레비전의 퍼블릭 액세스 채널에 관여하면서 텔레비전의 본질과 사회적 기능에 관해 관심을 갖기 시작하였다. 현재는 캘리포니아대학교 로스앤젤레스 캠퍼스의 교육정보대학원에서 학과장을 맡고 있다. 독일 튀빙겐대학교, 핀란드 탐페레대학교, 스웨덴 스톡홀름대학교 등의 교환 교수를 역임하였다.

켈너는 사회 이론, 문화 연구, 미디어 연구, 19~20세기 유럽 철학의 쟁점들을 주로 연구하고 있다. 그는 비판 이론과 미국 실용주의 철학, 특히 듀이 철학의 전통을 이어 받아 이론과 실천을 관련시키고, 철학을 사회적 행위의 도구로 사용한다. 현재 학술 저널 〈문화정치학 *Cultural Politics*〉과 길포드출판사Guilford Press의 시리즈인 '비판적 관점 *Critical Perspectives*'의 편집위원장이기도 하다.

켈너는 1960년대 뉴욕의 컬럼비아대학에서 철학을 공부하던 학창 시절, 베트남전쟁 반전 시위에 참여했다. 이 과정에서 지식의 정치적 본질과 철학의 역사적 관계에 대해 지적 호기심을 갖게 되었다. 독일 유학 중에 접한 테오도르 아도르노, 막스 호르크하이머Max Horkheimer, 칼 코르쉬Karl Korsch, 허버트 마르쿠제Herbert Marcuse, 에른스트 블로흐

Ernst Bloch 등의 영향을 받아 경제적 분석보다는 문화를 강조하는 새로운 형태의 마르크스주의 비평을 이론화하였다. 그 이후 프랑스로 건너가 미셸 푸코Michel Foucault, 장 프랑수아 료타르Jean-Francois Lyotard, 장 보드리야르Jean Baudrilliard, 질 들뢰즈Gilles Deleuze 등의 강의를 듣고 연구하면서 포스트모더니즘 이론을 집대성하였다. 켈너의 철학적 관심은 프랑크푸르트학파에 머무르지 않고 프랑스 포스트모더니즘을 수용하여 이론적인 지평을 확대시켰다.

정상준은 논문 〈비판적 수용과 해방의 모색〉(2007)에서 켈너를 다음과 같이 평가하고 있다. "그는 다른 좌파의 지식인들처럼 대중 문화의 상품으로서의 속성과 조작적 기능을 비판하면서도 동시에 그들과 달리 대중 문화가 지닌 저항적, 해방적 가능성을 탐색한다. 좌파 지식인들이 대체로 고급 문화에서 해방의 가능성을 찾는 데 비해 그는 대중 문화에서 해방적 잠재력을 발견한다. 켈너는 또한 대중 문화 생산자의 의도나 대중 문화의 메시지에 주목하면서도 동시에 그것을 수용하는 개인의 반응에 주목하며, 대중 문화 현장에서의 구체적 작업을 통해 개인들의 의식을 고양시키고 사고와 행위를 변화시켜 자본주의 사회의 변혁을 추구한다."

켈너는 비판 연구에 토대를 둔 미디어 연구의 대표적인 이론가이다. 비판 이론과 포스트구조주의의 시각에서 걸프전, 미국 대통령 선거, 9·11 사태, 아프가니스탄 및 이라크에서의 미국의 테러 전쟁 등에 대한 텔레비전 보도를 분석한다. 특히 부시 대통령 집권 이후 미국의 대외 정책 의제와 군국주의를 진전시키는 데 미디어 정치가 중심에 있음을 지적하며, 미디어 문화가 스펙터클과 메가 스펙터클*mega spectacle*의 형태에 의해 지배된다고 주장한다. 그는 미디어 스펙터클에 대항하는 카운터 스펙터클*counter spectacle*을 어떻게 만들어 내느냐가 민주주의

회복의 주된 과제라는 점에 주목한다. 블로그와 같은 인터넷 미디어나 지역 방송, 대안적 미디어가 그런 역할을 할 수 있는 창구를 만들어 줘야 한다. 대안으로 일반인들에게 비판적인 미디어 리터러시*critical media literacy*를 교육해야 한다고 제시한다.

특히 《미디어 문화》는 오늘날의 젊은 세대들은 미디어에 중독되어서 비판적이지도 않고 진정으로 미디어 리터러시를 갖추고 있지 않다는 점을 집중적으로 다룬다. 그래서 《미디어 문화》의 결론에서 사회 변동의 도구로서 미디어를 사용하는 방법과 미디어 담론에 대해 비판적인 태도를 가르쳐주는 미디어 교육의 중요성을 강조한다. 비판적인 미디어 리터러시 교육은 미디어 교육의 영역을 확장시키고 민주적인 방송을 위한 실질적인 대안이기도 하다.

:: 《미디어 문화》의 주요 논점

'대중 문화'에서 '미디어 문화'로

'대중 문화'라는 용어는 영어에서 두 가지 의미를 가진다. 첫 번째는 대중으로부터 생겨난 혹은 대중에게 인기 있는 문화*popular culture*를 의미한다. 두 번째는 대중을 위해 대량으로 만들어지는 문화*mass culture*를 지칭한다. 켈너는 대중 문화의 첫 번째 의미는 저항 문화와 상업 문화를 구분하지 못하고 또한 대중을 수동적 수요자로 비하한다는 이유를 들어 그 용어의 사용을 거부한다. 또한 대중 문화의 두 번째 의미는 '대중'과 그들의 문화를 비하하는 엘리트주의적 고급 문화의 산물이며, 대중과 그들의 문화를 단순하고 획일적으로 만든다고 비판하면서 대신 '미디어 문화'라고 사용할 것을 주장한다. 미디어 문화는 현대 문화의 생산과 분배 양식을 잘 표현하며 매스 미디어의 중요성을 강조하고 문화 연구와 매스 커뮤니케이션 연구의 인위적 장벽을 허무는 장점도 가진다고 설명한다.

미디어 문화는 광의의 문화 과정 일반과 연관되어 있으며 동시에 인류 역사에서 새로운 어떤 것이기도 하다. 개인들은 라디오를 청취하고, 텔레비전을 시청하고, 영화관에 가고, 음악을 듣고, 쇼핑하러 가고, 잡지와 신문을 읽는 등 미디어 문화의 다양한 형식에 참여하는 데 엄청난 시간을 소비한다. 미디어가 제공하는 오락은 때론 커다란 즐거움을 주면서 시각과 청각 그리고 스펙터클을 이용하여 수용자들을 어떤 관점이나 태도, 감정, 입장 등과 동일시하도록 유도한다. 소비 문화는 개인들을 상업적 만족의 체계 속에 참여하도록 유인하는 상품들과 서비스들의 진열장을 제공한다. 미디어 문화와 소비 문화는 현존하는 가치, 제도, 신념 그리고 관행들에 순응하는 사고와 행동을 유발하기 위해 제휴하고 있는 것이다. 그러므로 미디어 문화가 담고 있는 의미와 메시지를 이해하고 해석하고 비평하는 방법을 배우는 것은 모든 사람들에겐 매우 중요한 과제가 아닐 수 없다. 이런 측면에서, 켈너의 《미디어 문화》는 사회와 문화가 미디어 문화에 의해 식민화됨으로써 나타난 몇 가지 결과들을 살펴보고, 이러한 형태의 문화가 우리 일상생활*everyday life*의 여러 측면들에 심대한 영향을 끼치는 방식의 본질과 그 결과들을 탐색하고 있다.

이 책에서 그는 보수주의 이데올로기를 재생산하거나 그에 대항하는 영화들, 스파이크 리 감독의 영화에서 랩 음악에 이르는 미국의 흑인 문화, 마돈나로 대표되는 이미지, 텔레비전 드라마, MTV, CNN과 미국의 텔레비전 뉴스, 광고, 걸프전으로 알려진 미디어 스펙터클, 사이버펑크 소설 등을 문화 연구 및 보드리야르의 포스트모더니즘을 비롯한 다양한 사회 이론들을 활용하여 포괄적인 방식으로 미디어 문화의 의미를 분석하였다. 그는 1960년대부터 1990년대까지의 수많은 이론(프랑크푸르트학파의 비판 이론, 영국 문화 연구의 헤게모니 이론)을 언급하면서, 결국에는 포스트모더니즘에 들어섰다고 말한다. 켈너는 실용주의적이고 다원적*multiperspectival*으로 이론에 접근을 시도하면서, 1980년대 초반부터 1990년 중반까지 미국 사회를 지배하고 있는 미디어 문화에 주목하고 있다.

텔레비전과 포스트모더니즘 정체성

켈너는 텔레비전이 재현적 리얼리즘의 미학, 즉 현실적인 것을 가공해내고 현실 효과를 산출하고자 하는 이미지와 이야기의 미학에 좌우되어 왔다는 점을 강조한다. 텔레비전의 가차 없는 재현적 리얼리즘은 서사적인 코드들, 이야기 전개 그리고 고도로 코드화된 장르의 관습들에 따라야 했다. 상업 텔레비전은 오락 미디어로 구성되어 왔으며, 제작자들은 시청자들이 친숙한 장르에 의해서만이 아니라, 이야기에 의해서도, 즉 친숙하고 쉽게 받아들일 수 있는 등장 인물, 구성, 관행, 메시지들로 이루어진 서사에 의해서도 즐거움을 느낀다고 생각하는 것 같다.

대부분의 텔레비전 역사를 서사적인*narrative* 이야기 전개로 규정하지만, 텔레비전에 대한 포스트모더니즘적 설명에 따르면 이미지가 때때로 서사의 중요성을 약화한다. 대개 포스트모더니즘이라고 규정하는 프로그램들(MTV의 뮤직 비디오, 〈마이애미 바이스*Miami Vice*〉, 하이테크 광고 등)에는 새로운 외양과 느낌이 있다는 주장이 나오기도 한다. 강력하고 매우 인위적인 미학적 이미지들이 텔레비전 이미지와는 거리를 두면서 매혹의 중심, 유혹적인 쾌락의 중심, 강렬하지만 일시적인 미학적 경험의 중심이 되었다.

켈너는 이미지, 서사, 이데올로기, 의미에 대한 해석적 분석들은 심지어 포스트모던 문화의 전범으로 여겨지는 텍스트들을 분석함에 있어서도 여전히 중요하다고 본다. 물론 형식, 표현, 외관에 대한 분석도 중요하지만 말이다. 오늘날 각기 다른 시청자들은 텔레비전을 각기 다른 방식으로 보고 있는 것이 분명하다. 일부 시청자들에게 텔레비전은 파편화된 이미지들의 콜라주*collage*일 뿐이며, 사람들은 단지 적당히 변덕스러운 방식으로 시청하거나 전후 사건을 연결할 뿐이다. 많은 사람들은 오늘날 한 프로그램에서 다른 프로그램으로 재빨리 전환하는*zap* 도구를 사용하며, 이 채널에서 저 채널로 지나가면서 단지 '무슨 일이 벌어지고 있는지 무심히 보고' 불연속적인 이미지의 흐름을 따라간다. 많은 사람들은 단순히 표면적 이미지에만 주목하면서 전체 프로그램을 시청하며, 프로그램과 광고가 서로 뒤섞이고, 불연속적 기표들의 움직임 속에서 의미는 붕괴된다. 그럼에도 불구하고 텔레비전이라는 장치 자체가 끊임없이 의미를 손상시키며 기의 없는 기표들을 붕괴시켜 아무런 깊이나 효과, 의미도 없는 단조롭고 일차원적인 하이퍼 공간으로 몰아넣는다는 주장은 과장이다.

켈너는 텔레비전이 전통적으로 신화나 의례가 해왔던 기능들을 오늘날 어느 정도 떠맡고 있다는 점에 주목한다. 또한 텔레비전 신화가 바로 클로드 레비스트로스Claude Levi-Strauss가 전통적 신화의 기능을 서술했던 방식으로, 또 그가 현존하는 가치와 제도들을 이상화하며 나아가 기존의 생활 양식을 찬양하는 롤랑 바르트식의 신화학을 제공했던 방식으로, 사회적 모순들을 해소시켰다고 주장한다.

또한 그는 인기 텔레비전 프로그램, 그리고 보다 일반적으로는 광고 행위가 어떻게 오늘날의 세계에서 정체성 모델을 제공하는 기능을 하는가를 논의하고 있다. 〈마이애미 바이스〉(1984년 9월부터 1990년 1월까지 미국

NBC 방송에서 방영한 형사 크로켓과 텁스의 활약을 그린 TV 드라마 시리즈)는 오늘날의 문화에서 정체성의 파편화, 재구성, 취약함에 대해 많은 시사점을 제공해 준다고 볼 수 있으며, 정체성이 어떻게 미디어 문화를 통한 모사 과정에 들어가는 주체 위치들을 합병하면서 구성되는가에 대해서도 통찰할 수 있게 해준다. 현대 사회에서 정체성 문제는 우리가 어떻게 우리 자신과 타인 앞에서 우리 자신을 구성하고 지각하고 해석하며 드러내는가에 있는 문제로, 포스트모더니즘적 관점에서 정체성은 하나의 신화이자 환상일 뿐이다. 이런 맥락에서 TV 드라마 시리즈물 〈마이애미 바이스〉는 역할 수행과 이미지화를 통해 연극적으로 구성된 포스트모더니즘적 정체성을 제공한다.

〈마이애미 바이스〉는 1980년대의 물질주의적 소비 사회이자 부와 풍요를 강조하던 레이건 시대였다. 이 시기에 새로운 이미지 문화는 이미지를 통해 정체성을 규정하였다. 이 드라마의 이미지와 이야기는 이러한 패션과 정체성에 대한 담론들의 코드를 변환시켰으며, 나아가 그 시대의 패션과 스타일 등에 영향을 미쳤다. '마이애미 바이스' 효과라고 부를 수 있는 현상이 일어났는데, 이는 캐주얼한 패션 스타일을 취하거나 지속적으로 룩과 이미지를 바꾸는 것을 의미한다. 또한 이 TV 프로그램은 시청자들이 소비주의적 여가 생활에 초점을 맞추는 빠르고 역동적인 생활 양식에 동일시하게끔 유도한다. 드라마가 시작될 때 나오는 아이콘 이미지는 쾌속정이 강한 비트의 음악에 맞추어 푸른 파도와 하얀 물거품을 일으키면서 빠른 속도로 대양을 질주하는 것이다. 계속해서 이국적인 새들, 관능적인 여자, 스포츠 시합, 경주하는 말들과 개들 그리고 풍요로운 마이애미를 배경으로 한 다른 여가 활동의 이미지들이 이어진다. 이러한 프로그램 시작 화면의 이미지들은 빠른 편집으로 밀도 높게 결합되어 속도감과 역동성을 제공하며, 이러한 아이콘들은 신나게 기분을 내고 풍족한 소비를 누리는 삶에 동참하라고 유혹하는 것이다. 이어지는 드라마의 내용은 어떻게 사람들이 이러한 레저의 유토피아에 들어오며 어떻게 이 유토피아의 스펙터클과 매혹적인 환경 속에서 멋진 생활을 찾아가는지 보여 줄 것이다.

이 드라마의 회가 바뀌어도 주인공인 크로켓과 텁스는 그들의 범죄자 정체성을 계속 가장하고 있으며 마치 속옷을 갈아입듯이 손쉽게 선량한 인간에서 악한 인간으로 미끄러져 다닌다. 이와 같은 이중 코드화된 정체성*doubled-coded identity*은 정체성이 인위적인 것이고, 주어진 것이 아니라 구성되는 것이며, 타고난 도덕적 혹은 심리적 특질의 문제라기보다는 선택과 스타일 그리고 행동의 문제임을 나타낸다. 또한 정체성은 하나의 게임과도 같으며 하나의 정체성에서 다른 정체성으로 쉽게 옮겨 갈 수 있음을 시사하는 것이기도 하다. 따라서 포스트모던 정체성은 역할 수행*role playing*과 이미지 구성*image construction*을 통해 연극적으로 구성된다. 현대적 정체성의 위치가 한 사람의 직업이나 공공 영역 내의 기능 주변에 머물러 있었던 반면에 탈현대적 정체성은 룩, 이미지, 소비를 중심으로 한 여가의 주변을 맴돌고 있다.

결국 〈마이애미 바이스〉는 오늘날의 사회에서 정체성이 이미지와 스타일을 통해 구성되는 방식을 보여 주며, 그러한 양식의 정체성이 매우 유동적, 복합적, 가변적, 일시적인 것임을 시사한다. 그러나 켈너는 특정한 패션, 성별, 스타일의 이미지들은 특정한 내용과 가치들에 연관되어 있으며, 따라서 정체성의 특정한 양식과 형태를 구성한다는 점을 각인시켜 주었다. 마찬가지로 미디어 문화의 이미지와 서사도 이데올로기와 가치로 포화되어*saturated* 있으며, 오늘날의 사회에서 정체성은 여전히 이데올로기적 구성물로서 자본주의적 남성 중심주의적인 가치와 생활 양식을 재생산하는 주요 수단으로 해석될 수 있다.

바르다 랭홀츠 레이모어Varda Langholz Leymore는 레비스트로스의 개념을 빌어서, 현대 사회에서 광고는 원시 사회에서 신화가 했던 것과 똑같은 역할을 하고 있다고 주장한다. 레비스트로스의 신화는 사회적 모순을 해소하고 용인된 행위를 강화하여 전통을 보존하기 위해 존재한다. 모든 신화의 논리로서 나타난 이항 대립*binary opposition*이 현대의 신화인 광고에도 똑같이 숨어 있다는 것이다. 또한 레이모어는 광고가 영구적인 인간의 딜레마들에 대해 불안을 감소시키고 단순한 해결책을 제시함으로써 필연적으로 사회 질서를 지지한다는 것이다. 광고는 인생의 네 가지 커다란 문제를 해결한다. 즉 누구든 배제되기보다는 소속될 것이고, 불행보다는 행복, 악보다는 선, 죽음보다는 삶을 갖게 될 것이다.

켈너는 이와 같은 견해를 수용하고, 바르트와 주디스 윌리엄슨의 영향을 받아 자본주의 사회에서의 광고 현상에 주목한다. 신화와 마찬가지로 광고는 빈번히 사회적 모순들을 해소하고 정체성 모델을 제공하며 현존하는 사회 질서를 찬양한다. 구체적으로 담배 광고가 어떻게 오늘날의 사회의 정체성 형성에 기여하는지를 분석한다.

광고는 생산물을 긍정적으로 포지셔닝하기 위해 기본 구성 요소들을 상호 연관시키는 방식으로 텍스트 체계를 형성한다. 1950년대 말보로사는 말보로 담배를 피우는 '진짜 사나이'를 내세우며, 남성성을 연결시키려는 캠페인을 했다. 고전적 말보로 광고의 주된 구성 요소들은 자연, 카우보이, 말 그리고 담배를 결합하는 것이다. 이러한 체계는 말보로 담배를 남성성, 권력 그리고 자연과 연결한다. 그러나 또 다른 광고에서는 카우보이의 크기가 줄어들고 사막과 하늘의 이미지에 의해 왜소해진 것에 주목해야 한다. 초기의 말보로 광고에서는 남성 모델이 그림의 중심에 크게 자리잡고 있었던 반면에 이제는 자연의 이미지가 강조되고 있다. 왜 이런 변화가 나타났는가?

모든 광고는 그것이 만들어진 시기의 중요한 발전 양상들에 대응하는 사회적 텍스트이다. 1980년대를 통해 담배가 건강을 해친다는 미디어의 보도들이 널리 퍼졌으며, 광고의 아래 부분에는 다음의 메시지를 의무적으로 게재하게 되었다. "보건부 장관은 담배가 당신의 건강에 해롭다고 규정했습니다." 이러한 공격에 대한 대응으로, 말보로 광고는 이제 깨끗하고 순수하며 건강한 자연의 이미지를 부각시키면서 마치 담배를 피우는 것이 '자연스러운'일인 것처럼 그리고 담배가 건강을 증진시키는 '자연의' 산물이자 자비롭고 건강한 자연의 소산인 것처럼 선전한다. 1980년대의 말보로 광고들은 가벼움*light*, 흰색, 초록색, 눈처럼 흼, 경쾌함 등의 이미지를 활용했다. 이러한 환유의 과정, 혹은 연속적 연상의 과정을 통해서 광고는 담배를 가벼움, 자연적임, 건강한 사막, 깨끗한 눈, 말, 카우보이, 나무, 하늘 등과 연결함으로써 마치 담배가 천연의 산물로서 자연의 특성들을 공유하는 것처럼 보이게 하고, 나아가 담배가 인공 합성물이며 해로운 화학 물질들로 가득 차 있다는 사실을 은폐하였다는 것이다. 또한 말보로 광고는 전통(카우보이), 고된 노동, 동물 돌보기, 그 밖의 다른 바람직한 이미지들에 의존하면서 마치 흡연이 이런 긍정적인 사회 활동들과 환유적 등가물인 귀족적 활동인 것처럼 제시한다. 따라서 자연의 이미지는 흡연이 건강에 해롭다는 사실을 은폐하기 위해 바르트적 신화를 만들어 낸다.

광고는 어떤 상품을 구입함으로써 '당신'이 새롭고 더 매력적이고 더 성공적이며 더 귀중한 존재가 될 수 있다는 유토피아적 이미지를 만들어 낸다. 광고는 소비 행위, 패션, 외모를 바꾸면 새로운 인간으로 변형될 수 있다는 연상을 하게 함으로써, 자기 변신과 새로운 정체성을 마술처럼 제공해 준다. 결과적으로 개인은 광고를 통해서 가치, 역할 모델, 사회적 행위들과 동일시하는 것을 배우며, 따라서 광고는 소비자 수요의 관리자일 뿐만 아니라 사회화의 중요한 도구가 된 것이다. 광고는 생산품을 파는 동시에, 광고 속에 엄청난 예술적 자원, 심리학적 연구, 마케팅 전략을 동원하여 병치시킨 이미지, 수사, 슬로건들을 통해서 세계를 보는 관점을 파는 것이다. 이러한 광고들은 지배적 성별 이미지를 표현하고 강화하며 남성과 여성이 매우 특정한 주체 위치를 취하도록 자리매김한다.

켈너가 주장하려는 바의 핵심은 주체 위치의 매개체는 이미지이며, 또한 상업 문화에서 이미지, 텍스트, 사회적 유행 그리고 생산품 사이의 관계들을 어떻게 풀어낼 것인가를 배워야 한다는 것이다. 광고는 생산품 자체를 파는 것과 더불어 그러한 상품에 결부되어 있는 생활 양식과 사회적으로 바람직한 정체성들을 팔고자 한다. 혹은 광고 제작자들은 소비자들이 동일시하도록 유혹되는 상징적 구성물들을 활용함으로써 그들이 상품을 사용하게끔 유도하려고 한다. 이것이 켈너가 광고를 해석하는 방식이다. 따라서 말보로 맨은 담배뿐만 아니라 남성성 혹은 자연적 열정도 피우는 것이며, 버지니아 슬림 우먼은 그녀가 '슬림'에 불을 붙일 때 현대성, 날씬함, 혹은 여성의 힘을 과시하는 것이다.

이런 방식의 광고 해석은 개인이 광고의 조작에 저항할 수 있게 해 줄 뿐만 아니라 광고처럼 무해해 보이는 것이 어떻게 정체성의 양식과 모델에서 일어나는 중요한 변화를 그려 낼 수 있는가를 보여 준다. 담배 광고에 나타난 전략의 복합성은, 오늘날의 자본주의에서 광고대행사들이 과연 소비자들을 끌어들일 수 있는 것이 무엇인지, 소비자들이 동일시하는 이미지가 무엇인지에 대해 전혀 확신을 갖고 있지 못하다는 점과 관련되어 있다. 왜냐하면 오늘날 문화의 특징 가운데 하나는 바로 이미지의 파편화, 일시성, 복합성이며, 이러한 이미지는 안정된 이미지 문화로 결정될 수 없기 때문이다. 따라서 광고 산업과 문화 산업은 현대적 전략과 탈현대적 전략 모두에 의존하며, 전통적, 현대적, 탈현대적 주체와 도상들 모두에 의존한다.

광고는 신화의 기능적 등가물들을 제공하는데, 진짜 사나이와 담배처럼 상징적 이미지들은 생산물을 사회적으로 바람직하고 의미 있는 특성들과 결합한다. 그리고 모든 광고는 그것이 만들어진 시기의 중요한 발전 양상들에 대응하는 사회적 텍스트이다. 결국, 광고는 생산품을 파는 동시에, 광고 속에 엄청난 예술적 자원, 심리학적 연구, 마케팅 전략을 동원하여 병치시킨 이미지, 수사, 슬로건들을 통해 세계를 보는 관점(정체성)을 파는 것이다. 미디어 문화는 적절한 역할 모델 이미지와 적합한 스타일과 룩의 이미지, 그리고 오늘날 개인의 이미지를 제공하며, 결과적으로 자신이 누구인가를 가리키는 정체성의 구성 요소로서 행동을 대체하는 새로운 정체성 양식을 제공한다.

비판적 미디어 교육

오늘날 자본주의 사회는 위기의 시대이다. 더욱이 사회적 위기 요소들은 급증하고 있다. 이러한 사회적 조건의 악화에 대한 보상으로, 미디어 문화와 그 소비가 부담 능력이 있는 사람들에게 점점 더 많이 제공된다. 그러나 사회 질서에 의해 가장 크게 착취되고 억압받는 사람들은 특히 텔레비전과 같은 미디어 문화에 의해 제공되는 '무료' 오락밖에 부담할 능력이 없다. 결국, 그들이 삶의 의미와 가치를 산출하려고 찾은 미디어는 사회 질서 내에서 살아가는 법을 가르치는 선생인 것이다.

이러한 상황에서 볼 때, 미래를 준비하기 위해서는 무엇보다 비판적 미디어 교육의 도입이 절대적으로 필요하다. 요컨대 미디어 리터러시를 통해 미디어 문화를 구별하는 법을 배우고, 대항적 하위 문화와 미디어 문화에 대한 대안들을 제시하는 것이다. 그런데 미디어의 표상과 담론에 대해 비판적인 태도를 취하도록 가르치는 동시에, 보다 적극적으로 미디어를 자기 표현과 사회적 행동주의의 방식으로 이용하는 법을 배우는 것이 필요하다.

또한 오늘날의 문화 연구는 어떻게 미디어와 문화가 사회 변동의 도구로 변형될 수 있는지를 논의하는 문화 행동주의 연구로 나아가야 한다고 켈너는 결론짓는다. 어떻게 미디어 기술이 개인들의 권익을 신장하는 쪽으로 재구성되고 이용될 수 있는가를 논의하던 이전의 연구에서 앞으로는 대안 미디어에 초점을 맞출 필요가 부각된 것이다. 여기에는 비판적 미디어 교육과 행동주의가 수반되며, 궁극적으로 자유, 행복, 민주주의, 그리고 우리가 보존하고 싶어 하는 다른 가치들을 어떻게 증진시키는가를 고민해야 한다. 이를 위한 전제로 미디어 문화 시대에는 인쇄 문화에 필요한 문자 해독 능력에 상응하는 미디어 해독 능력을 배양해야 할 것이다.

:: 《미디어 문화》에 대한 비평

켈너의 주된 관심은 미디어 스펙터클의 효시가 되었던 걸프전에 대한 미디어 분석이었다. 그는 걸프전을 미디어 선전전*media propaganda war*이나 초현실전*hyper-reality war*으로 명명하면서, 군수 회사의 이익을 충족시켜 주는 전쟁이었다라고 규정짓는다. 걸프전은 부시 행정부와 언론이 각각의 이익을 추구하기 위해 만든 '이미지 생산(조작)'을 이용한 전쟁이었다는 것이다. 그는 걸프전은 미국 역사상 가장 빈틈없는 언론 통제 속에서 이루어졌으며, 미 언론도 여기에 호응해 전쟁을 비판하는 반전 목소리를 배제하고 부시의 '선전 도구'로서의 역할을 자처하는 한편 시청률과 광고 수익을 위해 미디어 전쟁을 벌였다는 것이 핵심이다.

걸프전은 미국의 군사적 개입에 대한 동의와 지지를 동원하기 위해 미디어에 의해 생산된 일종의 텍스트이다. '정보 왜곡 캠페인'으로 미국은 사우디아라비아 파병을 정당화했으며, 걸프 위기 동안 보도되었던 반전 시위자들에 대한 적은 수의 이미지들조차도 종종 미국 시위자들의 이미지와 미국의 국기를 불사른 반미 아랍 시위와 병치되어 버렸다. 반전 운동 담론은 무시되고, 결국 미디어는 걸프전을 흥미로운 서사이자, 극적인 갈등, 액션, 모험, 위험에 처한 연합군과 민간인, 악당 이라크인들이 자행하는 악, 군대의 영웅적 행동이 가미된 심야 미니 시리즈를 탄생한 것이다. 그러나 이러한 미디어의 보도는 양날의 칼과 같아서 여론은 찬성에서도 급격하게 반대로 나타날 수 있기 때문에, 시청자들은 다양한 측면을 포착하는 다원적 접근을 통해 미디어 텍스트와 그것의 보수적, 체제 유지적 효과의 분석뿐 아니라, 미디어 텍스트의 모순성 역시 분석해야 한다고 켈너는 주장한다.

정보를 통제하고 전쟁의 긍정적인 모습만 보도할 수 있도록 검열한 탓도 있지만, 걸프전이 미 국민에게 전쟁 영화로 비쳐진 또 다른 이유는 방송사들의 상업성 때문이었다. 켈너는 부시와 국방부 그리고 언론이 이미지 생산(조작)을 통해 만들어 낸 초현실이 걸프전을 일으키고 움직였는데, 이는 포스트모던 세계의 핵심적 특징인 진실과 허구의 경계가 허물어지는 현상을 확인케 했다. 텔레비전이 이미지 생산을 통해 마돈나와 같은 대중 스타(가상 현실)를 만들어 낸 것처럼 걸프전도 현실이 아닌 이미지에 의해 만들어진 초현실로 제시되었다는 것이다. 문제는 포스트모더니즘 관점만으로 걸프전을 분석하는 데 무리가 따른다는 점이다. 특히 방송사의 상업성을 분석하기 위해선 정치경제학이나 미디어 경제학적 이론을 적용시켜야 한다. 단순히 포스트모더니즘 관점으로 걸프전을 주시한다면, 방송 산업에서 발생하는 다양한 현상과 복잡한 구조 그리고 자본의 논리를 면밀하게 파악하기 어렵기 때문이다.

《미디어 문화》에서 적용한 문화 연구는 지배에 대해 비판하고 지배와 억압의 관계가 미디어 문화를 통해 재생산되는 방식들에 대해 개입한다. 또한 진보적 텍스트의 장려를 통해 민주주의적 기획을 진전시키는 대안을 제시한다. 결국 비판적 문화 연구 자체가 엄격한 정치성을 갖는 이론적 실천임을 강조하고 있다. 하지만 켈너는 이 부분을 제한적으로 받아들였다는 점을 지울 수가 없다. 원용진은 1997년 〈출판저널〉에 실린 서평에서 《미디어 문화》가 포스트모더니즘에 매몰되는 텍스트 중심주의의 한계를 다음과 같이 신랄하게 비판하고 있다. "꼼꼼하게 텍스트의 생산 과정과 기호의 배열 자체를 분석한 노고에 비하면 건질 만한 것이나 새로운 것이 보이지 않는다. 텍스트의 다원주의가 곧바로 사회 내 이념들 간의 경쟁이나 투쟁으로 이어지지 않기 때문이다. 즉 사회와 텍스트 간의 고리가 빠져 있어 헤게모니적 경쟁의 과정이 드러나지 않는 것이다. 텍스트들의 다원성에 지나치게 집착하고 있어 본의 아니게 본질주의적 함정에 빠져 버리고 만다. 보수적 텍스트, 진보적 텍스트 식으로 텍스트 자체로 그 이념과 효과가 결정되는 것처럼 설명해 나가는 것이다. 텍스트의 죽음이나 수용 미학의 가능성을 내세우는 새로운 인식론에 대해서 조금이라도 귀를 기울인다면 텍스트 중심주의를 벗어나 좀더 정교한 분석을 보여 줄 수 있을 것이다. 그가 중심축으로 두고 있는 비판 이론은 지금의 미디어 문화를 설명하기엔 부족한 것처럼 보인다. 그가 구태여 영국식 문화 연구를 차용한 것은 그런 까닭에서일 것이다."

이와 같은 문제점에도 불구하고, 원용진은 켈너의 야심찬 이 책을 비판적 문화 이론이 덜 포용적인 탓에 미디어 문화의 전 측면을 다 보여 주지는 못하지만, 미디어 문화의 헤게모니 주도 방식 등을 배우는 입문서, 그리고 문화 분석 연습을 위한 지침서의 역할을 충분히 해내고 있다고 평가한다. 켈너는 미디어 문화를 지배 이데올로기의 진부한 도구로서 간단하게 치부하기보다는 근본적으로 사회적 갈등을 문화의 차원에서 재생산하는 경합의 지형*contested terrain*의 관점에서 해독하고 있다. 《미디어 문화》가 많은 비판과 약점에도 불구하고 국내 영화 비평가와 미디어 연구자들의 필독서이자, 문화 연구의 입문서로서 자리매김한 것은 켈너의 다양한 이론적 배경과 이를 수용하려는 학문적 태도 덕분일 것이다.

함께 읽으면 좋은 책

텔레비전과 민주주의의 위기 Television and the Crisis of Democracy

더글러스 켈너 지음 | 1990 | Westview Press

켈너는 오늘날 미국에서 민주주의 위기가 왔다는 점에 주목하고, 텔레비전이 민주주의에 대한 정부의 토대를 붕괴시켰다고 주장한다. 현존하는 상업 방송의 구조에 대한 대안적인 모델을 제시하고, 어떻게 새로운 커뮤니케이션 기술들이 민주적인 미래 방송을 위해 적용되는가를 면밀하게 분석하고 있다. 특히 자본주의 체계에서 텔레비전이 어떻게 보수적인 헤게모니를 만들어서 지배 계급의 이데올로기를 재생산하고 현 체제를 유지하는 데 기여하는가를 1980년대 스캔들 보도와 레이건의 미디어 정치를 통해 설명하고 있다.

카메라 폴리티카

Camera Politica: The Politics and Ideology of Contemporary Hollywood Film

더글러스 켈너 · 마이클 라이언Michael Ryan 지음 | 1990 | 백문임 옮김 | 시각과언어 | 1997

1960년대 중반에서 1980년대 중반까지 할리우드 영화의 변천을 추적하고, 얼마나 다양한 텍스트들이 진보적 정치 운동의 목표를 성취하는 데 도움이 되거나 방해가 되었는가를 논의하고 있다. 1970년대의 미국을 '정당성의 위기'를 겪은 시대라고 진단한다. 1972년의 워터게이트 사건과 1974년의 닉슨 대통령 사임, 1973년의 석유 파동, 1975년의 베트남전 패배는 국가 위신의 대대적인 실추와 경제 위기를 초래했다. 〈에어포트〉, 〈포세이돈 어드벤처〉, 〈타워링〉, 〈대지진〉 같은 재난 영화는 미국 사회에 불어 닥친 위기에 대한 응답이었다. 이와 같이 미디어가 어떻게 사회 민주화의 기획을 방해하거나 증진시키느냐의 문제를 비판적 해석주의 시각으로 분석하였다.

텔레비전 문화란 무엇인가

존 피스크

《텔레비전 문화》

정재철

7

텔레비전 문화

Television Culture: Popular Pleasures and Politics

존 피스크
John Fiske

Routledge | 1988

《텔레비전 문화》는 수용자들이 자신들의 사회적 위치에서 비롯된 사회적 경험을 바탕으로 텔레비전 텍스트를 적극적으로 해독하고 의미와 즐거움을 창출하며, 이러한 의미와 즐거움은 지배 이데올로기에 대한 저항의 가능성을 가질 수 있기 때문에 정치적이 될 수 있다는 것이다. 따라서 이 책의 핵심적인 주장은 능동적 수용자론에 기반하고 있다.

피스크는 텔레비전이 한편으로는 소수 지배 집단의 이데올로기를 조장하고 그들의 이익을 만들어주기도 하지만 다른 한편으로는 우리가 살고 있는 분열된 사회의 다수를 구성하고 있는 피지배 집단을 위한 대항적인 문화 자본을 조장할 수도 있는 모순적인 추진력을 가진 미디어라고 본다. 그가 보기에 텔레비전이 이윤을 창출하기 위해서는 텔레비전 텍스트가 대중에게 즐거움을 주는 다의성을 갖는 대중적 텍스트를 생산해 낼 수밖에 없다. 피스크는 이러한 이유로 인해 텔레비전 텍스트의 다의성을 제공하는 모순과 같은 여러 가지 텔레비전 장치들은 가부장적 자본주의 사회의 대중들에게 지배 이데올로기에 저항할 수 있는 저항적 즐거움을 제공할 수 있다고 주장한다.

◆◆◆ 정재철은 경희대학교 영어교육학과를 졸업하고 미국 퀸즈대학에서 석사, 오하이오주립대학교에서 박사 학위를 받았다. 현재 단국대학교 커뮤니케이션학부 교수이다. 한국방송학회 문화연구분과 회장 및 편집이사, 미디어 공공성 포럼 공동 대표를 지냈다.

:: 수용자 연구의 시대적 배경

1970년대 후반부터 영국을 중심으로 시작된 문화 연구에서 이루어진 수용자 연구의 새로운 접근 방식은, 그동안 견지해 왔던 수용자를 수동적인 대중 문화물의 소비자로 보는 시각, 정통 마르크스주의 연구 전통의 수용자를 허위 의식의 소유자로서 이념적 희생자로 보는 시각, 구조주의 연구 전통에서 수용자를 텍스트 내에 갇혀 있는 기호학적 예속물로 보는 시각에 근본적인 비판을 하는 것이었다. 다시 말해 1970년대까지 대중 문화는 한 사회의 지배 이데올로기를 재현해 내는 기제라는 관점이 우세했고, 대중 문화의 수용자들은 대중 문화 텍스트가 담지한 지배 이데올로기에 의해 일방적으로 구성되는 주체로 단순화되는 경향이 있었다. 이러한 맥락에서, 문화 연구 진영에서 부상하기 시작한 능동적 수용자론은 전통 마르크스주의 이론에서 제기하는 일방적이고 단순한 지배 이데올로기 테제에 대한 반향, 그리고 텔레비전 텍스트가 수용자의 주체를 일방적으로 구성한다는 구조주의적 경향에 대한 반향이라는 성격을 띠고 있다.

비판적 패러다임의 새로운 수용자 연구 경향과는 별개로, 전통적 커뮤니케이션 연구에서도 1970년대 들어서면서 미디어와 수용자의 관계를 능동적인 수용자 이용의 관점에서 보는 이용과 충족 이론이 등장했다. 이용과 충족 이론은 미디어의 강력한 효과를 수용자에게 어느 정도 이양된 관점을 제시했다는 점에서 진일보한 측면이 있는 것이 사실이다. 그러나 이러한 접근 방식에는 수용자들의 미디어 이용에 대한 사회적 맥락이 고려되지 않았으며 수용자가 만들어 내는 의미에 대한 고려가 배제되어 있다는 한계를 갖는다.

이와 더불어, 1970년대에 영국 영화 저널인 〈스크린*Screen*〉지를 중심으로 활발히 진행된 영화 관객에 대한 정신분석학적 연구 전통은 영화 텍스트 영역에만 집중되어 있던 영화 비평 영역에 수용자의 논의를 포함시켰다는 점에서는 의미를 갖는다. 그러나 이러한 비평 흐름은 텍스트 결정론적인 시각을 토대로 텍스트 속의 수용자 구성 방식만을 주목함으로서 실제 현실 속의 수용자에 대한 관심이 제한적일 수밖에 없었다.

이러한 분위기에서 1980년 영국 버밍엄대학교 현대문화연구소의 스튜어트 홀이 〈텔레비전 담론에서의 부호화와 해독〉이라는 논문을 발표했다. 그는 부호화/해독 모델*encoding/decoding model*을 설명하면서 텔레비전 프로그램이 한 가지 의미만 갖는 것이 아니라 열린 텍스트로서 다양한 사람들에 의한 다양한 해독을 가능케 한다는 주장을 폄으로써 능동적 수용자론에 중요한 기여를 한다. 즉 홀의 부호화 해독 모델은 텔레비전 프로그램들이 하나의 의미를 갖는 것이 아니라 다른 사람에 의해 다르게 읽혀질 수 있는 비교적 열린 텍스트*open text*라는 점을 처음으로 제안하고 있기 때문이다. 이러한 홀의 부호화/해독 모델은 움베르토 에코Umberto Eco의 '일탈 해독' 개념을 기반으로 이전까지 관심의 영역 밖이었던 '해독'의 문제를 제기함으로써 영국 문화 연구에 하나의 전환점을 이루게 된다. 즉 수용자에 대한 새로운 해석학적 시각은 특정 텍스트에 대한 해독된 의미와, 해독자의 사회적 위치로부터 비롯된 사회적 경험 사이의 일치 여부를 탐구하는 작업들을 발전시키게 되었다. 이것은 문화 연구가 이전까지의 텍스트의 지배 이데올로기 분석에 연구를 집중시켜 왔던 종래의 해석적 연구에서 수용 연구로 방향 전환을 가져오게 된 계기가 되었다.

이러한 문화 연구 전통의 수용 연구 연장선상에서 피스크의 《텔레비전 문화》는 홀의 부호화 해독 모델을 확장시켜 새로운 개념들을 제시하면서 피스크만의 독특한 능동적 수용자론을 발전시킨다. 피스크를 좀더 소개한다면, 문화 연구자인 존 피스크는 영국 케임브리지대학교를 졸업하고 1988년 이후 미국 위스콘신대학교 커뮤니케이션학과에서 교수로 재직하고 있다. 피스크는 그동안 커뮤니케이션, 미디어, 문화와 관련된 수많은 논문과 저서를 발표했다. 특히, 《텔레비전 문화》(1987)는 텔레비전 수용자의 능동성에 방점을 찍는 능동적 수용자론을 주도했다는 점에서 텔레비전 수용자 문화 연구를 진전시킨 저서로 평가받고 있다.

:: 피스크의 능동적 수용자론

《텔레비전 문화》는 마르크스주의, 기호학, 포스트구조주의, 민속지학 등의 영향을 받은 문화 연구의 기반 위에서 쓰였다. 간단히 요약하면 텔레비전의 텍스트성*textuality*이 여러 사회적 상황에 위치한 수용자들에 의해 어떻게 의미 있고 재미있게 만들어지는지에 대한 문제들에 집중한다. 또한 이러한 문제들이 자본주의 경제 속에서 하나의 상품으로 자리매김하고 있는 텔레비전과 어떠한 관계에 있는지에 대해서도 집중적으로 분석한다.

이 책은 두 부분으로 이루어져 있다. 처음 두 장은 지배 이데올로기와 지배 집단이 어떻게 텔레비전에 의해 조장된 정치적, 문화적 이익을 갖게 되는지를 설명한다. 피스크는 텔레비전의 장르마다 다소간의 차이는 있지만 기본적으로 텔레비전은 기술적 코드나 이념적 코드와 같은 텔레비전 코드들을 통해 가부장제와 같은 지배 계급의 이념 등을 당연한 것처럼 자연스럽게 재현하면서 현실을 구성하는 미디어라는 데에 동의한다. 그러나 이 책의 나머지 부분은 텔레비전이 종속적이고 억압받는 집단의 이익을 위해 봉사할 수 있는 방법들을 탐구한다. 피스크는 텔레비전이 한편으로는 소수 집단의 이데올로기를 조장하고 소수 집단의 이익을 만들어주기도 하지만 다른 한편으로는 우리가 살고 있는 분열된 사회의 다수를 구성하고 있는 종속 집단을 위한 대항적인 문화 자본을 조장할 수도 있는 모순적인 추진력을 가진 미디어라고 생각한다.

피스크의 주요 논지는 다음과 같다. 문화 상품이 소비되는 문화 경제는 일반 상품이 거래되는 금융 경제와는 다르다. 문화 경제에서는 텍스트가 문화 상품이다. 금융 경제에서와는 달리 문화 경제에서 교환되는 것은 사용 가치가 아니라 교환 가치에 의존하며, 교환 가치의 내용은 텍스트의 의미*meanings*와 즐거움*pleasure*으로 이루어진다. 이런 경우, 문화 경제의 소비자는 문화 상품인 텍스트의 의미와 즐거움의 생산자와 소비자가 동시에 될 수 있다.

따라서 텔레비전의 금융 경제에서의 성공은 시청자들의 다양하면서도 적대적인 이익을 촉진시키고 봉사하는 능력에 달려있다. 이러한 의미에서 금융 경제의 경제적 수익을 결정하는 것은 문화 경제의 의미와 즐거움이다. 텔레비전이 지배 계급의 대행자라는 사실은 별도로, 텔레비전은 이런 관점에서 지배 계급이 그들의 권력의 불안정성을 인식해야 하는 최우선적인 장소이며, 지배 계급의 위치에 대한 위협 속에서도 문화적 차이를 격려해야 하는 장소이기도 하다. 이런 맥락에서 저항의 가능성이 열려 있는 곳이 텔레비전이라고 피스크는 생각한다.

이러한 맥락에서, 피스크는 이 책에서 텔레비전을 상품을 만들어 이윤을 창출하는 기제로 보기 않고 수용자의 관점에서 텔레비전을 파악한다. 따라서 이 책의 가장 핵심적인 논지는 텔레비전은 대단히 대중적이며, 다양한 시청자에게 다양한 즐거움을 제공할 수 있는 능력이 있다는 것이다. 텔레비전 텍스트의 특징과 수용자의 수용의 양식은 의미 창출 과정에 수용자들의 능동적인 참여가 가능하기 때문이다.

앞서 기술한 것처럼, 텔레비전 코드는 이미 문화적으로 합의된 방식으로 프로그램을 만든다. 텔레비전에서 재현하는 실재는 현 상태를 *status quo* 자연스러운 것으로 구성한다. 이렇게 본다면 텔레비전이 의미를 창출하는 데 사용하는 다양한 코드들은 지배 이데올로기를 정당화하게 하고 자연스럽게 하며 지배 이데올로기를 유지하는 데 기여한다. 이러한 코드들의 이념적인 효력은 저항 불가한 것처럼 보인다. 그러나 《텔레비전 문화》는 그러한 텔레비전 이데올로기에 대한 저항 능력을 주요 주제로 삼고 있으며, 텔레비전의 의미들이 대단히 복잡하고 모순적이라는 데에서 논의를 시작한다. 텔레비전 텍스트는 대중적이어야 하기 때문에 수용자들이 다양하게 해독할 수 있는 여러 가지 장치들을 가지고 있다는 것이다.

이와 같은 전체적인 텔레비전에 대한 인식틀 속에서, 피스크는 텔레비전과 문화에 대한 정의로부터 글을 시작한다. 그는 텔레비전이란 의미와 즐거움의 유발자이며 담지자로 정의한다. 또한 문화란 사회 안에서 다양한 의미들과 즐거움들의 생성*generation*과 유통*circulation*으로 정의한다. 한 사회 구조가 유지되는데 있어서 문화로서의 텔레비전은 의미와 대중적인 즐거움의 지속적인 생산과 재생산 그리고 유통 과정 속에서 중요한 역할을 한다. 피스크는 의미를 만들어 내고 의미를 유통시키는 문화 대행자로서 텔레비전을 상정한다. 앞서 기술했던 것처럼, 피스크의 첫 번째 문제의식은 어떻게 의미가 생산되는가에 관해서이다. 이 문제의식의 출발점은 텔레비전 프로그램에 가득차 있는 잠재적인 의미들은 한 사회의 지배 계층의 이익에 봉사하는 지배 이데올로기가 작동할 수 있도록 단일하고 선호된 의미들을 생산하도록 노력한다는 것이다. 그럼에도 불구하고 피스크는 의미들은 사회적으로 결정된다고 본다. 즉 의미들은 사회적으로 위치 지워진 독자와 텍스트의 결합으로부터 구성되어진다. 그렇다고 해서 독자의 사회적 지위가 기계적으로 의미를 창출한다는 말은 아니다. 다만 결정된다는 말은 의미의 경계를 설정하거나 범위를 정한다는 것이다.

피스크에게 있어서 독자와 텍스트의 만남에서 우위를 점하는 것은 텍스트가 아니라 독자의 사회적 위치에서 생겨나는 사회적 주체이다. 사회적으로 생산된 주체와 텍스트적으로 생산된 주체 사이에는 차이가 있다. 사회적 주체는 한 역사를 가지고 있고 특정한 사회구성체(계급, 인종, 성, 연령 등) 속에서 살아가며, 사회적이고 동시에 텍스트적인 복잡한 문화적 역사에 의해 구성된다. 주체적인 현실적인 사회적 경험으로부터 그리고 매개된 혹은 텍스트적인 경험으로부터 생긴다. 실제의 TV 수용자는 우선적으로 사회적 주체이다. 이 같은 사회적 주체성은 의미구성에 있어 오직 독해의 순간에만 존재하는 텍스트적으로 생산된 주체성보다 더욱 강력한 영향력을 발휘한다.

다시 말해, TV는 다양한 수용자들에게 대중적으로 되기 위해서 독자가 의미와 즐거움을 생산할 수 있게 해주어야 하고 독자의 의미와 즐거움이 그들의 사회적 이해관계에 접합될 수 있는 텍스트적 공간을 제공해야만하다. TV 텍스트가 독자들의 이해관계의 접합을 허용해줄 때만이 독자들은 TV 프로그램으로부터 의미를 생산할 수 있을 것이고

TV 프로그램에서 즐거움을 발견할 수 있을 것이다.

특히 피스크에 있어서 의미의 문제는 일반적인 삶의 차원과 더불어 특수한 정치의 차원이 부가된다. 피스크는 의미가 사회 구조에서 가장 중요한 부분이며, 의미는 잠재적으로 사회 구조를 변혁시킬 수 있는 모든 추동력의 주요 원천이라고 믿는다. 일련의 사회 관계는 분명히 이를 유지시켜주는 의미의 구조 틀을 가지고 있다. 이러한 맥락에서 피스크는 의미 투쟁은 곧 사회적 권력 투쟁이라고 생각한다.

피스크가 《텔레비전 문화》에서 기술하고 있는 여러 핵심 개념들을 포괄적으로 정리해 본다면, 텔레비전 텍스트는 다양한 의미를 내게끔 구조화되어 있어 수용자가 다양하게 해석할 수 있는 여지를 많이 열어 놓는다는 것이다. 피스크의 이러한 논의는 두 가지 단계를 거친다. 하나는 텔레비전 텍스트의 열린 구조에 대한 논의이고, 다른 하나는 수용자의 능동성에 관한 논의이다. 구체적으로 살펴본다면, 대중 문화의 텍스트는 텍스트 내의 모순, 불일치 등으로 인해 의미 구조가 고정되어 있지 않기 때문에 텍스트는 다의성*polysemy*을 갖는다. 무엇보다 열린 텍스트로 인한 다의성의 가능성은 수용자가 텍스트를 만나는 순간에 이루어진다.

피스크가 볼 때 텍스트의 다의성이란 단일하고 일관적인 의미로 텍스트가 구성되어 있다기보다는 여러 상이한 의미들이 비일관적이며, 모순적이고 때로는 적대적으로 텍스트 속에 얽혀 있다. 이와 같은 텍스트의 다의성이라는 개념에 근거하여 피스크는 TV 텍스트란 선호적 의미를 위해 잠재적 의미를 억누르려고 하는 폐쇄의 힘과 다양한 수용자들이 그들에게 적절한 의미를 교섭할 수 있게 해주는 개방의 힘 사이의 긴장 관계로 이해한다. 이러한 맥락에서, 피스크의 다의성 개념은 지배 집단과 종속 집단 사이의 의미 투쟁을 가능하게 해준다.

TV 텍스트의 다의성이 필연적인 이유는 TV의 대중성 혹은 인기에서 찾을 수 있다. 텔레비전이 대중적으로 되기 위해서는 광범위하게 다양한 수용자들에게 도달해야 하며, 수용자들에게 선택되기 위해서는 다양한 하위 집단들이 텔레비전으로부터 그들 자신의 하위 문화적 정체성의 필요를 충족시킬 수 있게 해주어야 한다. 그러기 위해서는 텔레비전이 다의적이어야만 한다는 것이다.

피스크의 텔레비전 텍스트의 열린 구조에 대한 논의에서 사용되는 핵심 개념은 활성화된 텍스트*activated texts*이며 이를 설명하기 위해 피스크는 저자적 텍스트*writerly text*와 독자적 텍스트*readerly text*란 개념을 대비한다. 저자적 텍스트란 독자가 마치 저자인 것처럼 텍스트를 재구성하는 등의 적극성을 보이는 것을 말한다. 반면 독자적 텍스트는 수동적인 독자의 입장에서 텍스트를 대하도록 텍스트가 수용자들의 적극적인 개입을 유도하지 않는 것을 말한다.

피스크가 보기에 저자적 텍스트가 가능한 것은 텍스트가 열린 텍스트로서 텍스트가 다의성*polysemy*을 갖고 있기 때문이다. 즉 텔레비전에는 아이러니, 농담, 은유, 모순, 과잉, 상호텍스트성 등이 혼재해 있어 수용자들이 다양하게 해석할 여지가 많다고 주장한다.

좀더 구체적으로 살펴본다면, 텔레비전 장치 중 하나인 '아이러니'는 원래의 의도를 숨기고 반대로 말하는 것이다. 예를 들어 "우리가 전력을 다할 수 있는 좋은 투자처가 있다. 그러나 우리는 더 비축해야할 많은 은퇴 자금이 필요해" 등을 들 수 있다. 은유는 어떤 대상을 또 다른 대상으로 기술하는 것이다. 예를 들어 "남자에게 여자의 매력"을 "꿀"등으로 표현하는 것이다. '농담' 역시 담론들 간의 충돌을 통해 작동하면서 웃음을 만드는 기제이다. '모순'은 한 가지 대상을 전혀 상충되게 말하는 것이다. 예를 들어 부르주아 리얼리즘을 전혀 다른 두 개의 방식으로 정의하는 것이다. '모순'은 TV 텍스트의 다의성을 구성하는 대표적인 텍스트적 장치이다. 만약 지배 이데올로기를 담지하고 있는 텍스트가 그 이데올로기에 의해 억압받거나 종속당하고 있는 이들 사이에서 대중적으로 되기 위해서는 그 텍스트는 적대적 독자들이 그들의 문화적 이해관계를 활성화할 수 있는 모순을 그 속에 반드시 포함하고 있어야만 한다. '과잉'은 과장을 뜻하거나 (단지 한 특정한 프로그램에만 있는 것이 아닌) 모든 텔레비전의 일반적인 특징인 기호학적 과잉을 뜻한다. 텔레비전에는 지배 이념에 의해 통제되기에는 너무 많은 의미가 있기 때문에 대안적인 해독의 가능성이 열려있다는 것이다.

텔레비전 장치로서의 '상호텍스트성'은 텍스트 간의 충돌로 인해 생기는 결과물을 말하는데, 텍스트들이 서로 겹쳐지고 반복되는 여러 현상들, 즉 비슷한 포맷들이 겹쳐지고 반복되는 여러 현상들을 총칭해 상호텍스트성이라고 부른다. 상호텍스트성에는 '수평적 상호텍스트성'과 '수직적 상호텍스트성'이라는 두 가지 유형이 있다. 수평적 텍스트성은 비슷한 장르끼리 충돌해 한 텍스트 내의 의미가 흐트러질 수 있다. 예를 들어 〈개그콘서트〉에서 정치 광고를 패러디하는 경우 서로 다른 텍스트들이 만나, 즉 정치 광고 속의 특정 정치인이 〈개그콘서트〉에 코미디로 패러디되면서 수용자들에게 웃음을 선사하게 된다. 이러한 텍스트 간의 충돌을 두고 수평적 상호텍스트성이라 부른다. 반면 수직적 상호텍스트성은 미디어 간 충돌로 인해 발생한다. 만일 강부자가 못된 시어머니 역을 맡은 영화를 본 수용자들은 텔레비전 드라마에서 강부자가 며느리를 사랑하는 연기에 고개를 갸우뚱 거릴 수 있다. 이와 같이 서로 다른 미디어 간의 충돌로 인해 텍스트가 의도했던 의미가 충돌하는 것을 두고 수직적 상호텍스트성이라 부르며 결과적으로는 텔레비전 텍스트의 다의성이 열리게 하는 장치라고 피스크는 주장한다.

피스크는 이와 같은 텍스트의 장치로 인해 생기는 텍스트의 다의성으로 인해 수용자의 텍스트에 대한 자율적인 의미 생산 활동이 가능하다고 간주한다. 즉 수용자들은 대중 문화의 텍스트들에 더 이상 무기력하지 않고 능동적인 의미의 생산자로서 재개념화된다. 따라서 피스크에게 있어서 수용자들의 능동적 의미 생산은 정치적 개념이며, TV 시청자의 텔레비전 수용 활동 그 자체가 정치적 행위로서 인식된다.

다른 한편, 피스크의 능동적 수용자론의 주요한 주장 중 하나는 대중 문화에서 느끼는 수용자들의 즐거움의 문제를 정치적 의식을 마비시키는 소모적인 것으로 보지 않고, 오히려 수용자가 대중 문화를 통해 경험하는 즐거움의 저항적 성격에 주목하며 즐거움의 개념을 이전과는 전혀 새로운 관점으로 소개한다. 대중 문화 연구에서 1980년대 이전까지 수용자가 텍스트를 통해 느끼는 즐거움은 대중의 정치적 의식을 마비시키는 부정적인 측면으로 사고했다. 그러나 피스크는 수용자가 미디어에서 경험하는 즐거움의 저항적 성격을 긍정적인 측면으로 사고하고 즐거움의 문제를 학문적 이슈로 제기한다. 피스크는 의미 투쟁과 더불어 대중적 즐거움의 저항성을 능동적 TV 수용자론을 이루는 중요한 구성 요소로 간주하며 의미 투쟁에 비해서 대중적 즐거움의 저항성에 더 적극적인 의미를 부여한다. 피스크는 사회의 지배적인 이데올로기를 회피하고 이에 저항할 수 있는 또 다른 하나의 기호적 전략으로 즐거움을 제시한다.

피스크는 TV가 제공하는 대중적 즐거움을 이해함에 있어 미하일 바흐친이 이론화 했던 카니발 이론이 전용될 수 있다고 주장한다. 카니발이 웃음, 육체적 과잉, 천한 취향과 공격성, 그리고 타락 등의 특성을 갖는 것처럼, TV 역시 이와 같은 담론적 세계를 지니고 있다는 것이다. 카니발의 세계에서 충돌하는 고상한 언어와 저속한 언어 사이의 긴장

이 TV 세계에서도 역시 기호적인 긴장 관계를 지닌 채 존재하고 있다는 것이다. 즉 서열도 없고 사회적 위계 질서도 없는 공식적 세계 밖의 제2의 세계와 삶을 카니발이 만들어 내듯이, TV 또한 단조롭고 상식적으로 받아들여지는 세계로 부터의 탈출을 제공한다는 것이다.

피스크는 규칙 위반, 과장, 과잉, 볼거리와 같은 카니발적 요소를 TV에서 보여 주는 전형적인 예로 레슬링쇼를 들고 있다. TV쇼로서의 레슬링은 보이는 것을 과장하고, 외형적 표면을 찬양하고 전면에 부각시키며 의미나 깊이를 거부한다. 레슬링은 순수한 볼거리로서 시청자의 육체에 물리적 감각으로서만 작용할 뿐 주체성 구축의 방향으로 작용하지 않는다. 또한 레슬링에서 연출되는 끊임없는 규칙 위반은 사회성원들에게 요구되는 사회적 역할 수행을 거부하는 것을 의미하며, 이는 공식적인 기존의 가치를 당당하게 거부하는 카니발적 즐거움을 제공한다는 것이다.

이와 같이 피스크에게 있어 즐거움은 대중 문화의 수용자에게 정치적 권능을 부여하는 긍정적 요소로 인식되고 있다. 특히 피스크는 텔레비전 문화란 TV 수용자가 그 자신의 시청 경험에서 생겨나는 즐거움을 통해 텍스트 해독자의 권리가 보장되고, 해독자로서의 권리를 행사함으로써 수용자는 권력을 갖게 되는 기호적 민주주의가 존재하는 곳이라는 것이다. 피스크가 볼 때, 즐거움이란 의미와 권력 간의 특별한 관계로부터 생긴다. 즉 종속 계급에 속한 사람들에게 즐거움은 지배 구조와의 협상 속에서, 지배 구조와의 독립 속에서, 지배 구조에의 저항 속에서 자신들의 사회적 정체성을 주장하는 가운데 생산된다. 따라서 피스크는 텔레비전 텍스트가 주는 즐거움은 종속 계급 사람들의 사회적 정체성을 유지하게 하고 그들의 하위 문화적 가치들을 주장하게 하는 힘이 있다고 믿는다.

:: 피스크의 능동적 수용자론의 현재적 함의

피스크를 중심으로 해서 제기된 능동적 수용자론은 포스트모던 문화 연구에 영향 받은 것으로 볼 수 있다. 특히, 능동적 수용자론을 뒷받침하는 포스트모던 문화 연구는 1980년대 후반에 들어서면서 이데올로기의 작동에 맞서는 힘으로서 즐거움의 개념을 발전시킨다. 피스크 역시 능동적 수용자론을 주창하면서 포스트모던 문화 연구의 이론적인 틀로서 즐거움의 개념을 도입한다. 피스크는 1980년대부터 아래로부터 위로의 힘이 실제로 어떻게 사용되어 왔는지, 그리고 어떻게 저항적이고 회피하고 있는지에 대해서 연구했다.

피스크는 《텔레비전 문화》를 통해 의미와 즐거움 그리고 권력의 상호 관계를 이론적으로 정교화함으로써 능동적 TV 수용자론을 체계화해 놓았다. 특히, 피스크는 자신의 능동적 TV 수용자론에 마르크스주의 전통, 구조주의 기호학, 포스트구조주의, 포스트모더니즘 등을 포함시키며 대중 문화/수용자 이론의 학문적 지평을 넓히는 역할을 수행했다.

특히 전통 사회과학에서 수용자 연구가 미시적 차원에 머물러 있었다면 피스크를 포함한 문화 연구 전통의 능동적 수용자론은 수용자 연구를 거시적 차원으로 전환시켰다는 점에서 의미를 가진다. 또한, 피스크의 능동적 수용자론은, 문화 영역에서의 투쟁은 상징적 차원의 투쟁으로서 다양한 하위 문화 그룹이 비록 문화의 생산 수단을 소유하고 있지 못하지만 문화의 소비 영역에서 기호의 소비를 의미의 생산으로 변형시킴으로써 또 다른 의미에서 문화적 생산 활동에 참여한다는 점을 깨닫게 한다. 이와 더불어 피스크의 능동적 수용자론은 고급 문화와 저급 문화의 이분법적 사고의 틀에 입각해서 냉대받아온 대중 문화와 그 소비자들에 대해 정당한 지위를 부여하는 인식틀을 제공한다. 마지막으로, 피스크의 능동적 수용자론은 단순한 미디어의 수용자에 대한 관심을 보다 확장시켜 그동안 소외당한 계층, 주변부 사회의 구성원에 대한 학문적 논의의 가능성을 확장시켜 놓았다는 점에서 의미가 있다고 할 수 있다.

함께 읽으면 좋은 책

문화 커뮤니케이션론 Introduction to Communication Studies

존 피스크 지음 | 1990 | 강태완 · 김선남 옮김 | 한뜻 | 1997

이 책은 피스크가 미국식의 과정 중심적인 커뮤니케이션 관점을 대안적인 기호학과 함께 비교하고 개론서로 사용할 수 있도록 구체적인 사례 분석을 제시하여 양 이론이 지닌 특성을 균형잡힌 시각으로 제시하고 있다. 특히 이 책을 통해 피스크는 기호학 중심의 텍스트 분석 연구에서 벗어나 수용자의 능동성을 적극적으로 옹호하는 시각의 이론적 관점을 나타내고 있다.

매스 미디어와 수용자

김정기 · 박동숙 외 지음 | 커뮤니케이션북스 | 1999

한국방송학회 수용자분과 학자들의 수용자에 대한 다양한 시각의 연구를 모은 책. 특히 매스 커뮤니케이션 과정을 구성하는 미디어, 텍스트, 수용자, 사회라는 주요 요소에 대한 균형 잡힌 관심에서 수용자 연구의 다양한 주제와 연구 방법을 다루고 있다.

수용자 연구: 수용자 연구의 새로운 접근 방법

Studying Audiences: The shock of th real

V. 나이팅게일V. Nightingale 지음 | 1996 | 박창희 · 김형곤 옮김 | 커뮤니케이션북스 | 2001

이 책은 수용자 연구에 있어서 송신자-메시지-수신자 모델의 변형적인 개념으로 텍스트 내에서 뿐만 아니라 수용자가 일상생활 속에서 자연적인 수용자가 아니라 서로 사회적인 관계를 맺고 있는 문화적인 수용자의 관점을 강조한다. 따라서 수용자 연구를 텍스트, 담론, 민속지학적인 방법을 통해 새로운 문화 연구 수용자 개념을 재정립하려고 시도한다.

part 3

텔레비전 · 일상생활 · 수용자

패디 스카넬의 《라디오, 텔레비전과 근대 생활》, 조수아 마이로위츠의 《장소감의 상실: 전자 매체가 사회적 행동에 미친 영향》, 스튜어트 홀의 《스튜어트 홀의 문화 이론》, 이엔 앙의 《달라스 보기: 솝 오페라와 멜로드라마적 상상력》은 텔레비전이 사람들의 일상생활과 행위 맥락을 구조화하는 데 어떤 영향을 미쳤는지, 그리고 사람들은 또 그러한 환경에 어떻게 능동적으로 대응하면서 삶을 영위하고 문화를 형성해 나가는지 탐구하고 있다.

방송의 일상성과 시간

패디 스카넬

《라디오, 텔레비전과 근대 생활》

이희은

8

라디오, 텔레비전과 근대 생활
Radio, Television & Modern Life

패디 스카넬
Paddy Scannell

Wiley-Blackwell | 1996

텔레비전과 라디오가 우리의 일상생활 속에서 갖는 의미를 현상학적으로 분석한 책이다. 현대 사회의 방송에 대해 비판적인 경향이 큰 다른 미디어 이론들과는 달리, 이 책은 라디오와 텔레비전이 우리의 삶과 함께 존재하면서 일상의 시공간을 구성하는 현상을 철학적이고 사회학적으로 접근하는 데 중점을 둔다. 책의 개요에 해당하는 서론을 시작으로, 방송이 우리와 맺는 일곱 가지 특성을 설명하는 데 각각 한 장씩을 할애하고 있다. 영국의 사례들이 대부분이기는 하지만, 현상학과 상호작용 이론과 언어 분석 등을 이해한다면 이 책을 한결 쉽게 읽을 수 있다.

패디 스카넬은 방송의 역사, 커뮤니케이션과 현상학, 방송과 일상의 문화 등을 중심으로 강의와 연구를 계속하는 학자다. 토크쇼, 미디어 이벤트, 리얼리티 프로그램 등을 분석하면서 방송과 커뮤니케이션의 본질적 특성을 탐구하는 연구를 이어가고 있다. 유력 학술지인 〈미디어, 문화와 사회*Media, Culture & Society*〉를 창간했던 편집인 중 한 명이다.

◆◆◆ 이희은은 미국 아이오와대학교에서 커뮤니케이션학으로 박사 학위를 받았다. 현재 조선대학교 신문방송학과 조교수이다. 책으로는 《Medi@sia: Global Media/ation in and out of Context》(공저), 《한국 사회 미디어와 소수자 문화 정치》(공저), 《디지털, 테크놀로지, 문화: 탈현대 시대의 커뮤니케이션 연구》(공저), 《인간의 인간적 활용: 사이버네틱스와 사회》(공역), 《마르크스, TV를 켜다》(공역), 《테크놀로지의 몸》(역) 등이 있다.

텔레비전과 라디오라는 말에서 우리가 가장 쉽게 떠올리는 것은 방송 프로그램이다. "어제 텔레비전 봤어?"라는 말은 "어제 방송된 아무개 프로그램에 나왔던 어떤 순간을 목격했어?"와 같은 의미로 쓰인다. 그러나 현대 사회의 방송은 단순히 개별 프로그램들의 합으로만 이루어지지 않는다. 우리의 선택과는 무관하게 채널 사이마다 혹은 프로그램 사이마다 쏟아지는 광고들도 방송을 구성하는 요소다. 전체가 광고로 이루어진 홈쇼핑 채널도 있다. 가랑비에 옷 젖는 줄 모른다고, 살 일도 없는데 홈쇼핑 채널을 흘깃 지나가다가 어느 순간 자기도 모르게 구매 전화를 걸고 난 후에야 아차 하기 일쑤다. 도대체 홈쇼핑은, 광고는, 텔레비전은, 어떻게 우리가 넋 놓고 있는 이 시간대를 교묘하게 알아차리고는 우리의 삶을 비집고 들어온단 말인가. 주말에는 2박 3일 여행 상품을, 식사 시간에는 지글거리는 고등어를, 계절이 바뀔 때는 새로운 유행 상품을 판매하는 홈쇼핑 채널은 광고라기보다는 마치 달력이나 시계처럼 규칙적으로 돌아가는 일상이 되어 버렸다. 홈쇼핑뿐 아니라 텔레비전 저녁 뉴스나 드라마도 마찬가지다. 해외에서 열리는 경기 중계방송을 보느라 뜬 눈으로 밤을 새운 경험도 한 번씩은 있을 것이다. 이처럼 현대 사회의 방송은 우리의 일상 속에 깊이 파고들어, 개인의 선택이나 주체성과는 무관하게 세상이 돌아가는 규칙을 정하기도 한다. 생각해 보자. 우리가 주말에 여행을 자주 하기 때문에 주말 홈쇼핑 채널에 여행 상품이 많은 것일까, 아니면 여행 상품 방송을 보고 나니 문득 주말에 어디론가 떠나고 싶은 마음이 드는 것일까? 식사 시간이니까 식품을 판매하는 것일까, 아니면 판매하는 식품을 보고 배고픔이 더 커지기만 하는 것일까?

패디 스카넬의 《라디오, 텔레비전과 근대 생활》(1996)은 '언제나, 이미, 거기에' 있는 텔레비전이 우리의 일상에서 갖는 의미에 대해 근본적이면서도 철학적인 질문을 던진다. 이 책에서 스카넬은 방송이 우리의 시간과 시간을, 매일 매일을, 한 해와 다른 한 해를 연결하는 방식으로 역사를 구성하게 해주고, 개인과 사회를 연결하는 방식으로 근대 사회의 소외와 물화를 극복할 수 있게 해준다고 설명한다. 이 책은 근대 생활에서 차지하는 방송의 역할과 의미를 부정적으로 기술하지 않는다. 일상에 드리우는 방송의 힘을 인정하면서, 그 힘의 작용을 이데올로기적 권력 관계에서 찾기보다는 방송과 수용자 사이의 관계에서 찾아야 한다고 주장한다. 만일 스카넬이 홈쇼핑 채널을 분석한다면, 소비 이데올로기나 방송의 자본주의적 구조를 비판하기보다는, 왜 별것 아닌 홈쇼핑에 우리가 시간과 돈을 쏟게 되는지를 더 궁금해할 것이다. 스카넬이 근대 방송을 이해하는 가장 중요한 키워드가 바로 '일상생활'과 '시간'이기 때문이다.

:: 스카넬에게 '방송'이란

현재 미국 미시건대학교 커뮤니케이션학과에 재직 중인 패디 스카넬은 방송의 역사, 미디어 현상학, 방송의 공공성, 모더니티와 일상성 등의 커뮤니케이션 이론에 관심을 두고 연구를 펼치고 있는 영국 출신의 학자이다. 미국으로 건너가기 전에는 영국 런던의 웨스트민스터대학에서 30여 년 이상 강의와 연구를 수행했다. 그는 여러 편의 논문과 여섯 권의 단행본을 펴낸 학자이지만, 아직 한국어로는 그의 책이 번역된 적이 없다. 그래서인지 그는 미디어 연구와 문화 연구 분야의 주요 학술지인 〈미디어, 문화와 사회*Media, Culture & Society*〉를 창설한 초대 편집자 중 한 명으로 더 널리 알려져 있다. 하지만 미디어 텍스트 분석에서부터 미디어 테크놀로지에 대한 역사적 접근까지, 그리고 라디오와 텔레비전의 일상성 연구에서부터 국제 비교 연구까지 이르는 그의 연구 분야는, 디지털 테크놀로지와 리얼리티 프로그램 등으로 대표되는 오늘날의 방송 연구에도 흥미로운 영감을 던져 줄 수 있다.

"도대체 텔레비전과 라디오는 무엇인가?" "텔레비전을 켜면 무슨 일이 벌어지는가?" 스카넬이 던지는 이러한 질문들은 어찌 보면 매우 단순하고 기본적인 것 같지만 동시에 인식론적인 사유를 수반한다. 만일 비판론자들의 논의처럼 방송이 텅 빈 기표들을 실어 나르는 별것 아닌 미디어라면, 우리는 왜 수십 년 동안 텔레비전을 켜고 보고 즐기고 이야기하는 것일까? 그렇게 텔레비전 앞에서 보내는 우리의 시간은 우리의 삶에 어떤 영향을 주는 것일까?

이 글에서는 스카넬의 대표 저작이라 할 수 있는 《라디오, 텔레비전과 근대 생활》을 주로 살펴볼 것이다. 하지만 그에 앞서 먼저 언급해야 할 책은 그가 동료 학자인 데이비드 카디프David Cardiff와 함께 쓴 《영국 방송의 사회사, 1922~1939 *A Social History of British Broadcasting, 1922~1939*》(1991)이다. 스카넬과 카디프가 함께 책을 쓰게 된 동기는 사실 실용적인 필요에서였다. 이 둘은 1975년에 웨스트민스터대학에 미디어학과를 창설했고, 영국 방송사를 가르치는 과목을 개설하고자 했다. 그러나 1970년대만 해도 영국 방송 역사에 대한 적당한 교재를 찾을 수가 없었다. 스카넬과 카디프는 직접 BBC 아카이브에서 초기 방송사에 관한 자료들을 찾으며 교재 개발 연구를 시작했고, 점차 방송 프로그램의 제작 과정에 대해 커다란 흥미를 갖기 시작했다. 현실적인 제약이 많은 방송이라는 제도적 환경 속에서 제작자들은 어떠한 방식으로 수용자들에게 소구할 수 있는 프로그램을 만드는 것일까? 스카넬과 카디프는 이러한 질문에 대한 대답이야말로 방송의 역사를 고찰할 수 있게 해준다고 보고 자료 수집을 시작했다. 그렇게 해서 모인 자료들은 뉴스와 드라마는 물론 토크쇼와 오락 프로그램도 포함하는 광범위한 것이었다. 거기에는 개별 프로그램의 특성이나 영향력은 물론이고, 방송사의 고용과 실직 문제나 정치적 상황 같은 사회적 맥락에 대한 내용도 담겨 있었고, 사람들이 좋아하는 오락적 특성이나 음악의 취향 같은 사회학적인 관심도 담겨 있었다. 이러한 연구 과정을 거치며 결국 1991년에 《영국 방송의 사회사, 1922~1939》가 출간된다. 이 책에서 스카넬과 카디프는 방송의 의미를 그 역사에서 찾으려 노력하는데, 특히 방송 프로그램의 제작 과정에 개입하는 제작자와 수용자 사이의 관계 특성에 큰 관심을 기울이게 된다.

카디프와 함께 저술했던 책이 영국 방송의 사회사를 개괄했다면, 이후 스카넬은 개별 프로그램의 구체적인 내용을 바탕으로 방송의 본질적 특성에 더 집중하게 된다. 예를 들어 코미디 프로그램이 제작되는 이유는 무엇이며 어떠한 과정을 거쳐 프로그램의 오락적인 특성을 획득하게 되는가에 대한 것 등이다. 그는 방송이라는 추상적 아이디어가 구체적인 방송 프로그램으로 만들어지는 핵심에는 제작자와 수용자 사이의 상호작용이 있다고 보았다. 스카넬의 이러한 이론적 관심은 《라디오, 텔레비전과 근대 생활》에서 본격화되기 시작했으며, 여기에서 그는 상호작용 이론, 대화 분석, 프래그머티즘 등을 끌어와 이론적 틀을 갖춘다.

스카넬은 2007년에 미시건대학으로 옮길 무렵 웨스트민스터대학의 동료와 인터뷰를 가졌다. 여기에서 그는 가톨릭의 영향을 강하게 받았던 어린 시절에 대해 이야기한다. 그는 자신이 심지어 성경도 제대로 읽지 않았지만 일상적인 행동을 통해서 종교 생활을 실천했다고 말하며, 종교란 믿음이나 이론이나 이데올로기가 아니라 매일을 독실하게 살아나가는 실천이라고 믿는다고 말한다. 자신에게 종교란 일상생활이나 마찬가지였다며, 레이먼드 윌리엄스의 용어를 빌어 종교나 미디어나 모두 "총체적 생활 양식*a whole way of life*"이라고 말한다. 마치 가톨릭 미사가 일상의 핵심적인 이벤트이듯이, 그는 사람들이 살아가고 경험하고 때로는 드물게나마 기적을 꿈꾸는 미디어를 하나의 이벤트로 파악한다. 종교든 미디어든 사람들은 이를 통해 일상을 살아가고 바깥세상의 사람들과 교류하며 그 교류는 다시 그의 생활을 구성한다고 믿는 것이다.

:: 언제나 거기에 있는, 일상의 텔레비전

이 책의 출발점이 영국 방송의 역사를 찾는 일이었다는 점은 중요하다. 여러 학자들이 미디어의 공허함이나 왜곡에 대해 비판했지만, 스카넬은 바로 그 '아무것도 아닌' 프로그램들에 관심을 기울였다. 과연 방송이 무엇이기에, 그렇듯 비판을 받으면서도 어쨌든 수십 년 동안 존재할 수 있었을까? 그리고 그 '아무것도 아닌' 방송 내용은 어떻게 수용자들의 동의와 이해를 얻어 낼 수 있었을까? 이것은 스카넬이 가졌던 가장 중요한 질문이자 이 책을 관통하는 핵심 주제다. 그는 방송이 우리의 일상에 오랜 동안 존재했다는 사실 그 자체에 주목하고, 이 책이 "일상의 삶이라는 관점에서" 쓰인 것임을 분명히 한다.

이 책은 서론에 이어지는 일곱 개의 장으로 구성되어 있는데, 각 장의 제목은 스카넬이 생각하는 방송과 수용자의 관계를 설명하는 개념들이다. 그 일곱 개의 개념은 각각 의도성*intentionality*, 사교성*sociability*, 진실성*sincerity*, 다사건성*eventfulness*, 진정성*authenticity*, 정체성*identity*, 일상성*dailiness*이다. 이는 스카넬이 영국 방송의 역사를 탐구하는 과정에서 수집한 프로그램들을 통해 유추해 낸 현상을 의미하기도 한다. 여기서 '현상'이란 어찌되었든 사람들은 방송 프로그램을 어렵지 않게 보고 듣고 이해하며, 그것도 오랜 동안 그래왔다는 사실 자체를 의미한다. 이러한 '현상'은 단순히 외형적으로 드러나는 '특징'과는 다르다. 예를 들어 코미디와 뉴스의 외형적 특징은 크게 다를 것이다. 그리고 라디오 드라마와 텔레비전 드라마의 외형적 양식도 차이를 보일 것이다. 그러나 스카넬은 이렇듯 서로 다른 겉모습에도 불구하고 방송이라는 테크놀로지이기 때문에 생겨나는 공통적 현상이 있다고 본다. 일곱 가지로 분류한 개념들이 그 대표적 특성들이며, 이러한 특성들은 방송 프로그램을 쉽고 접근 가능하며 익숙하고 일상적인 것으로 만들어 주는 역할을 한다. 설사 어렵고 낯선 내용일지라도 일단 이것이 방송 프로그램의 형식으로 수용자에게 전달될 때는 누구나 이해하기 쉽고 받아들이기 쉽도록 만들어지고 구성된다.

스카넬이 이 책을 통해 말하려는 방송의 핵심도 바로 이것이다. 왜 사람들은 방송을 보고 듣고 그 내용을 쉽게 받아들이는가? 무슨 까닭으로 방송 뉴스는 사실에 근거한 것이라고 믿게 되는 것일까? 비슷한 방식으로 오늘날 한국 사회에 맞게 질문을 살짝 비틀어 보면 다음과 같은 의문들이 될 것이다. 허황되고 비현실적인 내용이라도 그것이 드라마라면 용서되는 이유는 무엇일까? 실물을 본다면 깐깐하게 고를 수밖에 없는 물건인데도, 왜 그것이 홈쇼핑의 형식으로 방송되면 큰 고민

없이 구매 결정을 하게 되는가? 현실 정치에 대해서는 무심하면서도 방송에 나오는 정치인은 쉽사리 가십거리가 되는 이유는 무엇일까? 스카넬이 정리한 일곱 개의 개념은 이러한 질문들에 대한 실마리를 제공해 준다.

스카넬이 구체적인 연구 대상으로 삼은 것은 방송 프로그램들의 제작 환경과 방식이다. 그가 보기에 프로그램은 방송이 존재하는 이유다. 코미디는 코미디의 방식으로, 스포츠는 스포츠의 방식으로, 그리고 홈쇼핑은 홈쇼핑의 방식으로 제작이 되겠지만, 그 모두를 관통하는 방송 존재의 근거는 바로 위에서 말한 일곱 가지라 할 수 있다. 책에 언급된 일곱 개의 관계적 특징을 간략히 살펴보자.

'의도성'은 아무것도 아닌 것을 무언가 의미 있는 것으로 만들어 수용자의 관심을 끌고 동의를 구하려는 방송 제작 방식을 의미한다. 방송은 시간의 미디어이기 때문에 수용자의 생활 패턴을 분석하여 이를 프로그램 편성과 구성에 이용한다. 또한 대다수 수용자를 향해 발화됨에도 불구하고 방송이 마치 나 개인에게 말을 거는 것처럼 느끼게 만들기도 한다. '사교성'은 특별한 내용이나 동기 없이 만들어진 가상의 세계에서 맺는 관계를 의미하며 그 관계는 그 자체로 목적이다. 스카넬은 사교성의 대표적 사례를 토크쇼에서 찾고 있는데, 친숙하게 시청자에게 말을 거는 방식에서부터 무대에 초대된 관객에 이르기까지, 방송은 사실은 서로 남남일 뿐인 사람들을 그 순간 마치 하나의 공동체처럼 만들어 주는 기술적 수완을 발휘한다. '진실성'은 개인의 행동이 진실하게 보이려면 꾸며 내지 않은 듯 행동을 꾸며야 한다는 역설을 의미한다. 이는 근대성이 가져다준 역설이기도 한데, 개인은 공적인 상황에서라도 숨김없이 자신을 드러낼 때에만 진실한 것으로 평가받게 된다. 방송 역시 공적인 매체성과 진실성을 구축하기 위한 방법들을 사용하는 데, 꾸밈없는 실력을 과시하기 위해 의도적으로 기술적 장치를 배제하고 노래하는 것 등을 사례로 들 수 있다.

'다사건성'은 우리말로 옮기기가 어려운 개념이다. 이 말에는 두 가지 의미가 모두 포함되기 때문이다. 우선, 방송이 주요 행사 등의 공적인 사건들을 실제로 벌어지는 바로 그 순간에 맞추어 사적 공간으로 전달하는 현상을 의미한다. 또한 예상에서 벗어난 일들이 돌발적으로 발생하도록 의도적으로 구성하는 방송 관습을 의미하기도 한다. '진정성'은 실제 이야기되는 내용의 사실성 여부와는 무관하게 내용을 말하는 방식이 더 믿을 만한 것으로 보여야 한다는 방송의 특성을 의미한다. '정체성'은 일상적으로 반복되는 방송에서 프로그램 고유의 특성을 설정하여 수용자와의 관계를 유지하려는 특성을 의미한다. 시그널 음악이나 진행자의 목소리 톤 등이 정체성을 구축하는 방식으로 자주 사용된다. '일상성'은 아무것도 아닌 일들이 반복적으로 되풀이되지만 그러한 반복됨이 모여 현상학적인 일상의 시간을 구성하는 특성을 의미한다.

일곱 개념들을 중심으로 서술된 방송의 의미를 살펴보고 있노라면, 스카넬에게 영향을 준 다른 학자들의 그림자를 어렵지 않게 찾아볼 수 있다. 하이데거의 현상학적 시간 구성과 실존적 일상생활의 의미, 어빙 고프먼Erving Goffman의 일상생활에서 개인 간에 맺는 상호작용의 의미, 게오르그 짐멜Georg Simmel의 근대 생활에서 사교의 의미 등이 그것이다. 이러한 이론적 흐름을 따라가다 보면, 이 책이 설명하는 일곱 개의 개념들을 이해하기는 크게 어렵지 않다. 또 그 개념들을 현재의 상황에 적용시키는 것도 그리 힘든 일은 아니다. 다만 인용된 사료들이 영국인들도 낯설어할 만한 1930~1950년대 영국의 프로그램들이라는 점은 어려움으로 남는다. 예를 들어 1930년대의 라디오 프로그램 대본

이 길게 인용되어 있고 '관객들의 웃음과 환호'와 같은 문구들도 함께 쓰여 있지만, 영국의 사회 상황을 모르는 독자들이 이 사례만으로 방송을 상상하기란 쉽지 않은 일이다. 또한 그 사례들이 다른 문화적 맥락에서도 비슷하게 적용될 것인지에 대한 의구심을 떨치기도 쉽지 않다. 말장난 형식의 풍자가 주를 이루는 영국의 코미디와 상대적으로 몸을 사용하는 상황적 웃음을 자아내는 한국의 코미디는 문화적 의미나 생산에서 큰 차이가 있을 것이기 때문이다.

그러나 이러한 문화적 차이야말로 스카넬의 책을 더 주의 깊게 읽어야 할 이유이기도 하다. 그는 개별 프로그램의 차이나 서로 다른 문화 간 방송의 차이보다는 본질적인 공통점에 더 주목한다. 개별 사례나 의미의 차이에도 불구하고 방송은 어쨌든 이해가 쉬운 방식으로 제작되어 전달되어야 한다는 점만큼은 공통적이라고 보기 때문이다. 또한 스카넬은 텔레비전과 라디오가 존재론적으로 다른 미디어라고 인식하지도 않는다. 공적인 맥락에서 제작되지만 매우 사적인 방식으로 전파된다는 의미에서 라디오와 텔레비전은 차이점보다 공통점이 더 많다는 것이다. 따라서 이 책에서 영국의 사례들을 한국의 사례 혹은 다른 어느 사례들로 바꾸어 읽어도 책의 큰 의미는 바뀌지 않는다. 이 책의 핵심은 특정한 문화적 맥락에서 방송이 수용자와 상호작용하는 '방식'에 있는 것이지 그 '내용'에 있는 것은 아니기 때문이다.

방송 테크놀로지의 작동 방식을 살폈다는 점에서, 이 책은 방송이 하나의 독자적인 학문 영역으로 자리하는 데 큰 영향을 미쳤다고 볼 수 있다. 방송 연구가 역사적 특수성이나 문화적 지역성을 넘어설 수 있는 기반을 마련해 준 것도 의의라 할 수 있다. 방송과 일상성과의 관계를 통해 스카넬이 드러내고자 했던 것은, 방송이 매개하는 세계가 어떻게 인간을 소외와 물화로부터 구해 내는가 하는 점이다. 그는 인간을 억압해 온 것은 방송이라기보다는 근대성 그 자체이며, 방송은 오히려 근대성으로 인해 억압되었던 사적 영역을 되살리는 역할을 한다고 주장한다. 이 역할은 방송이 거대한 사회 운동을 벌이거나 이데올로기적 영향력을 행사하기 때문이 아니라, 그저 매일 벌어지는 우리의 일상과 사건을 시간으로 연결하는 방식으로 이루어진다고 설명한다. 스카넬이 파악하는 방송이란 실존하는 현대 사회의 공간, 즉 그냥 주어지는 자연적인 것이 아니라 인간의 경험에 의해 구성되는 공간이다. 방송이 인간이 경험하는 시공간의 관계를 재배치하는 역할을 한다고 보는 것도 이러한 까닭에서다.

이 책이 방송 연구에서 지니는 의미를 염두에 두고 이제 그 내용을 좀더 분석적으로 살펴보자. 제목에서도 분명히 드러나듯이, 이 책에서 방송을 이해하는 데 가장 핵심적인 주제어로 사용된 것은 '근대의 삶'이라는 개념이다. 스카넬은 이를 '일상생활'과 비슷한 의미로 사용하고 있는데, 레이먼드 윌리엄스의 '총체적 생활 양식'과 위르겐 하버마스의 '생활 세계'가 자주 언급되는 데서도 그 유래를 알 수 있다. 스카넬은 자신의 이론적 경향이 구조주의보다는 문화주의 쪽으로 더 기울어 있음을 여러 차례 밝혔다. 이 책에서도 일상성을 구체적인 경험에 근거한 것으로 정의함으로써, 일상을 평범하고 반복적인 것으로 정의하는 구조주의적 시각과 거리를 두고 있다. 물론 스카넬도 근대적 삶의 일상이 규칙적이고 반복적인 모습으로 재생산된다고 보는 점은 마찬가지다. 다만 그는 이러한 일상 혹은 생활 세계를 규칙적으로 만드는 데 방송이 중요한 역할을 하고 있고, 이때의 방송은 일상을 진부하게 만드는 부정적인 역할만 하는 것이 아니라 삶의 리듬과 세계와의 관계성을 가져다주는 긍정적인 역할도 하고 있음을 지적한다.

이 지점에서 스카넬은 방송이라는 테크놀로지가 어떻게 실제 세계의 시간을 흉내 내는 방송 세계를 구축할 수 있는가라는 질문에 도달한다. 이는 방송 미디어라는 공적 영역이 어떻게 개인의 일상이라는 사적 영역의 시공간을 재구성 혹은 재배치하는가에 관한 질문이기도 하다. 스카넬은 방송에 사용된 언어와 테크놀로지에 주목한다. 예를 들어 "여러분은 지금 우리 쇼와 함께하고 있습니다"라거나 "다음 주에 또 만나요"와 같은 방송용 관용어구들은 앞에서 말한 일곱 가지 특성들을 구성하는 데 효과적으로 사용된다. 또한 원고를 보고 읽던 뉴스 앵커가 프롬프터를 사용하게 됨에 따라 고개를 들고 시청자와 눈을 마주치는 것은 진실성과 진정성을 구축하는 데 도움을 줄 수 있으며, 고감도 마이크는 작게 속삭이는 목소리도 선명하게 전달함으로써 사교성과 정체성 등을 형성하는 데 필수적인 요소가 되기도 한다. 핸드헬드 카메라가 진실성과 다사건성과 진정성에 도움을 주는 것은 두말할 나위도 없다. 이처럼 스카넬이 이해하는 테크놀로지는 방송의 수단이거나 효과가 아니다. 인간이 존재한다는 것은 하나의 공간을 다른 이들과 공유한다는 뜻이고, 방송이라는 테크놀로지는 인간이 서로 관계를 맺으며 일상의 시공간을 구성해 나갈 수 있게 해주는 하나의 존재가 된다.

일상에 대한 인식이나 미디어의 시공간 구축, 그리고 테크놀로지의 의미 등을 논의하는 데 이르면, 스카넬의 현상학적 접근법은 그 모습을 조금 더 명확하게 드러낸다. 이 책보다 1년 전에 출간했던 〈라디오와 텔레비전의 현상학을 위하여For a Phenomenology of Radio and Television〉라는 스카넬의 논문은 그가 가진 현상학적 관점을 잘 함축하고 있다. 그는 이 논문에서 텔레비전과 라디오가 마치 일상생활의 가구처럼 자연스러운 존재로 여겨진다는 사실은 너무나 자명하다고 주장한다. 또한 이러한 그의 관점에 가장 큰 영향을 준 것이 하이데거의 《존재와 시간》이었음을 밝히고 있다.

실제로 《라디오, 텔레비전과 근대 생활》에서 가장 많이 언급되는 학자도 하이데거다. 스카넬은 구체적인 시간과 역사 내에서 인간의 존재 조건을 탐구해야 한다고 주장했던 하이데거를 따라, 방송 미디어를 현대 사회의 실존 공간으로 파악한다. 공간은 인간의 경험에 의해 구성되는 것이며, 방송 역시 그런 공간 중 하나라는 것이다. 하이데거의 사유가 스카넬에게 준 가장 큰 영향은, 라디오와 텔레비전 방송이 우리가 사는 세계를 아주 일상적인 것으로 재생산한다는 스카넬의 논의를 인식론적으로 뒷받침해 준 것이다. 방송은 실재하는 사람들이 실재하는 물질적 조건에서 실재하는 수용자들과 관계하며 생산해 내는 것으로, 사람들은 방송을 듣고 보면서 일상을 경험하고 살아간다. 즉 방송은 보통 사람들이 실제로 살아가는 삶의 일부 그 자체이자, 바깥세상이 어떻게 돌아가고 있는지 알려주는 역할을 동시에 한다.

스카넬의 현상학적 관점은 그가 이 책을 두 가지 입장에서 썼음을 알 수 있게 해 준다. 첫째, 그는 방송을 '당연히 존재하는 것'으로 여긴다. 따라서 방송과 모더니티의 관계를 논의하는 이 책에서 그는 방송이라는 테크놀로지나 프로그램을 비판하는 데 주력하지 않는다. 오히려 모더니티가 가져온 인간의 소외와 물화를 극복하는 데 방송이라는 테크놀로지가 기여하는 과정에 초점을 둔다. 그가 방송 프로그램을 역사적으로 분석하여 생산 방식에 주목한 까닭도 이 과정을 고찰하기 위해서다. 둘째, 그는 방송이 개인과 사회 사이의 시공간을 분리하는 것이 아니라 오히려 연결한다고 본다. 한때 모더니티가 갈라놓았던 '공적인 것'과 '사적인 것' 사이의 간극이 오히려 방송에 의해 상호 연결된다고 보는 것이다. 방송의 일곱 가지 특성은 방송 프로그램을 평범하면서도 일상적이고 쉬우면서도 누구나 알 수 있을 것처럼 제공하고, 그 덕분에 사람들은 더 많이 말하고 더 많이 경험하며 사회와 연결될 수 있다는 주장이다.

소외되고 물화된 개인이 더 많은 이야기를 듣고 더 많이 말하면서 일상의 마술적 힘을 되살리는 것, 그것이 스카넬이 바라본 근대적 삶에서 방송이 지닌 본질적 모습이다. 그러다 보니 이 책은 방송의 생산 과정을 살피고 있으나 미디어 정치 경제학적 입장과는 반대의 지점에 서 있고, 수용자를 논의하고 있으나 수용자의 능동성에는 큰 관심을 두지 않고 있다. 그는 보이지 않는 이데올로기적 힘이 방송을 움직이는 것도 아니고, 수용자들이 주체적 능동성으로 방송을 선택하거나 관여하는 것도 아니라고 본다. 그러기에는 방송은 '이미, 언제나, 거기에' 있었고, 우리와 너무나 일상적인 관계를 맺고 있다는 것이다.

:: 의심을 거두고 텔레비전을 바라보기

스카넬의 책은 방송에 대한 본질주의를 거부한다. 그가 이 책에서 주장한 방송의 일곱 가지 특징들은 어떠한 역사적 근원이나 고정된 의미를 갖고 있는 것이 아니라, 나날의 생활이나 개인의 행위에 의해서 그 범위가 정해지고 규정된다. 이 때문에 아주 단순해 보이는 말도 그가 정의하는 방식과 다른 이가 정의하는 방식이 다르다. 예컨대 그는 미디어에 의해 매개되는 일상의 규칙성을 긍정적으로 평가한다. 이는 방송을 이데올로기 생산 기제로 보는 구조주의적 접근과는 대비되는 입장이라 할 수 있다. 스카넬은 인터뷰에서 구조주의적 접근법은 삶의 경험을 대수롭지 않거나 관찰 불가능하거나 왜곡되고 오염된 것으로 여기는 오류를 범했다고 지적한 바 있다.

이러한 스카넬의 입장은 많은 비판을 불러오기도 한다. 가장 큰 비판은 그가 방송을 비롯한 미디어 제도나 조직을 너무 순기능적으로만 판단하고 이데올로기의 중요성을 간과했다는 것이다. 예를 들어 닉 콜드리Nick Couldry는 하이데거의 '존재'라는 개념은 구체적인 장소나 시간이 아니라 사회적 권력이 작용하지 않는 장을 가정한 것이었음을 상기시키며, 스카넬이 이 개념을 무리하게 방송에 적용한 나머지 지나치게 낙관적인 견해를 내놓는 데 그쳤다고 비판한다. 그러나 스카넬은 자신이 루이 알튀세르Louis Althusser의 이데올로기론에 반대한다고 해서 이데올로기나 권력 관계 자체를 무시한 것은 아니라고 주장한다. 다만 방송이 특정한 이데올로기 구축에서 고유한 역할을 하거나 가장 강력한 역할을 한다는 본질주의적인 시각을 부정할 뿐이라는 것이다. 스카넬은 이데올로기란 방송뿐 아니라 대부분의 사회 제도에 존재하는 힘이라고 설명하며, 일반적인 틀을 방송에 그대로 적용해서는 사실상 방송에 대해 아무것도 이해하지 못하게 될 것이라고 주장한다.

이 책에 대한 또 다른 중요한 비판은 스카넬이 방송을 테크놀로지이자 제도로서 접근하다 보니 수용자의 차이나 다양성을 감안하지 못하고 이들을 단일한 집단으로 치부해 버렸다는 것이다. 그러나 이데올로기적 속성에 주안점을 두는 미디어 생산 연구 못지않게 스카넬이 비판하는 것은, 수용자의 능동성만을 강조하는 수용자 연구다. 그는 초기 수용자 연구가 미디어와 문화 연구의 기초를 다지는 데 어느 정도 역할을 했음을 인정하면서도, 비슷한 연구들이 반복되면서 수용자 연구가 한쪽으로 치우쳐 있다고 비판한다. 그는 생산자 연구와 수용자 연구는 서로가 서로를 필요로 하는, 아직 완결되지 않은 연구라고 본다.

마지막으로 이 책에서 말하는 일상성에 계급이나 젠더 문제가 상대적으로 간과되었다는 점이 심판대에 오르곤 한다. 데이비드 몰리David Morley는 여전히 사회적 불평등과 구조적인 배제가 작동하는 상황에서 스카넬이 주장하는 '사교성'과 같은 개념이 일부 수용자들에게는 아직도 낯선 일일 뿐이라고 일축한다. 사회의 소수자들에게 방송이란 여전히 너무나도 말 걸기가 힘든 다른 세상일 뿐이라는 것이다. 또한 실제 일상에서나 방송이 구축하는 일상에서도 젠더에 따른 시공간의 분할은 여전히 중요한 요소로 존재한다. 아직도 미디어는 남성의 시공간을 방향성을 갖고 진보하는 것으로, 여성의 시공간은 반복적이며 순환적인 것으로 묘사하는 경우가 적지 않다.

스카넬은 자신의 의견이 여타 비판적 이론들과는 차이를 보인다는 점을 인정한다. 많은 학자들이 텔레비전의 매개*mediation*를 신뢰하지 않지만, 자신은 텔레비전의 매개를 실재*real*로 가정한다는 점에서 차이가 있다는 것이다. 스카넬은 이를 '의심의 해석학'과 '믿음의 해석학'의 차이로 설명한다. 일반적으로 비판적 학자들은 텔레비전이 매개하는 것, 즉 텔레비전을 통해 전달되는 내용들이 조작되거나 왜곡되어 있으며 선택적으로 제시될 뿐이라고 가정한다. 스카넬은 이를 일컬어 의심의 해석학이라 부르는데, 철학적으로 플라톤주의를 크게 벗어나지 못한 채 방송이라는 현상이나 가치가 우리를 속이게 될 것이라는 의구심에 바탕을 둔 연구들을 지칭한다. 이에 비해 자신의 연구는 방송 테크놀로지의 존재를 액면가 그대로 받아들이고 이를 일상생활의 한 부분으로 여긴다는 점에서 믿음의 해석학이라고 설명한다. 이런 그에게 현상학은 믿음의 해석학을 할 수 있게 해주는 이론적 도구다. 그의 연구가 왜 방송에 대한 의심이 아니라 질문에서 시작하고, 방송을 있는 그대로 인정하고 받아들이는데서 시작하는지 알 수 있는 대목이다. 물론 스카넬도 방송이 모두 진실이며 사실이라고 순진하게 믿는 것은 아니다. 그러나 그가 커뮤니케이션 학자로서 가진 입장은, 방송이 어떻게 우리를 일상에 들여놓고 그 나름의 방식으로 관계를 맺고 있는지를, 역사적으로 그리고 현상학적으로 살피는 일이라고 할 수 있다.

스카넬의 책이 출판된 지 20여 년이 지난 지금, 미디어의 물적 조건과 사회적 권력 관계 등을 고려하지 않고 방송에 대해 지나치게 낙관적인 견해를 보인다는 비판은 여전히 유효할지도 모른다. 특히 이 책은 전형적인 유럽 백인 남성의 관점을 반영한다는 비판에서도 자유롭지 않다. 그러나 방송 내용에 대한 평가나 판단을 잠깐 뒤로 미루고 보면, 이 책에서 언급했던 근대의 삶 속 방송의 특징은 오늘날 변화하는 방송 환경에서도 여러 가지 시사점을 제공해 준다. 미디어 환경이 변화하면서 방송이 과거에 누렸던 독점적 지위가 많이 약해진 대신, 인터넷과 스마트폰으로 대표되는 다양한 테크놀로지들은 일상에 더욱 깊이 자리하고 있다. 이러한 현상의 옳고 그름이나 질적 수준을 판단하기 이전에 미디어 테크놀로지 자체가 우리의 일상 속에서 자리를 점유하는 방식에 대해 살펴보는 일이 더 적절하고도 시급할 것이다. 또한 빠르게 변화하는 방송 테크놀로지의 특징을 현상학적으로 살펴봄으로써, 참여, 소통, 공공성, 공/사적 공간, 리얼리티, 일상 등의 개념을 확장하고 변주하는 데 영감을 줄 수 있을 것이다.

영화 〈설국열차〉(2013)의 기차는 매개된 일상의 은유다. 사람들은 바깥 세상에 견주어 조금 더 안온해 보이는 기차 안을 세상의 전부라고 애써 믿으며 살아간다. 기차가 1년에 한 번 예카테리나 다리 위를 지날 때면, 싸우던 이들도 싸움을 멈추며 함께 '해피 뉴이어'를 외친다. 이 열차는 지구 위의 철로를 순환하다가 이 다리에 닿을 때마다 새해를 맞이하기 때문이다. 기차가 과연 1년여를 1초의 오차도 없이 달려 한 해가 바뀔 때 정확히 그 다리 위에 도착할 것인가 아닌가의 여부는 사실 그다지 중요하지 않다. 중요한 것은 그 다리 위에 닿을 때면 새로운 한 해가 선언된다는 규칙을 사람들이 공유하고 있다는 사실이다. 어쩌면 스카넬이 말하는 텔레비전이라는 테크놀로지도 그 열차와 같을지 모른다. 텔레비전이 어떤 이데올로기를 담을 수도 있고 소수의 권력으로 통치될 수도 있을 것이다. 열차 안에서 단백질 블록을 받아 연명하듯 드라마로 간신히 삶을 유지할 수도 있고, 환각제에 빠지듯 오락 프로그램이나 보면서 현실로부터 도피할 수도 있을 것이다. 어쨌든 중요한 것은 우리는 방송이 제공하는 체제를 공유하며 그와 함께 존재한다는 사실이다. 그것이 우리가 근대적 삶 혹은 일상이라 부르는 시공간이다. 〈설국열차〉에서는 마지막에 열차를 멈추기 위한 대안이 제시된다. 그러나 스카넬에게 '그렇다면 방송을 어떻게 바꾸어야 할까요?'라는 질문은 타당하지 않을지 모른다. 스카넬의 이 책이 우리에게 알려줄 수 있는 것은 방송이라는 열차를 벗어나는 방법이 아니라, 우리가 방송이라는 열차 안에 탑승해 있다는 자각 그 자체일 것이다.

방송 연구의 역사는 두 가지 극단을 오가곤 했다. 한편에서는 일상의 텔레비전을 연구하고 있으나 대개 단편적인 사례 위주로 이론적 기반이 부족한 경우가 많다. 다른 한편에서는 거대 이론을 발판으로 텔레비전의 의미를 탐색하고 있으나 텔레비전을 지나치게 교조적으로 해석하는 경향이 있다. 스카넬의 이 책은 구체적이면서도 이론적인 틀을 갖춘 현상학적 방송 연구의 한 틀을 마련했다는 데 가장 큰 의의가 있다.

현재 스카넬은 자신이 미디어 3부작이라는 이름으로 부르는 시리즈 출간에 한창이다. 그중 첫 번째라 할 수 있는 《미디어와 커뮤니케이션*Media and Communication*》은 2010년에 출간되었고, 2권에 해당하는 《텔레비전과 '라이브'의 의미*Television and the Meaning of 'Live'*》는 2013년 출간 예정이다. 미디어 시리즈를 마무리할 3권의 가제는 《사랑과 커뮤니케이션*Love and Communication*》이다. 이 책에서 그는 커뮤니케이션의 두 가지 측면, 즉 소크라테스적인 대화로서의 커뮤니케이션과 기독교적인 사랑으로서의 커뮤니케이션을 비교하고, 그중 후자에 초점을 두어 커뮤니케이션의 의미를 기술할 예정이라고 한다.

함께 읽으면 좋은 책

상호작용 의례: 대면 행동에 관한 보고서

Interaction Ritual: Essays in Face-to-Face Behavior

어빙 고프먼 지음 | 1982 | 진수미 옮김 | 아카넷 | 2013

일상에서 벌어지는 개인들 사이의 상호작용을 분석한 독창적인 사회학자인 고프먼의 책. 우리의 사회적 삶은 의례를 통한 상호작용으로 구성되며, 이러한 상호작용은 개인에게는 자아를, 사회에는 질서를 보장해 준다고 말한다. 이 책은 거리, 정신병동, 엘리베이터 등의 다양한 사례를 통해 개인과 타인의 관계로 구성되는 사회의 모습을 미시적으로 보여 준다.

미디어 이벤트: 역사를 생중계하다

Media Events: The Live Broadcasting of History

앨리후 캐츠Elihu Katz · 다니엘 다얀Daniel Dayan 지음 | 1994 | 곽현자 옮김 | 한울 | 2011

중요한 사건이나 행사를 라이브로 중계하는 미디어 이벤트가 사회를 구성하는 의례 역할을 한다는 점을 지적한 책. 올림픽 경기나 인간의 달 착륙 그리고 한국의 이산가족 찾기 등 텔레비전을 통해 실시간으로 중계했던 사례들을 다루고 있다.

TV는 우리의 환경을 어떻게 바꾸고 있는가: 미디어 생태학적 조망

조수아 마이로위츠

《장소감의 상실: 전자 매체가 사회적 행동에 미친 영향》

김용찬

9

장소감의 상실: 전자 매체가 사회적 행동에 미친 영향
No Sense of Place: The Impact of Electronic Media on Social Behavior

조수아 마이로위츠
Joshua Meyrowitz

Oxford University Press | 1985

조수아 마이로위츠는 《장소감의 상실》에서 TV를 비롯한 전자 매체가 어떻게 사람들의 사회적 행동을 변화시키고 있는지를 매클루언의 미디어 결정론과 어빙 고프먼의 상황 이론을 독특한 방식으로 결합하여 논의하고 있다. 1985년에 출판된 이 책은 1986년 미국방송협회 우수 도서로 선정되는 등 비평계와 학계의 호평을 받았으며, 현재까지 7개 언어로 번역되었다. 출판 당시 생소했던 미디어 생태학이란 분야를 대중들과 다른 학자들에게 알리는 데 큰 기여를 했다는 평가를 받았다. 조수아 마이로위츠는 뉴욕대학교의 미디어 생태학*Media Ecology* 프로그램에서 1978년에 박사 학위를 받았으며, 현재 미국 뉴햄프셔대학의 커뮤니케이션학과 교수이다. 이 책은 그의 박사 학위 논문 〈성, 세대, 권위 역할에 있어서 미디어 진화와 변화Media Evolution and Changes in Gender, Age, and Authority Roles〉를 바탕으로 하고 있다.

◆◆◆ 김용찬은 연세대학교 신문방송학과를 졸업하고, 뉴욕주립대(올바니)에서 석사, 남캘리포니아대학에서 박사 학위를 받았다. 아이오와대학과 앨라배마대학의 교수를 역임하였고 현재 연세대학교 언론홍보영상학부 교수이다. 연세대학교 Urban Communication Lab의 소장, Urban Socio-Spatial Informatics Center의 센터장, *Asian Journal of Communication*의 부편집인을 맡고 있다. 〈커뮤니티 스토리텔링 네트워크, 이웃 맥락, 지역 참여 문제에 대한 다수준 분석〉, 〈커뮤니케이션 하부 구조 이론에 따른 도시 지역 커뮤니티 참여〉 등 도시 커뮤니케이션, 뉴 미디어 테크놀로지, 헬스 커뮤니케이션 분야의 여러 논문이 있다.

:: 《장소감의 상실》이 쓰여진 시대적 배경

《장소감의 상실》은 1970년대 말의 학문적, 사회적 배경의 산물이라고 할 수 있다. 그러한 배경 요소 중 첫 번째는 미국 사회의 급속한 변화이다. 1960년대와 1970년대를 거치면서 미국 사회는 전통적 가치관과 위계질서가 무너지고, 관습적으로 받아들여졌던 사회 문화적 경계들이 도전받고 있었다. 그래서 이러한 현상을 만들어 낸 주된 원인이 무엇인지에 대해 학문적 논의가 활발히 전개되기 시작했다. 스스로를 '미디어 생태학자'라고 부르는 연구자들은 그 원인을 미디어의 변화에서 찾으려고 시도하였다. 활자 매체가 등장을 하면서 인류 사회가 근본적인 변화를 겪었던 것처럼, 활자 매체에서 전자 매체로의 전환이야말로 미국 사회의 혁명적 변화를 이끄는 중요한 원인으로 작용했다는 것이다. 《장소감의 상실》도 미국 사회의 급속한 변화를 미디어 기술의 전환과 연결시켜 설명하려는 미디어 생태학적 논의의 결과물이라고 할 수 있다.

두 번째는 TV를 비롯한 전자 매체의 등장과 확산이다. 이 책이 쓰여진 1970년대는 미국 사회 전반에 TV가 확산되고 난 뒤 불과 10여 년이 흘렀을 때였다(따라서 여전히 TV는 '뉴 미디어'의 대접을 받고 있었다). 1970년대로 오면서 TV의 사회적 영향에 대한 학문적 논의가 체계적으로 이루어지기 시작했고, 매스 미디어(특히 TV의) 효과와 관련한 실증적 연구들이 수행되기 시작했다. 그런데 이 시기에 등장했던 전자 매체의 효과에 대한 논의들은 대부분 미디어 '내용,' 즉 콘텐츠의 효과에 대한 것들이었다. 전자 매체의 폭력적 내용에 대한 연구, 편파적 사회 현실 구성에 대한 연구, 의제 설정에 대한 연구들 모두 전자 매체가 어떤 "내용"을 전달하고 있는지에 초점을 맞추고 있었다. 이처럼 내용-편향적 연구 경향에 대한 대안으로서 미디어 '형식'이 가져오는 효과에 대한 연구가 필요하다는 점을 지적하는 학자들이 있었다. 이들은 대부분 해롤드 이니스와 마셜 매클루언의 영향을 직간접적으로 받은 사람들이었다. 이들은 주류 학계가 붙여 준 '미디어 결정론자' 혹은 '기술결정론자'라는, 다분히 부정적 뉘앙스를 가진 별명을 무릅쓰고 구두 매체에서, 활자 매체로, 활자 매체에서 전자 매체로 이어지는 커뮤니케이션 형식(내용이 아니라)의 변화가 사람들의 생각, 의식, 사상, 행동, 관습, 제도, 문화 등에 근본적인 영향을 미친다는 주장을 했다. 그리고 이러한 논의의 틀을 TV와 같은 전자 매체에 적용하고 있었던 것이다. 《장소감의 상실》도 전자 매체의 영향력을 내용보다는 형식에 초점 맞춰서 설명하려는 경향을 대변하는 책이었다.

세 번째는 '미디어 생태학'이라는 학문 분야가 제한적인 형태이긴 했지만 대학 제도 내부에 자리 잡기 시작했다는 것이다. 해롤드 이니스, 마셜 매클루언, 자크 엘룰Jacques Ellul, 월터 J. 옹Walter J. Ong, 루이스 멈포드Lewis Mumford 등의 영향을 받은 닐 포스트먼이 중심이 되어 1971년 뉴욕대에 미디어 생태학 프로그램이 만들어졌다. 마이로위츠는 이 프로그램의 초기 학생 중 하나였다. 그는 닐 포스트먼과 논문 주심이었던 크리스틴 나이스트롬Christine Nystrom, 미디어 생태학 프로그램에서 가르치고 있던 테렌스 모란Terence Moran 등으로부터 중요한 학문적 영향을 받았다. 《장소감의 상실》에서 제시하는 핵심적 주제는 1982년에 출판된 닐 포스트먼의 《사라지는 어린이*The Disapperance of Childhood*》에도 등장한다. 《장소감의 상실》은 미디어 생태학 연구가 대학 체제 안에 하나의 프로그램으로 자리 잡을 즈음에 쓰여진 초기 성과물 중 하나라고 할 수 있다.

:: 이 책의 핵심 주장과 내용: 어떻게 미디어 기술은 사회적 행동을 변화시키는가

《장소감의 상실》이 제기하는 기본 주장을 간단히 요약하자면 TV와 같은 전자 매체가 우리 사회에 새로운 종류의 '환경'을 조성하고 있고, 이러한 환경 변화가 사람들의 행동에 중요한 영향을 미치고 있다는 것이다. TV가 만드는 환경은 물리적 환경과는 구별되는 것인데, 마이로위츠는 이를 (다른 미디어 생태학자들과 더불어) '미디어 환경'이라 부르고 있다. 사람들의 행동은 어떤 환경에 있느냐에 의해 직접적인 영향을 받기 때문에 전자 매체에 의한 환경적 조건의 변화는 행동의 변화로 이어질 수밖에 없다. 전자 매체의 등장으로 인한 미디어 환경의 변화는 사람들이 일상적으로 처하게 되는 사회적 상황*social situation*을 바꾸고, 그러한 상황의 변화는 내가 누구인지, 나의 역할은 무엇인지, 내가 어떤 행동을 해야 하는지(혹은 해서는 안 되는지)에 대한 사회적 규범에도 영향을 미치게 된다. 특히 이러한 변화는 활자 매체 시대에 익숙했던 사회적 구분과 경계들(예를 들어 남자와 여자, 어른과 아이들, 내국인과 외국인, 권력자와 일반인 등의 구분)을 모호하게 한다. 마이로위츠는 이런 변화는 우리가 전자 매체를 통해서 보고 배우는 '내용' 때문에 만들어진 것이 아니라, 전자 매체가 하나의 미디어 테크놀로지로서 사람들의 사회적 상황을 특정 방식으로 구조화하기 때문에 만들어진 것이라고 주장한다.

이론적 틀: 매클루언과 고프먼의 만남

마이로위츠는 전자 매체 특히 텔레비전이 사람들의 사회적 행동에 어떤 영향을 끼치는지 논하기 위해 두 사람의 이론적 틀을 사용한다. 첫째는 매클루언의 미디어 결정론이다(마이로위츠는 '미디어 이론*medium theory*'이라는 좀더 일반적인 이름을 사용한다). 매클루언은 커뮤니케이션 매체가 갖는 기술적 특성(예를 들면 돌판에 글씨를 새기는 것과 인쇄술에 의해 글을 대량 생산하는 것)이 사람들의 감각 기관 균형을 변화시키고, 이러한 감각 기관 균형의 변화가 사람들의 인식 체계와 행동 패턴에 중요한 영향을 끼친다는 내용을 요지로 하는 미디어 결정론을 주창하였다. 마이로위츠는 매클루언이 제기하는 미디어 기술과 사람들의 인식 및 행동 사이의 인과 관계라는 틀을 거의 그대로 받아들인다. 하지만 그러면서도 매클루언을 비롯한 미디어 결정론자들이 그 둘(미디어 기술과 인간 행동) 사이의 인과 관계가 어떻게 만들어지는지에 대한 미시적 메커니즘을 설명하는 데에는 실패해왔다는 점을 지적한다. 즉 '왜,' '어떻게' 미디어 기술의 특성이 사람들의 행동을 바꾼다는 것인지에 대한 질문에는 효과적인 대답을 하지 못해 왔다는 것이다.

이 문제를 해결하기 위해서 마이로위츠는 시카고학파의 사회학자 어빙 고프먼Erving Goffman이 대인 간 상호작용을 미시적으로 설명하기 위해 소개한 상황 이론*situation theory*을 가지고 온다. 마이로위츠가 고프먼의 상황 이론에서 주목한 내용은 사람들의 행동은 그 행동이 이루어지는 상황*situations*의 구조적 영향을 받는다는 것이다. 즉 사람들은 늘 자기가 놓여 있는 상황을 규정*definition of situation*하고, 그 결과를 바탕으로 선택할 수 있는 행동의 폭과 내용을 결정한다. 예를 들어 아무도 없는 방에 혼자 있을 때, 친한 친구 두서너 명만 함께 있을 때, 직장 상사와 함께 있을 때의 상황을 사람들은 다르게 규정하고, 그러한 상황 규정에 맞추어 말과 행동을 한다는 것이다. 고프먼은 상황 규정과 행동 사이의 관계를 설명하면서 전방 영역*front stage region*과 후방 영역*back stage region*이라는 두 가지 상황적 공간 개념을 사용한다. 전방 영역은 누구든 나의 말과 행동을 보고 관찰할 수 있는 공적 상황이고, 후방 영역은 내가 허락한 소수의 사람들만 들여다 볼 수 있는 사적 상황이다. 사람들은 전방 영역의 상황에서는 공적 자아를, 후방 영역 상황에서는 사적 자아를 바탕으로 한 역할을 받아들이고, 거기에 따라 행동을 하게 된다. 마치 배우가 무대 위(전방 영역)와 무대 뒤 휴식 공간(후방 영역)에서 완전히 다른 사람처럼 행동하게 되는 것처럼 말이다.

고프먼의 상황 이론과 매클루언의 미디어 결정론을 결합하기 위해서 마이로위츠는 '상황'이라고 하는 것을 사회 정보 체계의 틀 속에서 설명한다. 상황을 규정하는 과정에서 가장 중요한 점은 '사회적 정보' *social information*(누가 왜 어떤 사람들과 무엇에 대해 얘기하는지를 담고 있는 정보)에 누가 접근할 수 있고 누가 접근할 수 없는지를 구분하는 것이다. 사회적 정보의 흐름이 어떻게 정해지는지에 따라 상황의 유형이 결정되고, 상황의 유형에 따라 사람들의 행동 내용이 결정된다. 즉 이러한 사회적 정보의 흐름을 규정짓는 체계가 사람들의 행동을 결정짓는 상황으로서 작동한다는 것이다. 무대 위에 해당되는 전방 영역에서 흐르는 정보(누가 무엇을 이야기하고 어떤 행동을 하는지)는 그 상황에 물리적으로 접근 가능한 사람들 모두에게 공개된다. 하지만 무대 뒤라 할 수 있는 후방 영역에서는 누가 무엇을 어떤 사람들과 말하고 어떤 행동을 하는지에 대한 정보들은 오직 소수의 사람들만 접근할 수 있다. 내가 어떤 말과 행동을 할 것인지는 내가 현재 전방 영역(정보의 흐름이 열려 있는 곳)에 있는지, 혹은 후방 영역(정보의 흐름이 통제되는 곳)에 있는지에 달려 있다. 이런 점에서 상황적 특성이 사람들의 행동을 결정한다고 할 수 있는 것이다.

TV가 만든 새로운 사회적 상황 구조

상황에 대한 정보 체계적 관점을 가지고 마이로위츠는 TV가 사람들의 행동에 미친 영향에 대해 흥미로운 분석틀을 제공한다. 우선 그는 TV 등의 전자 매체가 인간의 행동에 직접적으로 마술적인 영향을 주는 것이 아니라는 점을 강조한다. 이 점을 강조하는 이유는 매클루언 등이 주창한 미디어 결정론(그리고 그의 이론을 따르는 다른 미디어 생태학자들)이 이런 주장을 한다고 사람들이 의심해 왔기 때문이다. 대신에 그는 TV가 사람들에게 끼친 가장 중요한 영향은 사람들의 행동을 규정하는 사회적 '상황'이 구성되는 방식을 변화시켰다는 것이다. 마이로위츠의 설명 방식을 간단히 도식화해 보면 다음과 같다.

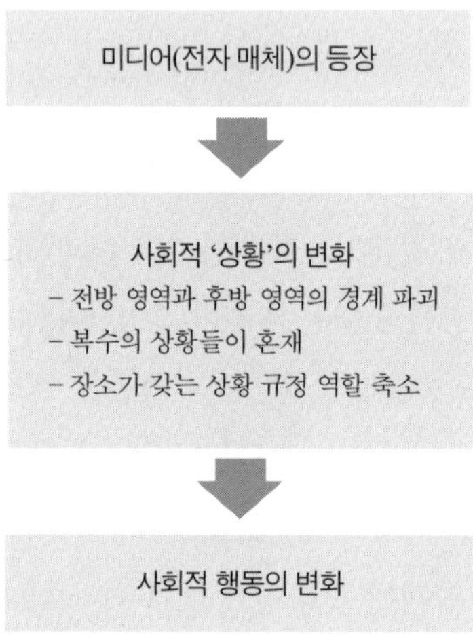

마이로위츠의 이론에 따르면 모든 변화의 시초는 새로운 미디어의 등장이다. TV와 같은 전자 매체는 기존의 활자 매체와는 근본적으로 다른 성격을 갖는데, 그것은 세 가지 측면에서 사회적 상황이 구조화되는 방식에 변화를 만들었기 때문이다. 세 가지 측면이란, (1) 전방 영역과 후방 영역의 경계가 모호해져서 후방 영역에서의 정보 통제가 느슨해졌다는 것, (2) 여러 상황들 사이의 구분이 뚜렷했던 과거에 비해 이제는 복수의 상황들이 서로 혼재하게 되었다는 것, (3) 상황이라고 하는 것이 장소와 갖는 특별한 관계가 느슨해졌다는 것을 가리킨다. 이러한 상황 조건의 변화는 사람들이 어떻게 말하고 행동할 것인지를 결정하는 데 중요한 영향을 미친다. 왜냐하면 상황적 조건의 변화는 개인들이 각각의 상황에 적용하는 규범과 관습에 근본적인 변화를 초래하기 때문이다. 이런 논의를 조금 단순화해서 얘기하자면 이런 예를 들 수 있다. 친구들 몇몇과 사적인 경험을 얘기하고 있는 상황이라고 생각했는데, 갑자기 그 상황이 변화되어 수백만 명이 내 얘기를 듣고 있다는 것을 깨닫는다면(영화 〈트루먼쇼*The Truman Show*〉를 떠올리면 쉽게 상상이 된다), 친구들과만 얘기한다고 생각했을 때의 말과 행동에 큰 변화가 생기게 마련이다. 이러한 상황 조건의 변화가 구조화되면 사람들이 행동에 적용하는 규범과 관습과 규칙에도 혁명적인 변화가 만들어지는데, 마이로위츠는 이런 점을 토대로 1960년대와 1970년대에 걸쳐 진행된 미국 사회의 변화가 TV와 같은 전자 매체의 도입에 의해 초래된 것이라고 주장한다.

TV 때문에 사회적 상황 구조가 세 가지 측면에서 변하게 된다는 마이로위츠의 주장을 앞에서 언급했는데, 그에 대해 조금 더 자세히 살펴보도록 하자. 첫째는 전방 영역과 후방 영역 사이의 경계가 희미해져서 자기 자신 혹은 소수의 사람들만 접근할 수 있었던 무대 뒤의 공간이 많은 사람들에게 열리게 되었다는 것이다. 전에는 자기 자신 혹은 소수의 '공모자'만 듣고 볼 수 있는 말과 행동들을 이제는 더 많은 사람들이 공유할 수 있게 된 것이다. 이런 과정 속에서 '중간 영역'이라는 새로운 사회적 공간이 생겨났다. 중간 영역은 전에는 원래 무대 뒤의 후방 영역에 속해 있던 곳인데, 전자 매체에 의해 외부에 공개된 부분이다. 개인들은 여전히 사적인 행동을 하는 것 같지만 사실은 다른 사람들이 자신의 행동을 보고 있다는 것을 의식한다(예를 들면 TV 인터뷰를 하는 정치 지도자는 형식적으로는 인터뷰 진행자와 일 대 일 대화를 하는 것이지만 실제로는 수백만 명의 사람들이 보고 있다는 것을 의식하고 말한다). 이러한 중간 지대의 등장으로 인해 후방 영역과 전방 영역이 더욱 분화를 해서, 여전히 사적인 행동을 하는 것이 보장되는 극후방 영역*deep back region*(예를 들어 인터뷰를 마친 정치 지도자가 집으로 돌아가 가족들과만 보내는 시간)이 생기고, 원래부터 행동이 공개되는 것으로 정해진 극전방 영역*fore-front region*(예를 들어 정치 지도자가 자기 지역 주민을 만나는 상황)이 생겨나기도 한다. 마이로위츠는 TV로 인해 극전방 영역과 극후방 영역의 중간에 자리 잡은 중간 영역의 범위가 확대되고 있다고 주장한다.

두 번째는 TV와 같은 전자 매체에 의해서 복수의 상황들이 혼재하는 경우가 많아졌다는 것이다. 마이로위츠는 인쇄 매체가 지배하던 시대의 특징은 여러 상황들 간의 장벽이 두터워서 그것들이 혼재하는 경우가 드물었지만, TV와 같은 전자 매체가 지배하는 시대에는 그 장벽이 사라지고 있다는 것이다. 예를 들면 전에는(특히 구술 매체와 인쇄 매체가 지배하던 시대에는) 아이들이 보는 콘텐츠와 어른들이 보는 콘텐츠가 확연히 구별이 되어 있었고, 여자들끼리 대화하는 상황과 남자들끼리 대화하는 상황이 서로 구별되어 있었다. 하지만 TV가 지배하는 시대에는 아이들에게 얘기하는 상황과 어른들끼리 얘기하는 상황이 혼재하고, 남자들끼리 떠드는 상황과 여자들끼리 얘기하는 상황이 혼재하는 환경이 조성되었다. 어린아이가 TV를 켜면 자기들을 위해 만들어진 만화영화도 볼 수 있지만, 채널 몇 개만 돌리면 어른들끼리 모여 고부 간의 갈등에 대해 말하는 토크쇼도 같이 볼 수 있고, 남자들도 자기들을 위해 만든 스포츠 채널을 보다가도 여자들끼리 모여 남편과의 갈등 문제를 얘기하는 프로그램도 쉽게 볼 수 있게 된 것이다.

세 번째로 TV가 지배하는 환경에서는 행위를 규정하는 상황이 갖는 물리성과 장소성이 약해져서, 어떤 특정 물리적 장소가 갖는 상황 규정의 강도가 약화되었다는 것이다. 예를 들면 예전에는 목사의 설교를 듣기 위해서는 교회를 가야 하고, 물건을 사기 위해서는 백화점이나 시장을 가야 하고, 의사의 조언을 듣기 위해서는 병원을 가야 했다. 하지만 이제는 자기 거실에 앉아서도 설교를 들을 수 있고, 물건을 주문할 수 있고, 의사들의 조언을 들을 수 있게 되었다. 성직자-교인, 상점 주인-손님, 의사-환자의 역할을 규정짓는 장소의 역할이 약화된 것이다. 사람들이 무엇을 말하고, 행동하는지를 결정하는 데 미치는 장소의 (그리고 장소에 대한 인식의) 영향이 줄어든 것이다. 이 책의 제목이 말하듯이 장소감의 상실 현상이 일어나고 있는 것이다.

전자 매체가 사회적 상황에 끼치는 영향으로 말미암아 사람들은 전과는 매우 다른 방식으로 자신의 (그리고 다른 사람들의) 사회적 역할을 규정하고, 거기에 맞춰서 자신의 행동을 바꾸게 되었다. 후방 영역에 접근하는 장벽이 낮아지고, 상황들 사이의 경계선이 상실되고, 상황-장소의 필연적 연계가 없어진 것이 초래한 가장 중요한 사회적 결과는 그동안 이러한 경계선들에 의해서 구획화되었던 역할 구분과, 계층 구분이 사라지게 되었다는 것이다. 이러한 변화야말로 내가 나와 다른 사람들을 어떻게 인식하고, 내 역할을 어떻게 이해하고, 어떤 말을 하고 어떤 행동을 할 것인지에 강력한 영향을 미친다는 것이 마이로위츠의 핵심적인 주장이다.

경계의 상실: 세 가지 경우

마이로위츠는 위에서 소개한 이론적 틀을 집단 소속감의 변화, 사회화 단계의 변화, 위계 구조상의 역할 변화라고 하는 세 가지 사례에 적용을 하고 있다. 첫 번째는 TV 때문에 사람들이 갖는 집단 정체성과 집단 소속감에 근본적인 변화가 생기고 있다는 것이다. 가족이라는 집단에 속하는 것, 특정 직업을 바탕으로 한 집단에 속하는 것(예를 들어 변호사, 교수 등등), 심지어는 남자와 여자라는 성정체성을 바탕으로 한 집단에 대한 소속감도 TV 같은 전자 매체의 등장 때문에 변화되고 있다는 것이다. 내가 어느 집단에 속했는지, 속하지 않았는지의 문제도 정보 흐름의 관점에서 파악할 수 있다. 가령 전에는 어떤 사람이 의사 집단에 속하게 된다는 말은 그 집단 안에서만 통용되는 정보에 대한 배타적 접근권을 갖게 됨을 의미했다. 가령 환자들에게는 숨기는 의료 사고에 대해 의사들끼리 모여 이야기를 나눈다든지, 의사들이 느끼는 무기력감이나 한계에 대해 고민한다든지 하는 것들은 의사 집단에 속해야지만 접근 가능한 이야기들이다. 하지만 이제는 상황이 바뀌어서 그 집단에 속하지 않은 외부인들도 의사 집단의 내부를 들여다 볼 수 있게 되었다. 가령 의학 드라마를 보면서 환자로서는 알기 힘든 진료실 밖의 의사들의 세계, 그들의 사적인 삶과 관계에 대해서 알 수 있게 된 것이다. 또한 전에는 의사들만 접근할 수 있던 전문적 의학 정보에 이제는 인터넷을 통해 누구든 접근할 수 있게 되었다는 것도 의사 집단 안팎의 경계선이 허물어지는 양상의 하나로 볼 수 있다.

어떤 경우엔 집단 정체성이 특정 장소와 연관해서 만들어지기도 한다. 특정 동네에 살든지, 병원, 군대, 법원, 학교, 종교 시설 같은 특수한 장소에서 일하는 것 등이 여기에 해당된다. 특정 장소 내부에서만 통용되는 정보에 의해서 그 안에 있는 사람들은 그 장소 밖에 있는 사람들과 구별되는 집단 정체성과 소속감을 갖게 된다. 하지만 이제는 TV와 같은 전자 매체에 의해서 외부인들도 특정 장소 내부의 이야기와 정보에 접근 가능하게 되었다. 다시 고프먼의 용어를 빌리자면 전방 영역과 후방 영역 사이의 경계가 허물어져서 이제 사람들이 다른 집단에 속한 사람들의 후방 영역을 쉽게 들여다 볼 수 있게 된 것이다. 그러면서 사회적 정보에 대한 접근 여부를 둘러싸고 형성되었던 '우리'와 '남'의 구분이 사라지게 된 것이다. 이러한 이유로 인해 후방 영역에서 같은 집단에 속한 사람들끼리 느끼는 '은밀한' 동지 의식도 약화되었다. 이러한 변화의 결과는 무엇일까? 이 질문에 대해 마이로위츠는 개인이 자신이 속한 단체, 집단, 조직, 모임, 그리고 특정 지역(예를 들어 이웃이나 동네)에 대해 느끼는 소속감이 약해지는 결과가 만들어지고 있다고 설명한다.

마이로위츠는 이러한 집단 정체성과 소속감의 문제를 남성성과 여성성의 문제에 적용을 하고 있다. 남자로서의 정체성과 여자로서의 정체성도 TV와 같은 전자 매체에 의해서 급격하게 변화하고 있다는 것이다. 예전에는 남자들의 세계와 여자들의 세계가 분리되어 있었고, 각 성별 집단이 유지하는 후방 영역과 전방 영역이 비교적 선명하게 구별되어 있었다. 때문에 후방 영역에서 이루어지는 남자들(혹은 여자들)의 담론과 행동은 다른 성별 집단에는 잘 전달되지 않았다. 이러한 전방 영역과 후방 영역의 분리는 사회적으로 남자들의 공간적 활동 영역과 여자들의 공간적 영역이 분리되어 있었다는 사실에 의해 강화되었다. 하지만 이제 TV 때문에 남자들의 세계와 여자들의 세계가 외부에 공개되어 서로 엿볼 수 있는 가능성이 커졌다. 또한 이러한 변화 때문에 남자다움과 여자다움에 대한 인식이 변화하고, 말투, 옷차림, 인식, 행동에 있어서의 남녀 차이가 점점 사라지는 결과가 나타나고 있다는 것이다.

마이로위츠가 주목하는 두 번째 사례는 사회화 과정에 미치는 TV의 영향력이다. 인쇄 매체에 의해 지배되던 시대에는 사회화의 각 단계(예를 들어 아이에서 어른으로, 이주민에서 시민권자로의 변화 등)가 매우 뚜렷하게 존재했다. 즉 사회화 단계에 놓여 있는 경계선이 뚜렷했다는 것이다. 마이로위츠에 의하면 이러한 사회화 단계도 정보 흐름으로 이해할 수 있다. 흔히 우리는 어린아이들이 어른들의 세계에 대해 궁금해 하고, 어른들의 이야기에 끼어들려고 하면 종종 "나중에 크면 얘기해 줄께"라고 말하곤 한다. 결국 정보에 대한 접근권을 사회화의 특정 단계를 넘을 때까지는 차단하겠다는 것이다. 인쇄 매체 시대에는 사회화의 단계를 구분 짓는 경계를 유지하기가 비교적 용이하였다(예를 들어 어른들을 위한 책과 어린이들을 위한 책의 구별이 분명했던 것처럼). 그리하여 사회화 단계에서 앞선 집단은 뒤쳐진 집단을 상대로 정보 통제를 하고, 통제된 정보는 앞선 집단의 후방 영역에서만 유통되곤 했다. 사회화 단계 간의 정보 통제는 종종 각 집단이 접근할 수 있는 장소를 구분지음으로써 이루어지곤 했다. 뉴 미디어는 이러한 측면에서도 심대한 변화를 초래하고 있다. 이제는 어린아이들이 어른의 세계에 대한 정보를 관련 장소에 직접 가보지 않더라도 쉽게 얻을 수 있게 되었다. 마이로위츠는 TV가 어른들의 후방 영역을 아이들에게 노출시킨 첫 번째 매체라고 주장한다. 그리고 TV 같은 전자 매체는 모든 연령의 사람들이 접근 가능한 중간 영역을 확대시키고 있다. 이런 것들은 인쇄 매체가 지배하던 시대에는 불가능했던 것들이다. 이러한 정보는 특정 장소에 있고 없고의 영향을 받지 않게 되었다. 사회화로 인한 역할 구조, 어린아이다움, 어른스러움의 개념 자체가 TV와 같은 전자 매체에 의해 흔들리게 된 것이다.

세 번째는 사회 내 위계 구조상에서의 역할 변화이다. 모든 사회에는 위계 구조가 존재하고, 그 위계 구조 사다리의 어디에 존재하느냐에 따라 사회적 지위의 유형이 결정된다. 마이로위츠는 사회적 지위라는 것도 정보 접근에 있어서의 차이로 설명한다. 사회적 지위가 높을수록 그들만의 정보와 지식에 대해 배타적 접근권을 갖기 마련이다. 그런데 전자 매체는 사회적 상위 계층이 갖고 있던 정보에 대한 배타적 접근권을 무너뜨리면서 높은 사회 계층, 그리고 권력자들에 대한 하부 계층의 도전을 부추기고 있다. '보통 사람들'이 정치에 적극적으로 참여하는 경향이 커지고, 정치와 권력에 대해 거리낌 없이 비판하는 목소리를 높이게 된 것도 결국은 전자 매체의 영향이라고 할 수 있는 것이다. 특히 전자 매체는 권력자들과 사회적 지위가 높은 계층의 사람들이 정보를 통제하던 후방 영역을 개방하고, 누구든지 그 영역을 들여다 볼 수 있는 환경을 조성하였다. 이제 이른바 공인들이 자신의 사적인 삶의 영역도 열어야 하는 상황이 만들어진 것이다. 이러한 변화는 일반인들이 공인들에 대해 가지고 있는 신비감을 떨어뜨리고, 그들에 대한 태도 자체를 바꾸는 등의 결과를 초래하고 있다.

:: 《장소감의 상실》의 의의와 한계

《장소감의 상실》에서 마이로위츠는 미디어 연구, 특히 TV의 사회적 영향을 논하는 데에 있어서 여러 가지 측면에서 홍미로운 접근법을 보여준다. 몇 가지 측면에서 이 연구의 의의를 논해 볼 수 있는데, 첫째는 마이로위츠가 《장소감의 상실》을 통해 미디어 생태학 연구의 '미시적' 접근법을 체계화하여 미디어가 미치는 사회적 영향을 논하는 효과적인 분석틀을 제시하였다는 것이다. 이전에 소개되었던 다른 미디어 생태학 연구는 매우 거시적인 측면의 사회 변화를 논하는 데에 치중하고 있었다. 하지만 마이로위츠는 미디어의 기술적 특성과 인간 행동 사이의 관계를 논하는 미시적 연구의 길을 터놓았다고 할 수 있다. 두 번째로는 매스 미디어에 대한 논의와 대인 커뮤니케이션에 대한 논의를 하나의 분석틀 안에서 같이 고찰하고 있다는 것이다. 최근까지도 커뮤니케이션 연구 분야에서 미디어 연구와 대인 커뮤니케이션 연구가 (몇몇 예외적인 경우를 제외하고는) 분리되어 있었다. 《장소감의 상실》은 미디어의 문제와 대인 간 커뮤니케이션의 문제를 하나의 분석틀 안에서 논하는 통합적 접근 방식을 취하고 있다. 세 번째는 미디어를 하나의 환경으로 파악하면서 그것을 사회적 행동의 배경이 되는 '상황'과 연결시킴으로써 추상적인 개념으로만 통용되던 '미디어 환경'이라는 것을 좀더 분석적인 개념으로 이해할 수 있는 가능성을 제공하고 있다는 것이다. 네 번째는 이 책의 제목에서도 나타나고 있듯이 장소성에 대한 새로운 조망을 제시하고 있다. 사람들이 물리적 장소를 이해하고, 경험하는 방식이 새로운 미디어 기술로 인해 어떻게 바뀌고 있는지를 논함으로써 공간적 맥락*spatial context*의 문제를 미디어 연구에 포함시키고 있는 것이다. 공간적 맥락의 측면은 여전히 주류 미디어 연구에서 잘 다뤄지지 못하고 있다.

이러한 중요한 학문적 의의에도 불구하고 이 책은 기술결정론적인 시각을 다분히 담고 있다. 사실 미디어 생태학자들이 기술결정론이라는 라벨을 꼭 부정적인 것으로 받아들이는 것은 아니지만, 이 책에도 기술결정론적인 시각이 갖는 한계점이 다음의 몇 가지 측면에서 드러나고 있다. 첫째는 사람들의 행동 변화를 거의 전적으로 TV의 도입으로만 설명하려 한다는 점이다. TV와 더불어 생각할 수 있는 다른 정치경제학적, 문화 심리학적, 역사적 원인들은 중요하게 다루고 있지 않다. 대신 TV와 같은 전자 매체의 도입을 1960년대, 1970년대 미국 사회가 경험한 사회 문화적 변혁과, 규범의 변화, 그 안에서의 개인의 행동 양식의 변화를 설명하는 유일한 독립 변인으로 간주하고 있다. 두 번째로 마이로위츠는 TV 때문에 여러 사회적 경계가 허물어진다고 말하면서 특히 권력자와 일반인들 사이의 관계의 양상이 변화하고 있음을 지적한다. 미디어가 사회적 권력 관계에 일방향적인 영향을 끼친 것은 강조하지만, 그 반대 방향의 영향에 대해서는 거의 입을 다문다. 예를 들어 전방 영역과 후방 영역의 틈 사이에 만들어진 중간 영역에서 다양한 방식의 상징 조작을 통해 권력이 스스로를 확장할 수 있는 가능성에 대해서는 언급하지 않는다. 기술의 사회적 구성*social construction of technology*의 관점에서 보면 한 사회의 권력 구조가 TV라는 기술이 어떤 식으로 발전할지를 결정하는 측면도 있는데, 《장소감의 상실》은 이런 부분에 대한 논의를 건드리지 못하고 있다. 마지막으로 이 책의 제목에도 들어 있는 장소(감)에 대한 문제이다. 사람들이 장소와 맺는 관계의 성격이 TV에 의해 바뀐다고 하는 것은 일면 맞는 말이지만, 그렇다고 장소라는 맥락이 사람들의 커뮤니케이션 행위와 결과에 주는 영향 자체가 사라진 것은 아니다. 전화, TV 등의 전자 매체가 등장하고, 최근에는 인터넷, 스마트폰, 모바일 기술 등이 등장을 해도 여전히 장소가 사람들의 사회적 상호작용과 커뮤니케이션에 미치는 영향은 사라지지 않았다. 오히려 최근에는 모바일 커뮤니케이션 기술과 다양한 유형의 지역 공간 정보 기술 때문에 장소와 사람들의 행동이 갖는 관계가 더욱 더 역동적이면서도 밀접한 것이 되었다. 장소의 효과가 사라진 것이 아니라 장소감이라는 것이 새로운 의미와 기능을 부여받으면서 오히려 그 중요성이 더 커지고 있는 측면도 있는 것이다.

기술결정론적인 시각의 한계에도 불구하고 마이로위츠가 《장소감의 상실》에서 소개하는 많은 개념들이 현재 우리가 경험하고 있는 뉴 미디어 환경에도 적용 가능하다. 특히 마이로위츠가 TV의 효과를 논하면서 소개하는 개념들(예를 들면 복수의 상황의 혼재, 후방 영역의 경계가 허물어짐, 장소와 상황과의 필연적 관계가 사라짐)을 소셜 미디어와 모바일 테크놀로지를 통해 만들어지는 새로운 미디어 환경에 적용할 수 있을 것이다. 가령 학교 교사가 페이스북 친구 리스트에 학교 동료, 본인의 초등학교 동창, 현재 가르치고 있는 학생들을 모두 포함시켰을 때 발생하는 상황이 바로 마이로위츠가 TV의 영향으로 설명하는 경계의 허물어짐, 상황의 혼재 등을 극적으로 보여 주는 예인 것이다. 스마트폰, 다양한 SNS 서비스들, 공간 정보 기술, 모바일 기술 등 오늘날의 미디어 환경을 변화시키는 커뮤니케이션 테크놀로지들에 의해 사람들의 사회적 행동이 어떻게 변화하는지를 설명하고자 할 때, 마이로위츠가 《장소감의 상실》에서 소개하는 개념들과 접근법이 얼마나 유용할지 살펴보는 것도 의미 있는 작업이 될 수 있다.

함께 읽으면 좋은 책

새로운 기술과 새로운 관계망: 모바일 커뮤니케이션이 사회적 유대를 어떻게 변화시키고 있는가 New Tech and New Ties: How Mobile Communication Is Reshaping Social Cohension

리처드 링Richard Ling 지음 | MIT Press | 2008

모바일 커뮤니케이션에 대한 연구를 꾸준히 해온 리처드 링은 이 책에서 모바일 전화가 가족, 친구 등 강한 유대*strong ties*를 어떻게 바꾸는지에 대한 논의를 하고 있다. 이 책과 《장소감과 상실》 간의 공통점은 뉴 미디어가 미치는 사회적 영향을 논하면서 동일하게 어빙 고프먼의 논의를 빌려오고 있다는 것이다. 마이로위츠가 고프먼의 전방 영역과 후방 영역 등의 개념을 가져왔다면, 리처드 링은 의례적 상호작용*ritual interaction*의 개념을 빌려온다. 이러한 개념들을 바탕으로 리처드 링은 모바일 전화가 강한 유대로 묶여 있는 사람들과의 관계를 약화시키기는커녕 오히려 강화시킨다는 주장을 편다. 리처드 링의 책과 《장소감의 상실》을 같이 읽는다면, 고프먼의 논의가 서로 다른 뉴 미디어 테크놀로지에 적용될 때, 그리고 상반된 이론적 관점(기술결정론과 사회구성론)과 연결되었을 때 어떤 식의 결론에 이르게 되는지 살펴볼 수 있다

네트워크: 새로운 사회 운영 체계 Networked: The New Social Operating System

리 레이니Lee Rainie · 베리 웰먼Barry Wellman 지음 | MIT Press | 2012

이 책은 베리 웰먼의 '네트워크화된 개인주의*networked individualism*' 개념을 바탕으로 인터넷과 같은 네트워크 테크놀로지가 사람들의 관계망에 어떤 변화

를 일으키고 있는지에 주목한다. 디지털 미디어로 인해 사람들이 맺는 관계의 구조적(즉 네트워크적) 성격이 어떻게 변화되는지를 다양한 측면에서 살펴본다. 《장소감의 상실》과 관련해서는 두 가지 측면에서 이 책을 읽어 볼 수 있는데, 기술과 사회의 관계에 있어서 이 책이 취하는 기술의 사회적 구성*social shaping of technology*의 관점과 《장소감의 상실》이 택한 기술결정론적 시각이 어떻게 다른지 살펴볼 수 있다. 또한 네트워크 기술에 의해서 장소성이 사람들의 관계망에 미치는 영향의 방식을 두 연구가 어떻게 달리 설명하는지를 비교하면서 읽어 볼 수 있다.

네트워크 사회의 도래 The Rise of the Network Society (The Information Age: Economy, Society and Culture Vol. I)

마누엘 카스텔Manuel Castells 지음 | 2000 | 김묵한 외 옮김 | 한울 | 2003

오늘날 가장 영향력 있는 뉴 미디어 학자라고 할 수 있는 마누엘 카스텔의 네트워크 사회에 대한 3부작 시리즈 중 첫 번째 책이다. 이 책에서 카스텔은 네트워크 사회의 여러 특징에 대해 상세하게 설명하고 있다. 특히 이 저작에서 주목하는 중요한 이슈들 중 하나가 장소성에 대한 것이다. 유명한 '흐름의 공간*space of flows*'과 '장소의 공간*space of place*' 개념은 네트워크 사회에서 장소와 공간이 어떻게 구조화되고, 네트워크화되는지, 그리고 '흐름의 공간'에 있을 때와 '장소의 공간'에 있을 때 개인의 삶과 행동이 어떤 영향을 받게 되는지에 대한 논의가 이 책에 담겨 있다. 《장소감의 상실》에서 주목하는 상황과 장소의 필연적 관계의 상실, 장소가 행동에 미치는 영향력 감소 등의 주장을 카스텔의 공간/시간의 개념에 비추어 살펴보면 흥미로운 관점을 찾아낼 수 있을 것이다.

텔레비전 해독, 텍스트에 '절대 영도'는 없다

스튜어트 홀

《스튜어트 홀의 문화 이론》

박근서

10

스튜어트 홀의 문화 이론

스튜어트 홀
Stuart Hall

임영호 편역 | 한나래 | 1996

스튜어트 홀의 문화 연구에 관한 글을 모은 책. 홀의 저작 가운데 특히 고전이라 손꼽히는 1970년대 말에서 1980년대 초의 에세이 9편을 뽑아 3부로 나누어 싣고 있다. 1부는 이론적, 사상사적 맥락에 대한 개입, 2부는 영국 문화 연구의 계보, 3부는 문화 연구의 맥락에서 이루어진 미디어 연구를 다룬다. 편역자인 임영호는 홀의 문화 이론에 관해 설명하고 있으며, 홀의 저술 목록을 덧붙였다. 이 책은 홀이라는 한 사상가의 진면목을 가늠할 수 있는 좋은 안내자이자, 문화 연구의 한 흐름을 꿰뚫기 위한 더 없는 길잡이가 될 것이다.

스튜어트 홀은 '영국 문화 연구'를 현대 사회 이론에서 주요한 이론적 흐름으로 정착시키는 데 기여한 대표적 인물이다. 그는 루이 알튀세르, 안토니오 그람시Antonio Gramsci, 언어 이론 등을 융합시켜 현대 사회의 이데올로기와 문화에 관해 독특한 이론을 제시했다. 홀은 이러한 틀을 통해 대처리즘이나 미디어의 담론, 인종적 · 문화적 정체성 등 오늘날의 문화 현상의 정치적 의미를 분석했다.

◆◆◆ 박근서는 서강대학교 신문방송학과를 졸업하고 같은 학교 대학원에서 석사, 텔레비전 코미디의 즐거움과 이에 작용하는 권력에 관한 논문으로 박사 학위를 받았다. 현재 대구가톨릭대학교 언론광고학부 교수이다. 책으로는 《텔레비전 오락의 문화정치학》(공저), 《웃음과 행복의 텍스트》, 《비디오게임》(공역), 《게임하기》 등이 있다.

:: 스튜어트 홀

문화 연구의 전통에서 스튜어트 홀은 매우 중요한 위치를 차지하고 있는 인물이다. 하지만 그의 저작이나 활동을 좇아가다 보면 이러한 위치가 매우 의아하게 여겨질 수 있다. 명성만큼의 뚜렷한 사상 이론적 성취가 눈에 들어오지 않기 때문이다. 영국 문화 연구의 전통에서 10여 년이라는 긴 시간 동안 현대문화연구소를 책임졌다거나, 패디 훼널 Paddy Whannel과 더불어 대중 미학의 개념을 세우고 이로부터 대중 문화에 대한 문화적 가치를 보다 본격적으로 논의할 수 있게 해주었다거나, 무엇보다 〈기호화와 기호 해독Encoding/Decoding〉이라는 대표적 논문을 통해 '능동적 수용자' 개념의 중요한 이론 축을 제공했다는 정도가 아마 우리들이 알고 있는 홀의 가장 중요한 이력일 것이다.

그는 1932년 2월 3일 자메이카에서 태어나, 영국 옥스퍼드에서 공부했다. 영국에 건너온 1951년부터 지금까지 영국에 살며 연구하고 가르치고 실천하고 있다. 1964년 리처드 호가트의 권유로 버밍엄대학 현대문화연구소(CCCS)에 들어와 1968년 호가트의 후임으로 1979년까지 현대문화연구소 소장을 역임했다. 1979년 개방대학Open University 사회학과 교수로 있다가 현재는 명예 교수Professor Emeritus로 재직 중이다. 흑인이자 이민자로서 그는 통상의 영국인과는 다른 정체성을 가지고 있었다. 어떠한 측면에서 성공한 소수의 한 사례가 될 수 있었을지 모르지만, 그는 의식적으로 세속의 성공과는 거리가 먼 길을 택했다.

CCCS의 소장을 역임하고 영국 문화 연구 전통의 중심에 서 있는 유명 인사였음에도 불구하고 그는 자신의 정치적 믿음과 사상적 신념을 지키기 위해 연구하고 가르치고 실천하였다.

스튜어트 홀이 방송 혹은 방송 문화와 관련한 여러 영역에서 이름을 얻게 된 것은 앞서 언급한 〈기호화와 기호 해독〉이라는 에세이 때문이다. 하지만 이 글은 원래 권위 있는 학술지나 학술 대회에서 발표된 논문이 아니었다. CCCS에서 스튜어트 홀은 영국 민중의 생활상과 그들의 문화에 대해 연구하고 공부한 결과를 알리는 등사판 간행물을 만들고 있었다. 〈기호화와 기호 해독〉은 애초 이런 등사판 간행물에 실린 한 편의 글이었으며, 학술적 성과를 전시하기 위한 목적이 아니라 영국의 문화적 상황에 현실적으로 개입하기 위한 이론적 실천의 한 결과였던 것이다. 뒤에서 자세히 언급하겠지만, 이 글은 텔레비전과 텔레비전 수용자에 대한 개념적 지도를 바꿔 놓는 데 지대한 공헌을 한 기념비적 논문이다. 이른바 '능동적 수용자'의 이론적인 근거가 될 뿐 아니라, 텔레비전의 소통 과정을 기존의 일방적 모델이 아닌 상호작용적이며 수용자 중심적인 모델로 설명할 수 있게 하는 이론적 기초가 되었기 때문이다.

스튜어트 홀은 개인의 학문적 이력을 차곡차곡 쌓으며 학계에의 영향력을 넓혀 온 통상의 학자들과는 다른 인물이다. 그에게 이론은 하나의 실천이고, 그것을 나누는 일 또한 그 맥락 안에 있었다. 그러므로 그의 고민은 이론적이라기보다는 실천적이었고, 이념적이라기보다는 현실 정치적이었다. 현실의 문화적 상황에 의해 제기된 문제들을 해결하고, 대중의 삶을 억압하는 문화적 수준의 권력들을 해체하기 위해 그는 고민하였고, 그 고민의 결과를 글로 묶었다. 그러므로 홀은 그의 이력이나 명성에 걸맞지 않게 그럴듯하게 내세울 만한 저작물을 가지고 있지 않다. 그의 글들은 쪼가리인 채로 어느 논문집에 실려 있거나, 다수 저자들이 참여한 기획물의 한 장으로 실려 있는 경우가 대부분이다.

그러므로 임영호가 모은 스튜어트 홀의 글들은 그의 사상과 이론을 일별하고 그 생각의 흐름을 좇아 볼 수 있는 좋은 안내자가 된다. 특히 스튜어트 홀의 사상과 이론이 무르익고 현실 문화 정치에 개입하여 자신의 생각을 깊이 있게 펼치던 1980년대의 홀을 이해함에 있어 이 책은 매우 중요한 논거들을 제공한다. 〈미디어 권력의 딜레마Media Power: The Double Bind〉나 〈기호화와 기호 해독〉 등과 같이 1970년대에 쓰인 글들이 있지만 모두 1980년대의 목전에 발표된 것들이다. 이들을 제외한 나머지 글들은 모두 1980년대 초에 발표된 글들이니 홀의 1980년대를 이해하는 데에는 적당한 글 묶음이 될 것이다. (참고로 이 두 글 외에 〈이데올로기의 문제: 보증 없는 마르크스주의The Problem of Ideology: Marxism without Guarantees〉, 〈의미 작용, 재현, 이데올로기: 알튀세르와 포스트구조주의 논쟁Signification, Representation, Ideology: Althusser and the Post-Structuralist Debates〉, 〈포스트모더니즘과 접합: 스튜어트 홀과의 대담On Postmodernism and Articulation: An Interview with Stuart Hall〉), 〈문화 연구와 버밍엄연구소: 몇 가지 문제틀과 문제들Cultural Studies and the Centre: Some Problematics and Problems〉, 〈문화 연구의 두 가지 패러다임Cultural Studies: Two Paradigms〉), 〈'이데올로기'의 재발견: 미디어 연구에서 억압되어 있던 것의 복귀The Rediscovery of 'Ideology': Return of the Repressed in Media Studies〉, 〈뉴스 사진의 결정The Determintions of News Photographs〉이 실려 있다.)

1980년대는 1970년대까지의 원초적이고 야만적인 냉전 상태가 확실히 다른 양상으로 치닫고 있었다. 자본주의 제국의 영향력이 유래 없이 확대되었고, 표면상의 안정적인 균형 상태는 미국 중심의 세계 질서를 고착화하는 거대한 움직임의 위장막이었다. 이는 영국에서 마거릿 대처 수상에 의해 주도되었다. 흔히 '신자유주의'라고 부르는 지금의 자본주의적 패러다임은 이미 그때부터 시작된 것이다. 홀은 1978년 자신이 참여한 책(《위기를 통제하기*Policing the Crisis*》)을 통해 이러한 상황에 개입했다.

신자유주의의 기본적인 모토는 '자본에게는 자유를 노동자에게는 굴레를'이라고 요약할 수 있을 것이다. 조합주의적 관점에서 '복지 국가'라는 이상을 향해 달려오던 북유럽의 나라들과 선진 자본주의 나라들의 국가 경영 패러다임이 바뀌었던 것이다. 장기적인 불황과 성장의 정체는 자본의 확대 재생산을 질곡에 빠트리고 있었고, 조합주의를 지탱하기 위한 선진 자본주의 국가의 재정 부담을 일정 부분 분담해야 한다는 기업의 사회적 책무는 더 이상 견디기 힘든 위선의 굴레였다. 마침 1981년 40대 대통령으로 취임한 로널드 레이건은 영국의 대처와 더불어 신자유주의를 견인하는 쌍두마차로 이후 세계 질서를 재편하기 위한 보수 강경 노선을 전개하였다. 대처리즘 그리고 레이거노믹스로 대표되는 신자유주의는 반역사적이고 퇴행적인 정치적 노선에 틀림없으나 친자본적이며 권력 지향적인 패러다임으로 기득권층의 전폭적인 지지를 얻으며 현재까지 지배적 사회 흐름으로 이어져 오고 있다.

신자유주의적인 환경에서 미디어와 대중 문화 또한 상당한 변화를 겪었다. 과거 불문율처럼 여겨지던 방송의 공익성이나 공영 방송의 위상과 그 책임에 대한 논의들이 희석되기 시작했고, 방송, 영화, 음반, 공연, 게임 등 거의 모든 대중 문화 영역에서 전 세계적인 기업 복합체 혹은 일종의 블록이 형성되기 시작했다. 더 많은 경쟁이 더 많은 기회와 더 나은 서비스를 제공할 것이라던 신자유주의의 사탕발림은 보이지 않는 곳에서 이루어지는 교묘한 독점적 전횡을 가려 덮을 뿐이었다. 이러한 상황에서 등장한 문화 논리, 포스트모더니즘은 당연히 진보적이며 비판적인 지식인들의 화살을 피할 수 없었다. 홀 또한 마찬가지로 포스트모더니즘에 대한 부정적 생각을 감추지 않는다. 그의 생각에 포스트모더니즘은 전혀 새로울 것 없는 보다 고도화된 문화적 지배 양상인 것이다. 문제는 그것의 반대자이며 적대자였던 지식인들이 시간이 흐를수록 그것을 하나의 '현실'로 받아들이고, 나아가 그 위대함을 상찬하는 정치적 배신이다.

읽는 사람에 따라서 이 책, 혹은 이 책 속의 스튜어트 홀은 지나간 시간에 매달리는 미련함으로 비춰질지 모른다. 그렇다고 이 책에 남겨진 홀의 생각을 지금 우리 문화 연구의 기원으로 혹은 시작으로 소중하게 간직하자는 것도 맥 빠진 생각이다. 홀의 말대로 "기원을 찾는 것은 매력적이긴 하지만 환상에 불과하다. 지적인 문제에서 절대적인 시간이란 거의 찾아볼 수 없다. 대신에 우리는 연속성과 단절들이 있음을 볼 수 있다." 홀의 생각 그리고 이 책에 남겨진 그 편린은 우리 문화 연구, 우리의 방송과 미디어에 대한 문화 연구적 접근의 한마디가 된다. 그 마디로부터 수많은 가지가 뻗어 나오거나 마디 끝 어느 틈으로 순이 나고 꽃이 피어 새로운 생각과 사상을 결실 맺는다. 어느 시절보다 방송이 권력과 깊게 관계 맺고 자본에 예속되어 세상을 가리고 덮는 때다. 홀의 생각이 낱낱으로 얼마나 옳은지를 떠나서 그의 문제를 곱씹어 볼 필요가 있다.

:: 세상을 변혁하는 문화 연구

스튜어트 홀은 문화 연구자이다. 그에게 가장 중요한 문제는 의미의 문제이며, 이는 단순히 특정한 텍스트가 지니는 글자 그대로의 객관적인 의미*literary meaning* 혹은 특권화된 보편적 의미*transcendental meaning*를 추구했다는 뜻이 아니다. 의미란 무엇보다 사회적 맥락 안에서의 힘 혹은 작용과 관련한 문제이다. 그러므로 의미의 문제는 주체의 문제이며 동시에 그것의 주위를 둘러친 구조의 문제이기도 하다. 주체와 구조에 대한 문제는 물론 홀만의 논제는 아니다. 물론 문화 연구만의 배타적인 연구 문제도 아니다. 하지만 홀은 이 문제를 '문화'라는 통로를 통해 '의미'를 주고받고 그것을 통해 힘과 영향을 행사하는 사람과 구조의 문제를 해명하고자 했다. 이는 문화 연구에서 가장 두드러진 주제이며 접근 방식이고, 홀은 그 가운데 특히 중요한 위치를 가진 '문화 연구자'이다.

페리 앤더슨Perry Anderson이 주장하듯 서구에서 마르크스주의 역사는 대중과 괴리되는 역사, 현장에서 강단으로, 실천에서 이론으로 쓸려들어 간 역사일지 모른다. 그렇다면 왜 마르크스주의자들은 현장과 실천을 버리고 강단과 이론에 이끌렸을까? 이유는 세상이 마르크스주의가 주장하는 대로 움직여 주지 않았기 때문이다. 자본을 통한 힘의 관철은 생각보다 교묘하고 강력했으며, 기존 권력의 재생산 시스템 또한 쉽게 무너질 기미를 보이지 않았다. 그러므로 많은 사람들이 '어떻게 세상을 바꿀 것이냐?'는 질문보다는 '왜 세상은 바뀌지 않는가?'라는 물음에 집중하게 되었다. 논리적으로 반드시 뒤집어질 수밖에 없다던 서구의 자본주의 사회 시스템이 이론적으로는 결코 바꿀 수 없는 난공불락의 철옹성으로 바뀌어 버렸었다. 이론적인 수준에서 변혁은 난감한 지경에 이르거나 불가능한 프로젝트에 불과한 것으로 귀결되었다.

슬라보예 지젝Slavoj Zizek의 생각대로 '냉소적인' 현대의 주체들은 안 될 일에 에너지를 소모할 무모한 종자들이 아니다. 불가능한 프로젝트가 되어 버린 자본주의 나라의 변혁은 이제 매력적인 사업이 아니게 되었다. 많은 지식인들이 그 짐을 벗고 자본주의 시스템의 강고함을 상찬하기 시작했다. 이 논리는 홀이 '포스트모더니즘'에 대해 이야기했던 것과 정확히 똑같은 과정이다. 저항과 비판의 대상을 상찬하게 되는 변절과 배반의 과정은 냉소적이고 패배적인 관점에서 발로하는 관념의 귀결이다. 지젝의 말대로 그리고 스튜어트 홀이 보여 준 그대로 실천과 그것에 근거한 논의들이야말로 이러한 자가당착의 함정에 빠지지 않는 유일한 방법이다.

이러한 시대, 대중과 운동이 유리되고 이론과 실천이 결별한 냉소적 이데올로기의 시대를 홀은 대체로 두 가지 이유로 분석한다. 우선 대중 의식을 형성하고 변화시키는 수단(문화 산업의 엄청난 성장)에서 현실적으로 진행된 발전이 첫 번째 이유가 된다. 고도화된 재현의 장치와 이들을 통해 유포되는 지배 이데올로기의 횡행함은 전대미문의 환경이며 조건이다. 둘째, 유럽의 선진 자본주의 사회에서 노동 계급 대중이 체제에 '동의'를 표하고 있고, 따라서 모두의 기대와는 어긋나게 이들이 부분적으로 안정화되었다는 점이 고려되어야 한다. 달리 표현하자면 마르크스주의에서 자본주의 사회 체제를 변혁할 동력으로 간주되었던 노동 계급이 자본주의적 삶의 조건에 포획되어 정치적으로나 이데올로기적으로 급속히 보수화되었다는 것이다.

이러한 상황 인식 아래, 홀은 자신의 이론적 탐구가 지향하는 바를 '선진 자본주의 사회의 정치 전략에서 가장 중요한 몇몇 쟁점과 사회주의 운동의 정치에 도움'을 주기 위한 것으로 규정하고, 이를 검토하기 위해 '이데올로기의 이론보다 이데올로기의 문제를 우선'하고자 한다고 선언한다. 그렇다면 이론과 문제의 차이는 무엇인가? 이에 대해 홀은 '이데올로기의 문제'는 사회적 관념들이 어떻게 생겨나는지를 유물론적 이론 안에서 설명하는 것이라고 한다. '이데올로기'라는 개념 혹은 이론적 논제를 유물론이라는 관점에서 설명하는 것은 또 다른 이론이 아닌가? 이에 대해 그는 '사회를 변화시키고 사회의 사회주의적 변혁을 향한 길을 열어 주기 위한 투쟁에 이론적 도움을 주기 위해서, 우리는 특정한 사회 구성체 안에서 사회적 관념들이 하는 역할이 무엇인지 이해'해야 한다고 말한다. 이론과 문제의 차이는 그것의 목적과 관련되는 것이다. 홀에게 실천은 이론의 목적이자 그것의 완성이다.

이론의 미덕은 무엇인가? 사회에 대한 이론은 필연적으로 규범적이다. 그것은 사회에 대한 보편적이며 객관적인 기술이 될 수 없다. 그러므로 이론을 한다는 것은 어떠한 방식으로든 사회에 개입하는 것이며, 이론가는 그에 합당한 책임을 생각하지 않으면 안 된다. 이론은 현상의 기술이며 동시에 그것에 대한 평가이고 변화와 개선의 방향에 대한 제안이다. 하나의 사회적 담론으로서 이론은 세상의 개별 현상에 대한 낱낱의 기술이라기보다는 추상화된 형태의 보편적 진술이다. 이는 현상을 요약하여 그것의 주요한 측면을 드러내고 유사한 현상들에서 반복되는 구조와 체계를 밝혀 예상하고 계획할 수 있게 한다. 이러한 점에서 홀은 특히 이데올로기에 관련한 이론들을 연구한다. 이데올로기는 정치적 의미의 사회적 소통에 관한 이론이며, 그것이 지닌 의미와 역할에 대한 논의이기 때문이다.

이론적인 차원에서 홀은 알튀세르의 이데올로기론을 면밀히 검토한다. 알튀세르의 이데올로기론은 이전의 이론들과는 다른 가능성을 가지고 있었기 때문이다. "이데올로기가 어떻게 내부화되는가, 또 우리 외부에 있으며 보다 정확히 말해 우리를 통해 사고한다고 말할 수 있는 사유 범주의 한계 내에서 우리가 어떻게 해서 '자발적으로' 말하게 되는가 하는, 그동안 무시되어 왔던 쟁점을 제기했다." 이러한 논점은 이데올로기가 우리 삶의 바깥에서 강제되는 권력의 작용 혹은 던져져 주어지는 어떤 것이라는 낡은 관념을 해체하는 것이다.

예를 들어 기존의 관점에서 이데올로기는 이런 식으로 설명되곤 하였다. 노동 계급은 자신의 객관적인 계급적 위치에 비추어 결코 자본주의의 이데올로기를 받아들일 수 없을 것이다. 그것은 자신의 계급적 이해에 역행하는 것이기 때문이다. 그러나 자본주의적 삶은 이를 지배적인 가치로 강제하고 노동 계급은 이를 '마지못해' 견뎌왔지만 특정한 조건이 주어진다면 이를 해체하고 전복하고 자기의 계급적 이해를 구현하게 될 것이다. 즉 지배 계급의 이데올로기에 사로잡혀 있는 노동 계급의 현실적 상황은 무엇인가 부조리한 것이며, 필연적으로 붕괴될 수밖에 없는 논리적 귀결을 갖는다는 것이다.

그러나 이러한 생각은 앞서 언급한 홀의 두 가지 상황 인식, 즉 노동 계급의 보수화와 미디어를 필두로 한 문화 산업 등 이데올로기적 장치들의 고도화에 현실성 없는 이념적 바람일 뿐이라는 사실이 드러났다. 이데올로기는 주체의 바깥에서 그들을 강제하는 따라서 외부적이며 객관적인 힘이 아니라, 그 자체로 주체를 구성하는 자원이며 재료이다. 이는 이미 프로이트와 자크 라캉Jacques Lacan 등 정신분석학의 기본 이론틀 속에서 설명되었던 것이고, 루이 알튀세르는 이를 이데올로기라는 좀더 거시적이며 사회적인 개념과 현상에 그 논리를 적용하였다.

홀이 주목하는 지점이 바로 여기다. 물론 홀이 알튀세르의 이론을 그 자체로 긍정한 것은 아니었다. 홀은 오히려 알튀세르의 이론에 비판적이다. 영국 문화 연구의 전통이 그렇고, CCCS의 전통이 그렇듯 그 또한 포스트그람시안*post-Gramsian*들 가운에 한 사람이다. 그럼에도 불구하고 알튀세르가 제기한 문제들은 홀에게도 중요한 문제였고, 그 나름대로 이에 대응한 것이다. 이데올로기 이론은 이른바 표현적 총체성이라는 헤겔 우파적 관점으로부터 벗어나 이론적 관용을 획득하기 위한 하나의 전략이라고 할 수 있다. 이데올로기를 외부적으로 강제되거나 주어지는 것이 아니라 적극적으로 추구되고 욕망되는 것이라는 점을 이해하는 일은 중요한 이론적 지점이다.

이러한 이론적 논제들을 해결하기 위해 홀이 선택한 가장 중요한 개념은 '접합*articulation*'이다. '접합'은 "일정한 조건 아래 이데올로기적인 요소들이 어떤 담론 내에서 서로 일관성을 띠게 만드는" 여러 방법들 가운데 하나다. 접합은 논리적으로 일관되지 않은 혹은 그 기원의 순수성을 보장할 수 없는 현실의 이데올로기 블록 혹은 정치적 연합을 설명할 수 있는 개념적 도구이다. 사회를 구성하는 다양한 요소들이 묶여 있는 방법, 그것들이 관계를 맺고 전체적으로 하나의 시스템으로서 효과 맺는 상황을 설명하기 위해서는 논리적 관계가 아닌 현실의 존재론적 관계를 드러낼 필요가 있다. '접합'은 논리적 관계가 아니라 현실의 경험적 관계이다.

홀이 사용하는 접합 이론은 에르네스토 라클라우Ernesto Laclau에 의해 만들어진 것이다. 라클라우는 고전적인 이데올로기 이론이 전제하고 있던 필연적이며 환원적인 논리 구조를 우회하기 위해 이 개념을 사용했다. 이는 언어적 기호가 지닌 원초적인 중립성에 근거한 주장이다. 즉 '말'은 그 자체로는 이데올로기와 관계가 없다. 문제는 이들 '말'이 어떠한 '말들'과 묶여서(즉 접합해서) 특정한 맥락적 효과를 발생하느냐의 점이다. 여기에서 어떤 특정한 말들이 다른 말들과 연결되는 이유는 개별적으로는 우연적이거나 우발적인 사건이지만, 전체적으로는 어떠한 '경향적 힘의 방향*lines of tendential force*'에 의해 느슨한 일관성을 갖추게 된다.

홀은 '사회적인 것이 언어처럼 움직인다'는 점에 대해서는 인정한다. 그러나 라클라우와 무페와 같이 사회적 실천이 곧 언어라고 생각하지는 않는다. "언어의 비유는 많은 근본적인 문제들을 새롭게 생각해 보는 최선의 방식이기는 하지만, 그것의 쓸모와 위력을 인정함이 지나쳐, 그것이 현실의 작동 방식이라고 주장"하는 데에 대해서 그는 반대한다. 이러한 입장의 기저에는 '인간'의 문제 그리고 전통적인 인간주의적 관점에서의 '(실천하는) 주체'라는 기본적인 전제가 버티고 있다. 그러므로 홀은 "그들(라클라우와 무페)의 문제점은 정치가 아니라 역사다. 현재를 만들어 냈고, 또 담론의 접합에 계속 제약 및 결정 요인으로 작용하는 역사적 세력의 문제를 그들은 빠뜨렸다"고 말한다.

이론적으로 말하자면 라클라우와 무페는 역사적 세력의 문제를 빠뜨리지 않았다. 그들에게 역사적 세력 혹은 실천의 주체는 곧 담론의 담자자이며 따라서 담론에 대한 논의는 주체의 의지와 실천에 대한 논의이기도 하기 때문에 굳이 이 문제를 따로 언급할 필요가 없었던 것이다. 이들은 처음의 출발점 자체가 홀과 달랐다. 그러므로 접합의 개념 또한 홀에게는 무엇보다 인간과 실천의 결합이며 구체적인 사회적 양상의 변화로 귀결되어야 하는 것이지만, 라클라우와 무페의 접합이란 다분히 통사론적인 연합과 수사적인 대체의 과정으로 담론 구성의 변화(흔히 이론적 실천과 연결되는)를 의미하는 것이었다.

알튀세르의 이데올로기 이론을 수용하고 라클라우와 무페의 접합의 개념을 이용하면서도 스튜어트 홀은 영국 문화 연구의 전통적인 문제의식과 핵심적인 사상적 지향을 버리지 않는다. 이는 인간 주체에 대한 믿음이며, 사회 변혁이라는 지식인의 임무에 대한 책임 그리고 문화와 이데올로기의 역할과 그 실체성에 대한 확신에 뿌리를 두고 있다. 특히 홀이 생각하는 변혁은 담론 수준에서 해결될 기호와 상징의 조작 문제가 아니라 구체적 삶의 실천과 관련한 문제였으며 그 자체로 물질적이며 지극히 정치적인 것이다. 이러한 생각은 그람시의 헤게모니 개념에 대한 논의를 통해 이론적으로 표현된다.

그람시는 "구조주의적 이론의 비역사적이고, 아주 추상적이며, 형식적이고, 이론주의적인 경향을 대대적으로 수정"하였다. 그람시의 이론은 사회를 구성하는 다양한 세력들 사이의 관계 그리고 그들의 정치적 행위와 실천이 초래하는 국면적 변화에 특히 민감하다. 그러므로 이 이론은 사회적 관계가 상대적으로 안정적이어서 경합하는 여러 세력들의 공간적 분포가 비교적 잘 드러나지만 그 관계가 복잡하여 일관된 하나의 패턴이나 인과성으로는 설명하기 힘든 사회에 잘 들어맞는다. 홀의 말대로 헤게모니 개념은 '의회 및 대의 정치 체제를 통해 정치적, 문화적 권력이 안정되고, 복잡한 국가 구조를 갖추고 있으며, 시민 사회의 문화적 기구가 엄청나게 발달된 곳'에 특히 적합하다. 그리고 이론가는 이러한 상황과 현실 속에서 지식과 실천의 통일을 능동적으로 구축하고 만들어 내려고 시도하는 유기적 지식인이 되어야 한다.

:: 기호화와 기호 해독

문화 연구를 진보적인 정치적 기획 아래 배치하고 이를 통해 이론과 실천의 통일을 이루려던 홀의 생각은 이후 문화 연구자들의 귀감이자 모범이 되었다. 분석적인 수준에 있어서 혹은 구체적인 문화적 상황에 대한 해석의 차원에서 홀은 또한 그의 가장 중요한 이론적 업적이라고 할 〈기호화와 기호 해독〉을 발표하였다. 이 글은 무엇보다 선호된 해독, 교섭적 해독, 저항적 해독이라는 해독의 세 가지 유형을 제시한 것으로 유명하다. 이는 이후 문화적 콘텐츠 생산자의 의도된 의미로부터 벗어나 자유롭게 해석 공동체를 형성하고 이를 통해 의미를 전유 혹은 재전유하는 '능동적 수용자'의 이미지를 만드는 데 결정적으로 공헌하였다.

그러나 '능동적 수용자' 개념 이전에 〈기호화와 기호 해독〉은 기존의 커뮤니케이션 모델에 대한 하나의 대안이 되는 이론적 모델을 논구한 글이라는 점을 염두에 두어야 한다. 전통적으로 매스 커뮤니케이션 연구는 "커뮤니케이션 과정을 순환 회로식으로 개념화해 왔다. 이 모델은 단선적이라는 점과 메시지 교환의 수준에만 집중했다는 점 그리고 여러 다른 요소를 복합적인 관계의 구조로 구조화시켜 파악하지 못했다는 점 때문에 비판받아 왔다." 이러한 기존의 모델은 커뮤니케이션의 요소들을 간추려 보여 준다는 점에서는 나름대로 미덕이 있으나 요소들 사이의 관계를 입체적으로 보여 주지 못한다는 점에서 문제가 있었다. 그러므로 홀은 '서로 관련 있기는 하지만 구분되는 요소들, 즉 생산, 순환, 배포/소비, 재생산 등의 접합을 통해 만들어지고 유지되는 구조로도 볼' 수 있다고 제안한다.

방송의 경우, 통상의 커뮤니케이션 모델은 일방적이고 단선적인 형태로 그려질 것이다. 그리고 이는 개별 프로그램이라는 메시지에 대한 송신자 혹은 생산자의 주도권을 전제하거나 그러한 모델의 담론적 효과로 상식화 혹은 물신화할 수 있다. 이러나 이들 요소들의 관계는 좀 더 복잡하고 다층적이다. 이는 홀이 알튀세르의 개념을 빌어 표현한 대로 '복합적인 지배 내 구조'와 같은 것이다. 그렇다면 이러한 복잡한 구조들 가운데 논의의 기준점을 삼을 만한 지점은 무엇이 될 수 있을까? 원칙적으로 소통에 개입하는 모든 요소들이 논의의 출발점이 될 수 있을 것이다. 하지만 홀은 "어떤 시점에서는 방송 구조가 의미 있는 담론 형식으로 기호화된 메시지를 만들어 내야 한다"고 말하고, 이를 논의의 출발점으로 삼는다. 확실히 메시지를 만드는 쪽이나 그것을 수용하는 쪽 모두에게 객관적으로 공통된 요소는 '텍스트'일 것이다. 그러므로 방송의 경우, 프로그램을 출발점으로 삼는 것은 충분히 납득할 만한 출발점이다.

'의미 있는' 담론으로서의 프로그램은 그것을 만드는 쪽에서 특정한 의미 구조에 근거하여 구성해 낸 것이지만, 또한 그것을 수용하는 쪽에 의해 특정한 의미 구조에 따라 해독되고 이해되어야 하는 것이다. 그러므로 방송 프로그램은 그것을 만드는 쪽의 지식, 생산 관계 그리고 기술적 하부 구조들 위에 형성된 의미 구조에 의해 기호화되는 것이고 결국 그것을 생산하는 데 출발점이 되었던 지식, 생산 관계 그리고 기술적 하부 구조의 틀에 통합되는 것이다. 이러한 생각에 근거하여 홀은 다음 그림과 같은 커뮤니케이션 모델을 제시한다.

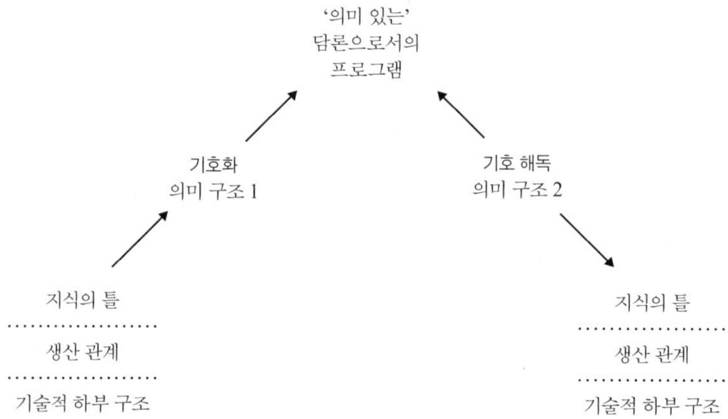

여기에서 중요한 한 가지는 '의미 구조 1'과 '의미 구조 2'가 일치하지 않을 수 있다는 점이다. 이들은 완벽히 대칭적인 관계라고 할 수 없으며, 그 관계는 등가적이지 않다. 커뮤니케이션 교환 행위에서 이는 '오해'라고 부르는 '부등가 관계'가 된다. 이는 기존의 방송 프로그램에 대한 수용자의 반응을 단지 생산자 측의 의도에 부합하는 정도만으로 측정하던 것과는 전혀 다른 입장을 가능케 했다. 즉 담론화의 과정에 개입하는 주체들이 상대적으로 자율적인 존재이며 더불어 특정한 조건에서 행위하고 실천하는 한정적 성격을 가진 존재라는 점이 고려되어야 한다는 것이다. 그러므로 생산의 측면에서 특정한 메시지를 담고 있는 것으로 기획되고 제작된 프로그램이라고 하더라도 그 의미 그대로 해석되고 이해되리라는 보장이 없다.

텔레비전의 기호는 퍼스적인 개념으로 표현하자면 도상적이다. 그러나 도상적인 기호라고 해서 '실재'에 특별히 더 가깝다고 생각할 근거는 없다. "영화 속의 개는 짖을 수는 있지만, 물 수는 없다." 도상은 실재가 아니며, 특권적인 의미화 방식이 아니다. 그것 또한 근본적으로는 언어와 마찬가지로 어떤 규칙과 규범에 따라 기호화된다. 그러므로 실재를 있는 그대로 보여 주는 것처럼 보이는 텔레비전의 영상과 청각적 신호 또한 순수하다고 할 수 없다. 그것을 의미화하는 틀은 하나의 이데올로기 혹은 이데올로기적 작용을 하는 사회적 기제이다. 그러므로 이러한 방송을 통한 커뮤니케이션은 결코 '절대적인 영도'에서 이루어지는 것이 아니다. 그것은 발화의 순간부터 이미 이데올로기가 덧씌어진, 특정한 의미의 구조에 의해 특정한 방식으로 '구성된' 것이다.

그런데 이러한 구성의 방식은 모든 사회 구성원들에게 공통되고 보편적인 선험적 틀이 아니다. 이를테면 '감정의 구조'와 같은 일반적인 틀이 있어서 그것의 대체적인 방향과 중심적이고 지배적인 틀거리를 가늠하는 것이 가능하다고 할지라도, 구체적인 분석의 수준에서 혹은 개별 프로그램의 해석과 그것을 통한 즐거움의 추구는 한 방향으로 쉽게 예단할 수 있는 것이 아니다. 그러므로 여기에서 발생하는 의미 구조의 차이, 이 비대칭성과 부등가 관계를 좀더 명확히 개념화하기 위해 스튜어트 홀은 수용자가 주어진 텍스트를 이해하는 세 가지 방식, 즉 기호 해독의 세 가지 입장을 제시하였다.

첫 번째 위치는 '지배적-헤게모니적*dominat-hegemonic*' 위치이다. 이는 간단히 말하자면 프로그램에 내포된 의미를 있는 그대로 받아들이는 것이다. 기존의 의미 구조를 비판 없이 받아들인다는 점에서 이는 기존 이데올로기의 재생산에 기능적인 효과를 발생한다. 두 번째는 타협된 의미 규칙*negotiated code*이 있을 수 있다. 이는 거시적인 수준에서는 지배적-헤게모니적 위치를 수용하면서도 국지적으로 혹은 사안별로는 자신의 직접적인 이해관계에 따라 해석하는 경우를 말한다. 세 번째는 '대항적 의미 규칙*oppositional code*'에 따라 행동하는 경우가 있을 수 있다. 이는 주어진 프로그램의 외연적 의미와 함축적 의미를 완전히 이해할 수 있음에도 그 메시지를 완전히 반대로 해독하는 경우를 발한다. 이는 '의미 작용의 정치,' 즉 담론 영역에서의 투쟁이 시작되는 지점이다.

홀의 〈기호화와 기호 해독〉은 이데올로기가 순수한 이념체가 아니라는 점을 보여 준다. 아울러 이데올로기가 방송 프로그램과 같은 사회적 텍스트를 통해 메시지화되는 과정 그리고 그것을 해석하고 이해하는 수용과 해독의 과정 또한 단순하거나 단선적이지 않음을 보여 준다. 아울러 명백하게 의도적인 의미를 가지고 있는 프로그램이라고 하더라도 수용자는 그 의미를 의식적으로 거부하고 이를 다른 방식으로 사용할 수 있음을 이해할 수 있게 해준다. 주어진 텍스트의 내포적 의미를 신념화하거나 그것과 타협함으로써 자신의 주체 위치 자체를 모순되지만 일시적으로 균형 있게 유지하거나 완전히 다른 방식으로 해석함으로써 비판적으로 대응한다는 세 가지 수용자 주체 위치는 이러한 점에서 방송과 방송 텍스트의 의미를 보다 풍부하게 이해하고 그것의 사회적 역할을 좀더 입체적으로 분석할 수 있게 해준다.

:: 텔레비전, 문화 연구, 휴머니즘

이론은 하나의 폐쇄적인 담론 체계가 아니다. 그것은 다른 담론들과의 관계 속에 있고, 또 그것에 수반하는 다양한 실천과 물질적 제도적 상황 속에 있다. 스튜어트 홀의 저작들 또한 마찬가지다. 그의 글은 넓게는 비판적 커뮤니케이션 연구의 맥락에 있고, 좀더 좁게는 영국을 중심으로 전개된 문화 연구 전통 속에 있다. 순전히 개념적 수준에서의 세련됨이나 이론적 정교함으로 이야기를 하자면 그의 이론들, 개념들 그리고 분석이 가장 뛰어나다고는 말하기 힘들다. 이를테면 〈기호화와 기호 해독〉에서 언급한 의미 규칙들 사이의 차이와 이로부터 발생하는 오해의 문제는 홀 이전에도 윌버 슈람Wilbur Schramm과 같은 학자들에 의해 이미 모델화되어 주장된 개념이다. 또한 메시지 해석의 세 가지 수준 혹은 주체 위치는 프랑스의 언어학자 미셸 페쇠Michel Pêcheux 등과 같은 알튀세르주의자들에 의해 보다 정교화된 형태로 이론화되기도 하였다. 그러나 이론은 개별화된 개념들의 연쇄로 아무렇게나 짜맞춰지는 것이 아니다. 임레 라카토스Imre Lakatos가 말했듯이 이론은 하나의 거대한 프로그램 속에 있을 때 의미가 있는 것이다.

홀의 이론과 개념들은 이러한 의미에서 그 자체의 세련됨이나 정교함을 떠나 무거운 사회적 의미와 실천적 함의를 갖는다. 슈람의 커뮤니케이션 모델이 제시하고 있는 '기호화'와 '기호 해독'의 문제는 홀과 같은 사회적 구조와 조건에 대한 비판적 인식을 전제하지 않으며, 페쇠의 저항적 주체는 객관적인 주체 위치일 뿐 실천하는 주체의 의지와 의식을 염두에 두지 않는다. 이러한 차이는 홀의 이론이 비록 개념으로서 혹은 분석적 도구로서 이용되고 채택될 기회를 잃는다 하더라도 매우 중요한 함의를 갖는다. 왜냐하면 홀은 그것을 어떻게 쓸지 그리고 그것을 통해 무엇을 얻어야 하는지 가르쳐 주고 있기 때문이다. 홀의 글을 읽는 가운데 아마 많은 사람들은 구조주의적 유산들과 갈등하는 영국 문화주의 연구 전통의 휴머니즘을 발견하게 될 것이다. 아울러 이러한 갈등의 이론적 해결책으로 종종 등장하는 볼로시노프(바흐친)를 통해 그가 일종의 복화술을 구사하고 있음을 감지할 수 있을 것이다. 홀을 통해 지식이 무엇을 위한 것인지, 텔레비전과 방송 텍스트를 분석하는 일이 결국 무엇 때문인지 생각해 볼 수 있는 계기가 마련되기 바란다. 그러한 점에서 홀은 그리고 홀의 글들은 방송을 연구하고 분석하는 데 있어, 나아가 미디어와 대중 문화를 연구함에 있어 중요한 길잡이가 될 것이다.

함께 읽으면 좋은 책

문화 연구 입문 British Cultural Studies: An Introduction

그래엄 터너 지음 | 1992 | 김연종 옮김 | 한나래 | 1995

영국의 문화 연구에 대하여 계보학적으로 서술하고 있는 책. 쉽고 편안한 필치로 비교적 구체적으로 영국 문화 연구 그리고 초기 문화 연구의 상황을 기술하고 있다. 문화 연구를 처음 접하는 사람들에게 좋은 참고가 될 것이다. 아울러 홀의 사상과 이론을 맥락적으로 접근하기 위해서도 읽어 두면 좋을 책이다.

지금 스튜어트 홀 Stuart Hall

제임스 프록터James Proctor 지음 | 2004 | 손유경 옮김 | 엘피 | 2006

스튜어트 홀의 문화 연구를 이론적인 차원에서보다는 실제의 담론과 상황을 해석하고 비판하는 쪽에 초점을 두어 기술한 책이다. 임영호의 책이 다소 이론적이며 1970년대 말과 1980년대 초의 저작에 집중되어 있는데 비해 조금 더 그 범위를 넓혀 볼 수 있는 장점이 있다. 인종 문제, 현실 사회주의 문제, 이미지의 문제 등을 통해 그의 생각을 좀더 구체적으로 들여다 볼 수 있다. 스튜어트 홀의 육성이 아니라, 제임스 프록터라는 해설가의 목소리로 대신 듣는 것이지만, 그렇기 때문에 오히려 쉽게 이해할 수 있는 측면이 있다.

대처리즘의 문화 정치
The Hard to Road to Renewal: Thatcherism and the Crisis of the Left

스튜어트 홀 지음 | 1988 | 임영호 옮김 | 한나래 | 2007

스튜어트 홀이 현실 정치의 문제에 가장 깊게 개입한 사례라면 아무래도 신자유주의의 야만성에 대한 폭로와 그것의 영국판이라고 할 대처리즘에 대한 저항이라고 할 수 있을 것이다. 이 책은 스튜어트 홀의 대처리즘에 대한 혹은 신자유주의에 대한 개입을 다소 긴 호흡으로 기술하고 있다. 홀의 육성으로 《스튜어트 홀의 문화 연구》에서 개진된 이론과 개념들이 현실의 구체적인 정치 상황에 적용되고 있다는 점에서 관심을 가져볼 만한 책이다. 특히 대처리즘의 문제를 문화 연구의 시각에서 풀어냄으로써 이를 단순한 정치적 기획이나 자본의 논리에서가 아니라 우리 일상의 구조화와 그 실천의 양상들이라는 측면에서 고찰할 수 있게 해준다. 우리에게 신자유주의가 들어와 자리 잡는 과정이 우리 삶의 면모를 뒤바꾸는 문화적 사건이었듯이 영국의 대처리즘 또한 이미 그랬던 것이다. 이는 명백히 이데올로기의 문제이며 담론의 문제이고 문화의 문제이다. 이 책은 이러한 문제를 좀더 깊게 사유하고 고민할 수 있게 해준다.

텔레비전 드라마 수용의 즐거움

이엔 앙

《달라스 보기: 솝 오페라와 멜로드라마적 상상력》

이설희

11

달라스 보기: 솝 오페라와 멜로드라마적 상상력
Watching Dallas: Soap Opera and the Melodramatic Imagination

이엔 앙
Ien Ang

Routledge | 1985

호주 웨스트 시드니대학의 교수인 이엔 앙은 문화 연구 분야의 세계적 학자 중 한 사람으로 지금도 왕성한 연구 활동을 하고 있다. 《달라스 보기》는 그녀의 첫 저작으로 민속지학 방법으로 수용자가 드라마를 즐기는 이유에 접근하고 있다. 이 책은 이를 이론적으로 모색할 뿐 아니라, 실제 수용자의 경험 자료를 '징후적으로' 해석하며 설명하고 있다. 특히 여성들의 즐거움의 방식이 기존에 대중 문화에 대한 이데올로기 또는 가부장적 이데올로기와 관계하며 폄하되거나 주목되지 않았음을 지적한다. 수용자의 즐거움에서 출발한 이 책의 접근 방식은 기존의 미디어 효과의 결과로 수용자를 바라보는 연구 방식과는 대비되는 방식으로, 수용자 연구의 새로운 시도였다. 《달라스 보기》는 수용자/대중/여성을 바라보는 관점 및 커뮤니케이션 연구 방법의 전환점을 마련한 책 중 하나이다.

◆◆◆ 이설희는 연세대학교 커뮤니케이션대학원에서 영상학으로 박사 학위를 받았다. 현재 연세대, 용인대 등에서 강의하고 있다. 미디어와 라이프스타일, 정체성, 영상 문화와 같은 미디어와 문화와의 관계에 관심을 가지고 있다. 책으로는 《커뮤니케이션의 이해, 이론과 사상》(공역), 《TV 이후의 텔레비전》(공저), 《게임 포비아》(공저) 등이 있다.

:: 이엔 앙과《달라스 보기》

문화 연구 분야의 세계적 학자 중 한 사람으로 최근까지도 왕성한 연구 활동을 하고 있는 이엔 앙은 현재 호주 웨스턴 시드니대학의 문화연구학과Institute for Culture and Society 교수이며, 문화연구센터the Centre for Cultural Research의 설립 위원이기도 하다. 그녀는 1954년 인도네시아 수바라야의 중류 계층인 페라나칸*peranakan* 가정에서 태어났으며, 열두 살에 가족들과 함께 네덜란드로 이민을 온 이후 그곳에서 수학했다. 이엔 앙은 네덜란드 암스테르담대학에서 심리학 학사 학위(1977)를 받았으며, 매스 커뮤니케이션 석사(1982), 문화·사회과학 분야에서 박사 학위(1990)를 받았다.

이엔 앙의 연구는 글로벌화된 세계의 변화 양상과 문화 흐름의 패턴을 광범위하게 다루고 있다. 특히, 그녀는 수용자와 대중의 구성*formation*, 정체성과 차이의 정치학, 호주와 아시아에서의 이민, 민족, 다문화주의, 그리고 동시대 문화 기구들에서의 재현 문제에 초점을 맞추며 지속적으로 연구 결과를 발표해 왔다. 그중에서도 가장 잘 알려진 대표적인 저작 몇 권만을 간단히 보면 다음과 같다.

《방송 수용자의 이해*Desperately Seeking the Audience*》(1990)에서는 공영·민영 방송의 시장·공공 수용자에 대한 제도적 지식의 발전에 관심을 가지고, 양적·질적 분석으로 축적되는 지식과 권력의 장치가 방송 네트워크의 수용자를 생산 혹은 통제하는 방식에 통찰력을 보여 주었다. 《중국어를 쓰지 않는다는 것에 관하여*On not Speaking Chinese: Living between Asia and the West*》(2001)는 이민, 다문화주의, 정체성과 차이의 정치학의 중요한 작업으로 평가받고 있다. 이 책은 그녀 자신의 생생한 자전적 경험을 토대로 인도네시아 군도에서 인도네시아인과 대립되는 중국인을 규정하고 중국인들을 곤란하게 하는 '복잡한 역사의 실타리'를 설득력 있게 풀어 내고 있다. 그녀의 가장 최근의 작업으로는 동료들과 함께 작업한 《SBS 스토리*The SBS Story: the Challenge of Diversity*》(2008)가 있다. 이 책은 호주의 다문화, 다언어 공영 방송사인 SBS를 사례 연구하여 미디어, 문화, 사회의 권력으로서 SBS의 영향력을 탐구한다.

이 외에도 다수의 책들과 논문이 있지만, 그녀를 세계적으로 주목 받게 한 글은 그녀의 최초 저작으로, 여기서 다루게 될 《달라스 보기》이다. 《달라스 보기》는 1982년 네덜란드에서 처음으로 출판되었고, 1985년 영어로 번역되며 전 세계적으로 확산되었다. 이 글은 1985년 번역된 영어 번역본을 토대로 하고 있다.

〈달라스*Dallas*〉는 1980년대 초반 전 세계 90여 국에서 시청되며 국제적 성공을 거두었던 미국의 솝 오페라*soap opera*(미국에서 여성들을 주 시청층으로 낮시간대 방송되는 라디오 연속극을 가리키는 말로 시작되었으며, 이후 TV에서도 등장하였으며 저녁 시간에도 방송되었다. 일일 통속극으로 우리나라의 '일일 연속극'이 해당된다)이다. 이 드라마는 미국의 석유 재벌가 어윙가를 중심으로 성공, 사랑, 배신, 질투, 모함 등을 다루는 스타일리시한 미국의 전형적 상업주의 문화 생산물이었다. 당시 네덜란드에서는 전 인구의 52%가 〈달라스〉를 시청할 정도로 큰 성공을 거두었다.

〈달라스〉가 방영되던 1980년대는 뉴 미디어의 발전에 따라 매스 커뮤니케이션의 구조와 조직이 급격한 변화를 겪고 있던 시기였다. 이에 따라 정부 기관이나 미디어 기구들에게는 이러한 미디어 변화의 사회, 정치, 문화적 결과들과 그에 따른 정책 방안들을 점검해야 할 필요성이 강제되었다. 점차 미국의 상업주의 문화 산업이 가정 내로 급격하게 침투하면서 어떠한 조치가 필요하다는 위기 의식이 암암리에 확장되고 있던 시기였다. 이러한 분위기에서 〈달라스〉의 큰 성공은 어떤 '경고음'으로 인지되면서, 인기 있는 미국 솝 오페라 〈달라스〉에 대한 수많은 기사와 비평문들이 대체로 비호의적인 평가와 함께 쏟아졌다. 〈달라스〉의 영향력에 대한 깊은 우려는 '저급한 미국 상업주의 드라마의 확산'이라는 주제로 지식인들의 열띤 공청회의 주제가 되기도 했으며, 프랑스의 문화 장관이었던 자크 랑Jack Lang은 〈달라스〉를 '미국 제국주의의 상징'으로 언급하기까지 했다.

이엔 앙은 미국의 헤게모니적 문화 권력의 증거로 일방적으로 일축되고 있는 〈달라스〉에 대한 이러한 전면적인 거부 반응에 의구심을 가지게 된다. 그녀가 보기에 이러한 측면은 드라마를 바라보는 일면일 뿐, 충분한 설명이 아니었다. 즉 〈달라스〉는 상아탑의 지식인이나 관련 권위자에 의해 수용자에게 부정적인 영향을 미치는 '저질' 프로그램이라고 담론화되고 있었지만, 대다수의 수용자들에게 〈달라스〉는 단지 '즐거움'의 하나인 듯이 보였기 때문이다. 이들의 즐거움을 인정하지 않는다는 것은 수용자를 단지 미국 상업주의 문화 생산물을 비평 없이 그대로 받아들이는 '문화적 꼭두각시'로 취급하는 시선을 포함하고 있었으며, 앙은 이에 거부감을 느꼈다. 따라서 그녀는 수용자의 '즐거움'을 먼저 이해하는 것이 필요하다고 생각했다.

이 지점이 이엔 앙의 〈달라스〉 연구의 출발점이다. 이엔 앙은 〈달라스〉 수용자의 이야기를 직접 들어보기로 결정하고, 1980년 네덜란드 여성지 〈비바*Viva*〉에 〈달라스〉 시청 경험을 보내달라는 광고를 싣는다. 결과적으로 이엔 앙은 〈달라스〉를 좋아하거나 싫어하는 사람들로부터

42개의 답장(39개는 여성)을 받았다. 이들 답장을 토대로 〈달라스〉 수용자들이 이 드라마를 싫어하거나 좋아하는 이유를 '징후적으로' 해석한 것이 바로 이 책《달라스 보기》이다.

:: 〈달라스〉 시청에서 즐거움의 정치로

하나의 드라마에 대한 평가가 때로는 극단적일 정도로 다른 것을 우리는 일상에서 자주 경험하고 있다. 이엔 앙이 〈달라스〉 시청자의 편지들에서 발견한 것 역시 수용자들이 매우 다양한 관점과 위치에서 〈달라스〉를 시청하고 있다는 것이었다. 이러한 수용자의 경험을 제도나 규칙, 또는 기존의 이데올로기에 기대어 일반화하기는 어렵다. 따라서 이엔 앙은 다양한 층위에서 수용자들의 〈달라스〉 시청 경험에 대한 편지글을 '징후적'으로 읽어 내며, 언어의 이면에 있는 의미가 무엇인지를 탐색하는 데 주력했다.

드라마를 즐기거나 즐기지 않는 이유는 수용자 개인의 주관적·감정적 경험, 문화 자본의 정도에서부터 수용자를 둘러싼 사회 문화적 환경 및 상업적 문화 산업 메커니즘까지 다양한 요인들이 복잡하게 관련되어 있다. 이 지점에서 이엔 앙의 저작은 수용자의 '즐거움'이라는 것을 강조하기 위해 다른 구조적, 경제적 메커니즘을 소홀하게 다루었다거나, 구조적 문제를 개인적 문제로 환원시켰다는 비판을 받기도 한다.

하지만 그럼에도 이 책에서 이엔 앙은 '즐거움'이라는 개념을 중심으로 대립적이고 모순적인 관계들이 어떻게 개인의 즐거움이라는 인식과 감정으로 통합되는지를 보려고 노력했다. 이를 설명하기 위해 이엔 앙은 먼저, 수용자에게 즐거움을 불러일으키는 구조를 멜로드라마적 상상력과 비극적 감정 구조라는 개념을 통해 이론적으로 설명하고, 다음으로 실제 수용자들의 〈달라스〉 해석을 통해 어떠한 이데올로기가 이들의 시청과 관계하고 있는지를 밝히고 있다. 그리고 마지막으로는 드라마를 즐기는 행위가 정치적, 문화적 실천과는 어떻게 관계하고 어떠한 의의를 찾을 수 있는지를 탐색한다.

비극적 감정 구조와 멜로드라마적 상상력

이엔 앙은 수용자들이 〈달라스〉를 즐겁거나 즐겁지 않다고 판단하는 기준으로 '현실성*realism*'이 작용하고 있다는 점을 발견한다. 〈달라스〉 수용자들이 '현실적'으로 경험하는 것에는 그 내용과 형식 외에 다른 무엇인가가 작용하고 있음을 발견한 앙은 그 원인을 수용자들이 감정적으로 드라마 내의 주제, 상황, 대사, 등장 인물들의 행동에 자신의 감정을 통합하는 데서 찾았다. 그녀는 이를 감정적 리얼리즘*emotional realism*이라고 부르는데, 이는 동일시를 통한 즐거움이 어떻게 나타날 수 있는지에 대한 중요한 이론적 기반이 된다. 사실 '현실성'을 부여하는 것은 이러한 감정적 리얼리즘 외에 다른 개념으로도 어느 정도는 설명이 가능하다. 그래서 이엔 앙은 드라마에 대한 편지글의 내용을 기반으로 다른 '리얼리즘' 개념을 검증하면서 이에 대한 한계를 지적한다.

먼저, '현실성'을 텍스트 외부의 '진짜 현실'을 얼마나 적절하게 반영하는지에서 찾고 있는 '경험적 리얼리즘'은 〈달라스〉를 둘러싼 수많은 비평의 기준이 되어 왔으며, 몇몇 편지글에서도 발견되었다. 하지만 이것은 현실적/비현실적이라는 판단이 사람들에 따라 다르게 나타난다는 모순에 직면하게 될 뿐만 아니라, 텍스트가 특별한 이데올로기적 사회적 생산 조건 아래에서 현실화된 문화 생산이라는 사실도 거부하게 된다.

또한, 텍스트가 실제 존재하는 세계의 충실한 반영이라는 환상은 텍스트가 구성되어 있다는 중요한 사실을 얼마나 잘 숨기는지에 따라서 강화될 수 있다. 이것은 '고전적 리얼리즘'으로 이때의 '현실성'은 텍스트 그 자체의 형식 구조에서 발생하며, 다양한 영화적 장치들과의 관계 안에서 형성된다고 간주된다. 이렇게 만들어진 현실에 대한 환상은 텍스트 수용에서 즐거움의 토대가 된다. 그러나 이엔 앙은 다수의 〈달라스〉 팬들이 이러한 환상 속에서 〈달라스〉를 현실적적으로 경험할지라도, 〈달라스〉의 즐거움을 설명하는 데에는 이 또한 충분하지 않다고 본다. 내러티브 흐름 위에서의 편안한 환상적 즐거움은 즐거움 생산의 부분적 역할만 담당할 뿐이기 때문이다. 또한 이 두 가지 리얼리즘은 인지적-합리주의적 아이디어를 바탕으로 현실적 텍스트가 '객관적인' 사회 현실의 지식을 제공한다는 가정에서 비롯된다고 비판한다.

이러한 두 리얼리즘과 비교하며, 이엔 앙은 '감정적 리얼리즘'을 〈달라스〉의 즐거움을 바라보는 관점으로 제시한다. '감정적 리얼리즘'은 드라마의 여러 특징들과 요인들이 수용자의 특정한 감정 구조를 자극하면서 발생할 수 있다. 드라마가 불러일으키는 이러한 감정 구조를 이엔 앙은 '비극적 감정 구조'라고 부른다. 책에서는 〈달라스〉의 텍스트 장르, 이야기 구조 등을 분석하면서 감정적 리얼리즘을 발생시키는 비극적 감정 구조가 어떠한 방식으로 나타나는지를 보여 준다. 다소 산만하게 다양한 요인들을 펼치는데, 멜로드라마의 에피소드적 특징에 의한 수용자의 상상적 개입, 프라임 타임 솝 오페라로서 이야기 구조의 확장, 〈달라스〉와 같은 미국적 방식의 미장센이 점점 더 세계 공중을 길들이며 시각적 즐거움을 불러일으키는 상황, 그리고 솝 오페라의 기본적 특징(유사한 캐릭터와 결과 없는 이야기 구조의 무한 반복, 등장 인물들의 삶의 '선택적' 강조와 같은 모순된 이야기 구조)이 작용하며 〈달라스〉의 비극적 감정 구조를 발생시키고 있다고 보았다.

하지만 이러한 비극적 감정 구조가 편지를 보낸 모든 이들에게서 나타난 것은 아니었다. 편지를 보낸 이들은 다양한 수준에서 텍스트를 읽었다. 주로 〈달라스〉를 싫어하는 사람들은 텍스트를 문자적이거나 외연적 수준에서 읽어 내려가는 경향이 있었다. 그러나 〈달라스〉를 좋아하는 사람들은 함축적 수준에서 〈달라스〉를 감상하는데, 이것은 여러 텍스트 요소들의 결과로 나타날 수 있는 연합적이거나 연상적인 의미들과 관계한 것이었다. 따라서 비현실적으로 보이는 사건, 관계, 상황들도 함축적 수준에서는 '인식 가능한' 사실로 보일 수 있었다. 더욱이 수용자는 텍스트를 '선택적'으로 읽으며 드라마를 인식한다. 즉 수용자는 텍스트를 총체성 속에서 바라보기보다는 적절하고 눈에 띄는 어떤 요소를 선택하고, 이를 중심으로 〈달라스〉를 감상하는 것이다. 이러한 방식의 감상 속에서 〈달라스〉에서 발생하는 사건들, 즉 책략, 배신, 사랑, 행복, 우정 등은 일상의 살아 있는 경험의 상징적 재현으로 간주되어 수용자들에게 경험되었다.

이러한 멜로드라마적 요소와 솝 오페라의 모순되고 산만한 이야기 구조에 멜로드라마적 상상력이 더해져 비극적 감정 구조를 불러일으킨다. 멜로드라마적 상상력으로 구현되는 '현실성'은 외부 세계의 현실과는 다른 '심리학적 현실감'의 구성으로 생산되는 허구적 세상의 '환상'과 관계한다. 허구적 세상에서 양식화된 〈달라스〉의 세상은 수용자의 즐거움에 기여한다. 그리고 수용자들은 자신들이 보는 허구 세상의 '환상'을 통해 현실의 "꽉 막힌 감정들을 배출"하는 것이다. 이엔 앙은 수용자들의 이러한 '도피'가 때때로 현실 감각의 상실 또는 현실로부터의 도피로 해석되기도 하지만, 수용자가 '현실성'과 환상의 차이를 분명히 구분하고 있다는 것을 강조한다. 이들의 즐거움은 현실을 유희하면서 현실을 거부하는 것이고, 이러한 가상적 세계의 참여가 수용자에게 즐거움으로 경험되는 것이다.

이엔 앙은 '멜로드라마적 상상력'의 특징을 설명한 피터 브룩스 Peter Brooks를 인용한다. 그에게 '멜로드라마적 상상력'은 일상 존재의 물질적 덧없음을 극복하는 심리적 전략으로 간주된다. 이는 시시하고 의미 없는 것으로서의 사소한 일상을 받아들이는 것에 대한 거부 또는 무능의 표현이다. 인류 역사에서 전쟁, 기아와 같은 비극으로 알려진 커다란 고통에 대한 언어는 넘쳐 났지만, 오히려 비극으로 알려지지 않아서 더 소통되기 어려운 '일상의 사소한 고통'들에 대한 위로의 언어들은 거의 없었다. 하지만 멜로드라마적 상상력 안에서 이러한 일상성은 특별한 것이 되며, 이 과정에서 고통받는 개개인의 심리적 손실감은 사라질 수 있다는 것이다. 적어도 텔레비전 앞에서 멜로드라마에 몰입하는 그 시간만큼이라도 그렇다. 그래서 〈달라스〉 보기는 수용자에게 위로와 즐거움으로 경험될 수 있는 것이다.

대중 문화 이데올로기와 수용자

멜로드라마적 상상력, 즉 드라마에 의해 재현되는 '비극적 감정 구조'의 감정적 리얼리즘을 확인하는 과정은 이엔 앙의 드라마 수용의 즐거움에 대한 이론적 구상물이다. 하지만 멜로드라마적 상상력을 형성하는 것은 수용자 개개인의 해석이기 때문에 실제로 〈달라스〉의 개별 수용자들의 해석이 모두 이러한 이론적 구상물에 의존하는 것은 아니다. 이엔 앙은 편지글을 토대로 다양한 수용자 유형을 나누고, 이 유형을 이데올로기와 관련해서 설명하고 있다. 이엔 앙은 한 논문에서 《달라스 보기》의 목적이 사회적 가치 서열을 내재하고 있는 대중 문화를 둘러싸고 있는 '오만한' 이데올로기를 비판하기 위해서였다고 밝히고 있다. 이러한 그녀의 집필 의도는 수용자와 이데올로기와의 관계에서 분명히 드러난다. 이때 이데올로기는 〈달라스〉를 둘러싸고 일어났던 지배적인 비판 담론의 근거가 되었던 것으로, 이엔 앙은 이를 '대중 문화 *Mass Culture* 이데올로기'라고 부른다. 대중 문화 이데올로기는 자본주의 상품 생산의 산물로 시장 경제 논리를 따를 수밖에 없는 대중 문화는 자본가의 이익에 기여하는 것 외에 '진짜' 세상을 감추는 싸구려 상품의 끊임없는 유통만을 낳는다는 시각을 가진다. 하지만 이엔 앙이 보기에 이러한 관점은 상품 소비의 특정 측면만을 강조한 것인데, 생산 수단으로부터 만들어진 상품이 수용자들에게 어떻게 받아들여지는지를 완전히 예측하는 것은 불가능하기 때문이다. 이러한 이데올로기와의 관계에서 〈달라스〉의 수용은 세 가지 유형으로 나뉘어 설명된다.

우선은 〈달라스〉를 싫어하는 사람들은 대중 문화 이데올로기와 가장 밀접하게 관련되어 있다. 이엔 앙이 보기에, 자기 확신, 분노, 짜증, 그리고 논리성을 강조하며 프로그램을 평가하는 이들의 단호한 어조는 일상의 생각들을 상식으로 확장시키는 지배 이데올로기가 이들의 주장을 지탱해 주기 때문에 가능한 것이다.

두 번째로 대중 문화 이데올로기를 확인하면서 이데올로기가 지시하는 판단과 관념을 이용하여 〈달라스〉를 '나쁜' 대상으로 판단하지만 동시에 〈달라스〉를 보는 즐거움을 경험하는 사람들이 있다. 이는 좀더 지적인 거리두기, 보다 우수한 주체 위치에 의해 제공되는 관람의 양상이다. 이들은 '낮은' 퀄리티에 대한 확실한 지식을 표현하면서도 동시에 드라마를 즐길 수 있는 여유가 있다. 이러한 모순은 '조롱'과 '아이러니'를 통해 통합될 수 있는데, 이것은 조롱하면서 동시에 무효화할 수 있는 방식이기 때문이다. 이엔 앙은 '아이러니'가 대중 문화 이데올로기의 규칙과 즐거운 경험 사이의 화해의 가능성을 만들 수 있다고 본다.

세 번째로 〈달라스〉를 좋아하는 팬들이다. 이들은 앞서 이엔 앙이 제시한 감정적 리얼리즘의 동일시를 통해 〈달라스〉를 감상한다. 이들은 이야기가 움직이는 대로 등장 인물들과 함께 욕망하고, 웃고, 울며, 때로는 두려움과 화의 감정을 느끼는 것을 즐겼다. 이들 관람자들에게 미적 판단의 이슈는 불필요하며, TV 비평가들이 고려하는 텍스트의 퀄리티는 중요하지 않다. 하지만 그렇다고 해서 이들이 대중 문화 이데올로기와 관계하지 않는 것은 아니다. 이들은 대중 문화 이데올로기와 자신의 드라마 애호가 서로 상반되는 것을 마주하며 이에 반응하는 몇 가지 다른 전략을 보였다. 첫 번째는 대중 문화 이데올로기 그 자체의 판단을 내면화하면서 인정하는 것이고, 두 번째는 대중 문화 이데올로기에 강하게 거부하는 것이다. 하지만 이러한 강한 거부 역시 대중 문화 이데올로기가 작용하고 있다는 것을 보여 주는 것이다. 그리고 마지막으로는 아이러니 메커니즘이다. 이때의 아이러니는 앞서 언급한 두 번째의 아이러니와는 다르게, 〈달라스〉 보기의 모순된 경험이 문제없이 통합되지 않는다. 여기서의 '표면적' 아이러니는 갈등하는 시청 경험의 표현으로, 이들은 즐거움을 거부하는 이데올로기의 힘과 〈달라스〉를 볼 때마다 느끼는 즐거움 사이에 갇힌 것이다. 이때 아이러니는 비밀리에 '진심으로' 〈달라스〉를 좋아하면서 대중 문화 이데올로기의 규범을 지키고자 하는 방어 기제로 나타나는 것이다.

이러한 분류를 통해 이엔 앙은 〈달라스〉 팬들이 자기 자신의 의지로 대중 문화 이데올로기를 계산에 넣고 있으며, 이에 반응하여 광범위하고 다양한 방어 전략을 사용하고 있다고 결론짓는다. 이 결과는 팬들이 자신의 〈달라스〉 사랑을 옹호할 수 있는 효과적인 이데올로기를 가지고 있지 못하는 것으로 앙에게 간주된다.

한편, 매우 드물게 〈달라스〉 팬들의 동일시의 대안 지점으로 보일 수 있는 관점이 나타나는데, 앙은 이를 대중주의*populism* 이데올로기라고 부른다. 이들은 〈달라스〉를 둘러싼 '이상한 반작용'을 무시하고, 대중 문화 이데올로기에 의해 환기된 유대 관계에서 상대적으로 자유로운 위치에 있는 듯이 보인다. 취향은 어떤 판단도 불필요한 자율적인 것이기 때문에 이들은 다른 사람들에 의해, 특히 위로부터 결정되는 미적 기준에 의해 자신의 취향이 판단되는 것을 거부한다. 이러한 대중주의 이데올로기는 〈달라스〉 팬들을 위한 매우 적절한 이데올로기인데, 편지에는 거의 나타나지 않았다. 그 이유에 대해 이엔 앙은 두 이데올로기가 기능하는 방식에 차이가 있기 때문으로 본다. 대중 문화 이데올로기는 주로 이론적인 특성을 가지고, 이에 따른 담론은 일관성과 합리성을 바탕으로 정교하고 광범위한 논쟁의 범위와 이론을 가지는 데 반해, 대중주의 이데올로기는 주로 실천적인 차원에서 동시적이며 무의식적으로 사람들의 일상에서 추정된다. 따라서 '취향은 판단될 수 없는 것'과 같은 제한된 어휘만을 가지기 때문에 다양한 의견을 피력하는 것을 어렵게 한다.

하지만 대중주의 위치는 사람들이 대중 문화 이데올로기의 처방에 따라 자기 자신들이 종속되는 것을 거부할 수 있는 직접적인 정당화를 제공한다. 이는 좋고 나쁨 사이의 가부장적 구별을 거절하고, 특별한 취향에 대한 죄책감과 부끄러움을 떨쳐버리기 때문이다. 상업적 문화 산업이 대중주의를 영리하게 이용하며 자신들의 이익 극대화를 목적으로 도용함에 따라 급진적 견해로 채택되는 데에 어려움이 따르지만, 이엔 앙은 그럼에도 대중주의 이데올로기를 보통 사람들이 그들 일상의 문화적 형식들을 상식으로 닻을 내리게 할 수 있는 것으로 바라본다.

앙은 보통 사람들이 〈달라스〉를 통해 제공받는 즐거움이 지금까지의 대중 문화 이데올로기에서 완전히 무시되어 왔다는 점을 지적하면서, 즐거움을 문화 정치의 실천의 차원에서 어떻게 바라보아야 할지를 고민한다. 특히 〈달라스〉 시청자의 대다수가 여성이라는 점에서 앙은 기존의 페미니즘 운동과 관련지어 설명한다. 앙이 보기에 여성들의 드라마 시청에 대한 대부분의 페미니스트 비평들은 이를 대중 문화의 가부장적 이데올로기로 너무 쉽게 비판하는 경향이 있다. 페미니스트 비평과 대중 문화 이데올로기의 '가공할 동맹'은 여성을 드라마의 기만적 메시지의 수동적 희생자로 만드는 경향, 여성 장르와 남성 장르를 서열적으로 구분하는 성적 경향을 포함하는 문제, 그리고 드라마 텍스트로부터 생산되는 특별한 의미들뿐만 아니라 여성 관객들의 즐거움을 완전히 고려하지 않는다는 문제 역시 가지고 있다.

비극적 감정 구조에 따라 드라마의 자학적 여성들과의 동일시를 통해 드러나는 즐거움에는 급진적 해방의 페미니스트 이상은 부재한다. 드라마는 단지 환상과 허구의 세상을 통해 현존하는 지배와 종속의 지겹고 복잡한 사회 관계로부터 여성들을 잠시 끌어내 준다. 이렇게 일상의 잠시 쉬어 가는 즐거움이 진전하는 문화 정치에 역행한다는 비난을 받을 수 있다. 그러나 독립적인 허구적 영역에서 즐거움을 경험하는 것으로 정치적 손익을 따지는 것은 무의미하다. 이엔 앙의 말을 그대로 인용하면, "허구와 환상은 즐겁거나 적어도 살 만한 세상을 만드는 데 기능한다. 그렇다고 이것이 급진적인 정치적 행동이나 의식을 배제하는 것은 아니다…… 문화적 소비가 고려되는 곳에서 환상의 '진취성'을 판단하는 어떠한 표준도 존재하지 않는다. 개인적인 것은 정치적일 수 있지만, 개인적인 것과 정치적인 것이 항상 서로 손을 잡지는 않는 것이다." 이러한 앙의 시각은 일반 대중이 지배 계급의 전략에 맞서 그 안에서 나름의 '전술'을 가지고 일상의 저항을 실천하는 것으로 본 프랑스 역사가이면서 철학자인 미셸 드 세르토Michel de Certeau의 '전술'과 매우 닮아 있다.

:: 〈달라스〉, 〈도쿄 러브 스토리〉, 〈겨울연가〉 그리고……

《달라스 보기》가 출간된 1980년대 초반은 커뮤니케이션 연구에서 몇 가지 변화를 맞고 있었다. 1980년대까지 전통적인 텔레비전 수용자 연구는 사회학과 심리학의 영역 내에서 이루어지고 있었는데, 이 연구의 사회학적 지향은 문학과 문화 이론의 좀더 발달된 분야와의 연계나, 영화 이론, 문학 이론, 레이거니즘에 대한 포스트모던 비판과의 연계도 거의 나타나지 않았던 시기였다. 하지만 이미 영국 문화 연구 이론가와 연구자들은 이 시기에 사회과학적 연구 기법보다는 해석학적 기반을 중요시하는 영역으로 이동하기 시작하고 있었다. 이들은 한편으로 영화 연구의 좀더 발전된 이론적 장치를 빌리고, 다른 한편으로 미디어 연구에 문화적 작업을 가져오면서, 텍스트의 지배 이데올로기 혹은 그것의 문화적 의미를 찾는 좀더 심도 있는 지적 연구의 장을 열었다. 다른 한편으로는 텍스트적 즐거움의 궤적을 따라 수용자 중심의 시각에서 텔레비전이나 일반적인 현대의 매스 미디어에 대한 문화적 비평을 생산하려 하였다. 그러한 연구 경향의 중심에 놓여 있는 책 중 하나가 바로 이엔 앙의 《달라스 보기》이다. 이러한 측면에서 《달라스 보기》는 텍스트의 특성을 일반화하거나 무시했던 '효과' 연구와 '미디어 충족' 연구와 같은 기존의 사회과학적 수용자 연구 전통에 직접적으로 도전하고 있는 것이었다.

이엔 앙이 《달라스 보기》에서 수용자를 바라보는 시각은 커뮤니케이션학의 주류 연구에 나타나는 시각과는 달랐다. 텔레비전의 행동 효과와 이에 취약한 또는 보호받아야 할 수용자에 대한 심리적 접근은 미디어 효과의 결과로서의 수용자를 가정하는 면을 가지고 있었다. 이엔 앙은 이전의 커뮤니케이션 연구 방식이 가지는 이러한 수용자의 수동성에 문제를 제기한 것으로 미디어 효과의 결과로 위치 지어진 수용자라기보다는 수용자를 미디어와의 상호작용, 다른 문화적 환경 안의 위치에서 바라본 것이다. 즉 이엔 앙의 《달라스 보기》가 수동적 수용자에서 능동적 수용자로의 인식 변화의 전환점에 위치한다는 것을 말해준다.

더욱이 《달라스 보기》를 비롯한 새로운 시선을 가지고 접근한 일군의 연구들은 수용자 연구가 이후 다양한 관점과 층위로 확장할 수 있는 계기가 되었다. 현재 수용자를 어떠한 관점으로 바라보아야 하는지는 학자에 따라 학문적 지류에 따라 촘촘하게 나뉘어져 있다. 이러한 복잡한 환경에서 이엔 앙이 수용자를 바라보는 시각은 그녀가 '즐거움'을 강조하면서 사회적인 것을 개인적인 것으로, 공식적으로 표명된 것(텍스트)을 사적으로 경험된 것(즐거움)으로 해석한다는 비판을 받기도 한다. 그러나 《달라스 보기》에 나타난 이엔 앙의 시각은 《방송 수용자의 이해》와 같은 다른 저작에서 좀더 명확해지듯이, 수용자를 낭만화하며, 사회적이거나 구조적인 규제와 통제의 중요성을 간과하고 있는 것은 아니다. 그녀는 수용자가 문화 산업 내에서 통제되는 경향이 있고 이들이 얼마나 이에 취약한 위치에 놓여 있는지를 강조하면서 얻을 수 있는 수용자 개인의 '능동성'이 훨씬 더 복합적이라는 것을 보여 주려 노력하는 것이다.

수용자에게 좀더 심도 있는 접근을 시도한 이엔 앙의《달라스 보기》가 선택한 방법론은 질적 연구 방법인 민속지학이다.《달라스 보기》가 출판되기 전, 커뮤니케이션 연구 방법론은 대부분 양적 분석 방법에 의존하고 있었다. 이러한 측면에서 이엔 앙의《달라스 보기》는 커뮤니케이션 방법론적 측면에서 새로운 변화의 지점에 놓여 있다고 볼 수 있다.《달라스 보기》의 '징후적 읽기'는 수용자 자신들의 발화된/쓰여진 언어의 이면에 감추어진 의미들을 탐색한다. 이 책에서 편지들은 수용자들이 자신의 선호도를 표현하기를 원할 때 생산하는 담론의 텍스트로 간주되고, 연구자는 그 뒤에 감추어진 의미를 '징후적으로' 읽으며 분석한다. 이엔 앙이 선택한 이러한 방법론은 한편으로 연구자의 '객관적 위치'에 도전하는 것이기도 했으며, 다른 한편으로는 이론과 데이터의 엄격한 분리의 이상을 해체하는 것이었다.

오늘날 커뮤니케이션학에서 질적 연구 방법은 양적 연구 방법 못지 않게 많은 연구자들에게 선호 받고 있다. 이엔 앙 역시 꾸준히 수용자 민속지학 방법을 채택하며 연구를 진행하고 있는데, 시간이 지날수록 앙이 선호하는 연구의 위치는 복잡하고, 정치적으로 조심스러운 수용자 민속지학이다. 앙은 세 가지 방식으로 수용자를 이해한다고 할 수 있다. 첫째, 수용자의 복잡성, 상호작용성, 지속적 변형성을 허락하고, 둘째, 비판적 시선을 가지고 수용자의 입장에 관여한다. 즉 수용자가 매우 복잡한 헤게모니 구조 내에 위치하고 있음을 항상 인식하며 관여하는 것이다. 그리고 마지막으로 연구자 자기 인식을 염두에 둔다. 연구자 자신 또한 수용자로 위치 지을 뿐 아니라, 텔레비전 시청자를 바라보는 관음증적 관여의 시선을 인식한다.

드라마 연구에서 이엔 앙의 접근 방식이 오늘날에도 여러 국가와 지역에서 이루어지고 있다는 것은 이 연구가 가지는 현재적 의의를 보여 주는 것이다. 수용자가 '능동적'이고 다양한 의미를 드라마로부터 구성할 수 있다는 인식은 텔레비전과 문화 연구 분야에서 자명한 진실의 지위를 획득하며 당연한 것으로 받아들여진다. 따라서 새로운 연구의 필요성에 의문이 제기될 수 있다. 그럼에도 많은 연구들은《달라스 보기》이후 특히 드라마가 세계의 수용자에게 받아들여지는 방식에 초점을 맞추고 있으며, 이러한 접근은 여전히 오늘날 텔레비전 연구를 위한 다목적의 인식론적 접근의 하나이다. 이는《달라스 보기》가 글로벌-교차 문화 수용의 연구와 관련된다는 점에서 그 이유를 찾을 수 있다.

이엔 앙은 최근에 〈달라스〉의 현재적 의미를 탐구하는 한 연구 논문에서, 동시대를 이해하는 방식으로 이론적이고 경험적으로 수용자가 컨텍스트 속에서 어떤 종류의 사회적·문화적 암시들로 드라마를 이해하는지를 탐색하는 것이 좀더 중요하다고 말하고 있다. 그녀가 보기에 〈달라스〉의 시기는 진정한 글로벌 텔레비전 픽션 역사에서 어떠한 전환점이 되었다. 〈달라스〉 이후 '시대 정신'은 변했다. 즉 〈달라스〉가 정서적 멜로드라마에 기반해 다수의 수용자들이 '환상' 안의 감정 기복에서 즐거움을 찾게 했다면, 이후에 전 지구적으로 확장된 〈섹스 앤더 시티*Sex and the City*〉와 같은 프로그램들에는 아이러니한 장난조가 덧붙여지면서, 수용자들이 과잉의 아이러니에서 즐거움을 찾는 것으로 이행했다. 그리고 이러한 이동은 포스트모던으로의 이동과 관계한다.

그런데 세계 각국에서 유행하는 드라마들이 모두 미국 프로그램의 시대 정신의 변화와 그 맥락을 똑같이 복제하거나 반복하는 것은 아니다. 미국은 여전히 대량의 프로그램을 세계로 확산시키며 영향을 미치고 있지만, 소비되고 다시 재생산되는 양상은 지역에 따라 매우 다르게 나타나고 있다. 1990년대 초반 동아시아에서 그 어떤 미국 프로그램보다 더 높은 인기를 얻었던 〈도쿄 러브 스토리〉는 단순히 서구 모델의 단순한 복제가 아니다. 이엔 앙이 보기에 도쿄는 동아시아 문화 모더니티의 상징으로 동아시아인들에게 수용되고 있었다. 더욱이 동아시아에서 〈겨울연가〉와 같은 고전적인 정서적 멜로드라마 이야기 구조의 인기는 각각의 지역 문화의 특색에 따른 좀더 심도 있는 논의가 필요하다는 것을 보여 주었다. 이러한 다양한 사례에서 드라마 수용의 민속지학은 지역(국가) 수용자의 일상 세계에서 글로벌화된 자본주의 모더니티의 문화적 변화 및 타협 과정, 또는 지역의 문화적 특수성을 이해하기 위한 유용한 방법론이 될 수 있다. 즉 교차-문화적 이해를 강화하는 방식으로 글로벌 텔레비전 문화를 바라보는 《달라스 보기》의 관점은 오늘날에도 세계의 여러 사례들을 이해하는 지침이 되고 있다.

함께 읽으면 좋은 책

로맨스 소설 읽기 Reading the Romance: Women, Patriarchy, and Popular Literature

재니스 A. 래드웨이Janice A. Radway 지음 | University of North Carolina Press | 1984

듀크대학의 문학사 교수인 래드웨이의 첫 저서로, 미국의 특정 지역 중산층 여성들이 로맨스 소설을 탐닉하는 까닭과 그 의미를 인종 기술학적으로 추적한 기록물이다. 이엔 앙의 《달라스 보기》에 공감한다면, 이 책에서 대중 독자 특히 여성의 독서 체험의 진정성에서 출발한 저항의 형식을 다시 한 번 확인할 수 있을 것이다.

일상생활의 실천 The Practice of Everyday Life

미셸 드 세르투 지음 | S. 랜덜S. Rendall 옮김 | University of California Press | 1984

프랑스 사회 이론가인 드 세르토는 지배 계급이 '전략'을 구사하며 기존의 체제를 유지하려 하는 반면 피지배 계급은 이를 그대로 받아들이는 것이 아니라 그 안에서 '전술'로 공존하고 있음을 이야기한다. 이는 대중의 서사 및 실천을 어떻게 바라볼 수 있는지에 대한 하나의 해석 지점을 제공해 준다.

방송 수용자의 이해 Desperately Seeking the Audience

이엔 앙 지음 | 1990 | 김용호 옮김 | 한나래 | 1998

이엔 앙이 수용자를 바라보는 방식을 이해하기 위해서 《달라스 보기》와 함께 보아야 하는 책이다. 이 책은 수용자로부터 시작되는 이야기라기보다는 수용자를 둘러싸고 있는 방송 환경 및 산업 구조에 대한 이야기이다. 방송 제도 및 규제가 얼마나 절실하게 수용자를 유혹하고 있으며, 그 과정에서 질적·양적으로 측정된 수용자에 대한 지식 자료들이 어떻게 '가상의 수용자'에 대한 권력으로 작용하고 있는지를 설명한다.

part 4

텔레비전 저널리즘

피에르 부르디외의《텔레비전에 대하여》, 게이 터크만의《메이킹 뉴스》, 닐 포스트먼과 스티브 파워즈의《TV 뉴스 어떻게 볼 것인가》는 텔레비전 저널리즘이 갖는 특성들을 제대로 이해하려면, 그 생산 과정의 내적·조직적 논리를 분석해야 한다고 역설한다. 나아가 이 책들은 텔레비전 뉴스의 다양한 문제점들을 제기하고 시청자들의 비판적 수용 태도를 촉구한다.

12 부르디외, TV에게 돌을 던지다 | 이 원
피에르 부르디외 ● 《텔레비전에 대하여》

13 뉴스는 현실의 거울이 아니라 재구성이다 | 임영호
게이 터크만 ● 《메이킹 뉴스》

14 뉴스쇼 속지 않고 보기 | 이완수
닐 포스트먼 · 스티브 파워즈 ● 《TV 뉴스 어떻게 볼 것인가》

12

부르디외, TV에게 돌을 던지다

피에르 부르디외

《텔레비전에 대하여》

이 원

텔레비전에 대하여
Sur la télévision

피에르 부르디외
Pierre Bourdieu

1996 | 현택수 옮김 | 동문선 | 1998

피에르 부르디외가 비판적 관점에서 텔레비전의 구조적 문제를 파헤친 책. 부르디외는 사회학이라는 학문적 울타리에 머물지 않고 인류학, 철학, 언어학 등에서 유익한 인식론적 자산을 발굴하고 이것을 사회학적 연구에 접목시킴으로써 사회 불평등에 관한 그만의 고유한 이론을 정립하였다. 《텔레비전에 대하여》는 그의 많은 저서 중 예외적으로 텔레비전의 문제를 다루고 있고 상대적으로 간략한 저서이지만 장*champ* 개념과 같이 그의 사회학적 관점과 분석이 살아 있어 텔레비전에 관한 심도 있는 성찰의 기회를 제공한다.

피에르 부르디외는 20세기 후반 사회학에서 사회 불평등이 재생산되는 메커니즘을 밝히는 데 가장 크게 기여한 인물이다. 그는 단순히 이론가로 머무르지 않고 사회 문제에 직접 참여함으로서 사르트르, 푸코 등과 같이 프랑스를 대표하는 실천적 지성인으로 평가받고 있다.

◆◆◆ 이 원은 성균관대학교 불어불문학과를 졸업하고 프랑스 리옹2대학교 현대문학 MAITRISE 학위를 받았으며, 보르도3대학교에서 정보 커뮤니케이션학으로 DEA 학위와 박사 학위를 받았다. 현재 인천가톨릭대학교 문화예술콘텐츠학과 교수이다. 방송과 문화 콘텐츠에 관한 다수의 논문을 발표하였다.

:: 부르디외를 만나다

2002년 1월 23일 프랑스 사회학자 피에르 부르디외는 세상을 떠났다. 그는 20세기 후반기 사회학을 발전시킨 가장 중요한 학자 중 한 사람으로 간주된다. 뿐만 아니라 그의 연구는 인문·사회과학 전반에 지대한 영향을 미쳤다. 그의 사회학적 연구는 사회 계급의 재생산 메커니즘을 밝히는 데 큰 성과를 이루어 냈다. 그는 경제적 요인들을 가장 중요하게 간주했던 마르크스주의 계열의 이론들과는 달리 재생산에 문화적, 상징적 요인들의 중요성을 강조하며 사회 불평등에 대한 새로운 사회학적 지평을 열었다. 그는 지배적 위치에 있는 주체들이 그들의 '상징적 폭력'을 정당화하고 행사함으로써 지배 계급의 재생산이 이루어지고 있음을 강조하였던 것이다.

나는 그가 세상을 떠나기 불과 약 2년 전 즈음에 보르도 정치학 그랑제콜Sciences Po de Bordeaux의 학생들이 마련한 토론회장에서 그를 눈앞에서 처음으로 보았다. 학생들이 어떤 질문을 하던 간에 성실하게 대답하는 그의 태도가 매우 인상 깊게 남아 있다. 거만한 지식 권력자의 모습은 거기에 없었던 것이다. 그때까지만 해도 멀쩡해 보이던 그가 얼마 후에 세상을 떠났다. 비록 그는 떠났지만 그가 이 세상에 남겨 놓은 많은 것들은 여전히 살아 있다. 수많은 책과 논문들 그리고 그의 말들이 프랑스뿐만 아니라 전 세계의 지성사에 소중하게 남아 있다. 뿐만 아니라 그의 연구는 사회의 발전에 크게 기여하였다. 그 스스로가 지성인으로 사회의 여러 가지 구조적인 문제를 개선하기 위해 노력해 왔다. 아울러 그의 책을 읽은 사람들이 사회 문제에 대한 인식을 새롭게 하고 그것을 개선하기 위한 운동을 개진할 수 있었다. 그래서 부르디외는 행동하는 지식인으로 프랑스 국민들의 존경을 받는 것이다.

:: 왜 《텔레비전에 대하여》가 나왔나

부르디외의 타개가 세상에 알려지자마자 프랑스 신문은 대대적으로 그의 학문적 업적과 지성인으로서의 발자취를 소개하는 글들로 신문 지면을 가득 채웠다. 반면 프랑스의 텔레비전은 의외로 조용했다. 그 이유는 그와 텔레비전의 불편한 관계로 보인다. 부르디외가 텔레비전에 관심을 가지기 시작한 것은 1990년대 중반이다. 1996년 그는 프랑스 공영 채널인 라 생키엠므La Cinquième가 편성한 미디어 비평 프로그램인 〈아레 쉬르 이마주*Arrêt sur images*〉에 초대되어, 알랭 쥐페Alain Juppé 정부의 정책에 반대하여 일어난 1995년 말의 대규모 파업에 대한 텔레비전의 보도에 대해 자신의 비판적 견해를 피력하는 시간을 갖게 되었다. 여기서 그는 텔레비전이 이 사건을 다루는 방식에 대해 매우 비판적인 주장을 전개하였다. 그런데 말하는 도중 진행자와 두 기자들이 지속적으로 개입하는 바람에 그는 자신의 생각을 제대로 표현하지 못하였고 프로그램은 그렇게 마무리되고 말았다. 그 이후 그가 쓴 책이 바로 《텔레비전에 대하여》이다.

그 당시 그가 텔레비전 스튜디오에 출연한 장면을 담은 영상들은 지금도 인터넷에서 찾아볼 수 있다. 당시 그는 충분한 설명을 하기 위해 말을 시작하지만 텔레비전 스튜디오에 매우 어색해하는 모습이 역력하다. 게다가 질문에 체계적인 답변을 시도해 보지만 얼마 지나지 않아 사회자와 초대된 기자의 끊임없는 개입으로 제대로 말을 이어가지 못한다. 이러한 난처한 상황이 부르디외의 표정에 그대로 드러나고 있다. 아마 기자들의 인터뷰를 경험했거나 텔레비전 스튜디오에 출연했던 사람이라면 이 상황을 충분히 이해할 것이다. 텔레비전은 말을 듣고 이것을 전하기 위한 매체가 아니었던 것이다. 단지 보고 싶은 것을 보고, 보여 주고 싶은 것을 보여 주는 매체였던 것이다. 부르디외가 텔레비전에 출연한 이유는 말로 설명을 하고 싶었던 것인데, 기자들이 원했던 것은 그의 출현 그 자체였던 것이다. 부르디외의 이미지였던 것이다. 그가 속된 말로 '낚인' 것이다. 이 사건 이후 그는《텔레비전에 대하여》라는 책을 쓰면서 텔레비전의 구조적 문제점을 강한 어조로 비판하였다.

:: 텔레비전의 메커니즘과 구조적 문제

누구에게 돌을 던질 것인가

부르디외의《텔레비전에 대하여》는 한마디로 정리하면 텔레비전을 마음껏 비판한 책이다. 그의 문체와 표현 그리고 내용까지 이러한 이 책의 특징을 잘 드러낸다. 이러한 책이었기에 TV 방송계에 종사하는 사람들에게는 참으로 심기를 불편하게 하는 책이기도 한다. 그래서 결과적으로 이 사람들의 반작용, 이른바 '역비판'이 이후에 등장한 것도 전혀 이해가 되지 않는 것은 아니다.

그런데 이 책을 읽다 보면 부르디외는 이미 이러한 업계 종사자들의 반응을 미리 예측하고 있었다는 것을 충분히 알 수 있다. 그래서 그는 사전에 오해의 소지를 없애기 위해 다음과 같이 말한다.

"여기서 대상은 '기자들의 권력'이 아니라(제4의 권력으로 간주되는 저널리즘은 더더욱 아니며) 점점 더 시장의 요구에 굴복하는 저널리즘 장의 메커니즘이 기자들에게 미치는 영향력이다. 그다음 그들을 통해 부분적으로 여러 문화적 생산의 장, 사법 장, 문학 장, 예술의 장, 과학 장에 미치는 그 영향력이다."

이 인용문에서 부르디외의 의도가 분명하게 드러난다. 그는 기자들이나 PD들을 비판하는 것이 아니라 그들에게 영향력을 미치는 텔레비전 저널리즘 장의 메커니즘, 즉 텔레비전 저널리즘의 구조적 조건 혹은 제약을 비판하는 것이다. 이 책의 신랄한 비판적 논조에 빠져들다 보면 중도에 잊어버릴 수도 있지만 부르디외의 이런 의도를 처음에 머릿속에 잘 각인하고 그의 글을 읽는 것이 매우 중요하다. 결국 이러한 관점에서 보면 텔레비전 업계의 종사자들도 이러한 메커니즘에 예속된 사람이며 일종의 희생자라고 볼 수도 있다. 그리고 그들이 이러한 메커니즘의 문제점을 덮기보다는 그것에 대한 인식을 사회와 공유할 때 그들 또한 그러한 속박에서 해방될 수 있다는 것을 알 필요가 있다. 그럼 이제부터 부르디외가 보여 주고자 했던 텔레비전 저널리즘 장의 메커니즘의 주요 문제점들을 하나씩 짚어 보자.

TV 저널리즘의 장과 시장의 압력

텔레비전 저널리즘의 메커니즘을 이해하기 위해서는 우선 부르디외의 매우 중요한 개념인 '장*champ*'을 이해할 필요가 있다. 저널리즘 장은 전체 세계의 일부분을 차지하는 하나의 작은 세계를 말한다. 장은 사회를 대우주로 볼 때 이 대우주 내에서 오랜 기간 동안 차별화 과정을 거쳐 등장한 소우주와 같은 것이다. 각각의 장은 자체적으로 고유한 법칙이 있고 다른 외부 세계로부터 일정한 독립성을 유지하고 있다. 그래서 외부적 요인들로는 이 저널리즘 장 내부에서 벌어지는 일을 충분히 이해하기 어렵다. 예를 들어 프랑스 민영 채널 TF1을 분석할 때 단지 이 기업의 대주주가 부이그Bouygues라는 통신사라는 사실만으로 이 채널의 문제점을 설명하는 것은 충분하지 못하다.

부르디외는 TF1을 제대로 이해하기 위해서는 보이지 않는 힘의 역학 관계를 볼 수 있어야 한다고 주장한다. TF1은 여러 채널들과 경쟁 관계를 형성하면서 이들과 함께 동일한 장에 속해 있다. 경쟁 관계의 양상은 수시로 변하는데, 예를 들어 시장 점유율, 광고주의 영향력, 대주주 지분 등을 통해 알 수 있다. 보통 텔레비전에서 드러나는 것은 사람들과 그들의 말과 이미지지만 이러한 힘의 역학 관계는 일반 사람들이 보기 어렵다. 하지만 사실상 이 관계가 하나의 장에서 구조적 문제를 보여 준다는 것을 주목해야 한다. 이제 다시 TF1으로 돌아와서 보면 이 채널은 프랑스 방송 시장에서 가장 높은 시청률과 광고 점유율을 가지고 있다. 한마디로 시장에서 지배적인 사업자인 것이다. 시장 지배적 사업자는 방송 혹은 저널리즘 시장 전체에 영향을 미칠 수도 있고 타 사업자의 시장 진입을 가로 막는 영향력을 행사할 수도 있을 만큼 여러 면에서 큰 영향력을 행사하는 사업자이다.

이처럼 하나의 장은 구조화된 사회적 공간이며 그 속에서 힘의 관계가 얽혀 있다. 장에서는 크게 지배하는 자와 지배받는 자가 존재하고 지속적인 불평등의 관계가 그 장 내부에서 형성되어 있다. 따라서 이 장은 동시에 이러한 관계를 변화시키는 움직임이 발생하는 투쟁의 장이기도 하다. 방송 채널 간 혹은 뉴스 간 경쟁은 시청자나 독자를 확보하기 위한 것이며 궁극적으로는 시장 점유율을 높이기 위한 싸움이다. 그리고 이 싸움의 최전선에는 바로 기자들이 있는 것이다.

기자들은 독점적인 정보, 특종을 다른 기자들보다 앞서 찾아야만 경쟁에서 우위에 설 수 있다. 이러한 경쟁은 표면적으로 경제적, 상징적 권력을 쟁취하기 위한 경쟁 관계에서 각 언론사가 처한 상황과 연결되어 있다는 것을 일반 사람들은 물론 기자들조차도 정확히 인식하지 못한 경우가 많다. 이처럼 TF1의 기자건, 〈르몽드*Le Monde*〉의 기자건 그들은 동일한 저널리즘의 장에 속하면서 의식적으로 혹은 무의식적으로 이러한 제약 속에서 일을 하게 되고 사회적으로 영향력을 행사하게 된다.

결국 특종을 찾기 위해 혹은 특종을 '만들기' 위해 기자들이 벌이는 경쟁은 이러한 경제적 상징적 권력을 가지기 위한 경쟁 시스템에서 이루어지는 것이다. 그래서 그들이 만들어 내는 기사들의 문제점들 또한 이러한 문화적 생산 메커니즘에서 비롯되는 것이다.

TV 저널리즘의 순응주의와 권력

오늘날 텔레비전의 힘은 막강하다. 그 힘은 바로 같은 시간에 조간과 석간 신문의 독자를 한곳에 집결시킨 것보다 더 많은 대중에게 메시지를 전달할 수 있다는 데 있다. 하지만 이러한 영향력은 곧 메시지에 영향을 미친다. 여기서 부르디외가 강조하는 것은 더 많은 사람들을 불러 모을수록 메시지는 더욱 미끈해진다는 점이다. 어떤 사건을 선택하거나 보도로 편집할 때 되도록 문제를 일으키지 않는 방식을 취하게 된다는 말이다. 그래서 옴니버스식 뉴스를 보도하면서 비오는 날과 날씨 좋은 날에 대해 말하고 특정한 이벤트에 눈길을 돌리게 된다. 달리 말하면 연성 기사들이 늘어난다는 것이다.

문제는 여기서 끝나지 않는다. 중요한 정치적 문제는 점점 줄어들거나 가끔 논란이 되지 않는 방향으로 보도를 하게 된다. 또 언론사 간 서로 눈치 보기와 따라 하기가 늘어나면서 동일하거나 유사한 기사들이 자꾸 재생산되는 경향을 보인다. 이러한 기사들은 사람들의 기존 생각이나 사회적 구조에 대한 문제 제기를 하지 않는다. 즉 텔레비전 보도는 우리가 세상을 보는 방식이나 생각하는 방식을 결코 바꾸지 않는, 모두에게 문제가 없는 미끈한 정보만을 제공하게 된다는 것이다. 그래서 부르디외는 텔레비전이 "대중의 정신 구조에 완벽하게 맞추어져" 있다고 말한다.

텔레비전이 이러한들 무슨 문제가 있겠는가! 만약 이 네모 상자를 쳐다보는 사람이 그리 많지 않다면……. 하지만 안타깝게도 그 반대의 상황이 오늘날 전개되고 있다. 텔레비전은 엄청난 대중을 상대로 한 정보 생산을 거의 독점하고 있는 것이다. 사실 부르디외는 TV 기자들이 문화적 생산의 장에서 열등한 피지배적인 자리를 점하고 있지만 독특하게도 그들은 매우 드문 방식으로 권력을 가지고 있다고 본다. 그들의 권력은 대중적으로 표현하고 존속할 수 있으며 대중적으로 알려지고 엄청난 인지도를 획득할 수 있다는 데 있다. 이처럼 TV 기자들의 사회적 영향력은 막강하다. 하지만 문제는 정보의 가벼움, 통속성, 순응주의 등 많은 문제점을 가지고 있는데 그 영향력이 이렇게 엄청나다는 데 있다. 그들은 일상에서 그들의 문제의식, 그들의 관점, 그들의 세계관을 그것이 어떠한 것이건 사회 전체에 전파하고 있는 것이다.

센세이션 텔레비전

부르디외는 저널리즘의 장에서도 권력의 투쟁이 있다고 말한다. 역사적인 과정을 거쳐 오늘날에는 신문보다 텔레비전이 이 장을 지배하는 자리를 점하게 되었다고 본다. 그는 그 증거를 몇 가지 제시한다. 우선 신문 지면에서 TV가 차지하는 비중이 커지고 있고 신문 기자들은 TV 뉴스에서 자신의 기사가 다루어지길 점점 더 원하고 있다. 또 의제 설정에서 점점 텔레비전의 결정권이 강해지고 있다는 것이다. 결과적으로 신문 기자들의 입지는 위협을 받고 있고 직업적 특수성에 의문이 제기되기 시작했다는 것이 부르디외의 분석이다.

이런 상황에서 가장 염려스러운 일이 발생한다. 그것은 바로 스포츠나 사건 사고 보도를 중심으로 이루어지던 '센세이션' 뉴스가 저널리즘의 장 전체를 잠식하기 시작했다는 점이다. 뉴스 보도국은 점점 더 특별하고 감각적이고 시각을 자극하는 뉴스를 생산하는 능력을 갖춘 기자를 채용하기 시작한다. 그리고 보도는 스포츠와 사건 사고 단신에 더 많은 비중을 두기 시작한다. 부르디외는 사건 사고 단신들은 탈정치화를 조장하고 세상의 삶을 여담거리나 험담거리로 만들어 버린다고 한탄한다. 유명 스타의 삶이나 로열 패밀리에 관한 보도들이 그러하다. 이러한 방식의 보도는 정치적 중요성이 없는 사건에 사람들의 시선을 돌리고 고정하는 일이다. 게다가 이런 보도에서 기자들은 드라마틱한 연출을 통해 교훈을 찾고 별 볼일 없는 일을 사회의 문제로 둔갑시킨다. 게다가 여기서 한발 더 나가 텔레비전 '철학자'들이 스튜디오에 불려 나오고 이 문제에 대해 토론을 한다. 그들은 의미 없고, 주변적이고, 단편적인 것에 큰 의미를 부여하기 위해 안간힘을 쓴다.

이러한 경향은 저널리즘 장에서 확산되는 경향을 보인다. 예를 들어 탄생 초기부터 문화 채널을 강하게 표방하면서 시청률에 신경을 쓰지 않던 아르테Arte가 서서히 타 상업 채널을 모방하기 시작한다. 〈르몽드〉 역시 선택의 기로에 서 있다. 부르디외는 보이지 않는 구조는 점차 개별적인 경험의 영역으로 확산된다고 보았다. 결국 보이지 않는 권력관계가 개별적인 분쟁이나 존재론적 선택에까지 영향을 미치는 것이다.

이러한 문제는 다른 장과는 차별화되는 텔레비전 저널리즘 장의 특징과 관련이 있다. 오늘날 저널리즘 장이 수학 장, 문학 장, 사법 장, 과학 장, 게다가 정치 장과 다른 점은 외부의 힘에 더 높은 의존도를 보인다는 것이다. 이 점은 매우 주목할 만한데, 프랑스 텔레비전 저널리즘 장은 탄생 이후 오랜 시간을 거쳐 1980년대 말에 와서야 겨우 정치적 독립을 획득할 수 있었다. 하지만 곧바로 방송의 상업화가 빠르게 확산되면서 이제는 시장의 수요에 매우 의존적이 되고 말았다. 게다가 저널리즘 장은 내부적으로 스스로 긍정적 혹은 부정적 평가 과정을 갖고 있지 못하다는 점이 다른 장과의 큰 차이점이라고 부르디외는 말한다. 그는 과학에서는 인용을 하거나 비평을 하는데, 저널리즘에서는 단지 보도를 다시 풍자하는 것밖에는 없다고 일침을 가한다.

다른 장들에 대한 영향력

텔레비전 저널리즘 장은 시청률을 매개로 경제적 장의 제약을 받기도 하지만 역으로 다른 장에 영향을 주기도 한다. 그리고 오늘날 다른 장에 대한 영향력은 매우 심각한 수준이라고 부르디외는 진단하고 있다.

텔레비전 저널리즘 장이 다른 주변의 장들에 미치는 영향은 매우 구조적인 것이어서 그 속에 있을 때는 잘 보이지 않는다. 텔레비전 화면에서 떠돌아다니는 영상은 잘 보인다. 그리고 기자나 PD 혹은 제작자의 이름과 얼굴은 쉽게 알 수 있다. 그리고 사람들은 텔레비전을 비판할 때 이러한 영상이나 진행자를 비판하는 경향을 보인다. 하지만 그 효과는 미미하다. 보도 영상 하나를 비판하거나 기자 한 명을 비판해 보았자 변화하는 것은 없다. 문제는 구조적이고 시스템적인 것이기 때문이다.

보통 텔레비전의 영향력이라 함은 여론 형성이나 청소년에 대한 영향을 많이 든다. 하지만 부르디외가 본 구조적 차원에서 텔레비전의 영향력은 차원이 다르다. 그의 눈에는 오늘날 모든 문화적 생산의 장들이 저널리즘 장으로부터 구조적으로 영향을 받고 있다. 기자, 팀장, 국장, 사장 등 개인들은 이러한 장들의 힘의 역학 관계에서 움직일 뿐이다.

저널리즘 장은 상업적 논리에 의해 더욱 더 지배되고 있는 실정이다. 이러한 영향을 받는 저널리즘 장이 다시 다른 장들에게 영향을 주는 것이다. 예를 들어 텔레비전은 시청률의 압력을 받고 있다. 이 압력은 텔레비전을 매개로 방송 저널리즘으로 쏟아진다. 그 다음에는 모든 저널리즘으로 쏟아진다. 그 다음에는 각 언론사에 속한 기자들에게 쏟아지는 것이다.

텔레비전이 영향을 미치는 장은 저널리즘뿐만이 아니다. 사법 장에서도 언론의 압력을 받고 있다. 이 압력은 판결에 영향을 미치거나 법조인이 언론 플레이를 하는 행위로 나타난다. 대학 장도 마찬가지다. 각각의 장은 그 속에서 자체적으로 고유한 가치들을 축적해 놓고 있다. 그러한 가치들에 따라 좋은 학자가 평가된다. 그런데 학문적으로 평가가 좋지 않은 학자를 텔레비전에 초정해서 그를 훌륭한 학자라고 평가한다면 학계는 엄청난 혼란을 겪을 것이다. 기자는 그것을 평가할 수 있는 자리에 있지 않음에도 학계에 개입하는 것이 되는 것이다. 이러한 방식으로 텔레비전에 자주 출연하는 정치학자, 수학자, 경제학자, 역사학자, 물리학자, 의학자, 건축학자가 나타나고 있다. 시청자들은 텔레비전에 등장한다는 이유만으로 그들에게 신뢰를 갖게 되고 그들은 쏟아지는 전화로 행복에 겨워한다.

여기서 물론 텔레비전의 다른 장에 대한 영향력을 긍정적으로 보는 사람도 있을 것이다. 다른 장 내에서 지배자와 피지배자와의 관계를 깰 수 있는 영향력이 있기 때문이다. 하지만 이 문제는 텔레비전이 그러한 것을 평가할 수 있는 자질을 갖추고 있느냐에 달려 있다. 한 정치학자가 말을 잘한다는 이유로 텔레비전에 지속적으로 출연한다면 학문적 기여나 깊이에 있어서 더 뛰어난 학자는 텔레비전에서 발언할 기회를 갖지 못하게 될 것이다. 그리고 시청자들은 왜곡되고 편파적인 정치적 견해에 길들여질 위험에 처하게 된다.

그럼 텔레비전을 어떻게 할 것인가

부르디외는 이 책에서 틈틈이 '실천'을 주문하고 있다. 그것은 그가 단순히 말로만 떠드는 지식인이 아니라 행동으로 실천으로 보여 주는 지성인임을 보여 준다. 텔레비전에 대한 새로운 담론, 즉 비판적 담론을 만들어 내는 일 자체도 매우 중요하지만 어떻게 이것을 개선해야 하는지는 학문을 하는 사람들에게 쉽지 않은 일이다.

부르디외가 생각하는 텔레비전의 문제를 개선하기 위한 방법은 우선 이것을 비판하는 방식에서 시작된다. 그는 처음부터 밝히지만 기자나 편집장 혹은 사장을 비판하지 않는다. 텔레비전 출연을 이용하여 유능한 역사학자 또는 수학자 또는 철학자 행세를 하는 사람을 비판하고 싶은 생각은 더더욱 없다. 또 날마다 텔레비전 앞에 서는 시청자를 비판하지도 않는다. 그가 비판하는 것은 바로 구조적 문제에서 발생하는 메커니즘이다. 이것에 대한 비판이야말로 문제를 해결하는 데 가장 기초적이고 중요한 수단이 된다. 이 네모 상자 안에 있는 사람이건 밖에 있는 사람이건 대부분 이러한 구조에서 피해를 입고 있고 어쩔 수 없는 상황에 처해 있다는 것을 모두가 함께 인식하는 것이 출발점이 되어야 하기 때문이다.

이러한 인식의 공유를 통해 구조적인 문제를 하나하나씩 풀어가자는 것이다. 예를 들어 부르디외는 방송에 출연하는 것을 좋아하지는 않지만 반대하지도 않는다. 다만 출연할 때 발화 시간, 주제, 질문, 스튜디오의 구조까지 가능한 한 협상을 할 필요가 있다고 주장한다. 그러한 협상 없이 출연한다는 것은 시각적이고 자극적인 텔레비전의 상업 논리에 동참한다는 것을 의미하는 것이기 때문이다. 출연을 의뢰하는 제작자도 만약 이러한 상업적 압력에 처해 있는 텔레비전의 문제를 함께 공유하고 해결코자 한다면 출연진의 의견을 받아들여 최대한 자유로운 토론과 가치 있는 주제를 다룰 수 있어야 한다.

:: 왜 다시 부르디외를 읽어야 하는가

《텔레비전에 대하여》는 세계적인 사회학자 부르디외가 예외적으로 텔레비전 비평에 할애한 책이다. 출간 직후 프랑스에서 큰 반향을 불러 일으켰고 수십만 부가 팔렸으며, 수십 개국에서 번역될 만큼 대중적으로도 성공을 거두었다. 이러한 상업적인 성공은 당시 특수한 상황에서 발생했을 것이다. 그렇다면 오늘날은 어떨까? 이 책은 여전히 텔레비전에 대해 우리에게 시사하는 바가 있을까?

역설적이게도 나는 방송에 관해 다수의 연구를 수행하였음에도 요즘 텔레비전을 거의 보지 않는다. 그러다가 부르디외의 이 책을 다시 꺼내 보면서 깜짝 놀라지 않을 수 없었다. 내가 텔레비전을 보지 않는 이유가 이 책 속에 조목조목 분석되고 설명되어 있었던 것이다.

물론 이 책에 대한 평가는 다양하다. 지나치게 비판적이라고 보는 사람도 있고 텔레비전 전문가가 아닌 사회학자가 지나가다 쓴 글 정도로 치부하는 사람도 있다. 또 어떤 사람은 기존의 그의 책에 비해 너무 짧고 깊이가 떨어진다는 사람도 있다. 일면 이해가 되는 부분도 있다. 프랑스에서 텔레비전이 민주주의에 긍정적으로 작용하는 면을 찾을 수도 있을 것이고 좀더 많은 자료와 분석이 아쉬운 측면도 있다. 그럼에도 불구하고 그의 글 속에 텔레비전이 우리 사회에 미치는 영향과 문제에 대한 핵심적인 내용이 들어가 있다고 생각한다. 게다가 중요하게 평가할 점은 이 책이 텔레비전으로부터 독립적으로 텔레비전의 문제를 서술하고 있다는 사실이다. 이 점이 이 책에서 뼈아프게 다가오는 부분이다. 게다가 텔레비전의 문제를 장 이론을 통해 구조적으로 이해한다는 점에서 기존의 텔레비전 비평과는 차원을 달리한다는 것을 알 수 있다.

방송학계에는 나를 비롯하여 텔레비전 전문가들이 많지만 실상 텔레비전으로부터 자유로운 사람은 그리 많지 않아 보인다. 그래서 텔레비전에 대한 제대로 된 비판이 많지 않다. 방송학계는 텔레비전의 영향력 내에 있을 뿐만 아니라 텔레비전의 헤게모니를 유지시키고 확장시키는 데 기여하는 조력자이기도 하다.

방송학계에게 텔레비전은 상징 자본과 경제 자본을 가져다주는 매우 중요한 수단이다. 따라서 학계와 텔레비전은 밖에서 잘 보지 못할 수도 있지만 은밀하고도 긴밀한 관계를 유지하고 있다. 텔레비전 채널 사업자는 이러한 관계를 적절하게 이용한다. 학회를 지원하고 원하는 세미나를 개최하면서 이 산업이나 사업에 도움이 되는 논문을 생산하게 하는 것이다. 어찌 보면 방송학계는 텔레비전의 현 메커니즘이 지금처럼 돌아가도록 방관하거나 그렇게 돌아가게 만드는 데 매우 중요한 역할을 했다고도 볼 수 있다. 그 과정에서 오늘날 심각한 문제로 인식해야 할 것은 점점 방송에 대한 비판적 논문이 사라지고 있다는 점이다. 대신 산업적 관점에서 방송을 바라보는 논문이 대세를 이루고 있다. 방송산업의 성장과 돈벌이에 학계가 앞장서는 꼴이 벌어지고 있는 것이다.

부르디외가 이 책을 썼을 당시 프랑스 텔레비전의 상황과 현재 한국의 텔레비전의 상황은 많이 다르다. 프랑스 텔레비전은 오랫동안 정치 권력의 손에 있었다. 하지만 1980년대 민영화 움직임과 함께 방송 커뮤니케이션의 자유가 마침내 찾아왔다. 그래서 부르디외의 비평에서는 정치 권력에 대한 문제가 언급되지 않는 것이다. 대신 프랑스 텔레비전은 새로운 권력의 영향하에 들어가게 되었다. 그것은 바로 자본 권력이다. 반면 한국의 텔레비전이 갈 길은 아직도 멀다. 아직 정치 권력으로부터 독립하지 못했을 뿐만 아니라 자본 권력으로부터도 통제를 받고 있다. 이러한 상황에서 제대로 돌아갈 수가 없다. 중요한 정치 문제는 거론되지 않는다. 대기업을 자극하는 보도도 피해야 한다. 오직 정부가 공식적으로 발표하는 것만 따라 써야 별 탈이 없다. 괜히 탐사 보도니 하면서 새로운 사실을 캐고 다니면 철퇴를 맞는다. 대신 날씨, 연예인, 스포츠, 사건 사고로 날마다 저녁 뉴스를 채운다. 아무도 불만을 제기하지 않고 사후에 탈도 없다. 요즘 텔레비전을 보고 있으면 한국이 굉장히 한가한 국가처럼 느껴진다. 실제로 고향 시골에 휴가를 갔다가 동네 사람들과 얘기를 나누어 보면 텔레비전이 사람들의 사회 인식에 얼마나 큰 영향을 끼치는지 놀라지 않을 수 없다. 한국의 수많은 곳에서 사람들이 고통을 받고 있고 시위를 벌이고 있지만 텔레비전은 오늘도 사람들이 폭염으로 물놀이 간 것을 보도한다. 부르디외의 표현을 빌리자면 "보여 주면서 감추기"를 하고 있는 것이다.

만약 부르디외가 한국의 텔레비전을 봤다면 이 책을 모두 폐기 처분할지도 모른다. 상대적으로 프랑스 텔레비전은 한국의 상황에 비하면 무척 양호하기 때문이다. 프랑스 텔레비전은 오히려 칭찬을 받아야 할 매체인지도 모른다. 안타깝게도 그만큼 오늘날 한국의 텔레비전은 심각한 상황에 처해 있다.

역사와 문화가 크게 다른 두 국가가 이처럼 부르디외의 책에서 유의미한 시사점을 상당 부분 발견할 수 있는 것은 이 책이 텔레비전 메커니즘의 구조적 문제를 다루고 있기 때문이다. 그 문제는 장과 장 간에 혹은 동일 한 장 내에서 힘의 역학 관계와 투쟁 그리고 상호작용 등을 통해 드러난다. 한국의 상황에 비추어 보더라도 텔레비전은 다른 장들과 특별한 관계를 맺는다. 여전히 정치적 장과 경제적 장의 영향하에 있지만 다른 장들과 특별한 관계를 유지하거나 다른 장들에 영향력을 행사하기도 한다. 역사적으로 어느 정도 독립된 장을 형성해 왔던 문학, 음악, 미술, 공연 등의 예술적 장들이 오늘날에는 텔레비전의 영향을 크게 받고 있는 것으로 보인다. 이 모든 것들은 구체적 연구를 통해서 살펴볼 가치가 있는 중요한 것들이다.

함께 읽으면 좋은 책

파스칼적 명상 Meditations pascaliennes

피에르 부르디외 지음 | 2000 | 김응권 옮김 | 동문선 | 2001

프랑스 사회학자 피에르 부르디외는 파스칼의 철학적 사유에서 출발하여 인간 존재의 특징들에 대한 성찰을 제공하고 있다. 인간이 만든 지식은 인간이 세계와 인위적인 거리두기를 하면서 만들어지는데, 그 과정에서 인간 존재는 상실되어진다. 부르디외는 이 책에서 인간의 사유 방식과 지식에 대한 성찰을 제공하면서 사르트르와는 다른 차원에서 실존적 인간을 모색하고 있다.

뉴스는 현실의 거울이 아니라 재구성이다

게이 터크만

《메이킹 뉴스》

임영호

13

메이킹 뉴스
Making News: A Study in the Construction of Reality

게이 터크만
Gaye Tuchman

1978 | 박흥수 옮김 | 나남 | 1995

뉴스는 우리가 일상적으로 접하는 현상이지만, 뉴스 현상에 대해 성찰적 거리를 유지하면서 이론적으로 명쾌하게 설명해 준 책은 드물다. 《메이킹 뉴스》는 뉴스 관행들이 어떻게 형성되고 유지되는지를 기술하면서, 행위자들이 주어진 구조적 환경에 대응하는 과정에서 생겨난 전략적 산물이라는 관점에서 이를 설명한다. 이 책은 출판된 지 40년이 채 지나지 않았지만, 뉴스라는 현대적인 현상을 이론적으로 이해하는 데 크게 기여한 언론학의 고전으로 꼽을 만하다.

게이 터크만은 미국의 사회학자로서 (미디어를 포함해) 문화사회학, 젠더 문화, 고등 교육 등 넓은 영역을 자유롭게 넘나들며 민속지학적 방법으로 탐구한 학제적 연구자이다.

◆◆◆ 임영호는 서울대학교 신문학과를 졸업하고 같은 학교 대학원에서 석사, 미국 아이오와대학교에서 언론학 박사 학위를 받았다. 현재 부산대학교 신문방송학과 교수이다. 책으로는 《전환기의 신문 산업과 민주주의》, 《신문원론》, 《민주화 이후의 한국 언론》, 《SNS혁명의 신화와 실제》(공저), 《대처리즘의 문화 정치》(역), 《스튜어트 홀의 문화 이론》(편역) 등이 있다.

:: 왜 이 책인가

언론인 직업을 꿈꾸는 학부생에게든 저널리즘을 연구 대상으로 삼는 직업 연구자에게든 뉴스는 핵심적인 관심사이면서도 일상적으로 접하는 친숙한 소재이기도 하다. 그래서 뉴스에 관한 실용서나 뉴스 생산 과정 종사자들의 경험과 정보를 담은 책은 넘쳐난다. 하지만 뉴스와 관련된 관행이나 제도들이 왜 생겨났는지에 관해 현실과 성찰적 거리를 유지하면서 이론적으로 명쾌하게 설명해 준 책은 드물다. 이 때문에 저널리즘은 사회과학뿐 아니라 언론학의 세부 영역 중에서도 여전히 학문적 '변방' 신세를 완전히 탈피하지 못했다는 통념이 지워지지 않고 있다. 터크만의 《메이킹 뉴스》는 바로 이 공백을 메워 준다는 점에서도 다른 뉴스 관련 책과 구분되는 높은 학술적 가치를 지닌다.

터크만은 이론적으로는 '구성주의,' 즉 구조적 환경 조건보다는 행위자의 관점에서 사회 현상을 접근한다. 저널리즘 실용서나 여러 무미건조한 학술적 문헌에서 언급되는 뉴스 관행(가령 취재원, 뉴스 가치, 뉴스 유형 구분, 카메라 앵글 등)이 어떻게 형성, 유지되는지를 기술하면서, 행위자들이 주어진 구조적 환경에 대응하는 과정에서 생겨난 전략적 산물이라는 측면에서 이 현상을 설명한다. 그는 뉴스 생산이라는 제도화된 사회 활동이 사회적 현실을 구성해 내는 행위 양식의 성격을 띤다고 보고, 뉴스 관행을 지식사회학의 측면에서 조망한다. 그 결과 《메이킹 뉴스》는 뉴스 조직이라는 사회 제도의 작동 과정을 설명하는 동시에 뉴스 관행이 어떻게 현실 인식을 위한 지식 형태로 통용되고 있는지를 잘 보여 준다.

터크만의 분석틀은 매우 이론적이면서도 시의적이다. 저널리즘 관련 문헌에서 흔히 볼 수 있듯이 현상에 관해 풍부한 정보를 기술하는 데 그치지 않고, 그 배후에 작동하는 지식 원리, 즉 지식에 관한 지식을 성찰적으로 탐구한다는 점에 터크만의 책은 장점이 있다. 신문과 방송이 주류이던 1970년대 말에 저술된 터크만이 온라인과 미디어 컨버전스 시대에도 여전히 유효한 것은 그의 책이 단순히 현상에 관한 정보 축적이 아니라 그러한 정보가 생겨나는 원리를 추구하는 성찰적 작업의 성격을 띠기 때문일 것이다.

:: 터크만의 지적 배경과 이력

《메이킹 뉴스》는 뉴스의 본질과 작동 과정을 예리하게 분석해서 이후의 연구에 큰 영향을 미쳤다. 이 책은 학부생부터 연구자에 이르기까지 폭넓게 읽히며 많은 사람들이 뉴스라는 현실을 이해하는 방식에 큰 영향을 미쳤다. 적어도 뉴스나 저널리즘이라는 매우 현대적인 현상을 다룬 저작 중에서 이 책이 핵심 저작으로 꼽힌다는 데에는 누구든 이의를 달기 어렵다.

물론 이 책을 '고전'이라는 범주에 포함할 수 있는지는 논란의 여지가 있다. 이 책은 출판된 지 40년이 채 지나지 않았으며, 터크만 역시 사상과 이론의 세계에서 위인전의 반열에 오를 정도로 거물도 아니기 때문이다. 하지만 뉴스와 미디어라는 지극히 시의적이고 현대적인 문제를 풀어내는 데에 과거의 현실에서 형성된 '고전'의 잣대를 적용하는 것은 그리 적합하지 않다. 더구나 뉴스를 제대로 이해해야만 현대 사회에서 정상적인 삶을 영위할 수 있다는 점을 감안하면, 터크만의 책이 기여한 부분을 과소평가해서도 안 된다. 그래서 고전이라는 불편한 용어 대신에 《메이킹 뉴스》를 언론학의 '명저'라는 잣대에 따라 소개하고 평가해 보고자 한다.

터크만은 미국에서 사회학자로 활동했고, 아직도 코네티컷대학 사회학과의 명예 교수로 이름이 올라 있으니 거의 현역 학자라고 보면 된다. 이 대학의 학과 홈페이지의 소개 내용을 보면 터크만은 스스로 민속지학자*ethnographer*로 여겼지만 역사적 방법에도 해박했다. 그의 주된 관심 분야는 (미디어를 포함해) 문화사회학, 젠더 문화, 고등 교육 등 넓은 영역에 걸쳐 있어, 학문적 경계를 넘나드는 학제적 연구자라 할 수 있다. 이 책은 언론학에서 대표적인 고전으로 꼽히지만 역설적으로 터크만은 언론 문제를 전문적으로 파고든 언론학자가 아니며, 그의 저작 중에서 언론 문제에 초점을 둔 저술도 그리 많지 않다. 터크만의 저작을 돋보이게 하는 부분은 특정한 학문 영역에 국한되기 쉬운 연구 대상이나 주제의 차별성이 아니라 바로 현상을 보는 그의 독특한 시각에 있다.

사회학의 선구자 중 한 명인 게오르크 짐멜은 일찍이 이런 명언을 남겼다. 아무리 사소해 보이는 그 어떤 현상이든 흥미로운 사회학적 문제로 삼을 수 있다고. 이를 입증하기 위해 터크만이 동료 교수인 해리 레바인Harry Levine과 함께 쓴 논문이 바로 뉴욕의 유대인들이 왜 중국 음식을 좋아하는지에 관한 민속지학적 연구이다. 음식에 대한 취향은 지극히 개인적이고 사적인 선택과 차이의 문제로서 사회과학적 연구 대상으로 그리 적합하지 않다고 생각하기 쉽다. 하지만 이 취향을 많은 사람이 공유하고 있다면 이야기가 달라진다. 특정한 음식에 대한 취향이 사람들의 생활 방식에 근거하고 있고 집단적 삶에 의미를 부여한다면 사회과학적 연구 대상으로서 충분히 가치가 있다.

터크만이 추구하는 민속지학은 바로 넓은 의미에서 이러한 문화 현상을 다루는 학문적 접근 방식이다. 다소 지엽적이고 엉뚱해 보이는 이 현상에 관한 연구에서 이들은 인종 집단의 문화적 패턴이 사회적으로 구성되는 방식을 밝혀 냈는데, 이 논문은 터크만이 현상을 접근하는 방식을 잘 보여 주는 대표작으로 꼽힌다. 터크만의 책이 갖는 장점은 주제 자체의 시의성보다는 바로 현실을 접근하고 문제를 찾아내고 분석하는 관점이 독창적이고 정교하다는 점이다. 수많은 뉴스 관련 저작 중에서도 터크만의 책이 세월을 뛰어넘어 여전히 읽히는 것은 바로 이 때문이다.

:: 뉴스란 무엇인가

터크만은 무려 10여 년에 걸쳐 뉴스 생산 과정을 참여 관찰하고 인터뷰한 내용을 토대로 《메이킹 뉴스》를 집필했다. 그는 반년 이상 동안 어느 도시 텔레비전과 신문사 조직에 들어가 이 조직들의 일상적 활동을 참여 관찰하고, 여성 운동 보도 사례를 분석하기 위해 실제 보도에 참여한 많은 기자들과 여성 운동 관련 지도자들을 인터뷰했으며, 뉴욕 시청 기자실에 대한 참여 관찰도 실시했다. 뉴스 생산 과정에 직간접적으로 관여하는 다양한 행위자들의 시각을 다각도로 파악하고 이해하기 위해 이처럼 오랫동안 끈기있게 작업을 수행한 것이다. 터크만이 추구한 민속지학적 접근 방식은 바로 이처럼 행위자들의 시각에서 사회 현상을 파악하고 이것들이 사람들의 삶에 주는 의미를 탐구하려 했기 때문이다.

터크만의 저술은 크게 두 가지 전제 위에서 논의를 전개한다. 하나는 뉴스란 현실을 반영하고 묘사하는 것이 아니라 현실 자체를 구성해 내는 행위라고 본다는 점이다. 이러한 구성 행위를 통해 일상적으로 발생하는 사건들이 뉴스 이벤트로 전환되며, 기자는 이 소재를 뉴스 기사 형태의 스토리로 구성해 전달한다. 두 번째는 뉴스 생산의 직업 이념인 전문직주의는 뉴스 생산의 근간이 되는 제도적 과정을 유지, 재확인함으로써 조직과 체제의 이익에 봉사하게 된다는 점이다. 이 효과는 뉴스 생산자의 의도와 무관하게 또 의식하지 못하는 상태에서도 발생한다. 기본 명제들을 근저에 깔고 그는 뉴스 생산과 관련된 다양한 주제를 차례로 검토한다. 가령 공간과 뉴스 그물, 시간과 뉴스의 정형화, 신축성과 전문직주의, 사실성의 그물, 재현과 뉴스 내러티브의 관행 등이 이러한 주제들이다.

뉴스는 '프레임'이다

'뉴스는 세계를 향해 나 있는 창이다.' 터크만의 책은 바로 이 문장으로 시작하는데, 이 문장이야말로 터크만의 관점을 가장 잘 요약해 보여 준다. 창틀을 통해 우리가 보는 바깥 풍경은 창의 크기나 창틀의 수, 유리의 맑고 흐린 정도, 창이 나 있는 방향에 따라 상당한 편차가 있다. 그리고 같은 창이라도 보는 사람의 위치에 따라서도 눈앞에 펼쳐지는 바깥 풍경은 달라지게 된다. 터크만이 창이라는 비유를 통해 말하고자 하는 요지는 우리가 뉴스에 대해 갖기 쉬운 환상을 깨트리려는 것이다. 뉴스란 현실을 거울처럼 객관적이고 투명하게 비춰 주지 않고 일정한 틀을 통해 걸러내고 재구성된 모습을 보여 준다는 뜻이다.

현대 사회에서는 시민들이 직접 보고 듣고 접촉할 수 있는 환경이 극히 제한적이어서, 그 대신에 미디어에 의존할 수밖에 없는 현실에서

이 주장은 매우 의미심장한 것이다. 뉴스 미디어는 우리의 직접 체험 대신에 우리가 '알고 싶어하는 것, 알 필요가 있는 것, 그리고 알아야만 하는 것'을 모두 전달하는 대리인 구실을 한다. 그런데 이 뉴스 매체가 뉴스라는 지식을 전달하는 과정에서 동시에 이 지식을 특정한 형태로 형성한다면, 우리는 이 과정을 비판적으로 이해해야만 현실을 제대로 파악할 수 있다.

오늘날 터크만의 이 명제는 저널리즘과 관련된 수많은 문헌에서 하나의 전제처럼 통용되고 있다. 가령 의제 설정*agenda setting* 이론에 따르면, 뉴스 매체가 수많은 사안 중에서 특정 이슈를 집중적으로 보도하면 사람들이 특히 그 이슈가 중요하다고 인식하게 되고, 그 결과 실제로도 이 이슈는 중요한 정책 의제로 부상하게 된다고 한다. 나아가 뉴스 미디어는 어떤 사안에 특정한 용어를 사용해 사안의 성격을 규정하고(프레임 이론), 때로는 사람들의 머릿속에 있는 관련된 다른 사안들을 함께 활성화해서 부각하는 방식으로(점화 이론), 여론의 주제와 방향을 규정하기도 한다. 바로 이러한 과정을 거쳐, 어떤 단순한 사건은 '뉴스 이벤트'로 바뀌고, 공적 성격을 띠는 사안으로 탈바꿈하게 된다.

그런데 만일 뉴스 미디어가 일정한 틀을 통해 구성된 현실을 우리에게 제시하고 있다면, 정치 공동체의 한 구성원으로 우리는 이 틀이 현실을 어떻게 특정한 방향으로 왜곡하고 걸러내는지 또 왜 그렇게 되는지 이해할 필요가 있다. 뉴스가 왜 어떤 사안을 특정한 틀을 통해 보여 주게 되는지에 대해 터크만은 흥미로운 설명을 제시한다. 뉴스의 틀은 언론인들에게 내면화한 직업 관행 형태로 작동하는데, 이는 언론인들이 주어진 직업 환경에 나름대로 대응, 적응하는 전략으로서 형성된 것이다. 터크만의 책에서 흥미롭고 시사점이 많은 부분은 바로 뉴스 관행들을 뉴스 생산 관련 행위자들의 주체적인 관점에서 파악하고 설명하려 한 데 있다.

여기서 언론인에게 주어진 환경 여건은 여러 가지 측면들로 이루어져 있다. 마감까지 주어진 시간은 적은데, 뉴스거리가 발생할 가능성이 있는 영역은 매우 넓다. 기사를 작성하려면 관련된 사실을 수집해야 하는데, 시간 제약 때문에 이는 그리 쉽지 않다. 또한 근거가 조금이라도 부실한 기사가 나갈 경우 명예 훼손 소송의 위험에 노출이 된다. 이러한 환경에서 언론인들은 나름대로 합리적인 대응 전략을 모색하고 그 결과 생겨난 것이 뉴스 관행이라는 것이다.

뉴스 그물의 비유

뉴스에 관한 교과서는 이러저러한 속성(뉴스 가치)을 갖춘 사건이나 정보가 뉴스라고 정의한다. 하지만 이처럼 정태적이고 교과서적인 정의는 어쩐지 가슴에 와 닿지 않는다. 현재의 뉴스 관행의 문제점에 대해 수많은 지적들이 이미 나와 있는 상황에서, 왜 이런 관행이 계속 통용되는지에 대해서도 일반 사람들은 선뜻 납득하지 못한다. 그렇다면 왜 언론인들은 이처럼 문제가 많은 관행들을 채택하게 되었는지, 왜 이를 바꾸기가 어려운지 생각해 보자. 터크만은 우선 공간적, 시간적 차원에서 뉴스 관행의 형성 과정을 설명한다.

우선 공간적인 차원을 보면 원칙적으로는 사람 사는 세상에서 거의 모든 사건이 잠재적인 뉴스거리가 된다. 기자들은 매일매일 뉴스거리를 찾아 나서는데, 어디에 가면 '뉴스 가치'가 있는 사건을 발굴할 수 있는가? 터크만은 뉴스 가치를 지니는 뉴스가 공간적으로 선별되는 과정을 '뉴스 그물*news net*'이란 비유로 설명한다.

뉴스 조직은 매일매일 신선한 뉴스를 수집하기 위해 뉴스 그물을 던진다. 언론사는 독자적으로 전 세계를 빠짐없이 커버하는 것이 아니라, 구멍이 숭숭 뚫린 뉴스 그물을 특정한 장소에 집중적으로 던져 뉴스를 건져 올린다. 뉴스에서 정부나 공공 기관이 많이 다뤄지는 것은 바로 여기서 정보가 많이 발생한다고 판단해 기자들을 집중 배치하기 때문이다. 뉴스 그물의 비유가 암시하듯이 취재망을 이처럼 '편향'되게 배치하는 관행은, 흔히 기자들이 직업적으로 공유하는 뉴스 가치라는 개념으로 합리화된다.

원칙적으로는 큰 먹잇감이 있을 만한 곳, 즉 중요한 지점에 그물을 치지만, 실제로는 뉴스 그물을 배치하는 곳이 중요한 뉴스거리로 부상하는 효과를 낳기도 한다. 즉 어떤 기관의 정보가 원래 중요하기 때문에 뉴스가 되기도 하지만, 어떤 면에서는 직업 관행에 따라 그 기관이 뉴스로 선택되었기 때문에 중요성을 띠게 된다. 취재원의 선택 관행은 기자의 직업적 편의성에 맞추어 형성된 것인데도, 우리는 이를 너무 당연시하고 있다.

따라서 뉴스 그물이란 확률에 따라서 투자하는 수학적이고 중립적인 개념이 아니라, 뉴스 조직 안밖의 권력 관계나 위계에 근거해 형성되는 사회적 개념에 가깝다. 첫째, 뉴스 그물은 뉴스화되는 사건이 발생하는 장소를 결정하기 때문에, 사회에 특정한 방식으로 질서를 부여하는 기능을 한다. 시청에는 기자가 출입하고 사회 운동 단체에는 기자가 배치되지 않는다는 것은, 시청의 정책이나 행정적 안건이 사회 운동보다 뉴스 가치가 더 높게 평가받는다는 뜻이다. 즉 취재원으로서 공공기관에 과도하게 정당성을 부여함으로써 결과적으로 다른 기관이나 사건들을 뉴스의 고려 대상에서 체계적으로 배제하는 효과가 발생한다.

둘째, 뉴스 그물은 정보 수집자들 간의 위계에 근거하고 있으며, 이 구조는 뉴스 가치 판단에도 영향을 미친다. 즉 같은 뉴스라도 누가 수집한 정보인지에 따라 뉴스 가치가 달라진다. 편집자들은 통신원들이 취재한 기사보다는 기자들이 취재한 기사를 선호하고, 통신사 기사보다는 자사에서 취재한 기사를 더 중시하는 경향이 있다. 또한 뉴스 조직 내에서는 여러 부서 간에 조정과 협의를 거쳐 뉴스 여부를 결정하는데, 이는 부서 간의 경쟁이나 권력 관계가 뉴스의 성격이나 뉴스 가치 결정에 작용한다는 뜻이다. 뉴스 그물은 공간적으로 넓은 지역에 퍼져 있기 때문에, 기자들은 담당 지역별로*geographical territoriality*, 담당 조직별로, 담당 분야별로 취재 영역을 나누어 맡게 된다. 그런데 사건에 따라 영역이 겹치게 될 경우, 취재 부서 간에 조직적 교섭 과정을 통해 결정하게 된다. 이처럼 뉴스 가치 판단이란 단순히 지식을 식별하고 골라내는 인지적 과정이 아니라 체제나 조직의 역학 관계에 의해 만들어지는 사회적 산물이라는 점을 터크만은 강조한다.

시간적 직업 전략으로서의 뉴스 유형화

뉴스 관행은 또한 언론인이 늘 겪게 되는 시간적 작업 환경과 밀접한 관련을 맺고 형성되었다고 터크만은 말한다. 기자는 뉴스 제작 과정에서 늘 시간 부족에 시달릴 뿐 아니라 사건 발생 자체가 예측하기 어렵다는 점 때문에, 불확실성이 매우 높은 환경에서 일한다. 뉴스 발생의 공간적 범위가 방대한 데서 발생하는 어려움을 나름대로 조정하려고 노력하는 데서 뉴스의 공간적 관행이 생겨났듯이, 시간적 불확실성을 예측가능하게 관리하는 과정에서 우리에게 친숙한 뉴스 유형들이 관행으로 형성되었다.

기자의 직업 활동에는 매일매일, 혹은 주간 단위로 작업의 시간적 템포가 있다. 우선, 기자가 취재하는 담당 출입처의 업무 시간 역시 기자의 활동 시간에 맞춰져 있다. 그래서 공공 기관들이 쉬는 주말에는 돌발 사건 외에는 뉴스거리가 적다. 기자들이 하루 동안 처리하는 작업량과 작업 순서 역시 지면 편집 일정을 감안해 정해져 있다. 바로 이 때문에 비슷한 사건이라도 발생하는 시간대에 따라 뉴스 가치가 달라진다. 이른 아침이나 퇴근 이후, 주말에 벌어지는 사건을 취재할 기자가 적기 때문에, 이 시간에 발생하는 사건은 웬만하면 뉴스 가치가 높은 기삿거리가 되지 않는다. 즉 뉴스 조직의 내부 작업 일정은 뉴스 가치 평가에도 큰 영향을 미친다는 뜻이다.

시간적 측면이 뉴스 가치 판단에 작용하는 또 한 가지 차원은 주어진 작업 시간대 내에서 기자들이 사건을 처리하는 방식과 관련되어 있다. 모든 사건은 나름대로 독특한 특징을 지니며, 지금 막 일어난 사건은 과거의 어떤 사건과도 다른 것이다. 하지만 이렇게 되면 기자들은 엄청난 사건의 홍수를 처리할 여력이 없다. 그래서 기자는 일종의 타협책으로서 뉴스 제작에서 몇 가지 유형을 정해 놓고 매일매일 부닥치는 대다수의 사건들을 이에 따라 기계적으로 분류해 처리하려 한다. 여기서 뉴스의 유형화라는 타협책은 사건의 내용이나 주제(즉 무엇이 발생했는가)와 무관하며, 그보다는 '어떤 방식으로' 사건이 발생했는지에 대한 판단에 근거해 만들어진다고 터크만은 강조한다. 즉 뉴스 유형화는 대상 사건의 본질적 특성이 아니라 직업적 편이성 때문에 생겨난 관행에 다름 아니다.

터크만에 따르면, 뉴스의 유형화는 기자가 시간적 작업 환경의 어려움에 대응하는 전략으로서 만들어진 것이다. 여기서 핵심적인 부분은 '유형화*typification*'라는 개념이다. 유형화는 범주화와 차이가 있다. 범주화가 대상 사례들의 현저한 본질적 특성에 따라 대상을 분류하는 것인 데 비해, 유형화는 행위자들이 현재 직면한 실제적인 문제나 과제를 해결하는 데 중심이 되는 특성을 토대로 분류하는 실용적 개념이라는 점에서 차이가 있다. 즉 기자는 매일 보는 사건들을 자신의 직업 여건에 맞춰 형성된 잣대에 따라 재구성한다는 뜻이며, 우리가 보는 뉴스 유형은 이 기준에 따라 나타난 것이다. 유형화는 대상의 속성보다는 작업 여건이나 특성에 따라 정해지기 때문에, 그것이 적용되는 배경과 작업 상황에 깊이 뿌리박고 있으며 그 안에서 의미를 지닌다.

기자들은 뉴스거리가 될 만한 사건들을 유형화라는 틀에 맞추어, 자신의 일상적 작업 일정을 짠다. 뉴스를 유형화하는 데서 특히 중요한 고려 사항은 기자의 시간적 작업 리듬이다. 기자는 시간에 쫓기기 때문에, 어떤 사건이 급히 보도해야 할 사안인지, 발생이 예정되어 있어 작업 일정을 사전에 정해 놓을 수 있는지 등을 감안해 나름대로 업무의 우선 순위를 정한다.

이렇게 해서 터크만은 경성 뉴스*hard news*와 연성 뉴스*soft news*, 스폿 뉴스*spot news*, 전개 중인 뉴스*developing news*, 계속적인 뉴스*continuing news* 등의 유형들을 새로운 관점에서 해석한다. 가령 저널리즘에서 기본적인 뉴스 구분인 연성 뉴스와 경성 뉴스도 작업의 시급성이란 측면에서 파악할 수 있다. 경성 뉴스는 시의성이 강해 급히 보도해야 하는 사안이지만, 그럴 필요가 없는 때는 연성 뉴스가 된다. 물론 경성 뉴스 중에서도 비행기 추락 사고처럼 예정할 수 없는 사건도 있고, 기념 행사처럼 미리 예정된 사건도 있다. 하지만 연성 뉴스는 이러한 예정과 무관한 사건들이다. 터크만의 논의에서 흥미로운 부분은 바로 이처럼 행위자의 관점에서 뉴스 관행이 형성되는 과정을 설명한다는 점이다. 터크만의 접근 방식 덕분에 뉴스 관행이나 유형 등은 현실의 단면에 관한 정태적이고 단편적인 정보가 아니라 생생하고 역동적인 사회 현상으로 우리 눈앞에 펼쳐지게 된다.

직업 관행으로서의 '사실성'

사실이나 객관성 따위는 저널리즘에서 가장 중시되면서 자주 사용되는 단어이다. 터크만은 저널리즘에서 사실이라는 문제를 흥미로운 관점에서 해석해 제시한다. 사실이란 우리가 거의 일상적으로 쓰는 단어이지만, 저널리즘에서 이 단어는 우리가 흔히 떠올리는 의미와 상당히 다른 맥락에서 사용된다. 터크만에 따르면 뉴스에서 '사실'이란 '알게 된 대상과 그것을 알게 된 방법 간의 관계를 분명히 하는, 직업상 정당한 것으로 인정된 방법에 의해 수집된 관련 정보'를 말한다.

물론 저널리즘뿐 아니라 철학이나 과학 같은 학문에서도 사실이란 정보나 지식이라는 내용뿐 아니라 그것을 알게 된 방법, 절차가 매우 중요하다. 하지만 학문적 지식과 달리 뉴스는 사실의 수집에 투입할 수 있는 시간이 많지 않다. 학문적 지식의 잣대를 적용하면, 어떤 뉴스든 충분한 사실적 근거를 제시하기가 거의 불가능할 것이다. 그래서 뉴스에서는 직업적 관행에서 인정된 절차를 준수하면 사실로 간주해 준다. 과학적 사실을 입증하는 데 필요한 증거와 뉴스의 사실성을 뒷받침하는 근거는 다르다는 것이다. 이 때문에 일반 시민들이 생각하는 사실 보도와 기자들이 이해하는 사실 사이에는 상당한 편차가 생겨난다. 뉴스 제작에서 사실을 입증하는 일은 지식 탐구 과정이 아니라 정치적이며 직업적인 관행의 영역에 속한다.

터크만이 보기에, 뉴스에서 사실을 규정하는 독특한 관행은 뉴스 생산 과정에 연루된 수많은 행위자들 사이의 상호작용에서 불가피하게 생겨나는 결과물이다. 마감 시간과 경쟁에 쫓기는 기자들은 한편으로는 남보다 빨리 뉴스를 발굴해서 보도해야 하지만, 다른 한편으로는 보도 내용을 입증하는 근거 사실을 치밀하게 확보해 외부의 비판이나 상사의 질책, 심지어 명예 훼손 소송의 위험에서 자신을 방어해야 한다.

이 두 가지 요구는 서로 상충하는 가치들이어서 동시에 달성하기 쉽지 않다. 뉴스의 사실성을 구성하는 관행은 바로 이 두 가지를 나름대로 절충해서 작업을 수월하게 하려는 기자의 합리적 전략 선택의 결과로 생겨났다. 터크만은 사실 대신에 '사실성*facticity*'이라는 용어를 자주 사용하는데, 아마 사실 입증 과정의 사회적이고 상대적 성격을 강조하기 위한 것이 아닌가 한다.

그렇다면 뉴스 내용이 사실이라고 주장할 수 있는 방법은 무엇인가? 가장 핵심적인 고려 사항은 바로 독자나 시청자의 신뢰성을 얻을 수 있는 정보 출처, 즉 취재원의 선택인데, 일반적으로 기자는 주로 공공 기관 등의 취재원에 의존해 기사를 작성한다. 이는 일반적으로 공공 기관은 해당 기사 주제와 관련해 가장 전문성과 신뢰성이 높은 정보를 제공할 것이라고 일반인들이 믿기 때문이고, 기자들도 그렇게 가정하고 작업을 한다.

하지만 출입처의 정보나 주장이 논란의 여지가 있는 사례도 있는데, 이 경우 기자는 다음과 같은 관행을 활용해 입증 책임을 벗어나려 한다. 첫째는 사실성의 재배치이다. 공적 지위에 있는 사람의 발언이라고 해도 진술 내용을 입증하기 어려울 경우, 이와 상반되는 주장을 함께 인용해 논란을 피해간다. 여기서 중요한 것은 발언 내용의 진위 여부보다는 발언자가 중요한 공적 지위에 있는가 하는 문제이다. 둘째는 사실의 전가라는 관행인데, 이는 취재원의 신뢰성에는 나름대로 서열이 있어 어떤 취재원은 다른 데보다 정보의 신뢰성이나 정확성, 전문성이 더 높다고 가정한다. 셋째는 인용 부호의 현명한 사용이라는 관행이다. 원래 취재원의 주장은 단기간에 사실성 여부를 확인하기 어렵다. 하지만 이 주장을 인용 부호에 넣어 인용함으로써, 기자는 기사 내용과 거리를 두고 마치 객관적으로 사건을 기술한 것처럼 보이게 만든다는 것이다.

이 관행들을 통해 기자는 기사 내용에 대한 입증 책임을 외부 취재원에 전가하는 등 교묘한 절차로 기사와 거리를 유지한다. 하지만 기자가 사실성이라는 직업적 기준을 충족했다 해도 뉴스 내용의 사실성을 실제로 입증한 것은 아니다. 일반적인 통념에 따르면 믿을 만하다고 인정받는 공직자의 발언이나 주장을 인용했을 뿐 기사 내용이 사실이라는 증거는 제기하지 못했다고 할 수 있다. 즉 뉴스 관행에서 사실성이란 내용에 대한 실질적인 입증 절차가 아니라 책임을 외부에 떠넘기는 형식화한 직업적 관행에 불과하다.

또한 이러한 교묘한 책임 떠넘기기 전략에는 독자들도 연루되어 있다. 기자가 그 출입처 공직자를 취재원으로 선택한 것은 단지 접근의 편의성 때문만이 아니라 이들의 발언은 권위가 있을 것이라고 사람들이 믿기 때문이다. 기자와 출입처, 일반인 사이에 서로 얽혀 있는 상호 책임 전가의 관계, 바로 여기에 뉴스의 사실성은 의존하고 있다. 뉴스에서 사실 입증 문제를 터크만이 사실성의 망*web of factivity*이라는 용어로 설명하려 한 것은 아마도 이 사실 입증 과정이 여러 행위자 간에 얽힌 복잡한 관계에 의존하고 있다고 보기 때문일 것이다.

뉴스에서 사실 자체가 사회적으로 구성되는 현상이라고 보는 터크만의 관점은 뉴스 영상에 대한 설명에서도 잘 드러난다. '백문이 불여일견*Seeing is believing*,' 즉 눈으로 보는 영상은 현실의 단면을 여과없이 그대로 보여 주는, 부인할 수 없는 사실이라는 게 일반적인 통념이다. 하지만 텔레비전 뉴스에서 현실을 묘사하는 관행을 살펴보면, 이 통념 자체가 상당 부분 허구임을 알 수 있다. 터크만은 뉴스 영상의 현실 묘사, 서술 방식 역시 사실을 자의적으로 규정하는 직업적 관행에 다름 아니며, 이는 또한 우리가 공유하는 상식과 문화에 근거하고 있다고 본다.

방송 기자는 현장 촬영 시 예외적인 상황을 제외하면 슬로우 모션이나 패스트 모션을 기피하며 눈높이 앵글을 고수하는데, 이는 뉴스 관행에서 이것들이 현실을 객관적으로 비춰 주는 방식이라고 간주하기 때문이다. 가령 카메라 기법에서 하이 앵글은 사람들을 개개인이 아니라 수많은 군중 속의 일부로만 비치게 하며, 카메라가 피사체에 가까이 갈수록 그 사람을 정서적이고 사적인 관계로 보이게 해준다. 이는 영상 자체도 생물학적인 시각적 인지에 의존하는 중립적인 사실이 아니라 현실을 재구성해 보여 주는 뉴스 관행이라는 사회적 과정의 일부임을 말한다.

:: 학문적 영향력과 의의

터크만의 책은 뉴스 생산 과정에 관한 탐구이자 뉴스 조직 관행이 외부의 사회 체제와 연계되어 작동하는 방식에 관한 심층적 고찰이라 할 수 있다. 그런데 이처럼 학술적으로 치밀하게 쓰여진 책이 단지 전문 연구자의 독서 목록에 머물지 않고 특히 미국에서는 저널리즘을 직업 커리어로 꿈꾸는 학부생에 이르기까지 널리 읽히고 있다는 점은 의미심장한 일이다. 실용적인 측면에서 보자면, 이 책은 뉴스 종사자의 직업 관련 지식과 관행을 세심하게 기술하고 있을 뿐 아니라 뉴스 조직과 사회 제도가 연계되어 작동하는 방식을 예리하게 진단하고 있어, 진지한 언론인 지망생에게 커리어 가이드로서도 유용하다. 동시에 전문 연구자에게는 현상에 대한 풍부한 기술 못지 않게 그 현상을 풀어내는 방식이나 관점이 흥미롭다. 이 책은 뉴스라는 사회 현상에 대한 이론적 접근 방식의 한 전범을 보여 주고, 사회적 앎의 양식으로서 뉴스라는 지식 형태의 생성 과정을 보는 시각을 제공하고 있어 뉴스 현상을 연구하는 데 이론적 함의가 매우 크다.

터크만의 시각은 장차 뉴스 현장에 종사할 젊은이들이 저널리즘의 현실을 이해하고 대안을 모색하는 데 유익한 시사점을 던져 준다. 터크만은 특히 현재의 뉴스 관행들이 왜, 또 어떻게 형성되었는지를 파악하는 데 주력하고 있다는 점을 유념할 필요가 있다. 터크만이 보기에 이 관행은 주어진 환경의 압력에 기자들이 나름대로 합리적인 대응 방안을 모색하는 과정에서 타협책으로 형성된 결과물이다. 그런데 사실 이 관행들은 '현실을 보는 창'으로서 유일한 선택이 아니라 여러 대안 중 하나에 불과하다.

어떤 현상을 정태적인 상태가 아니라 형성 과정이라는 동적인 관점에서 이해하면 그것을 마치 자연 현상처럼 당연하게 받아들이지 않고 비판적으로 검토해 볼 수 있는 여지가 생긴다. 현재의 뉴스 관행은 단지 현재 언론인들이 주어진 환경의 어려움에 전략적으로 대응하는 직업적 편의성의 결과로 나온 것일 뿐 얼마든지 다른 양상으로도 구현될 수 있다는 뜻이다. 바로 이러한 시각은 자칫 현장 관행에 매몰되기 쉬운 언론인들에게 사회 현상에 대한 비판적 시각을 길러 주는 좋은 지적 훈련의 기회를 제공해 준다. 더구나 현재 미디어 환경에서 전개되고 있는 기술적, 경제적, 사회적 변화를 감안하면 지금까지의 뉴스 관행은 새로운 변화의 가능성에 열려 있고 또 그렇게 가야 바람직하다. 터크만의 접근은 바로 이처럼 주어진 현재의 현상을 역동적인 변화 속에서 비판적으로 해석하면서 새로운 대안을 탐색하는 데 유용한 시사점을 제공해 준다.

앞서도 언급했듯이 터크만은 뉴스 관행의 형성 과정을 외적인 구조적 요인이 아니라 제작 과정에 참여하는 행위자들의 역동적이고 주체적인 상호작용이라는 관점에서 파악한다. 그런데 흥미로운 점은 이처럼 행위자들의 자발적이고 능동적인 참여를 통해서 형성되는 뉴스 관행이 왜 기득권 체제 옹호적인 성격을 띠게 되는가 하는 문제이다.

주지하다시피 우리에게 친숙한 뉴스라는 현상을 둘러싸고 그동안 다양한 평가, 주장, 논의들이 서로 각축을 벌였다. 한편으로는 (주로 현직 언론인들을 중심으로) 민주주의 사회에서 언론은 자율적이고 독립된 공적 기구로서 권력에 대한 감시와 비판 기능을 잘 수행해 왔다고 보는 긍정적 평가가 있는가 하면, 언론이 소수파의 의견을 묵살하고 기득권 체제를 옹호하는 데에만 기여해 왔다는 비판적 시각도 있다. 그런데 터크만의 시각에서 보면 이처럼 언뜻 대립적으로 보이는 이 주장들이 서로 양립할 수 있다.

뉴스 관행이란 기자뿐 아니라 취재원, 수용자 등 다양한 행위자 간의 역동적인 상호작용과 역학 관계에 의해 만들어졌다는 점을 터크만은 강조한다. 여기서 발생하는 체제 옹호 효과가 순수하게 언론이나 사회 기득권 체제 간의 공모에 의해 이루어지지는 않는다는 점은 주목할 필요가 있다. 주어진 상황에서 행위자는 가장 합리적인 선택을 하려 한다. 하지만 이처럼 행위자 간의 역학 관계 속에서 어떤 개인에게 합리적인 행위가 때로는 의도와 상관없이 집단 전체에 비합리적인 결과를 낳기도 한다. 뉴스가 체제 옹호적 성격을 띠는 것은 바로 이처럼 의도되지 않은 효과로 파악할 수 있다.

취재원은 언론을 자신에게 유리하게 활용하려 하고, 기자는 취재의 편의성 때문에 이들에게 의존하는 관행을 만들어 냈다. 하지만 이 관행은 기득권 체제의 시각에서 또 그 체제에 유리하게 현실을 보여 주게 되는 효과를 가져 왔다. 뉴스 취재 관행 자체가 언론 종사자의 의도와 무관하게 기득권 체제와 상호 보완적으로 작동하면서 체제의 현상 유지와 정당화에 기여하게 된 것이다.

물론 취재원을 주로 공적 기관에 의존하는 관행은 기자의 직업적 편의성뿐 아니라 수용자들의 통념이나 상식에 영합하는 측면도 있다. 잠재적인 뉴스 수용자들은 공기관의 정보를 더 신뢰할 가능성이 크기 때문에, 기자가 공기관 중심으로 취재하는 관행은 사실 어떻게 보면 수용자들이 원하고 기대하는 정보를 제공하는 셈이다.

이처럼 현재의 뉴스 관행은 상당 부분 사회적 통념을 반영해 왔고 이렇게 구성된 뉴스는 다시 대중에게 널리 전파되면서 이 통념을 더욱 강화한다. 결국 뉴스 관행이란 언론 종사자뿐 아니라 소비자의 상식에 영합해 형성된다는 점에서, 문화에 뿌리를 두고 있다. 뉴스를 이용하는 일반인들 역시 무의식적으로 체제의 공모와 보수성에 기여한다는 것이다. 터크만의 책은 이처럼 현실의 다면적, 복합적 측면들을 섬세하게 읽어내고 있다는 점에 장점이 있다.

함께 읽으면 좋은 책

전략적 의례로서의 객관성 Objectivity as Strategic Ritual: An Examination of Newsmen's Notions of Objectivity

게이 터크만 지음 | *The American Journal of Sociology*, 77(4), 1972. pp.660~679.

뉴스 현상에 대한 터크만의 독특한 이론적 관점을 잘 압축해서 보여 주는 대표적인 논문이다. 여기서 터크만은 뉴스의 객관성이라는 관행을 '전략적 의례*strategic ritual*'라는 개념으로 파악하였다. 기자들은 불확실한 작업 환경의 압력에 대처하기 위해 여러 가지 작업 관행을 만들어 냈는데, 상충하는 가능성들의 제시, 입증 증거의 제시, 인용 부호의 현명한 사용, 정보를 적절한 순서대로 배열하기 등이 이에 해당한다.

뉴스쇼 속지 않고 보기

널 포스트먼·스티브 파워즈

《TV 뉴스 어떻게 볼 것인가》

이완수

14

TV 뉴스 어떻게 볼 것인가
How to Watch TV News

닐 포스트먼 Neil Postman
스티브 파워즈 Steve Powers

Penguin Books | 1992

이 책은 텔레비전 뉴스의 숨겨진 '불편한 진실'을 저명한 미디어 학자와 텔레비전 프로그램 제작자가 함께 비판적 관점에서 다룬 방송 비평서이다. 모두 12장으로 구성되어 있는 이 책은 뉴스란 무엇이며, 뉴스는 누가, 어떻게 만들며, 뉴스와 상업 광고의 관련성은 어떠하며, 시청자가 유의해야 할 여덟 가지 지침을 중심으로 비판적 논의를 시도한다. 이 책은 텔레비전에 대한 난해한 개념이나 이론을 소개하고 있지는 않다. 대신 텔레비전의 오락성 대신에 공적 담론, 합리적 추론 방식, 전통적 가치, 이성적 사고의 중요성을 강조한다.

닐 포스트먼은 텔레비전이 사회를 어떤 식으로 변화시켜 왔는지를 평생 연구해 온 미디어 생태학자이다. 초등학교 교사로 일했던 경험을 바탕으로 미디어와 교육, 특히 텔레비전이 아동에 미치는 영향력에 대해 연구를 수행했다. 공동 저자인 스티브 파워즈는 미국 FoxTV 뉴스와 ABC 라디오 방송국에서 오랫동안 일한 베테랑 방송 저널리스트이다.

◆◆◆ 이완수는 고려대학교 정치외교학과를 졸업하고, 같은 학교 대학원에서 언론학 석사와 박사 학위를 받았다. 미국 미주리대학교 저널리즘스쿨에서 수학했으며, 〈헤럴드경제〉 청와대 출입 기자와 국제부장을 지냈다. 현재 동서대학교 영상매스컴학부 교수이다. 책으로는 《경제와 커뮤니케이션》, 《재외동포 신문 연구 — 구성과 내용》(공저), 《지역 신문 뉴스 생산 조직 합리화 방안 연구》(공저) 등이 있으며, 논문으로는 〈메멘토 모리의 정치학〉, 〈경기 국면에 따른 경제 커뮤니케이션 효과 연구〉, 〈미디어 이벤트 유형 연구〉 등이 있다.

:: TV는 '진실의 상자'인가

《TV 뉴스 어떻게 볼 것인가》는 오랫동안 금기시되어 왔던 텔레비전 뉴스의 숨겨진 '불편한 진실'을 미디어 비평가가 텔레비전 프로그램 제작자와 함께 비판적 관점에서 가감없이 드러내 보여 준다. 그런 점에서 공허하고, 때로는 현실과 동떨어진 이전의 일반 방송 비평서와는 그 차원이 다르다. 저자들은 '뉴스'라는 말 대신에 '뉴스쇼'라는 말로 뉴스의 허위성을 지적한다. 모두 12장으로 구성되어 있는 이 책은 텔레비전 뉴스쇼는 무엇을 위해 운영되며, 뉴스란 무엇이며, 뉴스는 누가, 어떻게 만들며, 뉴스와 상업 광고와 관련성은 어떠한지, 시청자를 위한 여덟 가지 방안을 중심으로 비판적 논의를 시도한다. 이 책은 특히 두 가지 강조점을 통해 독자들에게 텔레비전 뉴스 바로보기를 제안하는 지침적 성격을 지닌다.

첫 번째는 텔레비전 방송사가 보도하는 뉴스와 실제 뉴스 간에 차이가 나는 숨은 이야기와 구조를 가감없이 보여 준다. 무대 위의 뉴스와 무대 뒤의 뉴스가 왜 다른지에 대한 비판적 고백이다. 텔레비전을 돈벌이에 열중하는 기계로, 방송 저널리스트를 뉴스 가치에 앞서 시청률에 목숨을 거는 사람들로, 방송 경영자를 돈벌이를 최고의 가치로 삼는 사람으로 비평한 대목에서 방송 뉴스의 음모성과 부정직성을 엿보게 된다. 그런 점에서 텔레비전은 '진실의 상자'가 아니며, 고상한 저널리즘을 수행하는 미디어도 아니다.

두 번째는 텔레비전 뉴스쇼를 제대로 이해하고, 해석하기 위해서는 역설적이지만 책과 신문을 광범위하게 읽어야 한다는 점을 강조한다. 세상에 대한 지식을 얻는 데, 오로지 텔레비전에만 의존하는 사람은 중대한 실수를 저지른다는 게 저자들의 일관된 주장이다. 텔레비전이 인쇄 매체로 경험할 수 없는 세상의 일을 보여 주듯이, 인쇄 매체는 텔레비전에서 보여 줄 수 없는 복잡성과 사실을 알려준다는 점을 특별히 강조한다. 저자들은 세상에 대해 읽지 않는 사람들은 텔레비전에 보여진 사실들을 이해하지 못한다고 말한다. 텔레비전 뉴스쇼를 제대로 보기 위해서는 무엇보다 광범위한 독서가 필수적이라는 점을 강조함으로써 세상의 진실은 보는 데 있지 않고, 읽는 데 있음을 각인시켜 준다. 이 책은 난해한 개념이나 이론의 소개없이 텔레비전 뉴스를 둘러싼 생태학적 환경을 평이한 문체로 쉽게 전달하고 있다.

닐 포스트먼은 미디어 생태학자로 텔레비전이 사회를 어떤 식으로 변화시켜 왔는지를 평생 연구해 온 미디어 학자다. 초등학교 교사로 일했던 경험을 바탕으로 일찍부터 미디어와 교육, 특히 텔레비전이 아동에 미치는 영향력에 대해 연구를 진행해 왔다. 포스트먼은 미디어 생태학*Media Ecology*이라는 개념을 처음으로 사용했으며, 뉴욕대학에 미디어 생태학이라는 박사 과정을 개설해 미디어 생태학이라는 학문 영역을 개척하였다. 미디어는 단순한 기능적 도구가 아니라 사회의 생태학적 변화를 가져오며, 토양이나 바람 등 자연 환경처럼 사람들의 지각, 사고방식, 행동 양태에 영향을 미친다는 독특한 이론을 제시했다.

그는 미디어의 성격에 따라 우리의 인식론, 즉 진실을 정의하고 이해하는 방식이 달라지며, 결과적으로 메타포(은유)로서 미디어가 특유의 사회 문화를 만들어 낸다고 보았다. 특히 미디어는 정보의 물질적 조건이 다르기 때문에 정서적, 지적, 시간적, 공간적, 정치적, 사회적, 인식론적, 이데올로기적 편향성을 지닌다고 보았다. 텔레비전 시대에는 오락이 모든 사회적 담론의 최고 이데올로기가 되고 있다는 사실을 경고하면서 공적 담론, 합리적 추론 방식, 전통적 가치, 이성적 사고의 중요성을 촉구한다.

닐 포스트먼과 이 책을 함께 쓴 스티브 파워즈는 미국 폭스 TV의 뉴스 및 ABC 라디오 정보 네트워크의 특파원과 인기 모닝 토크쇼의 진행자로 활약해 온 베테랑 방송 저널리스트이다. 1987년에는 포스트먼이 개설한 뉴욕대학의 미디어 생태계 프로그램에 등록해 미디어 연구로 박사 학위를 받았다. 하지만 생애 대부분을 라디오와 텔레비전 저널리스트로 보냈다는 점에서 현장에 대한 애착이 보다 강한 사람이다. 가수 존 레넌의 죽음을 최초로 보도해 주목을 받았으며, 에미상을 수상(1981)하는 등 라디오 저널리스트로서 명성을 얻었다. 파워즈는 저널리스트로 일하면서도 컬럼비아대학 저널리즘스쿨, 뉴욕대학 뉴스쿨, 세인트 존스대학에서 저널리즘과 미디어를 가르친 교육자이기도 하다.

:: 뉴스와 뉴스쇼 만들기

뉴스에 대한 정의는 연구자마다 달라서 한마디로 '이것이다'라고 설명하기가 쉽지 않다. 포스트먼과 파워즈 역시 "뉴스란 무엇인가"라는 질문으로 글을 시작한다. 그만큼 뉴스를 정의하기 어렵다는 뜻이다. 그러나 텔레비전 시청자들이 뉴스에 대해 진지하게 따져 보지 않으면 남의 의견에 쉽게 동조할 위험이 있다는 사실은 대단히 중요한 문제이다. 그들이 "뉴스란 연출가와 저널리스트들이 이러이러하다고 말하는 것이다"라고 내린 뉴스의 정의는 그다지 특별하지 않다. 하지만 어떤 연구자나 평자가 밝힌 현란한 뉴스의 정의보다 "그래, 맞는 말이야" 하고 공감을 준다. 뉴스에 대한 정의가 수없이 많지만 뉴스는 결국 신문에 인쇄되고, 방송에 보도됨으로써 완성된다. "텔레비전을 켰을 때 거기에 나오는 소식이 뉴스"라는 저자의 부연 설명은 그래서 탁월하다. 그러나 뉴스를 그런 식으로 정의하고 넘어간다면 뉴스에 대해 이러쿵저러쿵 이야기할 가치는 별로 없다. 저자의 말대로 "뉴스쇼에서 내보는 것, 그게 바로 뉴스"라고 정의한다면 우리로서는 불평하고, 말고 할 입장이 못 된다. 하루에 일어나는 수 없이 많이 일 가운데 어떤 것은 뉴스가 되고, 어떤 것은 뉴스가 되지 못하는가? 뉴스에 포함되는 것은 어떤 이유 때문인가? 저자의 말대로 아침 식사 때 먹은 음식은 뉴스거리가 되지 않는다. 그러나 대통령이 사석에서 "브로콜리를 좋아하지 않는다"고 말한 것은 뉴스가 되는 법이다. 그들은 "뉴스는 그날 일어난 일 가운데 좀더 중요하고, 좀더 흥미로운 이야기다"라고 설명한다. 일어나는 일 자체만으로 뉴스가 될 수 없고 뭔가 중요하고, 특이하고, 새로워야 한다는 것이다.

문제는 '중요하고 흥미로운 사건'은 어떤 것이며, 누가 어떻게 결정하는가 하는 점이다. 물론 대통령 암살, 지진, 테러, 전쟁과 같은 보편적인 흥미와 사회적 중요성을 가진 사건이 없는 것은 아니다. 또 이러한 유형이 뉴스가 될 가능성이 높은 것도 사실이다. 문제는 그렇지 않은 경우다. 저자의 말대로 '중요하고 흥미로운 사건들'이라는 것은 대단히 주관적이다. 가령 CBS 저녁 뉴스의 유명한 앵커였던 월터 크롱카이트Walter Cronkite가 "오늘 이런 흥미로운 이야기가 있었습니다"라고 말했다고 가정해 보자. 이것은 명백한 거짓말이다. "CBS 기자들이 생각했던 일들은 이런 식이었습니다"라고 하는 것이 훨씬 정직한 표현이다. 보도된 뉴스는 그날 일어난 많은 일들 가운데 CBS 기자가 선택한 아주 일부에 지나지 않기 때문이다. "뉴스는 타고 나는 것*being*이 아니라, 기자들에 의해 선택되고 만들어지는 것*making*"이다. 어떤 사건이 전파를 타고 뉴스가 되기 위해서는 결국 저널리스트의 생각에 중요하거나 흥미로워야 한다.

저자들이 주목한 뉴스의 두 번째 관점은 기자들이 뉴스를 쓸 때 객관적이지만은 않다는 사실이다. 사실 뉴스는 사실에 기초해 구성되고, 만들어지는 것이 원칙이다. 기자의 선입견이나 관점을 최대한 배제해야 하고, 객관적으로 써야 한다는 이른바 '객관주의 저널리즘'은 오랜 전통이었다. 하지만 뉴스가 만들어지는 현실은 그렇지 못하다. 우리가 매일 뉴스라고 보는 것은 사실은 기자들이 보고자 의도했던 것에 지나지 않는다. 물론 같은 사안이 전혀 다르게 보도됐다고 해서 문제가 되는 것은 아니다. 기자 개인의 가치나 경험, 심지어 그날의 기분에 따라 얼마든지 달라질 수 있기 때문이다. 그러나 이 책에서는 기자 개인의 가치나 편견이 전혀 다른 뉴스를 만들어 낸다고 말하지는 않는다. 대신 기자에게 월급을 주는 고용주의 영향력과 권력에 주목한다. 뉴스라는 것이 기자의 주관적 판단이나 가치에 따라 결정된다고 여겨 왔던 사람들에게는 약간 당혹스러울 것이다. 기자들을 '당당하고, 정의로우며, 때로는 누구와도 타협하지 않는 사명감 있는 사람'으로 이해했던 이들에게는 실망스러울 수 있다. 기자를 고용하고 있는 소유주는 늘 자신이 원하는 방향으로 기사가 쓰여지길 원한다. 여기서 진실이나 사실은 그다지 중요하지 않다. 돈을 대어 주는 쪽(월급을 주는 쪽)의 입장이나 관점을 얼마나 잘 반영하느냐가 진실이나 사실을 견지하는 것 이상으로 중요하다. 뉴스는 결국 기자들을 고용하는 사람들의 정치적 신념과 경제적 배경에 따라 왜곡되고, 조작될 수 있다는 점을 저자들은 경고한다.

물론 뉴스가 기자 자신이나 고용주의 이해관계만 전적으로 고려되어 만들어지는 것은 아니다. 저자들의 지적대로 뉴스를 만드는 사람들은 자신들이지만, 뉴스를 이용하는 사람은 결국 시청자들이다. 시청자가 중요하고, 흥미롭다고 느끼지 못한다면, 아무리 힘들여 만든 뉴스라도 쓸모가 없다. 문제는 어떤 사람에게 중요한 사안이, 다른 사람에게는 중요하지 않을 수도 있기 때문이다. 결국은 누구나 보편적으로 선호하는 뉴스 아이템을 텔레비전 뉴스로 다룰 수밖에 없다. "텔레비전 뉴스쇼는 특정 계층만을 겨냥해 만들어지지 않는다"는 저자들의 주장은 텔레비전 매체가 지닌 대중성을 시사하는 것이다. 우리가 텔레비전을 대중 매체라고 부르는 이유는 누구에게나 중요하고, 누구나 관심을 가질 만한 일반적인 주제를 뉴스로 다루기 때문이다. 텔레비전 뉴스쇼는 좋든 싫든 개인이 아닌, 공중을 대상으로 하는 커뮤니케이션을 지향할 수밖에 없다는 점은 확실해 보인다.

저자들이 주목한 뉴스의 세 번째 관점은 사람들에게 정말로 중요한 것만 뉴스로 만들어지는 것은 아니라는 점이다. 가령 유명 여배우인 엘리자베스 테일러의 결혼식 퍼레이드는 당사자나 몇몇 지인을 제외하고는 우리 모두에게 그다지 중요하지 않을 수 있다. 그런데도 텔레비전 뉴스쇼는 이 퍼레이드를 크게 다룬다. 뉴스는 긴장, 불안, 좌절을 이겨내고 기분을 전환할 수 있는 '재미'를 주기 때문이다. 뉴스의 목적은 사람들에게 즐거움을 주는 데 있다는 저자의 안목은 '뉴스란 때론 무겁고, 거창하고, 중요해야 한다'는 일반적인 선입견을 뒤엎는다. 관점은 다르지만 뉴스에서 매일 등장하는 화재, 강간, 폭력, 살인 사건도 마찬가지다. 화재, 강간, 폭력, 살인이 즐거운 뉴스가 아닌 것은 분명하지만, 기자들은 이러한 뉴스를 자주, 그리고 비중 있게 다룬다. 그것이 중요해서라기보다(물론 중요한 경우도 있지만)는 시청자들이 적어도 이런 뉴스를 보고 자신은 이 불행한 사건의 주인공은 아니라는 안도감을 느끼고, 때로는 기분 전환이 되며, 행복해한다는 사실을 알기 때문이다. 불편하지만, 사람들에게는 이런 비극적 사건을 훔쳐보는 속성이 있으며, 기자들은 이런 사람의 속성에 맞춰 뉴스 소재를 개발하고, 전달할 수밖에 없다는 것이다.

저자들이 주목한 뉴스의 네 번째 관점은 뉴스가 사회의 실제 상황을 정확히 보여 주지 못한다는 사실이다. 사람들은 일상에서 뉴스가 사회의 실제 모습을 파악하는 데 대단히 유용한 틀을 제공한다고 믿는다. 그러나 현실은 정반대다. 저자들은 방송이 멀쩡한 사회를 언제든지 범죄 사회로 만들어 낼 수 있고, 반대로 범죄 사회를 평화로운 사회로 만들어 내는 것도 가능하다고 말한다. 그 방법은 아주 간단하다. 어떤 사회에서 발생한 범죄를 모두 보고하거나, 반대로 범죄에 대한 기술記述을 멈추기만 하면 된다. 사회는 언제라도 저널리스트에 의해 조작되고, 왜곡될 수 있다는 뜻이다. 그것이 우리가 매일 보는 텔레비전 뉴스의 실상이다.

저자들이 주목한 뉴스의 다섯 번째 관점은 텔레비전에 비춰진 사회는 왜 온통 불안하고, 위험스러운가 하는 점이다. 뉴스만 보면 사회는 결코 평화롭지 않다. 아니 아주 위험한 사회다. 매일 멋지고, 고무적이고, 낙관적인 일이 우리 주변에 널려 있는데도 세상은 그 반대로 거칠게 묘사된다. 하지만 텔레비전 뉴스는 이런 멋진 과학적 문제, 창조적인 행위들에 대해 별로 관심이 없다. 이유는 간단하다. 멋지고, 고무적이고, 낙관적이고, 가치 있는 사건들은 시청자들이 별 흥미를 못 느끼는 소재들이라는 점이다. 저자들의 말대로 시청자들이 보고 싶은 사건은 비정상적이고, 엽기적이며, 별스러운 내용들이다. 뉴스는 자연히 폭력, 전쟁, 공포, 죽음 등으로 장식될 수밖에 없고, 종국에는 위험하고 불안한 사회로 비춰진다.

저자들이 주목한 뉴스의 여섯 번째 관점은 텔레비전은 '뉴스쇼'보다 '광고쇼'에 더 비중을 두고 있다는 사실이다. 저자들은 재미나는 뉴스가 사실은 광고가 등장하기까지 시청자를 잡아두기 위한 일시적인 미끼에 지나지 않는다고 혹평한다. 뉴스가 갈수록 선정적이고, 폭력적으로 변질되고 있는 것도 시청자를 잡아 두기 위한 수단이며, 그것의 최종 목표는 광고와 연결하기 위한 것이다. 텔레비전에 있어 시간은 매우 중요하다. 뉴스 시간을 줄이는 경우는 있어도 광고 시간을 줄이는 법은 없다. 유감스럽지만, 텔레비전 방송국 소유주 입장에서는 뉴스보다 돈이 더 중요하다.

:: '쇼 비즈니스'로서의 뉴스

텔레비전 제작자들의 목표는 좋은 뉴스나 공익적인 뉴스를 만드는 데 있지 않다. 어떤 뉴스라도 시청자를 오래 잡아두는 것이 그들의 목적이다. 저자들은 뉴스라는 것이 결국은 '쇼'에 지나지 않는다고 말한다. 뉴스는 사람들을 끌어들여 광고주에게 파는 데 이용되는 상품이며, 시청자의 입맛에 맞게 오락의 형태로 제공되며, 극 제작 방식으로 만드는 '쇼 비즈니스'라는 것이다. 그런 점에서 저자들이 텔레비전을 '전자 텐트'로 은유화한 것은 뛰어난 통찰력이다. 모든 작업은 오로지 전자 텐트 속으로 시청자들을 유인하는 데 맞춰진다. 독점적인 스토리와 테이프, 잘생긴 앵커, 헬리콥터, 숨겨진 카메라, 화려한 유니폼은 모두 전자 텐트에 시청자를 잡아두기 위해 고안된 소품들이다. 이런 소품들은 뉴스를 매개로 하지만, 궁극적으로는 상업 광고에 시청자들을 끌어들이기 위한 것에 지나지 않는다. 뉴스 제작자(광고주도 포함)들이 전자 텐트로 시청자를 유인하기 위해 다양한 배역자를 동원하는 작전을 세우는 것은 전혀 이상한 일이 아니다. 이 책에서 뉴스의 얼굴인 앵커를 '텔레비전의 유혹자'로, 뉴스를 직접 수집하고 취재하는 기자를 '노새*mule*'나 '왕발*big foot*'로, 뉴스쇼를 만드는 스태프들을 '배후의 전사들'로, 뉴스 연출가들을 '시청률의 노예'로 은유화한 것은 뉴스 제작자들이 늘 고상하고, 멋진 사람들이라는 상상을 배반하는 것이다.

저자들은 텔레비전 뉴스의 성패는 우선 전자 텐트의 유혹자인 앵커에 달려 있다고 말한다. 앵커야말로 텔레비전 뉴스의 얼굴이라는 사실에는 이론이 없다. 전자 텐트로의 유혹이 성공하기 위해서는 시청자들에게 '최고 수준의 앵커'와 마주하고 있다는 느낌을 우선 줘야 한다. 방송사들이 수백만 달러를 들여 인기 앵커를 영입하려는 것도 뉴스쇼의 성패가 앵커에 달려 있다고 보기 때문이다. 사람들 중에는 "난 최신 뉴스를 보길 원해. 그리고 믿고 존경할 만한 인물이 진행하는 최고 수준의 보도를 원해"라고 말하지만, 사실은 뉴스의 내용보다 잘생긴 남성 앵커나 화려한 외모의 여성 앵커에 더 관심을 기울인다. 그게 현실이다. 그런 사실을 잘 알고 있는 텔레비전 소유주는 엄청난 비용을 들여서라도 인기 앵커를 끌어들이려고 한다. 하지만 이런 인기 앵커가 프로듀서나 기자의 도움 없이는 정작 한두 줄의 문장조차 쓸 수 없는 '모자걸이*hat rack*'에 지나지 않는다는 사실은 대단히 실망스러운 일이다. 그것은 물론 인기 앵커의 잘못이 아니다. 문제는 방송국이 대개 '그럴듯하게 보이거나 연기력이 뛰어난 사람'을 '실력 있는 사람'보다 더 우대하는 문화를 갖고 있다는 점이다.

텔레비전 앵커에게 요구되는 재능이라는 것이 사실은 별게 아니다. 저자들이 말하는 텔레비전 앵커의 성공 조건은 한심하게 들릴지 모르지만, 멋진 목소리로 확신에 찬 어조로 뉴스를 읽을 수 있기만 해도 된다. 여기서 저널리즘의 경험은 그다지 중요하지 않다. 사실 시청자들은 어떤 앵커가 실력이 있고, 어떤 앵커가 속임수를 쓰고 있는지 구분할 재간도 없다. 저자의 표현대로 눈썹을 치켜세우거나, 여유 있는 모습으로 턱을 고거나, 심각한 표정을 짓는 행동만으로도 사려 깊고 신뢰할 만한 베테랑 저널리스트라는 인상을 주기에 충분하다. 한마디로 훌륭한 앵커는 곧 훌륭한 배우의 역할만 잘 수행하면 된다는 뜻이다. 만약 앵커가 시청자들에게 경험 있고, 믿음을 줄 수 있는 사람으로 여겨지면 뉴스쇼는 일단 성공적이다. 뉴스쇼는 대부분 환상적인 오프닝과 할리우드식의 서사시와 같은 장엄한 음악과 함께, 전지자全知者와 같은 권위적인 이미지를 지닌 앵커의 자신감 있는 말투로 시작된다. 그러나 이런 텔레비전 뉴스도 사실은 화려한 방송 세트, 앵커를 위엄 있게 보이게 만드는 카메라 기술, 최고의 복식 전문가와 헤어드레서가 만들어 낸 앵커의 뛰어난 화장술 덕분이다. 뉴스의 알맹이는 그다음의 문제다.

저자들은 물론 이런 겉멋만 낸 엉터리 앵커만으로 뉴스쇼가 잘 진행될 수 있다고 말하는 것은 아니다. '배우-앵커'와 '저널리스트-앵커'를 구별할 수 없다고 해도 앵커 자신이 뛰어난 저널리스트일 때는 그 스토리는 확실히 폭이 넓어지고, 시각은 다양하며, 사건의 방향성은 명확해진다. 반대로 아무리 뛰어난 배우-앵커도 세상의 복잡한 일을 저널리스트-앵커만큼 잘 정리해 설명할 수는 없는 법이다. 이것이 사실이라면, 텔레비전은 시청자에게 그다지 정직하지 않다. 배우-앵커와 저널리스트-앵커가 전달하는 뉴스 내용에 차이가 없다고 하더라도 시청자들이 배우-앵커를 마치 저널리스트-앵커로 착각하게 만드는 것은 저자들의 말대로 방송국의 명백한 사기 행위이다. 이것이 다른 어떤 것보다 심각한 윤리적 문제에 저촉된다는 점은 확실하다.

그렇다면, 앵커가 시작하는 그날의 머리기사는 정말로 중요하고,

멋진 뉴스일까? 오히려 반대다. 때로는 형편없는 뉴스도 많다. 대부분 시청자들은 텔레비전 첫 뉴스가 중요한 내용일 것이라고 기대하지만, 그런 기대는 방송의 내부 구조를 모르고 하는 소리다. 저자들의 말대로 뉴스 제작자들의 관심은 사람들에게 정말로 중요한 소식을 전달하는 것이 아니라, 자신들이 만든 뉴스쇼에 사람들이 오래 머물러 있도록 뉴스 아이템을 잘 선택하는 일이다. 왕족, 대통령 그리고 그 가족들 이른바 로열 패밀리의 이야기, 인기 배우의 결혼 소식, 유명 가수의 순회공연 소식, 스포츠 스타의 실적 등 시시콜콜한 뉴스는 그런 점에서 안성맞춤이다. 피를 흘리는 시신이 거리에 널부러져 있는 장면의 뉴스가 첫 머리를 장식하는 것도 같은 이유다. 재미있고, 선정적이고, 자극적인 이런 뉴스를 시청자들이 더 좋아하거나 관심 있어 하는데, 어느 제작자들이 근엄한 뉴스를 다루겠는가? 텔레비전 뉴스는 결국 정식 식사가 아니라 칼로리를 전혀 함유하고 있지 않은 패스트푸드에 지나지 않는다는 저자들의 지적은 적절하다.

고강도의 취재 노동을 수반하는 일반 기자를 노새에, 특종과 머리기사를 자주 보도하는 스타 기자를 왕발에 각각 비유한 저자들의 은유는 흥미롭다. 어떤 위기 상황에서도 뉴스를 수집하고 취재해야 한다는 점에서 일반 기자의 처지는 고단한 노새와 별반 다르지 않다. 노새에 비유된 신참 기자는 힘든 상황에서도 취재할 각오를 해야 하며, 화면에 나오는 몇 초의 기회를 잡기 위해 수십 시간을 기다리거나 사건 현장에 도착하기 위해 필사적인 노력을 기울여야 한다. 그러나 여기서 저자들이 말하려는 것은 일선 기자들이 겪는 취재의 어려움이 아니다. 텔레비전 뉴스는 재빨리 기자가 질문 몇 가지를 던지고, 장면을 간단히 스케치해 초특급으로 전달하고 마는 오늘날의 천박한 저널리즘을 상징한다. 사건에 알맹이는 없으며, 담겨 있는 의미를 정확하고 질서 있게 평가하고 해석할 만한 시간도 없다. 텔레비전에 나온 전문가라는 사람이 하는 말이라고 해봐야 "매우 중요하며, 좀더 기다려 봐야 상황을 알 것 같다"는 빤한 이야기가 고작이다. 그들에게 주어진 시간은 수십 초도 안 되며, 그들의 코멘트에서 우리가 얻을 수 있는 것은 거의 없다. 이런 것들이 뉴스로 채워진다.

텔레비전 기자들은 시간과 싸우는 사람들이다. 그들에게 주어진 시간은 많아야 2~3시간이 안 된다. 아무리 중요한 뉴스라도 수박 겉핥기식의 피상적인 지식으로 무장한 채 마이크 앞에 설 수밖에 없는 구조다. 그게 오늘날 텔레비전 기자들의 운명이다. 저자의 말대로 "지금 여러분은 보고 있습니다…… 이제 보지 않습니다"라는 식의 '눈 깜빡 저널리즘'으로 마무리할 수밖에 없다. 이처럼 텔레비전 저널리즘에서 항상 제기되는 문제가 시간의 압박이다. 시간의 압박은 사건에 대한 이해, 일관성, 의미까지 훼손하는, 좀 심하게 말하면 저널리즘의 총체적 부실을 가져오는 원인이 된다. 저자들이 텔레비전 저널리즘에서 가장 우려하는 점도 바로 이 시간의 한계이다. 특파원 한 사람이 동시에 다섯 군데를 커버하는 경우도 허다하다. 이런데서 좋은 뉴스를 만들어 내보내는 것이 오히려 이상하지 않는가? 속보 경쟁, 테크놀로지 발달, 과도한 취재 범위로 인해 저널리스트들이 사실과 정보를 거르고, 검토할 능력이 현저하게 줄어들었다는 사실을 놓쳐서는 안 된다. 저자들의 지적대로 뉴스가 보도되기 전에 검토되는 과정이 생략됨으로써 결과적으로 뉴스가 극적으로 바뀌거나, 내용이 왜곡되기도 한다는 사실은 대단히 심각한 문제다. 전혀 존재하지 않는 뉴스가 마치 사실처럼 보도되거나 전달되면, 사람들은 잘못된 창窓을 통해 세상을 이해하게 될 수밖에 없다. 정확성과 객관성을 추구해야 하는 저널리즘 원칙에서 보면 참혹한 일이다.

그 점에 있어서는 기자도 마찬가지다. 기자 자신이 현장에 나가 있으면서도 사무실에 있는 데스크보다 현장 상황을 더 잘 알지 못한다는 사실은 아이러니하다. 시청자들은 아마 현장의 기자들이 그 사건에 대해 가장 잘 아는 사람들이라고 생각할 것이다. 그러나 현실은 반대다. 현장의 기자가 알고 있는 내용이라고 해봐야 자신이 인터뷰한 사람의 말이 고작이다. 뉴스쇼가 나가는 순간까지도 뉴스가 어떻게 만들어지는지도 모른 채, 뉴스는 시청자에게 전달된다. 이것이 현장 기자의 실상이다.

방송국에서 뉴스 연출가는 뉴스를 책임지는 사람들이며, 그들이 내리는 결정은 저자들의 지적대로 사람들의 세계관 형성에 크게 영향을 미친다. 그런 점에서 뉴스 연출가는 사회적 영향력이 크고 자부심을 가질 만하다. 하지만 그런 그들도 늘 자리를 걱정해야 하는 '슬픈 사람들'이라는 사실을 알아야 한다. 저자들은 뉴스 연출가를 자신이 만든 프로그램의 시청률에 따라 일희일비해야 하는 '시청률의 노예'에 비유한다. 시청률이 떨어지면 언제라도 짐을 쌀 각오를 해야 하는 것이 이들의 운명이다. 실제로 미국 뉴스 연출가라는 자리는 평균 2.7년마다 한 번씩 옮겨 다닐 정도로 불안하다. 서글픈 일이지만 그들을 압박하는 것은 좋은 저널리즘을 만드는 일이 아니라, 남들보다 시청률이 더 높은 프로그램을 만들거나, 아니면 언제 해고장을 받을지 몰라 전전긍긍하는 일 가운데 하나다. 그렇다고 좋은 뉴스가 반드시 높은 시청률을 보장하는 것은 아니다. 뉴스쇼 연출가들은 정통 저널리즘을 희생하는 한이 있더라도 시청률을 끌어올릴 수만 있다면, 실력이 형편없는 고액의 컨설턴트라도 주저없이 고용한다. 문제는 컨설턴트가 하는 역할이다. 컨설턴트가 뉴스 연출가에게 해줄 수 있는 일이란 저널리즘의 수준을 높일 수 있는 평가나 조언이 아니라, 기껏해야 앵커의 머리를 멋지게 빗어 올리라고 충고하거나, 시청자들이 어떤 앵커나 기자들을 선호한다는 말도 안 되는 몇몇 조사 결과를 회사 쪽에 전달하는 정도이다.

저자들의 지적대로 포커스 그룹을 만들어 평균 시청자들이 뭘 좋아하고, 뭘 싫어하는지, 또 어떤 유형의 앵커가 좋겠다는 식의 무책임한 의견을 내놓는 것이 전부다. 앵커의 목숨은 사실 컨설턴트의 말 한마디에 달려 있는 셈이다. 뉴스 연출가들은 뉴스를 만들 때 고액의 비용을 지불하고 고용한 컨설턴트로부터 도움을 받는 게 아니라, 그날의 신문 보도에서 아이디어를 얻는다. 각 신문의 헤드라인을 장식한 내용들은 거의 빠짐없이 저녁 텔레비전 뉴스 시간에 방송되며, 이는 신문이 텔레비전의 주요한 취재원이 되고 있음을 보여 준다. 저자들의 지적대로 뉴스 컨설턴트가 좋은 뉴스를 만드는 데 별로 기여하는 것이 없다는 점만은 분명하다.

뉴스 연출가들이 시청자들에게 보여 주는 장면의 절대 다수가 직접 촬영하고, 취재한 내용이 아니다. 방송국 스태프가 직접 촬영한 것처럼 보이는 것도 실제로는 누군가로부터 사건과 유사한 비디오 보도 자료를 싸게 건네받은 것에 불과하다. 또한 텔레비전 뉴스에서는 사건의 실제 내용보다 영상 사진이 훨씬 중요하다는 사실도 간과해서는 안 된다. 예컨대 도시의 교육 수준이 떨어진 데 대해 한 정치인이 100쪽짜리 백서를 만들었다고 가정해 보자. 이 백서에 담긴 내용은 사회적으로 매우 중요하다. 하지만 이 백서에서 텔레비전 뉴스가 다룰 것은 거의 없다. 시청자의 눈길을 끌 만한 그림이 없기 때문이다. 대신 한 정치인이 균열이 생긴 건물을 검사하는 '정치적 쇼'는 유용하게 써먹을 수 있다. 그것은 두 가지 관점에서 설명될 수 있다. 하나는 텔레비전 뉴스는 내용보다 현장의 그림이 더 중요시된다는 점이고, 다른 하나는 텔레비전에 등장하는 많은 사건들이 사실은 카메라를 의식하고 벌어지는 쇼에 불과하다는 것이다.

우리가 매일 텔레비전으로 보고, 듣는 소식은 그림과 함께 몇 마디 짧은 코멘트가 전부다. 저자들에 따르면 1970년대 전설의 저널리스트 월터 크롱카이트가 CBS 뉴스를 호령할 때 만 해도 특파원 리포팅 시간은 평균 16초였다. 10년이 지난 후 앵커 댄 래더Dan Rather가 활약하던 시기는 리포팅 시간이 평균 9초로 더 줄어들었다. 지금은 그 시간이 더 줄었을지 모른다. 살아남은 일부 목소리가 있다고 해도 너무나 짧아서 이해하기 힘들 정도다. 그것은 공간을 다루는 신문이나 인터넷과는 달리 한정된 시간을 다루는 텔레비전의 피할 수 없는 숙명이다. 시간의 제한은 문제를 깊이있게 다루고, 진지하게 사건을 따져 볼 겨를을 주지 않는다. 텔레비전 뉴스의 이런 한계를 뉴스 연출가들이 모르는 것은 아니다. 하지만 시청률이 지상 목표인 뉴스 연출가들 가운데 시청자들이 지루해하거나 채널을 돌리는 상황을 무시하고 유익한 뉴스를 내보낼 만큼 강심장인 사람들은 없다. 방송국 고위층, 프로듀서, 영업 담당, 광고주, 압력 단체는 시청률을 이유로 뉴스 연출가를 언제라도 끌어내릴 준비를 하고 있기 때문이다. 여기서 한 가지 변함없는 원칙은 뉴스쇼가 회사 수익에 도움이 되는가 하는 점이며, 만약 그렇지 못하다면 어떤 연출가들도 회사를 떠나야 하는 운명을 피할 수 없다.

최근에 새로운 뉴스 장르로 자주 등장하는 것이 바로 배우나 연출가들이 모여 과거의 사건들을 마치 역사적 사실로 재현하는 다큐드라마다. 그러나 이 다큐드라마는 저자들의 말대로 약간의 사실에다 상상력을 얹어 재창조*recreation* 기법으로 만들어진다는 점에서 팩트에 기초해야 하는 진짜 뉴스가 아니다. 이러한 다큐드라마를 저자들은 '뉴스의 탈을 쓴 사이비 뉴스'로 규정한다. 우리는 오늘날 텔레비전이 전해주는 다큐드라마를 통해 세상을 이해한다. 사실에 기초해야 하는 뉴스 관점에서 보면 다큐드라마는 우리를 잘못된 길로 인도할 가능성이 크다. 미국 외교관이 소련 스파이에게 비밀의 손가방을 넘겨주는 장면(《ABC 월드 뉴스 투나잇》), 미국의 대표적 학생 운동 지도자였던 애비 호프먼Abbie Hoffman의 최후의 진술(《CBS 카니 정의 토요일 밤의 뉴스》)은 모두 꾸며 낸 뉴스였다. 외교관이 손가방을 건네주는 장면은 재창조한 것이었으며, 호프먼의 마지막 진술은 그가 죽기 훨씬 전에 녹음된 것이었다. 호프먼이 마지막 말을 할 때는 이미 죽은 뒤였다. 프로듀서들이 다큐드라마를 선호하는 것은 전적으로 상업주의적이기 때문이다. 즉 극적 사건의 형태를 취하며, 중간에 광고를 끼워 넣을 수 있는 기회를 가지며, 제작비가 싸게 먹힌다. 가급적 적은 돈으로 사람들을 유혹하는 프로그램을 만드는 것이 뉴스 연출가의 지상 목표다. 다큐드라마는 이런 목표를 실현하기에 안성맞춤이다. 오늘날 뉴스는 많은 경우 거짓을 실제 이야기처럼 꾸민 의사 뉴스쇼*pseudo-news show*이거나, 선정적이고 별난 스토리로 가공한 황색 저널리즘이거나, 아니면 삶의 극단적인 사실을 부각하는 다큐멘터리 저널리즘 가운데 하나라고 해도 틀리지 않다. 이런 유형의 뉴스는 저자의 지적대로 살아가는 데 별 볼일 없는 것에 사람들의 관심을 쏠리게 함으로써 정작 알아야 할 사실들을 놓치게 만든다.

:: 뉴스쇼 묘사의 편향성

저자들의 말대로 사람들이 뉴스쇼에서 보고 듣는 것들은 실제 사건을 묘사한 것이지, 사건 그 자체는 아니다. 어떤 사건이든지 언어와 그림이라는 두 가지 방식으로 묘사되어지는 것이 일반적이지만, 누구도 그 사건을 똑같이 전달할 수는 없다. 저자들은 언어나 그림을 통한 사건의 묘사 과정에 미묘한 표현 차이로 인해 편향성을 피할 수 없다고 말한다.

첫 번째, 누가 무슨 말을 하든, 그 말은 실제와는 다르며 사건의 세계와 사건에 대한 말의 세계 간에도 차이가 있다는 사실이다. 방송 기자의 일은 가능한 실제와 가깝게 묘사할 수 있는 말과 적절한 말투를 찾아 사건을 전달하려는 것이지, 그 말이 실제를 그대로 전달해 주는 것은 아니다. 따라서 시청자들은 텔레비전 뉴스쇼에 나오는 말을 사건 그 자체로 받아들여서는 안 되며, 텔레비전 뉴스가 전달하는 말이 결코 '절대적 진실'이 아니라는 점을 알아야 한다.

두 번째, 언어는 어떤 차원을 사용하느냐에 따라 전혀 다른 의미로 전달된다는 사실이다. 즉 언어에는 사실을 있는 그대로 전달하는 기술記述, 사건에 대한 평자의 주관적인 인식, 그리고 그 사건을 확장해 판단하는 추론의 방식이 존재한다. 저자들이 제시한 다음 사례에서 볼 수 있듯이 동일한 사건이 어떤 언어적 표현 방식을 사용하느냐에 따라 그 의미는 전혀 다르게 전달된다.

- 홍길동 씨는 170센티미터에 86킬로그램의 몸무게가 나간다.
- 홍길동 씨는 상당히 뚱뚱한 편이다.
- 홍길동 씨는 너무 많이 먹는다.

첫 번째 문장은 있는 사실에 대한 단순한 기술*description*이고, 두 번째 문장은 사실에 대한 평가나 판단을 담았으며, 세 번째 문장은 사실에 대해 추론 방식을 택했다. 그러나 의미는 아주 다르다. 사실 홍길동 씨의 비만은 많이 먹어서 일어난 일이 아니라, 우연히 질병에 의해 뚱뚱해져 생긴 결과일 수도 있을 것이다. 언어는 이러하듯이 어떻게 묘사하는가에 따라 전혀 다른 의미로 왜곡되어 전달된다. 뉴스쇼에서 전달되는 '사실'이 때로는 저널리스트의 '평가'나 '추론'에 의해 변형되어 전달된다는 사실을 알아야 한다.

세 번째, 모든 말(언어)에는 어떤 의미를 함축하고 있으며, 감정이 실리는 경향이 있다. 이는 모든 화자話者는 느낌과 판단을 담아서 말하기 때문에 저자들의 지적대로 세상의 일을 감정의 역사로 제시할 개연성이 크다. 우리가 일상적으로 하는 말은 저자들의 표현을 빌리면 '감정의 바구니'다. 앵커나 기자가 어떤 언어적 표현을 선택하고, 강조하느냐에 따라 전달되는 뉴스는 전혀 다른 감정으로 전환된다.

네 번째, 방송 뉴스는 얼핏 보면 대단해 보이지만, 전달하는 메시지나 정보는 형편없이 적다. 한 시간의 뉴스 보도에 쏟아진 말을 다 모아보았자, 신문의 한 페이지도 되지 않는다. 그 정도로 이 세상을 다 이해할 수 없다는 것은 자명하다. 우리가 텔레비전 뉴스쇼를 통해 보는 정보라는 것은 미미하며, 이것은 세상의 아주 일부만을 알려준다.

다섯 번째, 텔레비전 뉴스쇼에서 움직이는 그림(영상) 역시 일종의 언어이다. 하지만 그림의 언어는 말이나 글의 언어와는 근본적으로 다르다. 이미지만으로는 글이나 말의 의미를 전달하기 어렵다. 저자들의 지적대로 그림은 언어와는 달리 세상에 대한 생각이나 개념을 제시해줄 수 없으며, 보이지 않는 것, 멀리 떨어져 있는 것, 내부에 감춰져 있는 것, 추상적인 것은 다룰 수 없다. 쉽게 말하면 특정한 사람에 대해서만 이야기할 수 있을 뿐, 일반적인 인간에 대해서는 이야기하지 못한다. 마찬가지로 특정한 나무에 대해서는 이야기할 수 있지만, 일반적인 나무(자연)에 대해서는 이야기하기 어렵다. 추상적인 의미의 '자연'이나 '인간'을 촬영할 수 없듯이 경의, 공경, 사랑, 거짓, 진실과 같은 추상적인 개념을 그림으로 나타내는 것은 쉬운 일이 아니다. 저자들의 설명처럼 개별 그림이 우리로 하여금 세상을 대상물*object*로 대하게 한다면, 언어는 세상을 관념으로 대하게 한다. 그림은 우주의 무한한 다양성 가운데 특정한 대상만을 포착해 기록하는 반면에, 언어는 어떤 대상의 의미를 포괄적으로 이해하는 데 도움을 준다는 점에서 차이가 있다고 저자들은 지적한다.

여섯 번째, 텔레비전은 이슈를 깊이 있게 다루거나 사건의 배경을 설명하거나, 전후 관계를 짚어 보거나, 복잡한 설명을 하기에는 매우 부적절한 매체다. 이는 동적인 시각적 이미지를 선호하는 매체 속성상 한 사건을 일관성있게 설명하기 어려우며, 심지어 필름의 질이 스토리를 결정하는 경우도 흔하다. 텔레비전에서 흥미를 유발하기 위해서는 시각적 변화가 더 극단적이고, 더 극적이어야 한다는 것은 하나의 진리이다. 눈을 찡그리는 정도만으로는 부족하며, 자동차 충돌, 불타는 공장, 붕괴된 건물 등이 훨씬 효과적이다. 텔레비전이 정지된 그림을 통해 전달할 수 있는 내용은 매우 제한적이다.

:: 뉴스쇼와 광고

상업 광고는 텔레비전의 심장이나 영혼이라는 저자들의 주장은 다소 과격해 보일지 모른다. 그러나 그것은 엄연한 현실이다. 매력적인 앵커, 흥분케 하는 주제 음악, 화려한 영상과 그래픽, 허접한 농담 등은 모두 뉴스라는 상품을 팔기 위한 장치에 불과하다. 저자들이 뉴스를 '뉴스쇼,' 뉴스 광고를 '쇼 비즈니스'라고 부르는 이유는 충분히 일리가 있다. 그들이 이 대목에서 주목하는 것은 뉴스가 왜 비즈니스에 몰두하는가에 대한 비평이 아니다. 텔레비전을 통해 전파되는 상업 광고가 우리의 사회적, 정신적 삶을 심각하게 왜곡하고 조작한다는 사실이다. 저자들의 말대로 상업 광고는 우리의 의식 속에 슬며시 파고들어, 가치관을 바꿔 놓거나 아니면 영혼을 좀 먹기까지 한다. 생명이 죽어가는 처참한 지진 참사를 보여 주는 뉴스 뒤에 치아를 희게 만들어 행복하게 해주겠다는 치약 광고를 내보는 식이다. 치아를 희게 만드는 방법을 아는 것이 지진 참사의 슬픔보다 더 중요한 것처럼 만든다. 방송에서 아무리 광고가 중요하더라도 지진 참사 장면을 보여 주면서 "여러분은 슬퍼하거나 걱정할 필요가 없습니다. 1분 남짓이면 치아가 하얗게 됩니다"라는 식의 광고는 오늘날 텔레비전 저널리즘의 탐욕성을 드러내기에 충분하다.

《TV 뉴스 어떻게 볼 것인가》에 비춰진 텔레비전 뉴스 현상은 먼 과거의 이야기나 멀리 떨어져 있는 미국만의 이야기가 아니다. 오늘날 텔레비전 뉴스는 과거에 비해 훨씬 허구적이고, 극화적이며, 때로는 편향적이다. 그것은 한국을 포함해 전 지구적인 현상이기도 하다. 뉴스는 화려한 영상과 분초를 다투는 시간성으로 인해 사실과 동떨어진 장면으로 가득 채워지고 있으며, 세상의 진짜 모습은 오갈 데 없이 사라진다. 과거에 비해 기술이 발달하고, 경쟁이 치열하고, 뉴 미디어가 등장하면서 텔레비전 뉴스는 이제 재창조된 드라마식 뉴스로 대체되어진다.

한때 '세상의 창'으로 불리어졌던 텔레비전은 더 이상 세상을 밝히고 탐사하는 '진실의 상자'가 아니다. 또한 파사현정破邪顯正의 가치를 추구하는 '고상한 저널리즘'의 수행자도 아니다. 텔레비전 뉴스에서 세상의 모습을 보고자 한다면 유감스러운 일이지만 이제 어려운 일이 됐다. '한국 텔레비전 뉴스 어떻게 볼 것인가?'라는 질문에 여러분은 어떤 답을 할 것인가?

함께 읽으면 좋은 책

커뮤니케이션의 횡포 La tyrannie de la communication

이냐시오 라모네 Ignacio Ramonet 지음 | 1999 | 원윤수 · 박성창 옮김 | 민음사 | 2000

파리7대학 커뮤니케이션학과 교수와 프랑스 지성을 대표하는 권위 있는 시사 잡지인 〈르몽드 디플로마티크〉 편집장을 지낸 이냐시오 라모네가 지은 이 책은 그 제목이 시사하듯이 오늘날 미디어의 왜곡된 행태와 사회에 미치는 저질성과 폭력성을 고발한다. 그는 폭로의 저널리즘, 과잉 정서, 병풍 효과, 뉴스의 드라마, 선정주의, 이미지의 합성, 가짜 미학 등 다양한 개념을 동원해 미디어 세계의 비윤리성을 비판한다.

TV 이후의 텔레비전: 대중 매체 시대의 텔레비전 문화 전경

한국방송학회 문화연구회 엮음 | 한울 | 2012

국내 문화 연구자 15명이 공동 집필한 이 책은 최근 수년간 텔레비전이 생산하고 있는 리얼리티와 오디션 프로그램과 같은 대중적인 양식이 드러내 보여 주는 방송의 특성과 맥락을 해석하는 데 주목했다. 동시에 케이블 TV 영역의 약진과 분화, 텔레비전과 인터넷의 상호작용, 스마트 TV 등장 등 텔레비전 환경 변화에 따른 프로그램 생산자와 수용자의 취향을 조망, 재현과 재연, 차이, 역사와 기억이라는 네 개의 영역에 걸쳐 관찰하고 해독한다.

part 5

텔레비전 · 정치 · 공론장

위르겐 하버마스의 《공론장의 구조 변동》이 숙의 민주주의의 토대로서 공론장의 중요성을 제기하면서 텔레비전의 정치적 영향력을 부정적으로 전망했다면, 캐슬린 홀 제이미슨의 《전자 시대의 웅변술: 정치 연설의 변동》은 텔레비전 시대가 본격화하면서 일어난 정치적 소통 양식의 변화를 세밀하게 추적한다.

15 현대 자본주의 사회에서
민주주의를 위한 미디어를 사유하다 | 김세은
위르겐 하버마스 ● 《공론장의 구조 변동》

16 텔레비전 정치 문화와 레토릭 양식의 변화 | 이준웅
캐슬린 홀 제이미슨 ● 《전자 시대의 웅변술: 정치 연설의 변동》

현대 자본주의 사회에서
민주주의를 위한 미디어를 사유하다

위르겐 하버마스

《공론장의 구조 변동》

김세은

15

공론장의 구조 변동
Strukturwandel der Öffentlichkeit: Untersuchungen zu einer Kategorie der bürgerlichen Gesellschaft

위르겐 하버마스
Jürgen Habermas

1962 | 한승완 옮김 | 나남 | 2004

하버마스는 《공론장의 구조 변동》에서 18세기 유럽의 부르주아 공론장의 사회적 구조와 정치적 기능을 역사적 단계별로 면밀히 추적, 분석하면서 현대 사회의 왜곡된 공론장의 모습을 비판하고, 비판적 이성의 주체로서 공중이 적극적으로 여론 형성에 관여하는 민주적 공론장의 이상형을 제시한다. 이러한 공론장의 규범성은 미디어에 대한 갖가지 왜곡과 위협이 상존하는 현대 자본주의 사회에서 '바람직한' 미디어를 염원하고 추동하는 이론적 자원으로 기능한다.

현대 사회 철학의 대표적인 학자 하버마스는 비판 이론의 확장과 대안을 동시에 제공한 것으로 평가받고 있다. 1960년대부터 수차례의 논쟁을 통해 학문 영역뿐 아니라 당대의 사회 현안에 적극적으로 개입해 왔고, 1980년대 《의사소통 행위 이론》으로 근대성과 이성의 문제에 대해 독자적인 학문 세계를 구축해 냈다. 최근 펴낸 정치 저작집 《아, 유럽》에서 현실 정치와 결합한 공론장 논의를 계속 이어나가고 있다.

◆◆◆ 김세은은 연세대학교 신문방송학과를 졸업하고 서울대학교 언론정보학과에서 석사, 영국 서섹스대학교에서 박사 학위를 받았다. 현재 강원대학교 신문방송학과 부교수이다. 책으로는 《왜 미디어를 연구하는가》(역)가 있고, 주요 논문으로는 〈유교 문화와 공론권〉, 〈민주주의와 언론의 신뢰〉, 〈한국 보수 신문의 이념성 진단〉, 〈해직 언론인에 대한 생애사적 접근 연구〉, 〈언론학 연구 방법으로서의 구술사에 대하여〉 등이 있다.

:: 하버마스의 학문 세계와 《공론장의 구조 변동》

하버마스는 누구인가

하버마스는 오늘날 가장 영향력 있는 사회학자요 철학자이며 막스 베버Max Weber 이후 가장 중요한 독일 학자로 일컬어진다. 그가 천착한 분야는 문화와 사회의 진화, 합리화에 대한 베버적 이론, 의미*meaning*와 과학적 방법의 관계라고 할 수 있는데, 의사소통*communication*, 동기*motivation*, 정당성의 위기*legitimation crisis*, 체계*system*와 생활 세계*lifeworld* 등에 대한 그의 이론적 통찰은 현대 사회 사상에 큰 진전을 가져 왔다고 평가받는다. 칼 마르크스와 베버를 재건했을 뿐 아니라, 빌헬름 딜타이Wilhelm Dilthey, 게오르그 루카치György Lukács, 지그문트 프로이트, 허버트 미드Herbert Mead, 에밀 뒤르켕Emile Durkheim, 탈콧 파슨즈Talcott Parsons 등 많은 고전적 학자들을 재구성하면서 민주주의와 법, 의사소통에 대한 논의를 수립했다.

하버마스가 독일을 넘어 세계적인 명성을 얻게 된 가장 큰 계기는 1980년대 중반 그의 《의사소통 행위 이론*Theory of Communicative Action*》이 영역되면서라고 할 수 있다. 이후 1989년에 《공론장의 구조 변동》이 번역되면서 1990년대 영미권에서는 이른바 '하버마스 신드롬'이 생겨났다. 그러나 저작을 통한 명성을 얻기 전에도 하버마스는 당대의 학자들과 벌인 몇 번의 논쟁을 통해 영미권 학계에 적지 않은 파장을 일으킨 바 있다. 1960년대 초반 실증론자들과 벌였던 방법론 논쟁을 시작으로, 한스 게오르크 가다머Hans-Georg Gadamer와의 이데올로기와 해석학 논쟁, 좌파 학자들과의 민주주의와 학생 운동 논쟁, 니클라스 루만Niklas Luhmann과의 사회 체계 논쟁, 장 프랑수아 료타르와의 근대성과 후기 근대성 논쟁, 역사학자들과의 국가사회주의와 홀로코스트Holocaust 논쟁, 9·11 테러에 대한 자크 데리다Jacques Derrida와의 공동작업 등은 그가 학문하는 방식을 그대로 잘 드러낸다. 그는 미셸 푸코를 신보수주의자로 규정하며 푸코의 권력 이론에 문제를 제기하기도 했는데, 2000년대까지 이어진 다양한 논쟁을 통해 하버마스 자신이 주장하고 설파하는 의사소통적 합리성(을 통한 합의의 진리 가능성)을 실제 학문 세계에서 적용, 실천하려 했던 것으로 보인다.

하버마스는 비판 이론의 확장과 대안을 동시에 제공했다고 평가받는다. 《계몽의 변증법》에 큰 감명을 받았다고는 해도, 하버마스의 학문적 지향이나 내용으로 볼 때 프랑크푸르트학파의 맹주라고 할 수 있는 테오도르 아도르노와 막스 호르크하이머와의 관계는 사실 미미하다. 하버마스는 프랑크푸르트학파의 정치적 회의주의와 현대 문화에 대한 경멸에 동의하기보다는 문제가 있다고 보는 입장이며, 학문적 관심은 그들과 달리 마르크스주의에서 한발짝 물러나 사회과학으로 옮겨간다. 아도르노와 호르크하이머가 비판 이론을 사회학이나 다른 사회과학에서 어느 정도 구분하고 거리를 유지하려 한 반면, 하버마스는 현대 사회과학의 중심적인 이론적 패러다임에 적극 관여하고 개입한다. 따라서 합리화 과정이나 의사소통 행위, 이데올로기, 정당성 등에 대한 하버마스의 이론과 입장을 이해하기 위해서는 마르크스와 베버, 프로이트는 물론, 비판 이론 반대편에 서있는 (것처럼 보이는) 파슨즈까지 봐야 한다. 현대 사회와 미래 사회의 조건에 대한 하버마스의 성찰은 파슨즈에 근거하기 때문이다. 그는 미국의 실증주의뿐 아니라 행동 이론, 포스트

구조주의에도 영향을 받았다.

1929년 뒤셀도르프의 중산층 가정에서 태어난 하버마스는 세계 대공황과 나치 독일이 초래한 거대한 경제적, 정치적 그림자 아래서 유년기와 사춘기를 보냈다. 사춘기 즈음 편협하고 고루한 독일의 학문적 분위기와 단절을 결심한 그는 독일의 전통 철학과 함께 미국의 실증주의에 대해서도 왕성하게 공부하면서 학문적 관심을 넓혀나갔다. 이렇게 비판 이론과 실증주의 전통을 계승하고 있는 하버마스는 독일의 의식 철학이나 형이상학 전통을 넘어 경험과 이론, 이론과 실천의 결합을 지향한다.

1954년 본대학교에서 프리드리히 빌헬름 셸링Friedrich Wihelm Schelling 사상에 대한 논문 〈절대자와 역사Das Absolute und die Geschichte〉로 철학 박사 학위를 받은 후, 2년 정도 자유 기고가로 활동하다가 1956년부터 초기 비판 이론의 산실이었던 프랑크푸르트대학교의 사회연구소Institut für Sozialforschung에서 자리를 잡고 호르크하이머와 아도르노에게서 사회학과 철학을 사사했다. 하버마스는 당시 사회학적이면서도 비판적인 독해를 해나갈 수 있는 체계성을 길러준 아도르노에게서 커다란 영향을 받았다. 1962년 교수 자격 논문인 〈공론장의 구조 변동〉을 제출했으나 민주주의에서 계몽 개념의 위험성과 허상에 대한 비판 부족, 자유 법치 국가를 넘어서고자 하는 정치적 급진성 등을 이유로 부정적 평가를 받았고, 이후 마부르크대학교로 옮겨 볼프강 아벤드로스Wolfgang Abendroth에게 논문을 제출했다. 1961년부터 가다머와 함께 하이델베르크대학교의 교수로 있다가 1964년 아도르노의 강력한 추천으로 호르크하이머의 자리를 이어받으며 프랑크푸르트로 돌아오게 되었다.

근대성, 이성, 공론장

하버마스는 칸트와 계몽주의의 전통 안에서 세계를 좀더 인간적인, 평등한 사회로 만드는 것에 대해 고심한다. 그것은 이성*reason*에 대한 인간의 잠재력을 현실화하는 것인데, 그것이 바로 담화의 윤리*discourse ethics*이다. 그가 말하는 커뮤니케이션은 단순히 의견을 주고받는 것이 아니라 이성적 토론에 의해 추동되는 잠재적 변동의 과정이다. 그는 '미완의 기획*unfinished project*'인 계몽*Enlightenment* 또는 근대성*modernity*을 버릴 것이 아니라 수정하고 완성해야 하는 것이라고 주장하며 근대성과 이성에 대한 믿음을 견지해 나간다.

'유럽 공론장의 사회사'로 압축될 수 있는《공론장의 구조 변동》은 경험과 이론을 통합하고자 하는 하버마스의 학문적 태도와 방식이 잘 드러나 있다. 이 책은 무려 27년이 지난 1989년에야 영역되었는데, 시민 사회에 대한 영미의 관심을 너무 앞서갔기 때문으로 풀이된다. 이 책은 약 20년 후에 발간되는 하버마스의 대표작《의사소통 행위 이론》의 전편에 해당되는데, 의사소통 합리성은 바로 이성적-비판적 토론의 조건에 대한 탐구와 직접적으로 관련되어 있기 때문이다. 그는 서구의 근대화 과정이 이성을 상호 이해나 진리가 아닌 목적 달성을 위해 도구적으로 사용하는 목적 합리성에 의해 진행되었다는 점을 비판하면서, 목적 합리성의 대안으로 의사소통 합리성을 주장한다. 목적 합리성에 의해 황폐해진 현대 사회는 의사소통 합리성에 의해서 비로소 민주적 실현이 가능하다. 하버마스는 사회가 더 합리화, 인간화, 민주화되기 위해서는 인간에게 부여된 의사소통 능력*communicative competence*에 내재된 합리성의 잠재적 가능성을 제도화해야 한다고 인식한다. 하버마스에 따르면, 의사소통 능력은 진화의 과정을 거쳐 발달해 왔지만 오늘날 현대 사회에서는 시장이나 국가, 조직 등과 같은 사회적 생활의 주요 영역들이 전략적, 도구적 합리성에 의해 탈취되었다. 따라서 체계의 논리가 생활 세계의 논리를 대체하는 생활 세계의 식민화*colonization of the lifeworld*가 일어나게 된다는 것이다.

개인을 관리하는 복지 국가와 기업으로서의 매스 미디어, 대량 소비를 부추기는 자본주의 경제 등으로 인해 공과 사의 경계, 개인과 사회의 경계, 체계와 생활 세계의 경계는 흐려지고 상호 침투가 일어나면서 현대인의 삶의 조건은 점점 악화된다. 공적인 중요 사안들이 시민에 의해 토론되지 않는 곳에서 민주주의는 발전될 수 없다. '이상적 발화 상황*ideal speech situation*'은 참여자로 하여금 동등한 담화 능력과 사회적 평등을 요구하며, 그들의 말은 이데올로기가 개입되어서도 안 되고 그 어떤 여타 오류에 의해 혼탁해져서도 안 된다. 하버마스의 근본적인 목표는 진리에 대한 가능성 탐구라고 할 수 있는데, 바로 이러한 이상적 발화 상황에서 합의*consensus*를 이룬 것이 진리임을 주장한다.

:: 《공론장의 구조 변동》을 통해 본 하버마스의 공론장 이론

정치사회학의 개념적 기원에 대해 많은 통찰을 보여 주는 이 책은 한마디로 부르주아 공론장*bourgeois public sphere*의 발생과 발전, 변화와 쇠퇴에 관한 것이다. 하버마스는 18세기 서유럽에서의 부르주아 공론장을 사회적 구조와 정치적 기능에 초점을 맞추어 역사적, 철학적으로 세밀하게 추적하면서 변동의 동인이 되는 내외적 조건과 긴장에 대해 설명하고 해석한다. 하버마스가 하필 18세기 부르주아 공론장에 주목한 이유는 무엇일까?

공론장이라는 개념의 중요성을 제대로 간파하기 위해서는 먼저 그 어떤 효과적인 정치적 공적 토론이나 자발적 모임 등이 없는 사회를 상상해 보는 것이 필요하다. 그러한 조건에서는 진정 자유나 정치, 사회가 무엇을 의미하며, 사회는 어떻게 통합될 수 있을까? 하버마스에게 공론장이란, 무엇보다 여론*public opinion*이 되려고 하는 그 무언가가 형성될 수 있는 우리 사회 생활의 모든 영역을 의미한다. 시민들은 공적 주체*public body*로서 행동하며 그 어떤 제한도 받지 않는다. 즉 집회와 결사의 자유, 보편적 관심사에 대한 의견을 표현하고 출판할 자유가 보장되는 것이다. 여론은 공적 주체로서의 시민이 통치 계급에 대해 비공식적인 형태로 비판과 통제를 수행한다.

하버마스는 이 책에서 봉건 군주 시대에서 자유주의 법치 국가를 이루어 낸 비판적 이성에 대한 그의 희구를 끊임없이 강조한다. 하버마스는 오늘날 국가가 사적 부문의 기능까지 적극적으로 수행하는 복지 국가의 형태를 띠면서 공사 간의 경계가 흐려지고 지본주의로 무장한 매스 미디어에 휘둘리면서 여론의 형성 메커니즘이 제대로 작동되지 못하고 있다고 보았다. 여론의 핵심을 하버마스는 이성적-비판적인 토론으로 보는데, 현대 사회의 여론은 그저 매스 미디어를 무대로 한 정치 광고와 각종 (과학적 기법을 자랑하는) 조사로 왜곡, 조작되고 있다. 공적 사안에 대해 토론하던 공중은 사라지고, 매스 미디어에 등장하는 이들을 향해 환호하고 그들의 이익 실현을 위해 동원되는 수동적 소비자만이 남아 있을 뿐이다. 누구를, 무엇을 보여 줄 것인가 하는 판단과 결정은 오롯이 매스 미디어의 몫이다. 그렇게, 허용과 차단의 권력을 행사함으로써 매스 미디어는 그 자체가 강력한 사회 권력이 되었다. 의회는 더 이상 국민 일반을 대표하지 못하고 정당은 특권적 사적 이익을 대변하는 기능만을 수행한다.

그런 상황에서, 하버마스는 이성적-비판적인 공론장의 회복만이 현대 사회의 왜곡된 정치 현상을 제자리로 돌려놓을 수 있다고 믿는다. 그가 주장하는 '미완의 기획'으로서의 근대성은 이성에 대한 굳건한 믿음을 기반으로 하고 있다. 그가 그토록 정교하게 부르주아 공론장의 역사를 추적한 것은 바로 비판적 이성이 작동하는 이상적 사회의 원형을 거기에서 발견했기 때문이다. 하버마스 이론의 핵심이라 할 수 있는 의사소통 합리성이 실현된 구체적, 역사적 실재가 바로 부르주아 공론장이었(다고 생각했)던 것이다.

공론장 개념의 기초와 기원

홉스나 데카르트, 루소, 로크, 칸트 등 계몽주의 사상가들은 "이성이야말로 인간의 타고난 본성이며, 이성이 있기에 적절한 교육을 통해 진리를 발견할 수 있다"고 한다. 하버마스에 의하면, 인간의 이성에 대한 믿음을 갖고 있던 칸트는 여론 개념이 확립되기 이전인 18세기에 이미 부르주아 공론장이라는 개념이 공시성*publicity*의 원칙이라는 형태로 생겨났다고 보았다. 사적 존재가 합리적, 비판적 공적 토론에 관여하는 비판적 과정으로서 여론은 도덕성이라는 이름으로 정치를 합리화하는 것을 목적으로 했고, 칸트는 이를 공적 합의라고 불렀다. 인간의 이성을 공적으로 사용하는 것은 언제나 자유로워야 하며, 바로 이를 통해서만이 인간의 계몽은 이루어진다. 자신의 이성을 공적으로 사용함으로써만 교양 있는 자가 될 수 있으며 독서 공중의 반열에 합류할 수 있다는 것이다.

하버마스는 칸트의 비판 이론을 언어*language*를 통해 정교화하려고 하는데, 공론장의 원시적 형태인 고대 그리스의 아고라*agora* 이래로 사람들의 공적 발화 행위가 어떻게 변화되어 왔는지를 주의 깊게 관찰한다. 그러던 중 서구 역사에서 언어가 그 논리적 형태로 사용되었던

— 공적 사안에 대한 비판적이며 이성적인 토론 — 특정 시기의 특정 영역에 대해 주목하게 된다. '식견 있는 토론과 이성적 동의를 제도화함으로써 그 영향력 아래에서 공적 권위를 합리화하는 것'은 민주주의에 있어 중추적인 것이라고 하버마스는 보았다.

하버마스에게 공론장의 가장 핵심적인 요소는 공중에의 개방성 *openness*이다. 공통된 관심사만 있으면, 그리고 그에 대해 이성을 사용해 비판적으로 토론하고자 한다면, 누구에게나 공론장의 문은 열려 있는 것이다. 16세기 이래 새로운 사회 질서였던 자본주의의 요소가 영향력을 가지기 시작하면서 봉건적 권위를 변환시키면서 사적 존재였던 사람들을 공중으로 형성하게 된다. 17세기 중반, 초기 상업 자본주의의 발전과 함께 정치 소식지*political journals*로서 인쇄 미디어가 (주간지의 형태에서 나중에는 일간지로) 발달하기 시작했고, 이러한 종류의 뉴스는 상인들의 필요와 연계하여 그 자체가 일용품*commodity*이 되었다. 국가의 변화가 도래하면서, 부르주아라는 새로운 층위의 사람들이 공중 내에서 중심적 위치를 차지하게 되었다. 17세기 후반에 이르러 정치 소식지는 비판과 의견까지 실었는데, 하버마스는 그러한 비판적 이성이 일간 신문에서 긴요한 것으로 보고 있다. 계몽을 목적으로 한 도덕적 주간지들의 출현은 하버마스가 보기에 18세기 초반의 중요한 현상이었다.

부르주아 공론장의 성립과 성장

18세기 이전의 유럽 문화는 과시적 문화*representational culture*가 지배적이었으며, 이러한 과시적 문화는 마르크스 이론에서 봉건적 단계에 해당하는 것으로서 이후 도래하는 자본주의 단계와 구별된다. 공론장으로 특징지어지는 자본주의 문화에서는 국가의 통제 바깥에 존재하는 공적 공간이 생겨나며, 거기에서 개인은 자신의 의견과 지식을 교환한다. 하버마스가 보기에, 18세기 유럽에서의 신문과 잡지, 독서 모임, 커피하우스 등의 성장은 과시적 문화를 점진적으로 공론장 문화로 대체한다. 이러한 공론장 문화의 핵심적 특징은 비판적이라는 것이다. 공론장 문화는 개인 간의 직접적 대화나 인쇄 미디어를 통한 의견의 교환에 기반하여 유럽에서 가장 자유로운 국가였던 영국에서 1700년 즈음 최초로 대두했으며, 18세기에 이르러서는 유럽 대륙 대부분에서 찾아볼 수 있을 정도로 성장하고 발전했다.

하버마스는 18, 19세기 프랑스와 (1832년부터 1867년 사이의) 영국의 의회 정부 전성기에 이룩한 정치적 자유의 진전에 큰 감명을 받았는데, 그가 보기에 프랑스 혁명은 과시적 문화의 붕괴와 공론장 문화로의 대체를 촉발한 강력한 역사적 사건이었다. 하버마스의 관찰에 의하면, 19세기 부르주아들은 자신의 이익을 추구하는 과정에서 제약 없는*open-ended* 공적 토론을 정치적, 국가적 행위의 정당성에 대한 필수 조건으로 제도화했다. 이때 부분적 수준에서 자율적인 공론장에서 이성적 토론은 제도화되었고, 따라서 법의 정당성이 군주의 의지나 신성한 권위에 의존하지 않고 오로지 통찰과 논증에 의해 생겨나는 새로운 상황이 도래하게 되었다. 이러한 공론장에서는 몇몇 집단과 개인의 관심을 초월하는 보편화될 수 있는 관심인지 아닌지가 행위에 정당성을 부여하는 유일한 기준이었다. 이러한 방식으로 부르주아 공론장은 하버마스가 '합리적 의지 형성*rational will formation*'이라고 일컫는 역사적 특수성과 내용을 확보하게 된 것이다.

공론장의 사회적 구조와 정치적 기능

공론장 개념에서 사적 개인*private people*은 매우 중요하다. 사적 개인으로서 부르주아는 비정치적이지만 이성적–비판적 공적 토론을 통해 기존의 법칙이 기반하고 있는 원칙에 도전하고 자신들의 권한을 주장했다. 18세기 무렵에는 공공 도서관이나 독서 모임 등을 통해 소설을 읽는 것이 부르주아 계층에서 확산되고 점차 관습화되었다. 17세기 후반과 18세기, 영국의 커피하우스나 프랑스의 살롱은 문예 비평이 귀족주의 사회와 부르주아 지식인 사이에서 중심적인 위치를 차지했는데, 그들은 교육받은 자로서 동등한 지위를 부여받았다. 이러한 독서 모임을 통해 (교육받은 중산층이었던) 부르주아는 정치적 사안에 대한 이성적-비판적 토론의 기법을 배우게 되고, 자신의 경제적, 문화적-정치적 중심이었던 도시에서 과거의 것을 밀어내고 새로운 공시성의 형태, 즉 부르주아 공론장을 확립하게 된다.

하버마스는 부르주아 공론장을 '사적 개인들이 함께 모여 공중이 되는 영역'으로 정의한다. 이들은 상품 교환과 사회적 노동의 영역에 대한 일반 규칙에 대해 토론을 하면서 공권력*public authorities*과 대립하게 되는데, 이성의 공적 사용은 필수적인 것이었다. 공론장의 변동은 부르주아 법치 국가의 모순에서부터 생겨났다고 하버마스는 주장한다. 부르주아 국가로서 법치 국가는 정치 영역에서 공론장을 국가의 기관*organ*으로 확고히 수립했는데, 그렇게 함으로써 제도적으로 법과 여론 간의 연결이 보장되도록 하기 위해서였다. 여기에서 의지와 이성 간의 반목이 생겨나는데, 법이란 한 사람이나 몇 사람의 의지가 아니라 합리적이며 보편적인 이성에 기반하기 때문이다.

시민 사회와 공론장

하버마스에게 시민 사회는 공론장과 분리된 경제적 사회만을 가리킬 뿐이다. 하버마스는 시민 사회를 16세기 국가 권력이 비인격화되면서 생겨난 필연적 귀결로 본다. 공적 지시와 감독 아래 팽창을 모색하던 경제적 재생산 과정의 사유화가 최초로 일반 이익이 되었기 때문이다. 중상주의 정책 덕분으로 시민 사회의 공론장이 대두하게 되었고 점차 비판적 영역으로 발달함에 따라 사적 시민 사회는 공권력과 분리하기 시작했다. 그런데 공론장과 시민 사회는 부르주아 법치 국가에서 변동을 겪게 된다. 경제적, 사회적 조건과 관계없이 지켜졌던 누구에게나 동등한 참여 기회를 부여한다는 공론장의 기준을 더 이상 지켜낼 수 없게 되었던 것이다.

하버마스는 시민 사회의 기원이 18세기 말 봉건 사회의 붕괴로부터 발달한 것으로 본다. 토지라는 요건을 떠나 직업적 지위에 따른 조직을 구성했던 요소들이 시민 사회라는 영역으로 발전했다는 것이다. 이러한 시민 사회는 진정한 사적 자율성이 국가에 대항하는 영역이었다. 정치적 특권적 요소들이 일부는 공권력으로, 일부는 의회로, 또 일부는 사법 기관으로 발달해 나갔다.

▶ 18세기 부르주아 공론장의 구성

사적 영역		공권력의 영역
시민 사회 (상품 교환과 사회적 노동의 영역)	정치 영역에서의 공론장	국가('치안'의 영역)
	문예 영역에서의 공론장 (클럽, 신문)	
핵가족의 내부 공간 (부르주아 지식인)	(문화 상품의 시장) '도시'	궁정(귀족 사교 모임)

출처: Jürgen Habermas(1962/1999), *The Structural Transformation of the Public Sphere: An Inquiry into a Category of Bourgeois Society*, Translated by T. Burger & F. Lawrence, The MIT Press.

공론장의 사회적-구조적 변동: 공론장의 재봉건화

국가와 사회의 엄격한 분리를 전제로 했던 부르주아 공론장은 19세기에 이르러 구조적 변동을 겪게 된다. 국가와 사회의 상호 침투와 교착이 진행되고 매스 미디어의 등장으로 공적 토론보다는 홍보 활동과 광고가 중요해진다. 그에 따라 공론장은 공적 마인드를 지닌 이성적 합의를 위한 공간이라기보다는 국가의 자원을 놓고 자기의 이익을 위해 경쟁하는 곳으로 변질되었다. 하버마스는 이를 공론장의 재봉건화 *refeudalization of the public sphere*라고 부른다.

하버마스에 따르면, 공론장의 몰락을 가져온 데에는 다양한 요인들이 있지만 상업적 미디어의 성장으로 인해 비판적 공중이 수동적인 소비자 공중으로 전락하게 된 것이 결정적이었다. 즉 일부 조직이 자신의 이해관계에 따라 만든 의견을 소비자로서의 대중에게 포장하여 선전하고 동의를 받아 여론화하는 식이 일반화되면서 공론장은 '권력화' 되었고, 사적 개인들은 더 이상 공적 토론에 참여하는 공중이 아니라 점차 문화 소비자로 전락한다는 것이다. 복지 국가의 등장으로 인해, 국가와 사회를 철저히 합병함으로써 공론장은 설 자리를 잃어버리게 되었다.

• 공적 영역과 사적 영역의 상호 침투 공론장의 변동은 19세기 후반 국가의 개입이 증대되면서 사회적 재생산과 정치 권력의 요소가 분리되는 것에서부터 시작되었다. 시장 교환 경제는 공권력의 기능에서 생산을 분리시켰고, 정치 행정은 생산이라는 임무에서 놓여났다. 시장 경제가 성장하면서 '사회적'인 것의 영역이 생겨났고, 이는 토지에 기반한 지배의 속박을 깨트리면서 국가 권력에 투자한 행정 형태를 만들어 냈다. (국가의 간섭이 증대되는) 신중상주의 정책은 사적 개인의 자율성을 억

압했고 사회의 '재봉건화'를 가속했으며, 이는 국가와 사회의 분리라는 부르주아 공론장의 기초를 점진적으로 무너트렸다.

부르주아 공론장이 제도화되면서 국가의 이해와 부르주아의 이해가 통합, 일치되고, 사회적 영역에 대한 국가의 간섭에 상응하여 공적 관할권이 사적 법인에로 양도된다. 마찬가지로 사회적 권력에 의한 국가 권력의 대체 역시 공적 권위의 사적 부문으로의 확장과 결부되어 있다. 국가의 사회화와 사회의 국가화는 공론장의 몰락을 가져온다. 20세기는 국가가 제공하는 사회적 서비스, 소득의 재분배, 전체적인 경제 과정을 통제하고 균형을 맞추려는 기능 등으로 이전의 역사와 구별된다. 더욱이 국가는 전체적인 계획의 틀을 짜고 그 안에서 스스로가 적극적인 생산자요 분배자가 되었다. 그 결과, 국가의 간섭은 더욱 심화되었고 사적 영역도 아니고 공적 영역도 아닌 새로운 영역이 대두하게 되었다.

• 사회적 영역과 사적 영역의 양극화 국가와 사회의 침투가 진행되면서 가족이라는 내밀성*intimacy*의 영역은 사회적 재생산으로부터 분리되었다. 가족은 더없이 사적으로 되었고, 일과 조직의 세계는 더없이 공적으로 되었다. 자본이 국가에 집중되면서 대기업과 관료제가 대두한 반면 사적 영역은 가족으로 좁혀졌다. 가족은 경제적 임무에서 벗어나면서 개인적 내재화의 대리자로서 힘을 잃게 되었다. 나아가, 가족의 기능이 변화하면서 문예 공론장은 사이비 공론장 또는 문화 소비라는 엉터리 사적 세계로 대체되었다. 바로 여기에서 문화 산업의 확산과 함께 미디어의 상업화와 연계된 여가 행동이 시작되는 것이다.

이제 이성적 공적 토론은 성인 교육이나 종교 교육 기관, 정치 토론, 문학 기관 등에서만 계속될 뿐이다. 라디오와 텔레비전, 출판사, 모임들은 패널 토론을 소비 품목의 한 형태로 전락시켜 장사하는 데 급급하다. 문화적 재화*cultural goods*의 상업화와 소비는 이성적-비판적 토론의 전제 조건이었음에도 불구하고, 이제 대화는 그 자체가 관리되거나 직업적인 것으로 전락했다. 사적 개인들 간의 이성적 토론은 일용품 형태가 되었고, 토론은 돈벌이를 위한 비즈니스로 형식화되었다.

바야흐로 대화의 종말이 도래한 것이다. 하버마스는, 매스 미디어가 만들어 낸 세계는 겉모습만 공론장일 뿐이며 미디어가 소비자에게 약속하는 온전한 사적 영역 역시 환상이라고 주장한다. 이성의 공적 사용으로 교육받았던 학식 계층은 흩어져 버렸다. 공중은 소수의 전문가 집단으로 쪼개져 이성을 공적으로 사용하지 않는다. 대중 소비자들의 감수성은 공적이지만 더 이상 비판적이지 않다. 결과적으로, 공중의 의사소통은 사라져 버렸다.

• 공론장의 정치적 기능의 변동: 공론장의 재봉건화 하버마스는 공론장의 탁월한 기구였던 인쇄 미디어의 변화를 지적하는데, 인쇄 미디어의 변화는 공시성 원칙의 변화와 관련하여 중요한 요인이 되었다. 19세기 중반 신문은 큰 기업으로 성장하면서 주식회사가 되었고, 국가의 검열이 강화되면서 우월한 지위의 사적 이익이 공론장을 침범하는 관문이 되었다. 합리성의 기준을 상실하면서 신문은 화려한 편집에 치중하고 개인적 특권을 담아내며 초국가적 권위를 흉내낼 뿐이었다. 공론장의 재봉건화가 일어나는 것이다. 국가와 사회가 서로 침투하면서, 공론장은 그 연결 기능을 잃게 되었다. 이제 공론장은 갈등하는 사적 이익들이 경쟁하는 곳으로 변질되었다.

하버마스는 오늘날 공론장이 (계획과 필요에 의해) 만들어지는 것이지 더 이상 자생하는 것이 아니라고 주장한다. 동등한 시민권의 대두는 정당 구조를 변화시켰다. 정당은 표를 얻으려면 대중 시민들을 통합해야만 한다. 정치적 의지의 형성은 이제 정당 기구를 통제하는 이들의 손에 달려 있다. 여기서 정당의 지도자/부의 핵심적 역할은 쇼나 조작을 위해 일시적으로 (계획과 필요에 의해) 만들어진 공론장에서 (계획과 필요에 의해) 만들어진 공시성*manufactured publicity*을 내보이는 일이다.

자유 법치 국가는 국가가 사회적 권리를 행하는 이른바 사회 복지 국가로 변모되었다. 이러한 변화 과정에서 세금은 사유 재산을 통제하는 도구가 된다. 행정의 관료화는 국가와 사회에서 공시성을 소멸시켰다. 그러나 하버마스는 여전히 비판적 공시성과 조작된 공시성 간 경합의 결과, 그 가능성을 믿는다.

텔레비전에 대한 하버마스의 관점: 사회 권력으로서의 매스 미디어

인쇄 미디어를 부르주아 공론장의 핵심 조건으로 바라봤던 것과 대조적으로 하버마스에게 방송, 특히 텔레비전의 대두와 확산은 공론장의 재봉건화를 가져온 주요 요인 중 하나이다. 문화를 토론하는 공중이 문화를 소비하는 공중으로 변모한 것은 바로 라디오나 영화, 텔레비전 등 이른바 '뉴 미디어' 때문이다.

하버마스가 보기에, 한때는 문화적 재화의 상업화가 이성적-비판적 토론의 전제 조건이었다. 그러나 원칙적으로 시장에서의 교환 관계로부터 배제된 것이었으며, 재산을 소유한 사적 개인이 오로지 '인간'으로서 만나는 영역의 중심으로 남아 있었다. 책을 사거나 극장을 가거나 박물관을 가거나 모두 돈이 들지만, 그가 읽고 듣고 본 것에 대해 대화하는 데에는 돈이 드는 것이 아니며 대화를 통해서만 자신의 문화적 경험을 오롯이 흡수할 수 있는 것이다. 그러나 오늘날에는 대화 자체가 '관리'된다. 연단 위 전문가들의 대화*dialogue*, 패널 토론, 라운드 테이블

쇼 등 사적 개인들의 이성적 토론은 라디오와 텔레비전에서 몇몇 잘 나가는 스타들의 팔기 위한 상품 목록이 되어버렸고, 누구나 '참여'할 수 있다고 하는 '컨퍼런스' 같은 곳에서 이루어지는 대화조차 소모품의 형태가 되었다.

토론은 이제 비즈니스이며, 고도로 형식화*formalization*되었다. 주장과 반대를 제시하는 것은 마치 게임의 규칙처럼 미리 정해져 있고, 특정 사안에 대한 합의 역시 과잉의 형식에 의해 이루어진다. 이제 토론에서 중요한 것은 내용이 아니라 에티켓이며, 갈등은 합의를 위한 자원이 아니라 개인적 불화 수준으로 격하되었다. 이런 식의 비판적 토론은 행위를 진정시키는 대체재로서 중요한 사회 심리적 기능을 수행하는 면이 없지 않지만 공적 토론으로서의 기능은 점차 잃어버리게 된다. 대신 여가 시장의 확장된 형태로 문화 상품 시장이 새로운 기능을 이어받는다. 문학이나 예술, 철학과 과학 작품 역시 시장에서 공중의 판단과 취향, 자유로운 선택과 선호의 대상이 되어 버린다. 시장은 문화적 상품의 분배에서 부자나 귀족의 배타적 이용을 허물어 버렸을 뿐, 교환 가치는 상품 자체의 품질에는 별 영향을 끼치지 못했다.

분리된 영역이었던 저널리즘과 문학을 통합한 일간 신문은 정보와 이성적 비판적 주장을 한쪽에, 순수 문학을 다른 쪽에 배열함으로써 서로 다른 현실 세계를 합쳐 놓은 것이었다. 뉴 미디어의 등장으로 인간적 흥미는 모든 것에 통하는 공통분모가 되었다. 재미있고 가벼운 주제들이 맛있는 소비 거리로 포장되면서 현실에서의 정의*justice* 문제는 공중의 관심에서 뒷전으로 밀려났다. 라디오, 영화와 텔레비전은 이성의 공적 사용보다 휴식을 자극하면서, 독자가 문자에 대해 유지하던 거리*distance*를 서서히, 그리고 최소한으로 줄여나갔다. 그 거리는 프라이버시의 전유*appropriation*를 요구하는 것인 동시에 읽은 것에 대한 이성적-비판적 교환의 공시성을 가능하게 하는 것이었는데, 이제 그런 거리는 거의 사라져 버렸다. 새로운 미디어로 인해 커뮤니케이션의 형태도 바뀌었다. 충격적 요소들로 무장한 뉴 미디어는 강력한 전파력을 가지고 독자와 인쇄 미디어 사이에 존재하던 비판적 거리를 없애고 말할 기회와 찬성하지 않을 기회를 박탈해 갔다. 독서 공중의 비판적 토론은 소비자들 사이의 '취향과 선호에 대한 교환'이 되었고, 소비한 것에 대한 이야기조차 소비의 일부가 되어 버렸다. 이제 공론장은 모양만 남아 있을 뿐이다.

라디오나 텔레비전 등 20세기의 뉴 미디어는 설립과 유지에 거대 자본이 필요할뿐더러 엄청난 전달력과 영향력으로 인해 시작부터 정부의 관할이나 통제 아래 놓여 있는 곳이 많다. 신문 같은 경우는 사적 개인들로 이루어진 공중의 사적 기구가 공적 기업이 된 것으로 여전히 사적 통제 아래 놓여 있긴 하지만 점차 거대 자본으로의 집중 경향을 보이고 있었다. 따라서 라디오와 텔레비전은 아예 사적 기업의 형태를 띠지 못하게 함으로써 미리부터 '자연스러운 독점'으로의 발달이 차단되었다. (미국을 제외하고) 영국, 프랑스, 독일에서 이러한 뉴 미디어는 공영이나 준공영 기업으로 조직되었는데, 그렇지 않으면 그들의 공시적 기능이 자본주의적 기능에 의해 잠식당하는 것을 충분히 보호할 수 없기 때문이다.

그렇다고 하더라도, 사적 개인의 저널리즘에서 매스 미디어의 공적 서비스로 전환되는 과정에서 공적 영역은 미디어에 노출할 수 있는 특권을 가진 이들의 사적 이익이 대거 유입됨으로써 구조적인 변화를 겪게 되었다. 다양하고 때로는 상호 경쟁적인 사적 이익들이 넘쳐나는 가운데 특정한 사적 이익만을 공론장에 진입할 수 있도록 허용하거나 거부하는 힘을 행사함으로써 라디오와 텔레비전은 그 자체가 중요한 사회 권력이 되어 버렸다. 과거 한때 신문이 공중으로 모인 사적 개인들의 이성적-비판적 토론을 전달하고 확대시키는 것에 그 기능을 한정했다면, 이러한 토론은 이제 거꾸로 매스 미디어에서 시작된다. 물론 그런 토론을 통해 그들이 공중으로서 사적 개인들의 이익을 대표하는 것은 결코 아니다. 공론장이 상업 광고의 장이 되면서, 사유 재산을 가진 사적 개인들은 공중으로서의 사적 개인들에 대해 직접적인 영향력을 행사하게 되었다. 공론장은 광고의 수단으로 변질되었고, 그러한 와중에서 방송 미디어 역시 신문의 상업화와 유사한 상업화가 진행되었다.

시장의 투명성이 저하되면서 광고를 확장하려는 동기가 강화되었고, 결과적으로 광고가 늘어나면서 시장의 투명성은 더욱 떨어졌다. 광고를 통한 경쟁은 가격을 통한 경쟁을 대체했고, 무엇보다 브랜드명을 제공하는 몇몇 특정 기업에 의해 가격이 통제되면서 시장의 다양성은 혼란이 초래되었다. 그렇게 되면, 경제적 합리성 측면에서 상품을 비교하는 것이 어려워지고 교환 가치는 광고의 심리적 조작에 의해 함께 결정된다. 거대 자본주의 기업은 한편으로는 시장의 과점적 제한 경향, 다른 한편으로는 광고로 넘쳐나는 텔레비전의 통속극*soap opera*과 분명한 연결 고리를 갖고 있다. 텔레비전이 폭발적으로 보급되면서 텔레비전 광고가 지배적인 지위와 중요성을 갖게 되었다.

'중립적인' 정치 광고 전문가, 시장 조사와 여론 조사 기법의 발달은 정치가 텔레비전에 심각하게 의존하게 만들었다. 처음에는 텔레비전의 정치적 영향력을 무시했던 정당들이 몇 번의 선거 참패를 겪은 이후 텔레비전을 통한 적극적 홍보의 필요성을 절감하게 되었다. 정치 영역조차 사회적-심리적으로 소비의 영역에 통합되면서 '새로운 무관심층'이라고 하는 정치 소비자들이 대두하게 되었다. 인위적으로 만들어 낸 공론장 안에서 공중으로서의 유권자는 해체되고 매스 미디어는 광고 전달 도구로서만 유용할 뿐이다. 정당의 집회 역시 소수의 충성도 높은 지지자들에게 정치 구호를 전달하는 임무만 수행한다. 정당 집회가 텔레비전에 중계되는 경우에는 광고 이벤트로 유용하게 사용된다. 텔레비전 앞에서 대중은 환호할 준비를 하고 있다. 텔레비전이 보여 주는 것은 여론이 아니라 의견의 분위기일 뿐이다.

이제 정부와 여당은 라디오와 텔레비전을 통해 국민에게 정책을 제시하고 변호하며, 야당 역시 라디오와 텔레비전을 통해 이 정책을 공격하고 대안을 전개한다. 이제 공론장과 의회에서의 토론은 사라져 버렸고, 공론장과 공론장에서 형성되는 여론의 통합은 과거의 일이 되어 버렸다. 라디오와 텔레비전을 통해 의회를 중계하는 것은 본래 수용자로 하여금 자기가 선출한 국민 대표들의 활동에 참여할 가능성을 제공하는 데 있지만, 정작 라디오와 텔레비전은 그러한 목적에 적합하지 않으며 오히려 토론의 왜곡과 편견으로 의회의 역할 수행에 방해가 될 뿐임을 하버마스는 강조한다.

공론장의 복원 가능성

그럼에도 불구하고, 하버마스는 공론장의 복원에 대한 희망을 이야기한다. 오늘날 복지 국가의 정치적 공론장은 두 가지 양면적 모습이 경합하는 양상을 보이는데, 구조적으로 변동된 공론장에서 그나마 정치 질서가 제대로 작동하기 위해서는 미디어화*mediatization*에 의한 공중과 시민 사회의 공론장 붕괴를 극복하고 자유주의 법치 국가의 연속성을 유지하면서 공중이 공적 커뮤니케이션의 비판적 과정에 참여해야 한다는 것이다. 그러기 위해서는 정당뿐 아니라 정치적 영향력이 큰 매스 미디어와 공공 단체 등 주요 기관들의 내부 구조가 공론장의 원리에 따라 조직되고 작동되어야 한다. 어떤 저지도 받지 않는 의사소통과 공적 논의를 허용할 뿐 아니라 그 내용을 공개함으로써 각각의 개별적 조직 공론장과 전체 공중의 공론장이 결합될 수 있도록 보장해야 한다. 하버마스는 내부적 공공성이 요구되는 조직들의 사회적, 정치적 권력 행사가 합리화됨으로써만 복지 국가의 민주주의가 실현될 수 있다고 본다. 또한 기본권(표현과 의견의 자유, 집회 결사의 자유, 언론의 자유 등)이 실제로 보다 적극적으로 참여를 보장하는 것으로 해석되어야 한다. 그래야만 정치적 영역에서 공론장의 효율성을 보장하는 원래적 기능을 수행할 수 있다.

정치적 영역에서 공론장이 효과적으로 작동하기 위한 두 가지 조건은 관료적 결정을 최소화하는 것, 만인이 인식할 수 있는 보편적 이익의 기준에 따라 이익들 간의 구조적 갈등을 상대화하는 것 등인데, 이러한 조건을 한낱 이상일 뿐이라고 폄하해서는 안 된다. 비판적 공시성과 조작적 공시성 간의 투쟁의 결과는 우리 앞에 열려 있으며 불확정적이다. 그렇기에 하버마스는 양자 간의 변증법적 관계가 멈추지 않아야 한다고 강조한다.

공론장 이론에 대한 비판

이러한 하버마스의 견해와 이론에 대해서는 다양한 비판이 있어 왔다. 주요 비판 중 하나는 하버마스의 역사 이해나 해석 방식에 문제를 제기하는 것이다. 순수하게 이성적이며 독립적인 공론장은 역사적으로 존재한 적이 없었음에도, 그리고 다른 형태의 공론장이나 공적 담화에 충분한 주의를 기울이지 않은 채 부르주아 공론장을 이상화했으며 보편성을 주장했다는 비판이다. 현대 사회에 대한 단순한 이해 역시 공론장의 변질을 과장하고 이론적 적용성을 축소시켰다는 비판의 원인이 된다. 대표적으로 오스카 넥트Oskar Negt와 알렉산더 클루게Alexander

Kluge는 하버마스가 의도적이든 무심결에든 놓쳐버린 서민*plebeian* 공론장에 대한 역사적 설명을 제공한다. 존 B. 톰슨John B. Thompson과 제임스 커런James Curran은 하버마스의 공론장 개념이 시대에 뒤떨어진 것이라고 비판한다. 현대 사회의 매스 미디어는 하버마스가 우려하는 것처럼 형편없기만 한 것은 아니며 공중 역시 늘 부정적인 모습만을 보여주는 것은 아니다, 민주주의를 위한 대안적 미디어의 가능성을 간과했다는 것이다.

여성주의와 포스트모더니즘 진영에서는 차이*difference*의 문제를 제기한다. 여성에 대한 무관심은 하버마스가 가장 뼈아프게 생각하는 부분으로서, 낸시 프레이저Nancy Fraser를 위시하여 많은 여성주의 학자들이 이분법적 공사 영역 구분에 기반한 하버마스의 남성 중심적 관점과 이해를 비판했다. 근대성에 대한 회의주의와 상대주의를 지향하는 포스트모더니즘에서는 거대 이론*grand theory*으로서의 시도에 대해 좀더 방점을 찍어 비판한다.

:: 《공론장의 사회 변동》의 학문적 영향력과 현재적 의의

사회적 공간 또는 공적 공간에 대해 설명을 시도했던 이는 한나 아렌트Hannah Arendt나 다른 자유주의 사상가들이 있지만, 모호하게 남아 있던 현대 사회의 영역을 '공론장'이라는 이름으로 명확하게 일컬어 구체적으로 우리의 인식 속에 넣어 준 이는 바로 하버마스이다. 톰슨은 하버마스의 공론장 이론을 '20세기 유럽 사회에 적절한 민주주의 이론을 만들어 내려는 최초의 시도'라고 본다. 비판적 공중이라는 개념 역시 하버마스에 의해 제시되었으며, 이후 그의 저작에서 계속해서 논의되고 있다.

하버마스의 이론적 체계는 한마디로 공론장이라는 프레임을 통해 현대 사회의 제도와 이성적 관심을 숙의하고 추구할 수 있는 인간의 능력에 잠재되어 있는 이성, 해방, 이성적-비판적 의사소통의 가능성을 탐구하는 데 중점을 두어왔다고 할 수 있다. 하버마스가 《공론장의 사회 변동》을 통해 주장하는 것은 18세기로 돌아가자는 것이 아니다. 돈과 권력으로 치밀하게 장악된 현대 사회에서 민주주의적 미디어의 가능성과 공중으로서의 대중에 대한 기대를 논의할 필요가 있다는 것이다. 하버마스는 특정한 역사적 조건에서 인간 의사소통의 보편적 특성을 발견하고 규범적 이상으로서의 공론장 모델을 제시함으로써, 현대 민주주의와 미디어에 대한 사유를 자극하고 이론적 이상과 실천적 가능성에 대한 수많은 후속 연구와 논의를 촉발시켰다.

많은 학자들은 그의 공론장 이론이 현대 미디어를 포함하여 민주주의와 커뮤니케이션에 대한 역사적 현상을 이해하는 데 매우 유용한 것임을 인정한다. 정치적, 경제적, 사회적, 역사적, 문화적 차원이 각각 교직됨으로써 수많은 상황과 조건에 대한 공론장 논의가 가능한 것이다. '공론장'이라는 용어는 이제 학술적 용어를 넘어선 개념이 되었다고 해도 과언이 아니다. 공론장 개념은 이제 보편화되었고 범용성을 획득하기에 이르렀다. 《공론장의 구조 변동》 발간 50주년을 맞아 최근 〈미디어, 문화와 사회*Media, Culture & Society*〉와 〈정치 이론*Political Theory*〉에서는 특별 섹션을 마련하고 그 학문적 영향력과 의미를 집중적으로 조명하기도 했다.

공론장 개념의 강력한 확장성

하버마스의 공론장 개념은 철학, 역사뿐 아니라 정치학, 사회학, 행정학, 언론학 등 인문, 사회과학 그 어떤 분야에도 뛰어난 분석 프레임을 제공한다. 그러한 연구들은 대단히 다양할 뿐 아니라 수적으로도 방대하다. 국가 간 비교는 물론 미디어 간 비교에도 공론장 개념은 유용하며, 분석과 비교의 수준이 추상적이든 구체적이든, 현상이든 개념이든, 국지적이든 국제적이든, 그 어느 것에도 적용 가능하고 규범적인 모델로의 추동을 요구할 수 있도록 하는 것이 바로 공론장 개념의 학문적 '파워'라고 할 수 있다. 더욱이 분석 프레임을 넘어서 시대의 방향성과 기준을 제시한다는 점에서 규범적 개념이 지닌 영향력이 더욱 잘 드러난다.

그렇기 때문에 각자의 역사에서 하버마스가 제시한 공론장과 유사한 사례를 찾으려는 연구가 다양하게 시도된 것은 물론이며, 각자의 정치, 경제, 사회, 문화 조건에서 가능한 민주적 공론장의 모습과 조건을 모색하는 연구가 끊이지 않는다. 그와 더불어 일상생활의 공적 성격과 사적 성격을 논의하는 데에도, 언론의 자유를 가늠하고 논의하는 데에도, 미디어의 기능과 윤리를 논하는 데에도, 인터넷 언론은 물론 온라인 블로그나 유튜브의 역할을 해석하는 데에도, (공영) 방송의 성과나 이념을 분석, 평가하는 데에도, 공공 저널리즘의 형태와 가능성을 모색하는 데에도, 지역 미디어나 어린이, 여성 미디어의 기능과 의미를 논의하는 데에도, 텔레비전 프로그램이나 심지어 만화 분석에도 공론장은 유용한 프레임이 된다.

나아가 미디어라는 지평을 넘어서 공론장의 물리적 경계를 국가 단위 이상으로 확장하려는 시도와 글로벌 시민 사회의 가능성 탐색에도 공론장 개념은 핵심이 되며, 동성애자나 이민자 등 사회적 소수자 관련 논의에도 공론장 개념은 여전히 유용하고 적실성이 뛰어나다. 특히 유럽에서는 유럽연합의 대두와 함께 그 정치적 가능성을 탐색하는 연구가 공론장 이론에 기반하여 활발하게 이루어지고 있다.

공영 방송과 공공 저널리즘 논의에 중요한 기반을 제공

그중 눈여겨볼 것은 특히 공영 방송과 공공 저널리즘에 대한 논의이다. 하버마스의 공론장 이론은 점점 더 거세어지는 시장주의 물결 속에서 커뮤니케이션의 공공성을 지켜 내려는 힘겨운 투쟁에서 강력하고도 중요한 이론적 자원이 되어 왔다. 시장과 정부에서 (비교적) 자유로운/독립적인 영역으로서의 공영 방송과 시민 참여를 전제하는 공공 저널리즘에 대한 최적의 당위성과 규범적 근거, 조건을 제공하기 때문이다.

무엇보다 공영 방송을 수호하고자 하는 이들에게 공론장 이론은 첫째, 공영 방송이 역사적으로 경제와 국가 모두에서 독립적인 기관으로서 자리매김을 해왔다는 점에서 공시성의 원칙과 부합한다는 점, 둘째, 다양한 사회 집단들로 하여금 서로 간에 의사소통할 수 있는 국가적 차원의 장을 제공할 수 있다는 점, 셋째, 소비자가 아닌 시민으로서의 공중을 상정한다는 점 등의 소중한 핵심 가치를 제공해 준다. 공영 방송은 특정 집단의 사적 이익을 다루기보다는 보편적 이익, 즉 공익을 다루며, 공영 방송의 시청자는 공익에 관심을 갖는 공적 존재로서 소비자라기보다는 권리와 의무를 가진 적극적 시민으로 여겨진다는 것이다.

이렇게 끊이지 않는 공론장 논의는 어찌 보면 그만큼 우리가 처한 현실이 비관적이라는 것, 그래서 더욱 규범적 전환이 절박하다는 것을 보여 주는 것은 아닌가 하는 생각이 들기도 한다. 이렇게 하버마스의 공론장 이론은 미디어에 대한 탈규제 물결 속에 초국가적 미디어 자본의 흡수와 합병이 도처에서 빈발하는 신자유주의 시대 상황에서 민주주의 수호를 위한 공영 방송과 공공 저널리즘의 가치에 대해 가장 강력하고 설득력 있는 논리 기반을 제공하면서, 공적 주체로서의 인간과 이성에 대한 믿음을 민주주의로 연결하는 강력한 연결 고리가 되어 주고 있다.

함께 읽으면 좋은 책

사실성과 타당성: 담론적 법이론과 민주주의적 법치 국가 이론

Faktizitat und Geltung: Beitrage zur Diskurstheorie des Rechts und des demokratischen Rechtsstaats

위르겐 하버마스 지음 | 1992/1998 | 한상진 · 박영도 옮김 | 나남 | 2000

이 책은 《공론장의 구조 변동》에 대해 다양하게 제기되었던 비판들을 수용하고 그 동안의 사회 변화를 반영해서 새롭게 손질한 공론장 논의라고 할 수 있다. 하버마스는 이 책에서 후기 산업 사회의 법치와 민주주의의 가능성을 사실과 규범, 이론과 현실, 경험과 주장이라는 두 영역을 오가며 진지하게 논의한다.

하버마스와 공론장 Habermas and the Public Sphere

C. 칼훈 C. Calhoun 엮음 | The MIT Press | 1992

이 책은 비판 이론과 문화 연구, 페미니즘, 정치 이론 등 다양한 분야와 입장에서 하버마스의 공론장 이론을 논의하고 해석한 16편의 글과 이들의 도전적인 문제 제기와 비판적 해석에 대한 하버마스의 답글로 구성되어 있다. 민주주의와 공적 담화의 특성과 기능에 대한 하버마스의 공론장 이론을 정교화하는 데 크게 기여했고, 그 범위를 확장시켜 수많은 후속 논의와 연구를 자극하는 촉발제가 되었다.

텔레비전과 공론장: 시민권, 민주주의, 미디어 Television and the Public Sphere: Citizenship, Democracy and the Media

P. 달그렌 P. Dahlgren 지음 | Sage | 1995

텔레비전에 좀더 초점을 맞추어 공론장 이론을 공부하고 싶다면 이 책을 권한다. 달그렌은 텔레비전이 제공하는 뉴스와 정보, 오락에 대한 비판적 분석을 통해 시민 사회와 공론장 이론을 집중적으로 조명하고, 민주적 미디어로서의 텔레비전, 그리고 텔레비전이 주도하는 대중 저널리즘의 가능성과 한계를 수용자의 문제와 관련하여 논의한다.

공론장의 이론적 진화: 다원적 민주주의에 대한 함의

박홍원 | 2012 | 〈언론과 사회〉, 20권 4호, pp.179~229.

이 논문은 하버마스가 평생 추구하고 있는 공론장 이론의 발전 과정과 주요 논점들을 《공론장의 구조 변동》과 《사실성과 타당성》을 중심으로 상세하면서도 비교적 쉽게 설명한다. 《사실성과 타당성》 이후 하버마스의 관심은 유럽연합의 대두와 함께 숙의 민주주의를 넘어 다원적 민주주의를 지향하고 있는데, 이 논문은 그에 대한 이론적 함의까지 잘 포괄하고 있다.

텔레비전 정치 문화와 레토릭 양식의 변화

캐슬린 홀 제이미슨

《전자 시대의 웅변술: 정치 연설의 변동》

이준웅

16

전자 시대의 웅변술: 정치 연설의 변동
Eloquence in an Electronic Age: The Transformation of Political Speechmaking

캐슬린 홀 제이미슨
Kathleen Hall Jamieson

Oxford University Press | 1988

정치 레토릭 연구의 대가인 캐슬린 제이미슨이 미국 정치 문화에 대해 열정적으로 저술하던 시기의 완성했던 작품이다. 텔레비전 시대를 지배하는 유능한 정치인이란 특유의 '전자 매체 시대의 웅변술'을 습득한 자들이라는 주장을 담고 있다. 즉 과거의 남성적 웅변 양식은 더 이상 적절하지 않고, 여성적인 연약한 말하기 스타일이 효과적이 되었다는 것이다. 따라서 드라마 연출적이며, 이야기 전달적이며, 대화적이며, 자기 노출적인 말하기의 명수인 로널드 레이건이 위대한 소통자로 등장했던 것은 우연이 아니다. 제이미슨은 정치 레토릭 양식의 변화를 기술하는 데 그치는 것이 아니라 그것이 초래하는 문제점을 제시하고 해결을 위해 해야 할 방법을 제시한다. 레토릭 교육을 활성화해서 시민의 정치적 능력을 복원해야 한다는 것이다.

◆◆◆ 이준웅은 미국 펜실베이니아대학에서 정치 커뮤니케이션으로 박사 학위를 받았다. 현재 서울대학교 언론정보학과 교수이다. 레토릭과 민주주의, 설득 커뮤니케이션, 정치 커뮤니케이션, 매체의 발전과 읽기와 쓰기의 변화 등에 대해 강의하고 연구하고 있다. 책으로는 《말과 권력》 등이 있고, 논문으로는 〈가는 말이 험해야 오는 말이 곱다〉, 〈비판적 담론 공중의 등장과 언론에 대한 공정성 요구〉, 〈설득의 윤리적 문제〉 등이 있다.

:: 텔레비전 정치 문화와 정치 레토릭에 대한 모범적 연구서

이 책의 서평을 찾아 읽어 보면, 의례적인 찬사와 시기 어린 칭찬과 더불어 '시기적절하다'는 표현이 자주 등장한다. 이 책이 출간된 해는 '위대한 소통자*the great communicator*'로 불렸던 로널드 레이건 대통령이 두 번째 임기를 마쳤던 1988년이다. 거인 정치가들의 시대가 저문 뒤, 거짓말쟁이와 무능력자가 대통령직을 차지한 데 분노하고 실망했던 미국 시민들은 새로운 기대를 담아 레이건을 선출했다. 레이건의 등장과 더불어 미국 정치 문화의 많은 것이 변하기 시작했다. 이 책은 그 변화에 대한 관찰과 설명을 담고 있다. 출간되자마자 미국의 정치학자, 수사학자, 언론학자, 커뮤니케이션학자들로부터 일제히 찬사를 받았다.

캐슬린 홀 제이미슨은 아넨버그 커뮤니케이션대학의 전 학장으로 잘 알려져 있다. 그래서 그런지 그를 행정 전문 보직 교수로 여기는 분들이 있는데, 안타까운 일이다. 훌륭한 학자가 아니면 학장과 총장으로 성공하기 어려운 미국 명문대의 풍토에 대한 오해도 없지 않으며, 무엇을 썼느냐보다 무슨 직함을 거쳤느냐에 관심을 보이는 세속적 태도도 한몫하는 것 같다.

제이미슨은 1946년 미네아폴리스에서 태어났으며, 1972년 위스콘신대학에서 커뮤니케이션 박사 학위를 받았다. 1984년 《대통령 포장하기: 대통령 캠페인 광고의 역사와 비판*Packaging the Presidency: A History and Criticism of Presidential Campaign Advertising*》을 출판해서 전국적 명성을 얻었다. 미국 정치 광고에 대한 가장 상세한 기록과 관점 있는 비판을 담은 이 책은 아직도 정치 캠페인 분야의 표준 교과서로 활용되고 있다. 미국 언론의 정치 보도에 대한 통찰력이 빛나는《더러운 정치 *Dirty politics*》를 1992년 발표했다. '언론의 틀 짓기'란 용어를 단순한 비유에서 이론적 개념으로 확립하는 데 결정적으로 기여한《냉소의 소용돌이*Spiral of cynicism*》를 출간한 것은 1997년이다. 그는 1990년대에 중요한 저작들을 출간한 후 2000년대에 들어와도 저술을 멈추지 않았으며, 그중 어떤 것도 중요하지 않은 주제를 다룬 것이 없다. 그렇지만 그의 책 중에 최고를 꼽으라면 나는 주저 없이 바로 이 책, 1988년에 출간된《전자 시대의 웅변》을 선택하겠다.

제이미슨의 저술 목록을 보면, 그가 일관되게 미국 대통령 캠페인과 그에 대한 언론의 보도에 관심을 기울였다는 것을 알 수 있다. 언론의 캠페인 보도, 정치 광고와 캠페인, 대통령 후보 토론, 새로운 매체의 등장과 캠페인 양상의 변화가 주요 주제다. 그런데 후에 다른 책에서 발견할 수 있는 주장들의 씨앗이 바로 이 책에 담겨 있다. 이 책은 그 자체로 미국 텔레비전 정치 문화의 문제점에 대한 가장 빛나는 주장을 포함하는데, 그 주장은 후속 저작에서 맥락을 달리하지만 주제를 공유하는 변주의 형식으로 재등장하게 된다.

이 책은 레토릭이라면 아리스토텔레스, 키케로, 퀸틸리아누스 등 고전 작가들이나 현대 영문학자들밖에 떠올리지 못하는 학생들에게 추천하고 싶은 현대 레토릭 분석의 고전이다. 이 책은 또한 입만 열면 미국 정치는 이렇다 저렇다 떠들면서도 정작 미국 정치 문화의 요점을 잡지 못하는 정치 평론가들에게 추천하고 싶은 책이기도 하다. 그런데 이 책은 누구보다도 매체와 소통에 대해 연구하면서도 장기적 사회 문화 변화에 주목하지 못하는 커뮤니케이션 연구자들이 읽어야 할 책이라고 본다. 사실 텔레비전 문화에 대한 책은 많다. 텔레비전 정치 문화에 대한 책들도 적지 않다. 그러나 미국 텔레비전 정치 문화의 변화를 레토릭 양식의 변화와 미국 유권자의 시민성의 관점에서 접근해서 통찰력 있는 주장을 전개한 책을 찾기 어렵다. 특히 매체의 변화를 레토릭 양식의 변화와 연관 지어 설명하고 그 정치적 함의를 고찰한 책 규모의 프로젝트는 오직 이것밖에 없다.

제이미슨은 미국 대통령의 연설과 미국 유권자의 시민성의 연관성을 '텔레비전 매체를 통한 정치적 소통'의 관점에서 해명한다. 이 책의 핵심 주장은 다음과 같다. 첫째, 전통적으로 강력한 정치적 소통이란 남성적인 웅변 양식을 기반으로 했다. 텔레비전 방송이 지배적인 정치적 정보 전달자가 되고, 시각적 전달 양식에 적합한 대화적 양식이 등장하면서 전통적 웅변은 점차로 주변적으로 변했다. 둘째, 텔레비전이 정치 문화의 핵심적 매체가 된 이후, 여성적이며, 드라마 연출적이며, 이야기 전달적이며, 대화적이며, 자기 노출적인 소통의 명수인 로널드 레이건이 위대한 소통자로 등장했던 것은 우연이 아니다. 텔레비전 시대에는 남성적 웅변이 아니라 연약한 대화 양식이 지배력을 행사한다. 셋째, 레이건이 보여 준 전자 시대의 웅변술이 지배적이 되면서, 미국 유권자는 정치 지도자를 선택하는 데 필수적인 토론과 비판의 기회를 잃고 있다. 또한 레토릭 교육이 실종되면서 토론과 비판 능력 자체를 잃고 있다.

케네디의 장례식은 전국으로 생방송되었다. 장례식에서 많은 조문객들이 조사를 남겼지만 그 많은 말들은 이제 미국 시민의 기억에 남아 있지 않다. 다만 텔레비전 이미지가 남아 있을 뿐이다. 텔레비전 시대에 말들이 죽고 그림들이 살아난다. 생존한 말들은 성격이 변형된다. 《전자 시대의 웅변》의 3장은 텔레비전 시대의 소통 양식의 변화를 요약적으로 제시한다.

고대 레토릭 시대의 훌륭한 말이란 웅변을 의미했으며, 그것은 '불 같은' 것이었다. 즉 자극하며, 흥분시키며, 행동을 촉구하는 말이었다. 제이미슨은 조지 스타이너George Steiner의 프로메테우스 신화에 대한 해석을 인용하면서 말, 지성, 불이 유비적 관계를 갖는다는 점을 지적한다. '불 지르는 말'이 고대 레토릭을 상징한다면, '불 밝히는 말'은 근대 계몽주의적 글쓰기의 특징을 보여 준다. 이성적이며 논리적인 말이 근대적 논증의 도구가 되었다. 그렇지만 레토릭 이론은 이성만으로는 설득할 수 없다는 것을 가르친다. 근대 레토릭 이론가들은 '웅변이란 불붙은 논리'라고 말했다.

'불 같은 말'이 하는 일은 전쟁이다. 고대부터 근대까지 이어온 레토릭에 적용된 가장 전형적 비유는 논쟁적이며, 지배적이며, 복종을 이끌어 내는 무기라는 표현이다. 웅변을 전쟁에 사용되는 무기에 비유하는 것이 자연스러웠다. 설득이란 자신의 주장을 제시해 상대방의 의지를 조정하는 것이며, 이를 위해 사용되는 도구가 웅변인 것이다.

텔레비전 시대가 되면서, 이런 고전적 레토릭의 양상이 변화하게 된다. 이 변화를 기록한 결정적 사건인 1960년 닉슨과 케네디의 텔레비전 토론은 이미 전설이 되었다. 텔레비전 토론에서 닉슨이 '싸우는' 동안, 케네디는 시청자들을 매료시키고 있었다. 1980년 카터와 레이건의 텔레비전 토론도 역사적이다. 카터는 레이건의 주장을 격파하기 위해 강력하게 몰아붙였다. 카터가 공격하고, 반박하고, 비판하는 동안 레이건은 "또 시작이군요*There you go again*"라며 웃어 넘겼다.

레토릭 이론 자체도 변화하기 시작했다. 레토릭은 단지 설득이 아닌 다양한 소통의 목적을 위한 것으로 간주됐다. I. A. 리처즈는 레토릭을 "오해와 그 극복에 대한 연구"라고 정의했으며, 케네스 버크Kenneth Burke는 전통적인 대결과 투쟁을 강조하는 레토릭 관점을 피해서 '동일시*identification*' 이론을 제창했다. 이성과 감성이라는 고전적 양분법은 현대 레토릭 이론 앞에서 더 이상 중요한 구분으로 인정되지 않는다. 이성과 감성이 모두 중요하며, 문제는 바람직한 소통을 위해 그 둘을 어떻게 활용하는가이다.

제이미슨은 라디오와 텔레비전 매체의 등장이 레토릭 양식의 변화에 중요한 역할을 했다고 설명한다. 미국 사회에서 성 역할의 변화 등 다른 설명 요인이 더 없는 것은 아니지만 역시 전자 매체의 등장이 중요했다는 것이다. 라디오를 활용하면서 정치 연설은 불타는 웅변에서 '노변담화'로 전화했다. 라디오가 없었다면 루스벨트는 '대화적' 담화를 활용해서 유권자와 직접 소통함으로써 당파적인 투쟁을 넘어선 영향력을 행사하기 어려웠을 것이다. 케네디로부터 레이건까지 미국 대통령들이 경험하고 활용하려 했던 텔레비전 매체는 오히려 그들의 성공과 실패를 결정했다. 텔레비전 토론에서 성난 얼굴로 상대방을 몰아붙이는 것만으로는, 생방송 중계를 무시해서는, 방송 뉴스에 무심하게 반응해서는 더 이상 제대로 통치할 수 없게 되었다.

텔레비전이 특별한 이유는 무엇인가? 제이미슨은 일단 텔레비전 수용 환경을 지적한다. 광장이나 거리에서 다중이 모여서 듣는 맥락과 달리 텔레비전을 보는 환경은 2~3명의 가족이나 친구가 모여 있는 친밀한 환경이다. 텔레비전은 대상에 대한 근접성*proximity*을 제공함으로써 친밀성을 만들어 낸다. 또한 텔레비전은 대화체를 이용한 소통에 적합하다. 시각적 대면을 가능하게 하는 텔레비전을 이용해서 생면부지의 텔레비전 시청자를 어르고, 달래고, 호소할 수 있다. 텔레비전은 개인사를 담은 이야기나 자기 고백적인 이야기를 들려 주기에 적합한 매체이다.

제이미슨은 전자 매체가 지배적이 된 시대에 전통적 웅변 양식을 고집했던 정치인들이 어떻게 몰락했는지 사례를 제시한다. 그 첫 번째는 1925년 스콥스 재판Scopes trial에서 증인으로 등장했던 윌리엄 제닝스 브라이언William Jennings Bryan의 경우이며, 두 번째는 1954년 미 육군-매카시 청문회Army-McCarthy hearings에 등장했던 매카시 상원의원이다. 전자는 방송되지 않았지만 전국적으로 언론의 관심을 불러일으켰던 사건이며, 후자에 대해서는 ABC가 전 과정을 방송했다.

스콥스 재판은 당시 국가 지원 학교에서 진화론을 가르치는 것을 금지했던 테네시 주의 버틀러법을 적용해 그에 저항했던 고등학교 교사 존 스콥스를 피고로 삼았던 건이다. 과학과 종교의 대립이 논쟁의 전면에 부상하면서 전국적인 주목을 받았다. 브라이언은 증인으로 나와 기독교 근본주의적 관점에서 창조론을 옹호했다. 그는 세 차례 대통령 후보로 출마했던 노련한 정치인이며, 윌슨 대통령 시절 국무장관 경력도 있었다. 그는 최고의 연설 능력을 가진 변호사로서 이미 '모세 대 다윈'이라는 창조론 옹호 연설을 통해 명성을 얻은 바 있었다. 스콥스의 변론을 맡은 변호사인 클레런스 대로우Clarence Darrow는 불가지론자였다. 그는 법정의 증인 심문 기법을 이용해서 브라이언을 완전히 무너뜨렸다.

브라이언은 훌륭한 연설가였으며 그의 창조론을 위한 변호는 미리 완벽하게 준비되어 있었다. 따라서 설득자의 자질과 메시지의 충실성 그 어디에도 문제는 없었다. 문제가 있다면 그는 법정 심문의 문답 구조에 따라 답변하는 가운데 그가 '창조론 변호사 역할'을 수행할 수밖에 없었는데, 이는 그가 평소에 수행했던 '창조론 옹호자 역할'과는 매우 달랐다는 것이다. 대로우의 질문은 단답형이었으며, 그것도 기독교에 대한 것이 아닌 유교와 불교, 그리고 지구의 탄생과 관련된 질문들이었다. 이런 질문에 대해 브라이언은 장광설로 응답하다가 "그건 제 질문에 대한 답변이 아닙니다"라는 대로우의 반대에 부딪히거나, "그에 대해선 잘 모릅니다'"고 고백할 수밖에 없었다. 질문과 응답이 교차하면서 과학적 명제의 진위를 놓고 진행된 심문에서 브라이언은 사실상 아무것도 할 수 없었다. 특히 세계의 창조가 정말 6일 동안에 일어났냐는 대로우의 질문에 "24시간으로 측정된 6일은 아니다"라고 응답해서 기독교 근본주의자들을 절망에 빠뜨렸다. 재판이 끝나고 5일 뒤 그는 사망했다.

매카시 상원의원은 완전히 다른 이유로 실패했다. 과거 반미활동위원회에서도 그랬듯이 그는 특유의 집요함과 통제력으로 청문회에서 빈틈없이 상대방을 몰아붙이는 데 성공했다. 또한 그는 의도적으로 증인의 말을 가로막고 반박한다거나, 상대방의 교차 증언에 대해 무시하는 태도를 보였다. 그러나 이 모든 것이 성공이 아닌 실패의 이유가 되었다. 제이미슨은 텔레비전으로 중계된 청문회에 비추어진 매카시 상원의원의 모습이 "오만하고, 돌출적이며, 기회주의적이었다"고 평가했다. 매카시는 결국 미 육군 변호사로 활약했던 조셉 웰치Joseph Welch의 후배 변호사가 변호사조합의 회원이며 공산주의자 혐의가 있다고 공격하기에 이르렀다. 대조적으로 웰치는 관용적이고 이해심 있는 모습으로 청문회에 임했으며, 매카시의 공산당 사냥에 이렇게 응답했다. "이제 우리 그만둡시다, 의원님. [……] 이 젊은이를 죽이지 맙시다, 의원님. 이걸로 충분합니다. 적당히 하지 않으렵니까?" 청문회를 거치면서 매카시는 "잔인하고도 난폭한" 인물로 각인되었다. 청문회 끝으로 그의 정치 운명도 사실상 끝났다.

:: 위대한 소통자 레이건

텔레비전 시대의 최고의 소통 능력을 보여 준 정치인은 로널드 레이건이다. 그의 적이건, 동지건, 제삼자이건 레이건의 소통 능력을 존중한다. 제이미슨은 그런데 그의 소통 능력이 다름 아닌 '연약한 여성적 양식'의 전형이라는 것을 지적했다. 즉 그는 설득하기보다 달래며, 논증하기보다 이야기하고, 자신을 앞에 내세우기보다 자기에 대해 고백한다. 이런 말하기 양식은 고대 레토릭이 존중하는 남성적 웅변 양식과 완전히 반대되는 것이다. 제이미슨은 연약한 말하기 양식*the 'effeminate' style*이 위신 높은 시적 양식에서 비롯된 것이 아니라 연가*ballad* 양식에서 비롯된 것이며, 공적인 연설이 아닌 17~18세기 살롱과 문학 토론의 대화에 기원을 두고 있다고 지적했다. 즉 그것은 대결적 공간이 아닌 여성스런 대화의 공간에서 만들어졌다.

사실 아주 최근에 이르기까지 서양에서도 '여자가 말을 한다는 것' 자체가 별로 환영받는 일이 아니었다. 여자의 말하기란 (1) 난잡하게 누구에게 말하는 창녀의 말하기이거나, (2) 감정을 통제하지 못하는 히스테리 환자의 말하기이거나, (3) 악마나 이단의 꾐에 쉽게 넘어가는 나약한 자의 말하기이거나, 아니면 (4) 거짓말과 비방으로 사람을 해치는 마녀의 말하기를 의미했다. 여성의 웅변이나 다변이란 사회적으로 용납되기 어려운 행위였다. 남성적 말하기가 바람직한 말하기 방식이었다. 그것은 대담하고, 간결하며, 힘 있으며, 사실적이고, 분석적인 말하기를 의미했다. 레이건 이전의 위대한 정치인은 모두 남성적 말하기 방식을 정복하기 위해 노력했다.

여성이 출세하기 위해서는 '연약하게' 말해서는 안 됐다. 사실과 이슈에 초점을 맞추고, 강력한 모습을 보여야 했다. 여성성을 완전히 잃어서도 안 되지만 여성스럽게만 보여서는 안 됐다. 똑똑하게 보여야 하지만 위협적이어서는 안 됐다. 특히 고음을 사용한 말하기는 신경질적이며, 히스테리 성향이며, 감정을 통제하지 못한다는 평가를 받게 되므로 삼가야 했다. 제이미슨은 마거릿 대처 전 영국 수상이 영국 국립연극단 배우로부터 강습을 받아 목소리의 톤을 낮추는 연습을 한 후에 대중 연설을 했다는 일화를 소개한다.

레이건이 모든 것을 바꾸었다. 그는 텔레비전 매체를 이해한 정치인이었으며, 텔레비전을 통한 말하기 양식을 통해서 그 누구보다 효과적으로 소통했던 정치인이었다. 그는 웅변하는 정치인이 아니었다. 눈웃음 치고, 부드럽게 말하고, 고백하는 정치인이었다. 즉 그는 '연약한 여성적 말하기 양식'을 체화했던 정치인이었다. 제이미슨은 레이건의 말하기 방식의 특징을 (1) 시각적 경험을 활용하기, (2) 이야기하듯이 말하기, (3) 자기를 노출하는 말하기로 정리했다. 하나씩 검토해 보자.

첫째, 시각적 경험을 활용하기란 유권자가 직간접적으로 경험했던 시각적 이미지를 환기시키는 말하기를 의미한다. 레이건이 텔레비전의 문법을 이해한 정치인이라는 표현은 바로 이 점을 지칭한다. 그는 유권자가 읽었거나 들었던 내용을 기억하도록 연설하는 것이 아니라 유권자가 보았던 바를 회상하도록 연설한다. 즉 이슈를 장면으로 전환시키는 것이 그의 능력인 것이다. 제이미슨은 레이건의 가장 유명한 연설 중 하나인 1986년 우주 왕복선 챌린저호의 폭발에 대한 텔레비전 담화 발표를 사례로 이 능력에 대해 설명한다.

우주 왕복선 발사를 생방송으로 시청했던 많은 미국 시민들은 폭발 화면을 보면서 경악했으며, 폭발 장면을 반복해서 방영한 뉴스를 보고 정신적 외상에 가까운 충격을 받았다. 특히 교사 출신 여자 우주인의 우주 실험을 기대하며 텔레비전을 지켜봤던 어린이와 청소년들의 충격이 대단했다. 레이건은 텔레비전 담화에서 국민적 슬픔과 충격에 대해 차분하게 접근했다. 그리고 어린이들에게 특별히 당부했다. "때로 고통스러운 일이 생기지만, 그것은 탐구와 발견 과정의 일부"이며, 그것은 "인간의 지평을 확장하기 위한 용감한 자들의 일"이라고. 연설의 말미에 레이건은 우주인들이 탑승 전에 손을 흔들었던 장면을 회상했다. 그리고 그들이 "신의 얼굴을 만지기 위해 지구를 떠난" 것이라고 묘사했다. 레이건의 연설을 들은 모든 시청자들은 텔레비전 뉴스를 통해 보았던 여자 우주인의 손 인사를 회상했다. 그리고 충격적인 창공의 폭발 장면은 "신의 얼굴을 만지기 위한" 일로 의미화되어 수용되었다. 아직도 이 담화는 국민의 슬픔과 상실감을 달래어 새로운 출발을 다짐하도록 이끄는 데 성공한 최고의 연설로 꼽힌다.

둘째, 레이건은 복잡한 정치적 사안에 대해 분석적으로 접근하기보다 개인의 일화를 통해서 비유적으로 접근하는 데 능했다. 그는 통계가 아닌 개인담을 인용하기를 좋아했다. 자신의 이야기뿐만 아니라 다른 이의 경험담을 전달하는 데도 능했다. 그의 이야기는 간결하고, 드라마 요소를 지니며, 감동적 표현을 동반한다. 이런 이야기하기 방식은 그가 제시한 경제적 개혁 계획이 정부나 지방 정부의 개입이 아닌 민간 영역의 자발적 활동을 촉구하는 전략을 채택한 것과 맞아 떨어졌다. 즉 개인의 경험담 등 이야기를 통해서 경제 정책을 설명하면, 복잡한 경제적 사안의 원인과 대책, 그에 대한 정부와 정치권의 책임과 임무 등은 사라지게 된다. 따라서 정부의 정책이 필요한 것이 아니라 민간 영역의 자발적 동원이면 된다는 결론으로 귀결된다.

레이건의 이야기하기 방법과 대비되는 레토릭 양식을 지녔던 이가 그 전임자인 카터이다. 요컨대 그는 설교자였다. 그는 국가가 직면한 문제가 무엇인지 제시하고, 그 문제가 얼마나 해결하기 어려운 위기적 요소를 갖고 있는지 부연하고, 그리고 해결 방법을 제시하면서 잘잘못을 지적하는 식이다. 그는 현황을 묘사하면서 "국가적 침체*national malaise*"란 표현을 사용함으로써 실제로 침체를 유도한 혐의가 있다. 이런 정치인은 문제를 과장함으로써 정부를 무기력하게 보이도록 만들며, 해결책을 제시한다고 하면서 국민을 걱정에 빠뜨린다. 효과적 소통이 훌륭한 통치만큼이나 중요하다는 것을 안다면 이럴 수는 없었을 것이다.

정치적 레토릭의 중요한 기능 가운데 하나가 '제의적 기능*epideictic function*'이다. 고대 아테네의 페리클레스의 조사가 그랬듯이, 링컨의 게티스버그 연설이 그랬듯이 정치 지도자의 훌륭한 연설은 공동체의 유지를 위한 제식의 역할을 수행한다. 이런 연설은 공동체가 잊어서는 안 될 내용이 무엇인지 강조하고, 무엇이 영광스런 일이고 무엇이 수치스런 일인지 규정한다. 이런 연설을 듣는 집단은 기억을 통해 새로운 공동체로 태어난다. 레이건의 이야기하기 방식은 기억, 회복, 재생이라는 주제를 중심으로 전개된다. 위기에 처한 것은 정권이 아니라 모든 국민이며, 그 위기를 헤치고 승리한 것도 특정 정치인이 아니라 국민 모두가 해낸 것이다. 이런 주제를 전달하기 위해 참여한 개인의 일화를 이용하는 것이 레이건의 장기였다.

셋째, 자기 노출적 말하기이다. 레이건의 말하기는 사적인 자신을 어디에서나 드러낸다. 사실 전자 매체 시대에 대화체를 이용한 담화가 효과적이라는 것을 간파했던 정치인이 많았다. 루스벨트의 라디오 '노변정담'과 케네디의 텔레비전 효과가 자주 인용되는 사례다. 제이미슨이 지적했듯이, 정치인들은 흔히 '공적인 연설'과 '사적인 말하기'가 다르다. 케네디의 경우가 대표적으로 그랬다. 공적인 연설에서는 차분하고 형식적인 격식을 차리지만, 기자 회견과 같은 자리에서는 대화적 양식으로 개인의 견해를 스스럼없이 드러내는 방식이라는 것이다. 레이건은 그렇지 않았다. 그는 공적으로나 사적으로나 일관된 말하기 양식을 유지한다. 정확히 말하지만 사적인 대화적 스타일이 공적인 연설에서도 그대로 활용되는 경우라고 할 수 있다.

레이건의 자기 노출적 말하기 양식을 설명하면서 제미이슨은 '공적 친밀감*public intimacy*'이란 개념이 필요할지 모르겠다고 언급한다. 친밀감이란 보통 사적인 환경에서 공적인 관심을 받지 않는 상태에서 형성된다. 레이건은 기자 회견은 물론 대중 연설의 장소에서도 텔레비전을 통해서 그와 소통하는 시청자들에게 친밀감을 줄 수 있었던 연설가였다. 이런 그의 능력을 설명하기 위해서 '공적 친밀감'이란 표현이 필요하다고 생각했던 것이다. 레이건은 루스벨트나 케네디와 마찬가지로 농담에 능했는데, 이는 정적이나 언론인의 비판을 사전에 차단하는 효과를 발휘했다. 그는 또한 자신의 약점이나 실수를 드러내 놓고 말하고, 다시 상기시키는 방식으로 자신을 희화하기도 했는데 이런 모습도 친밀함을 강화하는 데 도움이 되었다. 제이미슨은 그러나 레이건의 친밀함이 초래한 중요한 정치적 효과를 지적했다. 레이건의 일상적이며, 대화적이며, 고백적인 말하기를 접한 유권자들은 그가 지녔던 극단적 보수주의적 태도에도 불구하고 그와 가깝게 이야기할 수 있는 친밀한 사람이라고 느꼈다는 것이다. 바로 이 마지막 요점이 레토릭에 대한 시민 교육의 필요성을 제기한다.

:: 레토릭과 시민 교육

제이미슨은 전자 매체 시대의 새로운 말하기 양식의 등장 때문에 레토릭 교육이 더욱 필요해졌다고 주장한다. 그 이유는 정치 지도자를 알아보고, 확인하고, 검증하는 능력이 없는 유권자는 단지 말하기에 능할 뿐 거짓 지도자를 선출할 가능성이 높기 때문이다. 제이미슨은 레토릭의 역사를 보면, 정치인의 겉으로 보이는 말하기만 보고서 정치인을 선택해서는 안 된다는 것을 알게 될 것이라고 경고한다.

레이건의 경우가 대표적이다. 레이건은 시각적 표현에 능하며, 드라마적 표현에 능하며, 친밀한 대화적 말하기 방식으로 대중을 즐겁게 했다. 그러나 그는 주요한 정책에 대한 분석을 제공하지 않으며, 통계적 사실에 대해서도 잘 몰랐다. 연설에 능했던 그가 1986년 이란－콘트라 청문회에 등장해서 "반복해서 말합니다만, 우리는 무기와 인질을 교환하지 않았으며, 그러지도 않을 겁니다"고 증언했지만, 그가 거짓말을 했다는 것이 밝혀진 것은 한참 후의 일이다. 제이미슨은 레이건은 진실을 신념에 맞추는 정치인이며, 이념적 편의에 따라 정치하다가 결국 신뢰를 잃어버린 정치인이라고 평했다. 대중의 지지를 얻기 위해, 혹은 지지를 잃지 않기 위해, 무슨 방법이든 사용해서 무슨 말이라도 할 수 있다고 믿는 정치인을 선출하는 것은 위험한 일이다.

정치인의 말을 검토해 보면, 그들이 항상 진심을 말하는 것은 아니라는 것을 알게 된다. 예를 들어, 조 바이든Joe Biden의 경우 1987년 영국 노동당의 닐 고든 키녹Neil Gorden Kinnock 대표의 연설문의 내용을 그대로 옮겨서 사용했다. 그와 처는 모두 가족 중에 처음으로 대학을 졸업했지만, 그의 선조들이 대졸자보다 재능이 없었던 것은 아니며, 단지 기반이 없었을 뿐이라는 내용이었다. 사실 조 바이든 집안에 대졸자는 그가 처음이 아니었으며, 그의 가계가 그리 어려웠던 것도 아니었다. 단지 듣기 좋은 말을 하려다 보니 조상에 대한 내용마저 거짓을 말하게 된 것이다. 그의 진정성*sincerity*, 즉 진심으로 믿는 말을 했는지가 문제가 되는 것은 물론, 그의 본원성*authenticity*도 문제가 된다. 즉 그의 말이 자신의 출신과 배경을 배반하게 된 경우다.

제이미슨은 정치인의 말이 형성되고 전달되는 과정에 대한 시민교육이 필수적이라고 주장한다. 예를 들어, 미국 대통령 가운데 자신의 연설 원고를 직접 썼던 이는 거의 없다. 링컨과 윌슨과 같은 대통령도 작가를 고용했으며, 루스벨트와 케네디를 포함한 대부분의 대통령은 작가군를 활용해서 연설문을 작성했다. 따라서 정치인의 주장과 제언은 모두 그 자신의 주장이라기보다 '그의 작가들의 손을 빌어 형성된 주장'이라고 할 수 있다. 결국 유권자는 정치인의 말만 듣고 그의 능력과 성격을 판단하기 어렵게 된다. 대통령의 연설 내용이 진정 그의 진심을 표현하는지 그의 행동에 대한 장기적 관찰을 통해서 확인할 수 있을 따름이다.

예를 들어, 배리 M. 골드워터Barry M. Goldwater의 과도한 보수주의 이념은 사실 그의 작가들이 그를 위해 만들어 준 원고 때문일 가능성이 있다. 케네디와 린든 존슨의 연설문은 때로 유사한 느낌을 주는데, 실은 소렌슨이라는 작가가 두 대통령의 연설문을 작성했기 때문이다. 닉슨의 연설 중에 어떤 것은 세 가지 분열된 생각을 담고 있는 것처럼 보이는데 실제로 세 명의 작가가 연설문을 나누어 썼기 때문이다. 전자 매체 시대에 정치인은 작가 없이 연설, 기자 회견, 대담에 임할 수 없는 형편이다. 따라서 정치인이 연설, 회견, 대담에서 하는 말이 진정 그의 생각인지 알기 더욱 어려워졌다. 유권자들은 정치인의 레토릭 구성 방식과 그 내용의 진정성과 본원성에 대한 탐구 없이 잘못된 정치적 선택을 하게 될 가능성이 높아진다.

제이미슨은 과거 3학*trivium*의 일부로 모든 학식 있는 자들이 반드시 배워야 했던 과목이었던 레토릭이 현대 사회에서 외면 받는 이유를 묻는다. 레토릭뿐만 아니라 역사 교육이 약해지면서 공통의 지식 기반이 훼손되는 것을 개탄한다. 공유된 지식 기반이 없는 까닭에 아리스토텔레스가 제시한 레토릭의 기법인 '생략 삼단논법*enthymeme*'이 활성화되기 어렵다. 이 레토릭의 기법이 활성화되기 위해서는 화자와 청자가 공유하는 지식 기반이 생략된 전제로 활용되어야 하는데, 공유된 역사의식과 같은 공통 지식 기반이 없다면 전제로부터 타당한 결론을 도출하기 어려울 것이기 때문이다. 현대에 페리클레스와 데모스테네스 같은 위대한 정치인이 출현하지 않는 이유는 그들과 같은 정치인이 제공하는 훌륭한 레토릭을 정당하게 평가할 만한 유권자의 역량이 부족해서 그럴지 모른다.

당연하게도 제이미슨은 전자 시대의 말하기 방식의 변화 자체를 문제 삼는 것이 아니다. 전자 시대의 말하기 방식을 남용하는 정치인들과 그들의 의도와 진정성을 꿰뚫어 볼 수 있는 시민적 역량을 문제 삼을 뿐이다. 그는 이 책에서 과거의 가장 좋은 것, 즉 레토릭에 대한 지식과 민감성과 더불어 현대의 가장 좋은 것, 즉 새로운 매체를 이용한 말하기 방식의 진화를 결합시킬 방법을 찾을 수는 없을지 묻는다. 만약 방법이 없다면, 그것은 텔레비전 때문이라기보다 시민들 때문이라는 것이 그의 진단이다.

:: 저술 자체가 레토릭의 교본

이 책은 레토릭에 대한 레토릭이라 할 만하다. 제이미슨의 다른 책들 중에 조셉 카펠라Joseph Cappella와 공저한 《냉소의 소용돌이》와 《메아리 현상*Echo chamber*》 등 두 권의 책은 확실히 연구 문제와 핵심 가설, 관찰과 자료의 수집, 핵심 증거와 주장의 함의 등을 강조한 경험적 연구서의 냄새를 풍긴다. 그러나 이 둘과 몇 권의 공저서를 제외하면 제이미슨 특유의 '목소리'를 들을 수 있는 문장과 문단, 그리고 장과 절로 이루어진 책들이 남게 된다. 그중에서 가장 모범적인 저술을 보여 주는 것이 바로 이 책이다. 이 책을 읽으면서 나는 제이미슨의 목소리를 듣는다. 여기서 '듣는다'는 비유가 아니다. 독서 중에 저자의 목소리를 듣는 경험을 해보지 못했다는 가련한 독자들도 없지 않겠지만, 사실 좋은 문장은 독자의 귀에 저절로 다가온다.

제이미슨은 정확한 표현, 간결한 묘사, 강력한 리듬, 경쾌한 대구, 입에 달라붙는 듯한 두운과 각운을 사용한다. 예를 들면, 그는 미국 대학 교육에서 레토릭 교육이 약화되는 현실을 개탄하며 이렇게 쓴다. "교실에서 추방되고, 언론에서 홀대받고, 자신의 핵심 역량을 발전시킨 학문에서 격리되면서, 웅변은 유기되었다*Dismissed in the classroom, devalued by the media, divorced from the disciplines that develop the habits of mind that are its mainstay, eloquence is orphaned.*" 인용문의 절에 사용된 두운도 재미있지만, 아리스토텔레스가 '기예*techne*'를 정의하면서 사용했던 '정신의 습관'이란 표현을 이용해서 웅변술의 기예적 특성을 환기시킨 것이 교묘하다.

제이미슨은 워런 하딩 대통령의 연설에 사용된 과도한 압운법을 나쁜 사례로 제시한 뒤, 그가 고용한 연설문 작가 때문에 연설이 얼마나 참담해졌는지 논평하면서 이렇게 쓴다. "나중에 그렇게 괴롭고, 어색하며, 괴상한 두운법을 쓴 작가란 도대체 어떤 자냐고 묻겠지 *One might ask, as well, what such anguished, awkward, aberrational alliteration announces about its author?*" 이는 명백히 독자를 웃기려 쓴 문장이다. 참고로 이 문장이 조롱하는 하딩의 연설문에 사용된 두운법은 이보다 훨씬 어처구니없다.

그는 미국 시민들이 닉슨 이래로 선출했던 대통령들에 대해 실망하고 다시 새로운 대통령을 소망하는 장면을 묘사하면서 다음과 같은 대구를 사용한다. "닉슨 다음에는 솔직하고도 워싱턴 경험이 없는, 청바지 차림의 대중주의자가 축복일 거라 생각했다. 카터 다음엔 유능하고 확신에 찬 대통령을, 레이건 다음엔 세심하고 강력한 경영 능력을 갖춘 대통령을 바랬다 *After Nixon, an honest blue-jean-wearing populist whose lack of Washington experience was considered a blessing; after Carter, competence and a confidence in the country; after Reagan, a command of detail and a strong management style.*" 이 책의 어떤 장이나 절을 아무렇게나 펼쳐들더라도 이런 식의 대구적 표현을 발견할 수 있다.

경제학자의 글이 간결하지 않고, 사회학자의 글이 집단 정체성에 대해 무심하고, 심리학자의 글의 불안정한 정신을 증거하는 경우가 있다. 이보다 더 실망스러운 경우가 커뮤니케이션 전공자의 글임에도 효과적으로 소통하지 못할 때이다. 제이미슨의 글을 읽다 보면, 과연 레토릭을 제대로 배워야 훌륭한 연설가이자, 토론가가 되며, 궁극적으로 훌륭한 작가가 되겠다는 생각을 절로 얻을 수 있다. 좋은 문장으로 쓰인 책을 읽으며 레토릭을 제대로 배울 수 있다는 것이다.

이 책이 제공하는 레토릭만큼이나 흥미로운 것이 논변을 전개하는 방식이다. 제이미슨은 몇 가지 핵심 주장을 미리 제공하고 그에 대한 역사적 사례를 제시함으로써 정당화한다. 보통 이런 방식의 예증은 가장 약한 논변 형식으로 치부된다. 사례는 언제나 부족하기 마련이다. 혹 사례수가 부족하지 않더라도 사례의 적실성이 문제가 된다. 그런데 제이미슨의 다른 책인《대통령 포장하기》와《더러운 정치》에서도 확인할 수 있지만, 이 책에 사용된 수법을 보면, 역사적 사실에 기반한 적절한 사례의 제공을 통해서 얼마든지 성공적으로 논변을 전개할 수 있다는 것을 알게 된다. 사실 텔레비전 정치 문화가 확대되면서 새로운 정치적 레토릭 양식이 지배적이 되었다는 주장은 대담한 것이다. 이 책 전체가 이 대담한 주장을 도출하는 데 필요한 전제와 이 주장을 뒷받침하는 보조적 주장을 정당화하는 사례들을 담고 있다.

:: 정치 레토릭 연구의 발전을 기대하며

레토릭 연구에 계보를 따진다는 것이 민망할 정도로 레토릭 연구 성과가 많지 않다. 모든 새로운 레토릭 연구는 이전 레토릭 연구를 계승한다고 말할 수 있을 정도이다. 이런 연구 전통에서 제이미슨의《전자 시대의 웅변》은 특별한 통합적 성과라고 평가할 수 있다. 이 책은 월터 리프만Walter Lippmann의《여론*Public Opinion*》, 다니엘 J. 부어스틴Daniel J. Boorstin의《이미지*The Image: A guide to pseudo-events in America*》, 머레이 에델만Murray Edelman의《정치적 스펙터클의 구성*Constructing the Political Spectacle*》이래로 계속되는 미국 정치 문화에 대한 비평을 계승한다. 그러나 이 책은 그 계보를 이으며 동시에 새로운 영역에서 발전된 성취를 남겼다고 평가할 수 있는데, 그 이유는 레토릭의 관점에서 미국 정치의 가장 놀라운 사건 중 하나인 레이건의 부상을 설명하는 데 성공했기 때문이다. 누구나 레이건을 안다고 생각했지만, 이 책을 읽기 전까지는 정확하게 무엇을 의미하는지는 몰랐다. 그것은 텔레비전 시대의 웅변 양식의 변화를 이해하지 않고는 의미화하기 어려운 현상이었던 것이다.

내가 보기에 언론학자들은 제이미슨의 다른 저서들에 비해 이 책을 상대적으로 적게 인용한다. 《더러운 정치》나 《냉소의 소용돌이》 같은 저서들이 정치 캠페인과 언론의 보도를 직접적으로 다루고 있으며, 따라서 언론학자나 방송학자들은 단골로 인용한다. 그러나 이 책은 미국 정치 문화의 일부인 정치 레토릭을 다루고 있기 때문인지 확실히 적게 언급된다. 출간된 다음 해인 1989년 스피치 커뮤니케이션 협회에서 저술상을 수상했지만, 인용의 범위는 역시 정치 레토릭에 제한된다. 제이미슨이 예언적으로 한탄했던 레토릭 교육의 계속적 침체로 인해서 훼손되었던 것은 단지 미국 시민의 정치적 역량만이 아닌 것 같다.

나는 특별히 우리나라에서 이 책이 알려지지 않았던 까닭을 지적하고 싶다. 레토릭에 대한 학적 인식과 연구가 절대적으로 부족한 우리나라에서 이 책이 각광받기를 기대하기는 어려웠다고 보지만, 정치적 말하기 자체를 진지한 학적 연구의 대상을 삼지 않은 우리 학계의 풍토가 애초에 문제였다고 본다. 앞뒤가 맞지 않는 주장을 펼치는 정치인, 공약을 지키지 않는 정치인, 언론에 대놓고 거짓말을 하는 정치인이란 시민적 저항과 규탄의 대상이면서 동시에 해명과 설명이 필요한 문제적 현실이다. 문제적 현실이 한심할 정도로 심각해서 그런가. 정치적 말하기를 본격적으로 다룬 저술을 찾기 어렵다. 이 책이 제시하는 요점에 비견할 만한 논점이 제시되는 한국 정치의 레토릭에 대한 연구서를 보고 싶다. 나는 또한 인터넷 시대에 이 책에 비견할 만한 저술이 등장할 시점이 되었다고 본다. 전자 매체 시대에 정치적 말하기 방식의 변화에 비견할 만한 일이 관계형 매체*relational media*와 교류 매체*social media* 시대에 글쓰기와 읽기 방식의 변화로 나타나고 있으며, 그 변화는 전자 매체 시대의 말하기 양식의 변화보다 광범한 정치적 함의를 갖는 것으로 보인다. 텔레비전과 관련해 이 책이 거둔 성과와 비견될 만한 인터넷을 대상으로 한 저술이 등장하기를 기대한다.

함께 읽으면 좋은 책

시각적 이해 능력 Visual Literacy: Image, Mind, and Reality

폴 메사리스 Paul Messaris 지음 | Westview Press | 1994

시각 문화를 이해하기 위한 필독서이다. 시각적 의사소통의 입문서로 쓰여졌지만 통찰력 있는 논평과 이론으로 가득 찬 최고의 이론서이다. 이론적 논의와 더불어 영상을 사용한 시각적 조작과 통제에 저항하기 위해 필요한 지식은 무엇인지, 그리고 그런 지식을 계발하기 위한 조건을 무엇인지 설득력 있는 주장을 제시한다.

냉소의 소용돌이 Spiral of Cynicism: Press and Public Good

조셉 카펠라 · 캐슬린 홀 제이미슨 지음 | Oxford University Press | 1997

제이미슨은 1992년 《더러운 정치》에서 미국 언론이 정치 캠페인을 보도할 때 현안과 해결을 중심으로 다루지 않고, 후보의 동기와 이해관계를 중심으로 다룬다는 신랄한 비판을 제기한 바 있다. 이 책은 그런 언론이 민주주의에 어떤 문제를 초래하는지 설명하기 위한 이론을 제기하고 실험을 통해 검증한다. 나쁜 언론은 냉소적인 시민을 만들어 낸다는 주장이 충격적이다. 언론의 '틀 짓기 효과'에 대한 가장 정교한 이론과 검증 방법이 담겨 있다.

대통령 포장하기: 대통령 캠페인 광고의 역사와 비판 Packaging the Presidency: A History and Criticism of Presidential Campaign Advertising

캐슬린 홀 제이미슨 지음 | Oxford University Press | 1984

미국 대통령 캠페인 정치 광고의 역사에 대한 가장 충실한 기록을 담고 있기에 자료적 가치도 높지만 미국 정치 캠페인의 변화에 대한 비판적 시각을 담고 있다. 1984년 출간된 이후로 이 분야의 교과서적 지위를 빼앗긴 적이 없다.

part 6

텔레비전 산업과 정책

이시엘 디 솔라 풀의 《자유 언론의 테크놀로지》, 브루스 오웬 등의 공저인 《텔레비전 경제학》, 영국 애넌위원회의 〈애넌위원회 보고서〉, 그레이엄 머독의 《디지털 시대와 미디어 공공성: 미디어, 문화, 경제》는 텔레비전의 경제적·산업적 속성을 고려하면서 '표현의 자유'와 '미디어 공공성'을 극대화할 수 있는 실천적인 방안을 모색하고 있다.

17 자유를 위한 기술의 열망 | 김재영
이시엘 디 솔라 풀 ● 《자유 언론의 테크놀로지》

18 개인 및 사회 선택으로서의 방송 프로그램 | 이상기
브루스 오웬 · 잭 비비 · 윌러드 매닝 ● 《텔레비전 경제학》

19 이루지 못한 방송 개혁의 꿈 | 정용준
애넌위원회 ● 〈애넌위원회 보고서〉

20 미디어 공공성 위기에 대한
정치경제학적 분석과 대안의 모색 | 이진로
그레이엄 머독 ● 《디지털 시대와 미디어 공공성: 미디어, 문화, 경제》

자유를 위한 기술의 열망

이시엘 디 솔라 풀

《자유 언론의 테크놀로지》

김재영

17

자유 언론의 테크놀로지
Technologies of Freedom

이시엘 디 솔라 풀
Ithiel de Sola Pool

Belknap Press | 1984

솔라 풀 타계 직전에 출간된 그의 대표작. PC 시대가 만개하기 이전인 1983년에 발간되었다. 아날로그 매체가 주름 잡고 인쇄·방송·통신의 3분할 규제 모델이 당연시되던 시기에 디지털 융합을 논한다. '커뮤니케이션 기술 분야의 예언자 *A Technological Nostradamus*'라 불릴 정도로 미래에 대한 혜안이 돋보인다. 핵심 논지는 새로운 미디어 환경이 표현 자유를 속박하는 방향으로 흘러가서는 안 된다는 것이다. 새로 속속 등장하는 미디어가 자유를 위한 기술로 자리매김하도록 안내하는 지침서라 할 만하다. 이를 논증하기 위해 인쇄와 방송, 통신 미디어의 역사를 되짚고 전자·디지털 미디어가 촉발한 환경 변화를 소개한다. 이어 자유를 위한 정책을 제시한다. 자유를 위협하는 것은 미디어가 아니라 정책이기 때문이다.

◆◆◆ 김재영은 성균관대학교 철학과를 졸업하고 미국 아이오와대학교와 남일리노이대학교에서 언론학 석사와 박사 학위를 받았다. 현재 충남대학교 언론정보학과 교수다. 책으로는 《Ethics and Electronic Information in the Twenty-First Century》(공저), 《Multimedia Internet Broadcasting》(공저), 《Sorting Out Deregulation》, 《사이버 생활 양식에서 공공성 문제》(공저), 《미디어 정책론》(공저), 《커뮤니케이션을 공부하는 당신을 위하여》(공저) 등이 있다.

:: 죽음을 앞두고 미래를 논하다

솔라 풀은 1984년 3월 11일에 세상을 떠났다. 1980년 암 선고를 받은 4년 뒤였다. 놀랍게도 그는 투병 생활 와중에 무려 45편의 글을 썼다. 이 가운데 20편은 타계하기 직전인 1983년에 쓴 것이다. 이 해에 저서만 3권을 완성했는데, 그중 하나가 바로 《자유 언론의 테크놀로지》다. 죽음을 목전에 두고 솔라 풀은 상상을 초월할 정도로 왕성한 활동력을 발휘했고 마침내 자신의 최고 역작을 탄생시킨 셈이다. 세상을 떠나기 전 남기고 싶은 얘기가 많았던 듯싶다.

1917년 뉴욕에서 태어난 솔라 풀은 시카고대학에서 줄곧 학창 시절을 보냈다. 그가 공부한 1930~1950년대의 시카고대학은 '시카고학파'가 웅변하듯 경제학·정치학·사회학 등의 분야에서 최고의 전성기를 구가했다. 솔라 풀은 특히 커뮤니케이션학의 비조鼻祖 중 한 명인 해롤드 라스웰Harold Lasswell의 영향과 도움을 크게 받았다. 라스웰은 솔라 풀에게 첫 연구직을 소개한 것은 물론 1953년 MIT로 이직하는 데도 물심양면 지원을 아끼지 않았다. 솔라 풀은 MIT에서 정치학과를 창설하고 초대 학과장을 역임했다. 동시에 국제 커뮤니케이션 정책에 관한 학제 간 연구를 이끌었다. 타계 당시 그의 소속은 MIT 정치학과 교수였다.

솔라 풀은 컴퓨터의 사회적 영향에 관심이 많았다. 〈뉴욕 타임스〉 부고 기사*obituaries*에서 "정치적 행동을 분석하는 데 컴퓨터 모델을 사용한 첫 번째 사회과학자 중 한 사람"으로 표현될 정도였다. 그가 세상을 떠난 1984년은 GUI(Graphic User Interface)로 무장한 애플의 매킨토시가 출시된 해다. 1976년 스티브 잡스Steve Jobs와 스티브 워즈니악Steve Wozniak이 차고에서 애플 I을 만들고 1980년 컴퓨터 산업계의 원조이자 거인인 IBM이 PC 사업에 진출하면서 개인용 컴퓨터 시대가 열렸으나 아직 컴퓨터는 낯선 기계였다. 우리나라에서도 1984년은 IBM의 PC 호환 기종들이 도입됨과 동시에 국내 제조업체들이 PC를 경쟁적으로 출시하면서 개인용 컴퓨터가 비로소 대중화되기 시작한 해로 평가된다.

오늘날 컴퓨터는 호주머니 속에 넣고 다닐 정도로 보편화되었다. 이보다 훨씬 이전에 솔라 풀은 컴퓨터의 잠재력을 간파한 것이다. 그렇다고 앨빈 토플러Alvin Toffler가 1980년에 《제3의 물결*The Third Wave*》을 출간하며 인류 문명이 농업 사회와 산업 사회를 거쳐 정보 사회로 이동 중이라고 예견하는 식의 거시적 담론을 제기한 것은 아니다. 솔라 풀은 컴퓨터의 미디어적 속성에 주목했다. "네트워크로 연결된 컴퓨터는 21세기의 인쇄기 역할을 할 것이다." "인쇄되는 모든 출판물은 머지않아 컴퓨터에 의해 구성될 것"이라 확언하며 "현재 미국에 있는 480만 명이나 되는 속기사, 타자수, 비서들의 손으로 이뤄지는 모든 일이 전자 형태로 행해지며 컴퓨터에 의해 보관·전달·편집될 것"이라 전망했다.

《자유 언론의 테크놀로지》는 앞날을 정확히 예측하고 있다. 심지어 네트워크로 연결된 컴퓨터, 즉 인터넷이 창출할 하위 문화까지 거론하고 있다. "아르파넷ARPANet 같은 데이터 네트워크에다 …… 한 사람이 논평을 하면 그 사람은 …… 동료들에게 자기 논평에 접근할 수 있게 한다. 각 참여자는 그 내용을 복사·수정·편집하며 보충·확장하기에 내용은 시간이 경과함에 따라 조금씩 변한다." 마치 구글 닥스

Google Docs에서 이루어지는 협업, 위키피디아Wikipedia의 운영 원리인 집단 지성을 묘사하는 듯하다. "책의 한쪽 모서리에 조그맣게 써놓은 글귀도 교재의 한 부분이 되며 다른 사람이 동의하느냐 않느냐에 따라, 불어난 대화 내용의 한 부분으로까지 된다"고 짚은 대목은 댓글 문화를 연상케 한다.

《자유 언론의 테크놀로지》는 단순한 미래서가 아니다. 책을 읽다 보면 '수정 구슬*crystal ball*' 같은 솔라 풀의 예지력에 놀라곤 한다. 그러나 이 책의 핵심 테마는 따로 있다. 바로 새롭게 펼쳐질 미디어 환경이 표현 자유를 속박하는 방향으로 흘러가서는 안 된다는 것이다. 여기에는 솔라 풀의 두 가지 명제가 전제되어 있다.

첫째, 언론 자유에 대한 신념이다. 미국이란 나라 자체가 표현의 자유를 최상의 가치로 여기고 있기는 하다. 의회는 언론·출판의 자유를 제한하는 어떠한 법도 제정해서는 안 된다고 못 박은 수정헌법 1조가 이를 대표한다. 이로 인해 정당한 정부 개입이나 공적 통제에조차 민감하게 반응하는 경우도 종종 있다. 솔라 풀이 그 전형적인 경우로 대부분의 나라에서 상식인 '규제된 허가 체제*regulated licensing system*'를 택한 미국의 방송 정책으로 "자유 언론의 전통이 훼손되었다"고 평가할 정도였다.

둘째, 미디어는 자유를 위한 기술이다. 솔라 풀은 인간의 역사가 표현의 자유가 확대되는 궤적을 그렸으며, 그 담지자 역할을 미디어가 담당했다고 본다. 특히 최초의 매스 미디어인 신문과 출판은 자유 언론의 전통 속에서 자라며 근대 민주주의의 초석이 되었다. 이후 등장한 전화, 라디오, 텔레비전, 위성, 케이블, 컴퓨터도 인쇄기와 마찬가지로 자기 표현과 상호 교환, 기록 등의 '수문水門'을 넓혀 주는 기술이라 파악한다. 그런데 언론의 홍수를 두려워한 나머지 수문을 닫으려는 시도가 방송 영역에서 일어났고 향후 등장할 전자 매체에도 적용될지 모른다고 우려한다.

《자유 언론의 테크놀로지》는 새로 속속 등장하는 미디어가 자유를 위한 기술로 자리매김하도록 안내하는 지침서다. 정책 과정에서 행해지는 선의의 권력도 불신하는 솔라 풀이 보기에 "인쇄 매체가 자유의 섬으로 영역을 구축하고 있으나 …… 이 상태는 불안정하기" 때문이다. 이를 위해 솔라 풀은 세 가지 경로를 거친다.

먼저, 자유를 위한 기술로 등장했으나 투쟁을 통해 이를 쟁취하거나 타협을 거치며 그 취지가 퇴색한 인쇄와 방송, 그리고 통신 미디어의 역사를 되짚는다. 다음으로, 다채널을 구현한 케이블 TV를 위시해 전자·디지털 미디어가 촉발한 환경 변화를 소개한다. 마지막으로, 자유를 위한 정책을 제시한다. 자유를 위협하는 것은 미디어가 아니라 정책이기 때문이다.

:: 케이블 TV와 미디어 통합에서 희망을 찾다

세계 4대 발명품으로 통상 나침반, 화약, 종이, 인쇄술이 거론된다. 혹자는 바퀴와 불, 그리고 문자를 인류의 삶을 바꾼 3대 발명품으로 꼽기도 한다. 2000년대 접어들면서 인류 역사상 가장 위대한 발명품에 대한 조사를 세계적 규모로 한 적이 있다. 전문가와 일반인으로 나눠 실시했는데, 두 집단에서 모두 인쇄술이 1위를 차지했다. 인쇄 기술이 왜 대단한 걸까? 솔라 풀에게 그것은 '자유를 위한 기술'이기 때문이다.

언론학에서 인류 역사를 재구성하는 방식에 따르면, 인류가 생존의 차원을 넘어 진화를 거듭하며 만물의 영장이 된 요체는 커뮤니케이션에 있다. 인류는 의사소통에 기반을 둔 협업을 통해 타고난 신체적 약점을 극복했다. 처음에는 몸짓을 활용했고 점차 먹고 마시는 기관에 불과한 입으로 말을 하기 시작했다. 커뮤니케이션을 향한 지대한 욕구는 말의 시공간적 한계를 극복하기 위한 문자의 발명으로 이어졌다. 인류는 몸짓과 말·글을 통해 의사소통함으로써 생을 유지했을뿐더러 고유의 문명을 이루고 문화를 가꾸어 온 것이다.

인쇄는 그 연장선상에 고안된 획기적 기술이었다. 인류 최초로 매스 커뮤니케이션을 가능케 했기 때문이다. 나아가 팸플릿, 책자, 신문 등의 인쇄물은 부르주아지의 계급적 이해를 대변하면서 시민 혁명의 매개체 구실을 했다. 결국 인쇄 기술은 정치적으로 대의제 민주주의, 경제적으로 자본주의로 대별되는 근현대 사회의 초석을 놓았다. 솔라 풀은 특히 이 과정에서 인쇄물이 획득한 언론 자유 전통에 주목한다. 이는 사전 규제를 금하며 어떠한 종류의 언론 통제에 대해서도 엄격한 절차상의 요건을 요구하는 수정헌법 1조의 탄생 배경이 되었다.

커뮤니케이션 능력을 극대화하기 위한 인류의 노력은 여기서 그치지 않았다. 한동안 인쇄물 위주의 매스 미디어 시대가 펼쳐지면서 출판과 매스 커뮤니케이션이 동의어로 쓰였으나 20세기 초부터 영화와 라디오 등 '비인쇄' 매스 미디어가 등장한 것이다. 비인쇄 미디어는 점차 인쇄 미디어의 성장세를 앞지르더니 그 기능을 부분적으로 대체하는 현상까지 벌어졌다. 이는 곧 정보와 사상의 시장에서 인쇄 매체의 지배권이 약화됨을 의미한다.

솔라 풀에게 미디어는, 그 방식이 인쇄든 전자든 모두 자유를 위한 기술이다. 하지만 미디어를 규율하기 위한 정책이 미디어 고유의 자유 정신을 위협한다고 본다. 의회와 사법부는 전파 기술의 발전에 힘입어 등장한 라디오와 TV에 대해 고도의 규제 체계를 만들어 놓은 것이다.

방송 매체는 정부의 통제에서 자유롭지 못하다. 결국 비인쇄·전자 매체에 의한 인쇄 매체의 대체는 단순한 미디어 전이 현상이 아니라 언론 자유 전통의 완벽한 보호를 받는 미디어가 정보 시장에서 지배권을 상실하는 문제인 것이다.

《자유 언론의 테크놀로지》는 미디어가 자유를 위한 기술이라는 본성을 유지할 방도를 탐색한 책이다. 솔라 풀은 그 단서를 초기 방송 매체 이후에 등장한 새로운 전자·디지털 미디어에서 찾는다. 그 주역은 '주파수 희소성' 논리를 무력화시킨 케이블 TV와 미디어 간 경계를 허물어뜨린 디지털 기술이다.

지상파 난시청 문제의 해결사로 등장한 케이블 TV는 희소한 방송 주파수 문제를 극복할 돌파구로 인식되었다. 사실 솔라 풀에게 주파수 희소성에 의거한 방송 규세 모델은 '문제'라기보다 '사태'에 가까운 일이었다. 그는 의회와 법원, 그리고 FCC(Federal Communications Commission)가 주파수 희소성을 이유로 방송에 대해 인쇄 매체와 다르게 접근한 데 강한 불만을 가졌다. "정부와 전통적인 언론 자유 개념은 타협하기 힘든 것"임에도 정부는 방송에 대해 "허가자·규제자로서 적극적인 역할을 해야 한다는 가정을 전제"함으로써 자유 언론을 위협한다고 봤기 때문이다. "왜 방송인들이 자신의 허가증을 유지하기 위해 권력과 영합하게 하는가? 왜 편집권의 자율성과 수정헌법 1조의 권리를 흔들리게 하는가?"

광대역 케이블 TV 시스템은 인쇄 매체에 버금갈 정도로 많은 채널을 제공할 수 있다. 신디케이트된 오락 프로그램을 전국 단위로 송출하는 위성 방송에 비해 지역 시청자에게 필요한 정보를 공급하기에도 용이하다. 한마디로 케이블 TV는 오락용 TV의 공청 안테나가 아니라 다종 다기한 콘텐츠와 서비스를 전달하면서 주파수 부족을 탓하는 "방송계의 상투적 규제론”을 무의미하게 만들 수 있다. 물론 이를 위해선 모든 사람들이 케이블 TV를 통해 표현하고자 하는 바가 있으면 이 시스템에 공정하게 접근할 수 있게 하는 “굉장한 정치적 지혜”가 요구된다.

케이블 TV보다 더 극적인 기술은 디지털이다. 《자유 언론의 테크놀로지》에는 ‘디지털 혁명’이란 표현이 나오지 않는다. 대신 ‘전자 혁명’이란 용어가 빈번히 사용되는데, 의미상 이는 곧 디지털 혁명을 가리키는 것으로 봐도 무방하다. 이를 통해 솔라 풀이 강조하려는 바는, 오늘날 귀에 못이 박이게 듣는 ‘미디어 융합*convergence of modes*’ 현상이다. 과거 신문, 방송, 전화처럼 독립적으로 제공되던 서비스가 이제 단일한 물리적 수단에 의해 전달되면서 미디어 간의 경계가 소멸되고 있다는 것이다.

아날로그 시대에 각 미디어는 기술적으로나 이용 면에서 서로 분리되어 있었다. 전화는 두 사람 사이의 대화를 위해, 인쇄물은 텍스트의 대량 분배를 위해, 영화와 TV는 오락을 위해, 축음기의 음반은 음악을 위해서만 사용되었다. 그러나 “자연의 법칙은 그것들이 그러한 방법으로만 사용되도록 그냥 두지 않았다.” 솔라 풀이 《자유 언론의 테크놀로지》를 집필하던 시기에 미디어 융합은 두드러진 현상이 아니었다. “지금 당장에는 방송과 전화가 서로 다른 네트워크로 전달되고 있다.” 하지만 솔라 풀은 “현재의 기술로 미루어보아” 언젠가는 “전화망으로도 방송이 되고 전파나 케이블 시스템을 통한 전화도 가능할 것”이라 예측했다.

솔라 풀의 예지력은 여기서 멈추지 않는다. 지금으로부터 30여 년 전에 오늘날의 미디어 기술이 어느 방향으로 진화할지 거의 정확히 내다보았다. “21세기에는 오늘날 인쇄된 종이가 전달하는 정보 덩이를 디지털 전자 네트워크가 운반해 줄 것 같다. 그 산출물은 여전히 종이 위에 알파

벳 단어로 나타나지만 종이 자체가 전자적으로 정보가 흐르는 터미널에서 쏟아져 나올 것이다." "문자 전달 방식이 컴퓨터 터미널로 바뀌고 있다. 전자 출판은 비용도 물리적 복사 비용보다 적게 든다." "신문은 인쇄되기 전에 컴퓨터에 기억된다. 이 컴퓨터 테이프는 버릴 필요가 없고 버려지지도 않을 것이다. 이는 여러 곳에 이용될 것이다." "전자 출판으로 인해 종전에는 볼 수 없는 필기법이 생겨난다. 하나의 문자 처리기에 입력된 문자가 다른 문자 처리기에 연결되어 그곳의 스크린에서 읽을 수 있게 나타난다." 놀랍게도 미디어 융합이 종국에는 OSMU(One-Source, Multi-Use), 파일 공유, 동기화 등으로 이어지리라 예견한 것이다.

솔라 풀이 미디어 융합 현상을 중시한 이유는 무엇일까? 융합이 가속화됨에 따라 법을 고치지 않을 수 없기 때문이다. 미국은 여타 국가와 대동소이하게 인쇄·방송·통신의 3분할 모델을 채택하고 있었다. 인쇄 매체에 대해서는 사유를 인정하는 데 비해 방송에는 각종 경제적·내용적 규제를 가하며 통신에 속하는 우편·전화·전신은 아예 정부에서 관장했다. 특히 이들이 수정헌법 1조에 의해 보호받는 언론 자유의 범위와 정도는 상이했다. 그러나 이제 세 영역 간의 구분이 모호해졌다. 기술 차이에 의한 분리는 정부 규제를 무용지물로 만들기도 한다. 예컨대, 1980년대까지만 해도 국내외 전화를 모두 취급한 AT&T는 그들의 전화선을 국외 데이터 통신에 사용하지 못했다. 그러나 이 금지 규정은 어떤 컴퓨터 터미널이라도 일반 전화기에 연결할 수 있는 음성 연결 기술로 인해 무의미해졌다. 정부가 규제를 통해 고수하려 한 통신 수단과 컴퓨터의 분할이 구조적으로 불가능해진 것이다.

솔라 풀은 이러한 환경 변화를 법체계 측면에서 '칸막이'를 제거할 수 있는 절호의 기회로 삼았다. 특히 정부가 너무 깊숙이 관여한 방송 매체가, 인쇄 매체에 부여된 것과 같은 수준의 언론 자유를 누리게 할 계기로 손색이 없었다. 결국 솔라 풀에게 케이블 TV는 방송 규제에 전가의 보도처럼 동원된 주파수 희소성 논리를 희석시키게 한 자유를 위한 기술이었고, 디지털 기술의 등장에 따른 미디어 융합은 모든 미디어가 자유를 위한 기술로 제자리를 찾을 수 있게 한 미디어 발달의 필연이었다.

《자유 언론의 테크놀로지》는 아홉 장으로 구성되어 있지만 크게 세 부분으로 나눌 수 있다. 첫 번째는 미디어 진화에 대한 서술로 두 가지에 초점을 맞추고 있다. 하나는 인류 최초의 매스 미디어인 인쇄 매체가 언론 자유 전통을 획득한 지난한 과정이다. 언론 자유는 저절로 부여된 것이 아니었다. 인쇄본이 나오면서 교회의 권위가 손상되자 교황은 무허가 출판을 금하는 칙서를 내렸고, 각국 정부도 인쇄물에 의한 위협에 대응하는 조치를 취했다. 출판업자와 검열관의 치열한 싸움 끝에 언론 관계 법제가 탄생한 것이다. 이후에도 출판에 대한 탄압은 과세, 때로는 명예 훼손 등 현행법에 따른 형사 처벌 형태로 집요하게 이어졌다. 물론 이는 활자 기술이 먼저 개발됐으나 왕과 관리들 사이에서만 활용된 우리나라나 중국이 아닌 서구의 독특한 상황에서 벌어진 일이다.

다른 하나의 초점은 전자 매체의 부상에 따른 인쇄 매체의 퇴조 현상이다. 두 매체는 상당 부분 경쟁 관계에 있는데 솔라 풀에게 이는 우려스러운 현상이다. 인쇄 매체가 통치 권력으로부터 상당한 자율성을 향유하는 데 반해 전자 매체는 정부의 통제를 받기 때문이다. 인쇄 매체는 자유의 영역으로 남을 것이나 기존 커뮤니케이션 환경 변화는 불가피하다. 심지어 솔라 풀은 정부의 규제를 받지 않는 출판업자라 하더라도 자신이 과한 통제를 받는 언론에 종사한다는 사실을 감지하고는 감시자를 의식하게 될지도 모른다고 걱정하기도 했다. 솔라 풀은 방송이 정보 시장에 편입돼 인쇄 매체의 지분을 잠식하는 현상을 '암영(暗影, *A Shadow Darkens*)'이라 표현했다.

두 번째 부분은 3분할 모델을 구성하는 인쇄, 통신, 방송 각 영역에서 수정헌법 1조가 어떻게 달리 적용되고 있는지에 관한 분석이다. 수정헌법 1조는 불과 25개 단어에 지나지 않으나 수백만 단어에 이를 정도로 숱한 해석을 낳았다. 그만큼 복합적 해석이 존재하지만 솔라 풀이 보기에 가장 유력한 견해는 정부에 의한 사전 규제의 금지다. 이 측면에서 인쇄 매체는 언론 자유를 마음껏 향유하고 있다. 사유권이 인정되는 신문과 출판에는 공적 통제가 거의 없다. '국가의 신경'에 비유되는 통신은 전달자가 모든 고객에게 공평하게 봉사하는 체제로 형성되었다. 이 두 영역에는 나름의 합리적 원칙이 적용되었는데, 그것은 각각 공개 시장의 원칙과 독점의 원리라 할 수 있다.

문제는 방송이다. 솔라 풀이 보기에 방송 매체에는 독자적 원칙이 없고, 따라서 언론 자유는 타협의 과정을 거치기 일쑤였다. 어찌 보면 언론 자유라는 당위성과 주파수 희소성이라는 방송의 본질적 속성 간 딜레마의 자연스런 귀결일 것이다. 실제 정책 결정권자들도 그사이에서 "심리적 인지 부조화 상태"를 겪어야 했다. 아무튼 "방송사는 정부에 의해 선별적으로 허가되지만 당국이 방송 내용을 검열하거나 통제할 수 없다는 사항을 주요 골격으로 한" 규제 체계가 만들어졌다. 이는 불가피했으나 미디어에 대한 정부의 개입 여지를 남겨 둠으로써 자유 언론의 전통을 훼손시켰으며 방송을 제한된 영역의 대중 오락에만 한정시키는 결과를 초래했다.

수정헌법 1조의 관점에서 3분할 모델을 논하면서 솔라 풀은 고유의 정책관을 드러낸다. 이는 정부 또는 법·제도에 대한 불신, 기술과 시장에 대한 맹신에 가까운 신뢰라 할 수 있다. 기본적으로 솔라 풀은 미국의 전형적인 자유주의자답게 정부와 언론 자유가 양립할 수 있는 성질의 개념이 아니라고 본다. 정부가 할 일은 지배력을 남용하지 않는 것뿐이다. 대신 기술에 대해서는 매우 강한 신뢰를 보낸다. 1400년대 중반 인쇄술이 그러했던 것처럼 전자 매체, 나아가 "컴퓨터화된 정보망은 이를 아무린 장애 없이 사용하는 사람들에게 인쇄기 사용자 못지않은 자유를 선사하리라" 본다. 이들 미디어는 "과거 어느 때보다 많은 지식을 공급해 주고 정보 접근을 용이하게 하며 언론을 자유롭게 하고 있다. …… 자유를 위한 기술의 발전이 그것을 통제하고자 하는 의도를 압도해 버릴 것으로 기대"하기도 했다.

솔라 풀이 법제를 불신하는 이유 중 하나는 기술이 빠르게 발전하는 데 비해 법제는 느린 속도로 이에 조응하는 탓이다. 게다가 정부와 사법부는 몸에 밴 관료주의적 관행은 물론 새로운 기술과 현상에 대한 비전문성으로 인해 기존의 낡은 사례를 유추해 새로운 현상에 적용하곤 한다. 그래서 솔라 풀은 "자유도 일종의 정책"이라 단언하며 "커뮤니케이션 정책은 정부로부터의 자유를 논의하는 데 역점을 두어야 한다"고 주장한다. 솔라 풀이 얘기하는 "자유의 정책은 선호하는 사상의 보급보다 표현의 다원주의에 목표를 둔다."

마지막 부분에서는 새로 등장한 미디어의 잠재성을 논한다. 구체적으로 3분할 모델을 무의미하게 만든 케이블 TV와 '전자 출판'으로 대별된 미디어 융합 현상을 다루었다. 이를 통해 모든 미디어가 자유를 위한 기술로 기능하기 위한 정책 가이드라인을 제시한다. 이는 곧 역사의 분기점이 될 전자·디지털 미디어 시대에 커뮤니케이션에 대한 공공 통제를 어떻게 하면 줄일 수 있을까에 대한 저자의 핵심 메시지이자 마지막 진술이다.

솔라 풀이 제시한 정책 가이드라인은 열 가지다. 그러나 핵심은 사실상 하나라고 볼 수 있다. 그것은 지금까지의 설명을 통해 그리 어렵지 않게 예상할 수 있듯이, 수정헌법 1조가 모든 미디어에 적용되어야 한다는 것이다. 당연히 여기서 의미하는 수정헌법 1조의 골자는 누구나 자기 의지대로 출판할 수 있어야 하고, 정부는 어느 누구의 출판 행위도 사전에 제한할 수 없으며, 법의 시행은 사후적으로만 이루어져야 함을 뜻한다. 규제란 결국 최후의 호소 방법으로 그쳐야 한다.

여기서 주목할 점은 수정헌법 1조가 적용될 대상으로 "18세기에 존재한 미디어가 아니라 커뮤니케이션 기능*function of communication*"이라 특정한 사실이다. 《자유 언론의 테크놀로지》는 인쇄 매체 등장의 역사적 의의와 전자 매체에 의한 대체 현상, 3분할 모델로 정형화된 인쇄·통신·방송 매체에 부여된 언론 자유의 범위, 그리고 다채널을 장착한 케이블 TV와 디지털 기술에 따른 미디어 융합 현상 등 지금 보면 다소 도식화된 미디어 위주의 설명으로 채워져 있다. 그러나 미디어는 어디까지나 매개체일 뿐 솔라 풀의 주된 관심은 미디어를 통해 유통되는 커뮤니케이션에 있음을 확인하게 된다.

따지고 보면 언론 자유에 대한 솔라 풀의 신념도 의견이나 사상을 아무런 억압 없이 자유롭게 개진하고 토론할 수 있는 장을 확보하기 위해서였다. 인쇄 매체를 높이 평가한 이유도 바로 그 기능을 수행하며 성장했기 때문이다. 방송 매체의 부상을 경계한 것도, 힘겹게 조성된 자유로운 커뮤니케이션 장에 균열이 발생할 것을 우려한 탓이다. 케이블 TV와 전자·디지털 미디어에 열광한 연유도 다시 판도를 바꿀 수 있는 기회로 여겼기 때문이다. 인간의 역사가 표현 자유를 확대하는 방향으로 궤적을 그렸다고 본 만큼 언론 자유를 담보한 미디어의 존재 여부는 인류 문화의 번성을 좌우하는 키워드인 것이다.

미국은 1934년에 제정된 커뮤니케이션법(Communications Act of 1934)을 62년 만에 대폭 손질해 1996년 텔레커뮤니케이션법(Telecommunications Act of 1996)을 발효시켰다. 이는 미디어 융합을 실질적으로 명문화한 세계 최초의 법으로 평가된다. 기존의 3분할 모델로는 더 이상 환경 변화에 대처할 수 없다는 판단에서 취한 조치라 할 수 있다. 결국 솔라 풀의 예견이 적중했거나 바람이 실현된 셈이다.

이를 솔라 풀의 공으로 돌리기는 무리일 것이다. 사실 《자유 언론의 테크놀로지》가 출간된 1980년대 초에는 솔라 풀의 문제의식과 일맥상통하는 기류가 형성되었다. 학술 논문 중에서는 마크 파울러Mark Fowler와 다니엘 브레너Daniel Brenner가 1982년에 발표한 '방송 규제에 관한 시장주의적 접근*A Marketplace Approach to Broadcast Regulation*'이 대표적이다. 이는 주파수 희소성의 소멸 등을 근거로 방송에 대한 공적 규제가 불필요함을 논증한 기념비적 논문으로 꼽힌다. 주저자인 파울러는 1981년부터 6년간 FCC 위원장을 맡으며 3분할 모델을 타파하는 데 매진하기도 했다.

신자유주의의 신호탄이 된 레이거노믹스*Reaganomics*와 대처리즘*Thatcherism*이 등장한 것도 1980년대 초다. 이 시기 사회주의권 국가들의 연이은 몰락을 등에 업고 미국과 영국은 기간 산업으로 간주된 전력, 철도, 통신, 심지어 교도소까지 민영화하는 데 앞장섰다. 미디어 분야 탈규제 흐름의 제도적 완성체인 1996년 텔레커뮤니케이션법의 탄생도 이러한 시대적 산물이다.

솔라 풀의 《자유 언론의 테크놀로지》가 당시의 분위기를 주도한 것인지, 아니면 이에 편승한 것인지는 확인하기 어렵다. 분명한 점은 그의 문제 제기와 논지, 제안이 10여 년 뒤에 얼추 유사한 형태로 법제화되어 오늘날까지 그 기조가 유지되고 있다는 사실이다. 미디어 기술의 진화 방향을 정확히 내다본 것은 물론 이에 대응한 법체계의 골격까지 큰 오차 없이 짚은 것이다.

개인적으로 솔라 풀의 견해에 동의하지 않는 면도 있다. 무엇보다 방송 매체에 대한 시각이 편향적이다. 지상파 방송에 대한 공적 규제의 근거에는 주파수 희소성뿐 아니라 '지상파'라는 대역의 공공성도 있다. 다매체 다채널 시대가 현실화된 오늘날에도 무료 보편적 서비스의 성격이 강한 지상파 방송을, 사실상 자유방임에 가까운 인쇄 매체와 같은 수준으로 취급해야 한다는 주장에 선뜻 동의하기 어렵다.

수정헌법 1조에 대한 해석도 마찬가지다. 권리장전Bill of Rights 초안이 마련된 1780년대부터 미국인들은 영국 군주제와 당시 아메리카 대륙에까지 영향력을 행사하던 군주 대리인들을 겪으며 정부 권력에 상당히 민감했으며 이는 수정헌법 1조를 제정한 동력으로 작용했다. 이에 대한 해석에서도 민주적 사회 건설이라는 차원에서 표현 자유를 강조한 도구주의적 또는 매디슨적 입장*instrumental or Madisonian view*보다 개인의 자율성과 자아 실현 증진이란 측면에서 표현 자유를 강조한 시장주의 모델*marketplace model*이 주류를 이루었다.

솔라 풀은 시장주의 모델에 입각해 수정헌법 1조를 해석한 전형적인 경우다. 방송을 '공중의 신탁자'이기에 앞서 광범위한 언론 자유를 향유해야 할 미디어로 간주한 것도 이 때문이다. "커뮤니케이션 정책은 정부로부터의 자유"를 확보하는 데 우선 순위를 두어야 한다고 말할 정도로 정부 개입에 비판적인 입장도 여기서 비롯한다. 이러한 믿음의 배경에 그만한 역사적 실체가 자리하고 있음은 분명하다. 하지만 이러한 솔라 풀의 인식은 역사의 한 단면만 과도하게 부각된 산물로 균형성까지 갖춘 것은 아니다.

실제 1900년대 초중반 전화에 대한 정부의 보편적 서비스 정책이 없었다면 서로 다른 서비스 업체를 이용하는 사람들 간의 통화는 요원했을지 모른다. 공정성 독트린*fairness doctrine*을 방송사에 강제하고 의무 전송 규칙*must-carry rule*을 케이블 TV에 부가한 것도 커뮤니케이션 환경에 긍정적으로 기여했다. 로버트 호르비치Robert Horwitz가 지적한 대로 "우리가 만약, 정부가 공중 일반을 대표하는 기구라는 자명한 사실을 인정한다면 정부의 후퇴는 민주적 과정으로부터의 후퇴"가 될 것이다.

결국 방송에 대한 솔라 풀의 편향성은 수정헌법 1조에 대한 협소한 해석에서 기인하며 이는 정부 규제에 관한 과민한 반응, 기술과 시장에 대한 두터운 신뢰로 이어졌다고 볼 수 있다. 사상의 자유 시장*free marketplace of ideas*을 신봉하는 미국 자유주의자의 전형이라 할 만하다. 개인적으로 이러한 접근이 능사가 아니며 이로 인해 놓치는 문제도 적지 않다고 보지만 솔라 풀의 논지가 미국이라는 특정 토양에서 배양된, 일관된 기조(Tone & Manner)를 유지하고 있다는 사실만큼은 분명하다. 《자유 언론의 테크놀로지》는 언론 자유에 대한 강한 신념을 바탕으로 커뮤니케이션의 통로인 미디어가 자유를 위한 기술로 자리매김해야 함을 상기한 역작인 것이다.

솔라 풀 또는 그의 대표작이라 할 만한 《자유 언론의 테크놀로지》에 대한 평론은 생각보다 많지 않다. 솔라 풀이 타계한 1984년에 〈퍼블릭 오피니언 쿼터리*Public Opinion Quarterly*〉는 현대 커뮤니케이션학의 제도화를 이끈 윌버 슈람의 추모 글을 실었다. 미국정치학회American Political Science Association는 1995년에 '이시엘 디 솔라 풀 상과 강좌Ithiel de Sola Pool Award and Lectureship'를 제정해 3년마다 수상자를 결정하고 솔라 풀이 던진 함의에 관한 특강을 열고 있다. 시민 참여와 시민 사회,

사회적 자본에 관한 연구로 유명한 로버트 퍼트넘Robert Putnam(1995), 정보사회학의 대표적 이론가인 마누엘 카스텔(2004), 정보 공유 운동에 앞장서고 공유 경제*sharing economy*를 주창한 로렌스 레식Lawrence Lessig(2007) 등이 주요 수상자 목록에 이름을 올렸다.

《자유 언론의 테크놀로지》는 1985년에 국내 번역본이 출간되었으나 현재 절판된 상태다. 번역을 맡은 당시 고려대학교 원우현 교수는 역자 후기를 통해 "국내에서도 요즈음 정보 기술 개발이 자유로운 정보 유통에 얼마나 촉진제 역할을 할 수 있을 것인가 등 정보 사회 이슈에 관심이 급증하고 있다"며 "법적인 선례에 묶여서 규제하는 입장을 취한다면 기술 발전을 오도하는 것이라는 그의 경고를 명심해야 할 것"이라 밝히기도 했다.

"정보 기술 개발은 우리에게 어떤 의미를 던져 주고 있는지 궁금"하다고 한 원우현 교수의 1985년 질문은 2013년에도 여전히 유효하다. 디지털 미디어 기기가 일상을 지배하고 있으며 각종 소셜 미디어가 보편화되면서 인류 역사상 그 어느 때보다 수월한 소통 환경이 만들어졌기 때문이다. 특히 우리나라에서는 창조 경제가 국정 철학이 되고 ICT가 그 핵심 경로로 설정되기까지 했다.

역설적이게도 대한민국은 세계 어느 나라보다 방송의 영향력이 크고 인터넷 이용이 활발함에도 이들 미디어가 누리는 언론 자유의 폭은 매우 협소한 상황이다. 공영 방송은 정권이 바뀔 때마다 '낙하산' 인사 논란을 빚고 '관영 방송'이란 비판에 시달리고 있다. 행정 기관인 방송통신심의위원회에서 방송 내용을 사후 심의·제재하는데 초법적 심의 규정과 모호한 기준에 의한 징계로 인해 위축 효과*chilling effect*를 불러와 사실상 '검열'로 작용하고 있다는 평가가 우세하다. 우리나라는 국가 기관이 방송에 대해 '양적 공정성'을 심의하는 희귀한 국가이기도 하다. 사법부가 아닌 국가 기관의 판단에 따라 인터넷 게시물을 차단·삭제하는 점에서도 세계 유일이다. 선진국 중에서는 인터넷에 글을 게시하기 위해 본인 확인 정보를 등록해야 하는 유일한 나라다. 〈PD수첩〉 광우병 보도와 미네르바 사건 등 '허위 통신' 등의 죄목으로 형사처벌에 이른 경우도 비일비재하다.

모든 미디어에 최대한의 언론 자유가 적용되어야 하며 정부 규제는 사후에 최소한의 범위에서 이루어져야 한다고 역설한 솔라 풀의 논지와는 동떨어진 현실이다. 이는 솔라 풀의 두 가지 전제, 즉 언론 자유에 대한 신념과 자유를 위한 기술이라는 미디어의 존재 양식에 대한 인식의 결핍에서 기인한 현상이라 볼 수 있다. 특히 방송도 문제지만 헌법재판소마저 "가장 참여적인 시장, 표현 촉진적인 매체"로 규정한 인터넷 공간에서조차 표현의 자유가 제대로 숨 쉬지 못하는 상황은 심각한 일이다. 인류의 문명사가 표현 자유 확대와 궤적을 같이했다는 솔라 풀의 얘기를 상기할 때 더욱 그렇다. 《자유 언론의 테크놀로지》는 애석하게도 오늘의 우리 사회에 너무나도 명징한 메시지를 던지고 있다.

함께 읽으면 좋은 책

인터넷과 텔레비전 The Internet Challenge to Televison

브루스 오웬 지음 | 1999 | 이은미 옮김 | 한울 | 2001

아날로그 시대의 절대 강자인 텔레비전이 디지털 시대에도 지배력을 유지할지 다룬다. 식상한 주제이나 미디어 경제학자인 브루스 오웬의 통찰이라 흥미롭다. 방송 규제의 역사는 물론 인터넷과 텔레비전의 융합과 공존을 체계적으로 설명한다. 새로운 미디어의 성공은 변화하는 기술과 비용에 좌우되는 고난도의 포커 게임인데, 핵심은 비용과 이를 부담할 소비자의 여건이라 말한다.

테크놀로지와 통제 혁명 The Control Revolution

앤드류 L. 샤피로Andrew L. Shapiro 지음 | 1999 | 김명준 옮김 | 커뮤니케이션북스 | 2001

테크놀로지는 과거 국가 등 힘센 기관만이 보유할 수 있었던 정보 통제 능력을 점진적으로 개인에게 부여한다. 통제 혁명은 커뮤니케이션 혁명과 자유 시장 경제 혁명의 교차점에서 일어난다. 기술현실주의techno-realism의 관점에서 샤피로는 디지털 기술이 현실적으로 어떻게 공공의 보편적 이익을 위해 활용될 수 있을지 고민한다.

자유주의의 가치들: 드워킨과의 대화

김비환 · 김정오 · 박경신 · 염수균 · 장영민 · 함재학 지음 | 아카넷 | 2011

자유주의 이론의 대가이자 영미권 법 · 정치 철학 논문에서 가장 많이 인용되는 학자인 로널드 드워킨Ronald Dworkin과의 대담 형식을 빌려 자유주의 가치들을 새롭게 조망한다. 자유주의의 철학적 토대를 밝히고 그 가치들이 얼마나 다양한 이론과 담론을 펼치는지 보여 준다. 드워킨은 다른 자유주의자와 달리 자유와 평등이 서로 구별되는 가치가 아니라고 강조한다.

개인 및 사회 선택으로서의 방송 프로그램

브루스 오웬 · 잭 비비 · 윌러드 매닝

《텔레비전 경제학》

이상기

18

텔레비전 경제학
Television Economics

브루스 오웬 Bruce Owen
잭 비비 Jack Beebe
윌러드 매닝 Willard Manning

Lexington Books | 1974

텔레비전 산업과 관련된 경제 이론과 분석을 비롯해 이에 기초한 정책을 다룬 책. 저자들은 텔레비전에 관한 많은 생각들과 저술들을 함께 모아 전체적으로 일관된 논지를 견지할 필요성에 의해 이 책을 기획했다고 한다. 당시 브루스 오웬은 스탠포드대학 경제학 교수이자 브루킹스 경제정책연구원 및 백악관 텔레커뮤니케이션 정책 수석보좌관 역임을 했고, 잭 비비는 연방준비은행 위원이었고 캘리포니아주립대에서 경제학 및 산업공학을 강의했으며, 윌러드 매닝은 하버드대학교의 존 F. 케네디스쿨 연구원이었다

이 책의 주요 독자는 텔레비전 산업을 연구하고자 하는 '학생들'과 매스 커뮤니케이션 관련 주요 이슈에 대해 보다 나은 대안을 찾고자 애쓰는 '정책 입안자들'이다. 이 때문에 가급적 쉬운 경제 용어로 책을 썼지만 일반 독자들은 다소 지루함을 느낄 수 있고, 경제학자들은 분석의 엄밀성과 명료함이 부족하다고 느낄 수 있다고 보았다. 그렇지만 이를 통해 보다 독창적이고 새로운 아이디어가 창출되어 전문 경제학자들도 흥미를 유발시키는 계기가 되고, 이에 따라 방송 관련 정책도 보다 정교한 분석에 의해 창출되기를 희망했다.

◆◆◆ 이상기는 서강대학교 신문방송학과를 졸업하고 같은 학교 대학원에서 석사와 박사 학위를 받았다. 한국언론진흥재단 연구위원을 거쳐, 현재 부경대학교 신문방송학과 교수이다. 책으로는 《현대 사회와 매스 커뮤니케이션》(공저), 《신문 산업 실태 조사》 등이 있으며, 미디어 산업과 저널리즘 분야에 다수의 논문이 있다.

1980년대 말 '미디어 경제학'이 국내에 처음 소개된 세미나에서, 한 원로 교수님의 일갈一喝이 지금도 귓가에 맴돈다. "방송을 경제적으로만 접근해서는 안 된다." 방송은 우리의 의식 영역을 다루는 데, 경제적 효율성과 수익성에 급급하다보면 상업주의에 의해 무익한 프로그램이 범람하거나, 꼭 필요한 프로그램일지라도 비용 측면에서 제작과 공급이 이루어지지 않을 수 있기 때문이라는 것이다. 그 결과 우리 의식마저도 물신주의에 빠질 수 있기에 경제적 접근은 위험하다고 보았다.

그로부터 20여 년이 지나 방송학회와 통신학회가 연합 주최한 세미나에서는 전혀 상반된 주장이 개진되었다. "돈이 되지 않는 방송 기술은 무의미하다." 지금 현재의 방송 시장에는 다양한 플랫폼이 존재한다. 시청자 혹은 유저*User*들은 언제 어디서든 보고 싶은 방송 프로그램을 원하는 대로 볼 수 있다. 그런데 이들 플랫폼들이 공존하기 위해서는 제각각 광고료, 수신료, 이용료(정액제, 종량제) 등의 형태로 안정적인 수익 모델을 갖고 있어야만 한다. 그렇지 못할 경우 치열한 경쟁 상황에서 버티기 힘들고, 결국 시장에서 퇴출될 수밖에 없다. 이를 압축적으로 설명한 것이 위의 인용구라 할 수 있다.

방송은 정치, 사회, 경제, 문화가 복합적으로 작용하는 현상임이 분명하다. 그런데 먹고 살기에 급급했던 1980년대 이전에는 방송의 사회문화적 의미가 강조되었다면 세계 10위권의 경제 규모를 갖춘 2000년대에 오히려 경제적 의미가 강조되는 아이러니를 어떻게 이해해야 할 것인가? 이런 점에서 방송을 포함하여 어떤 사회적 현상도 결정론적 시각, 혹은 환원론으로 이해하는 것은 위험하다. 존재가 의식을 결정할 수도 있지만 의식이 존재를 결정할 수도 있는 것이다. 경제도 중요하지만 절대적인 것은 아니다.

《텔레비전 경제학》을 방송의 명저로 선택한 까닭도 이런 균형 감각을 갖추고 있기 때문이다. 이 책은 텔레비전이 비즈니스의 하나라는 대전제에서 출발하지만, 어떻게 하면 시장에서 성공할 것인가와 같은 실용적 입장은 배제시켰다. 오히려 특정 경제 구조에서 시청자에게 가장 만족스러운 결과를 제공하는 조건 — 비록 그것이 실제로 존재하지 않을 지라도 — 이 무엇인가를 규명하고자 했다. 나아가 시장에 모든 것을 맡기는 것이 아니라, 정책적인 개입과 그 파급 효과에 관해서도 논하고 있다. 궁극적으로 수정헌법 1조의 언론 자유를 방송 시장에서 어떻게 실현할 것인지 밝힐 목적으로 이 책을 저술했다고 해도 무방하다.

:: 1970년대의 미국 방송 환경과 《텔레비전 경제학》의 출현 배경

지난 20세기의 미디어 역사에서 방송만큼 급격한 변화를 겪은 매체도 드물 것이다. 라디오에서부터 출발한 방송은 흑백 텔레비전과 곧 이은 컬러 텔레비전의 시대로, 뒤이어 케이블 TV와 위성 방송, 인터넷과 모바일 등 통신형 방송 매체에 이르기까지 거의 10년 주기로 새로운 기술이 소개되고 정착되었다. 방송과 통신의 경계는 점점 허물어져 융합 상태로 나아가고 있다. 콘텐츠 기획, 제작, 유통에 걸쳐 다종다양한 군소 사업자가 존재하는가 하면, 거대 복합 미디어 기업*conglomerate*의 규모도 점증하고 있다.

그렇지만 1970년대 미국에서는 ABC, CBS, NBC의 3대 지상파 네트워크가 주된 방송 사업자였다. 독과점적인 지위를 누렸던 이들의 시장 행위는 그다지 긍정적인 평가를 받지 못했다. 당시의 연방통신위원회(FCC) 의장이었던 뉴턴 미노우Newton Minow는 텔레비전 시장을 '방대한 황무지*vast wasteland*'로 규정할 정도였다. 그는 이러한 상황을 개선하기 위해 방송사 허가 갱신이 자동적으로 이뤄지지 않을 것이라고 경고하면서, 방송사들이 스스로 약정한 내용에 따라 충실하게 방송했느냐의 여부를 신중하게 검토할 것이라고 했다.

방송사들은 FCC의 권한 강화 방침에 이구동성으로 반발했다. 그들은 텔레비전 편성이 곧 수정헌법 1조가 보장하는 언론의 자유이며, 여기에 대한 정부의 통제는 없어야 한다고 했다. CBS 사장인 프랭크 스탠턴Frank Stanton은 민주주의 사회에서는 공중만이 그들이 보고 싶은 것을 선택해야 하며, 공중의 집합이 원하는 것 이상의 다른 선택을 제안하거나 강요하려는 시도는 정당하지 못하다고 반발했다. NBC 이사장인 로버트 샤노프Robert Sarnoff도 FCC가 전체 미국인의 취향과 이익을 대변할 수 없다면서 시청자의 취향을 증진시키거나 그들의 이익을 확대시키는 책임을 정부 기관에 맡길 수 없다고 했다. 방송 프로그램은 FCC의 요구가 아니라 시청자의 요구에 의해야 한다면서, 텔레비전 방송 편성은 '가능한 한 많은 공중의 취향에 부합되도록' 또 '오락과 휴식을 추구하는 대다수에 맞게' 편성되어야 한다고 주장했다. ABC 사장인 올리버 트레이즈Oliver Treys도 방송사의 목적은 최대의 각기 다른 사람들을 위해 봉사하는 것인데, 다수가 원하는 바를 제공함으로써 그 목적을 실현할 수 있다고 했다.

이것이 바로 필요*need*와 요구*want*의 논쟁이다. FCC는 미국의 방송이 '공공의 편의, 이익, 필요'에 부합되기를 바란 반면, 방송사들은 시청자들의 '요구'를 충족시키는 것이 더 낫다고 본 것이다. 특히, 방송사의 주된 수익이 광고로부터 발생하는 구조에서는 방송사들이 언제나 대중의 인기에 영합하는 다수 취향의 프로그램을 양산하고자 하는 유인을 갖는다. 이러한 프로그램을 광고주가 더 선호하기 때문이다. 광고주들은 자신들의 상품을 선전하기 위해, 같은 값이라면 보다 많은 시청자들이 보는 프로그램에 광고하기를 원하는 것이다. 이러한 이유 등으로 그림 1과 같이 '뉴스/교양 프로그램'처럼 사회적으로 필요로 하는 프로그램의 생산 및 소비 활동은 사회적 최적에 비해 과소하다. 반대로 '오락 프로그램'은 사회적 최적에 비해 프로그램 생산과 소비 활동이 과다하다. 다시 말해 사회적으로 가치 있다고 평가하는 프로그램은 오히려 적게 공급되고, 사회적으로 가치 없다고 평가하는 프로그램은 필요 이상으로 더 많이 공급된다. '악화가 양화를 구축하는 것'과 같은 현상이, 광고를 주된 수익 기반으로 하는 방송 시장에서 구조적으로 발생할 수밖에 없다.

▶ 그림 1. 광고 기반 방송 프로그램의 사회적 최적(QO)과 실제 공급(QM)의 관계

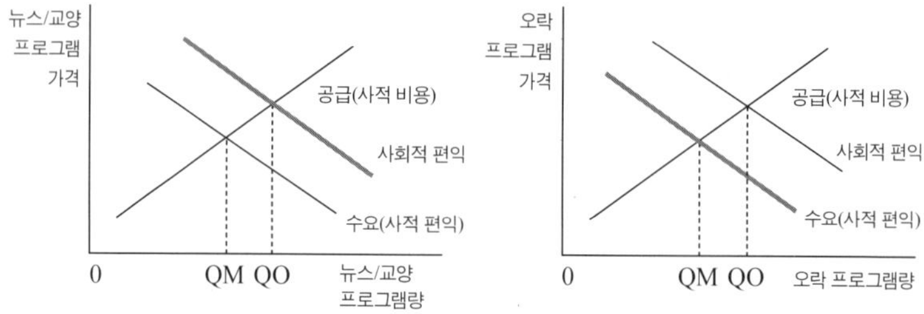

이는 많은 것을 시사한다. 우선, 방송에서 오락 프로그램이 범람하는 것이 시청자들이 저속하고 우매한 대중이기 때문인지, 혹은 방송사가 그러한 프로그램을 제공함으로써 시청자들을 길들인 것인지에 대한 논란이다. 오락 프로그램의 증대가 시청자들이 원했기 때문인지, 방송사들의 이익 극대화에 따른 결과인지 모호하다는 것이다. 방송사들이 봄, 가을 프로그램 편성 개편에 앞서 시장 조사를 하면 많은 시청자들이 뉴스, 다큐멘터리, 교양과 같이 사회적으로 유익하고 필요로 하는 프로그램을 더 많이 요구한다. 그렇지만 이들 프로그램이 정규 편성에 반영되더라도 실제 시청률은 요구한 기대만큼 나오지 않는 것이 일반적이다. 시청자들은 자기 위신을 세우기 위해 겉으로만 그럴 듯한 것을 요구하고, 실제 시청 행태는 오락 지향적이라는 것이다. 그렇다 할지라도 오락 프로그램을 주 시청 시간대에 집중적으로 편성하고, 드라마 등에서 전체 흐름과 무관한 선정적인 장면을 집어넣는다든지, 시청률에 따라 프로그램 방영 횟수나 시간대를 자의적으로 조정하는 행태는 방송사들의 이윤 추구와 전혀 무관하다고 할 수 없다.

텔레비전의 주된 수익이 광고주로부터 오는 만큼, 전체 방송 시간을 오로지 오락 프로그램으로만 채워 광고주에게 봉사하는 것은 어떨까? 이는 민영 상업주의로 출발한 미국에서조차 선택하기 힘든 제도다. 무엇보다 지상파 방송의 전파 자원은 재산권적인 측면에서 국민이 주인이기 때문이다. 또한 1970년대까지만 하더라도 채널의 희소성 때문에 최소한 뉴스, 지역, 어린이, 선거 등과 같이 공적 가치가 우선시 되는 프로그램은 공정*fair*할 뿐만 아니라 적정 시간*prime time access*을 보장해주어야 한다는 원칙이 적용되었다. 미국의 방송 제도는 이런 측면에서 수탁제*trusteeship* 모형이었다. 방송사업자가 국민을 대신해서 전파 자원을 수탁 관리하되 최소한의 의무만 부과하고, 그 이외의 방송 시간에 최대한의 사적인 방송사의 이익을 향유할 수 있게끔 보장 한 것이다. 만약 최소한의 의무를 제대로 지키지 못한다면 방송 면허를 취소하여 다른 사업자에게 그 권리를 넘기도록 한다는 것이 기본적인 방송 규제의 틀이었다.

그런데 방송사의 최소 의무 이행 정도에 대한 가치 판단은 다분히 주관적일 수밖에 없다. '텔레비전 무용론'과 같은 극단적인 비판론도 등장했지만, 텔레비전은 점차 미국인들의 일상생활에서 떼려야 뗄 수 없는 위치를 점하고 있었다. 동시에 방송사들은 사적인 이익을 극대화하면서 방송 면허 갱신이 다가올 경우에만 반짝 공적 책무를 다하는 것처럼 행동했다. 방송 면허도 스스로 철회한 경우를 제외하고 강제에 의해 취소된 경우가 전무했나. 이러한 상황 속에서 방송사들이 제대로 사업을 수행하고 있는지를 판별하는 하나의 시도로써 '텔레비전 경제학'이 잉태된 것이다.

:: 《텔레비전 경제학》의 기여

경제학을 한마디로 규정하긴 힘들지만 필자는 '선택'의 학문이라고 생각한다. 다시 말해 다양한 선택 대안들 중에서 가장 효율적(경제적)으로 자신을 만족시키는 방법을 찾는 과학이다. 우리의 일상생활은 한정된 시간과 소득에 근거하고 있다. 때문에 많은 순간 경제적인 선택 문제에 직면한다. 교통 수단이나 점심 메뉴를 고르는 사소한 선택에서부터 학교, 직장, 결혼, 주거지 등을 결정하는 데 있어서도 경제적인 측면을 고려하지 않을 수 없다.

방송 프로그램 영역에서도 크게 보아 두 가지 선택 문제가 있다. 하나는 수요 측면에서 시청자들의 선택 문제이다. 즉 동일한 시간에 제공되는 다양한 프로그램 중에서 어느 것을 시청할 것이냐의 문제다. 과거에는 텔레비전이 가구당 한 대밖에 없어 가족 구성원의 집합적 선택이었다. 최근에는 가구별로 텔레비전이 여러 대 있거나, 다양한 미디어를 통해 프로그램의 개별 시청이 가능하다. 또 프로그램의 다시보기(VOD)를 통해 방송사가 제공하는 시간의 제약을 벗어날 수 있기 때문에, 개인의 취향이 보다 강력하게 작용하는 개별 선택으로 변하고 있는 중이다. 다른 하나는 공급 측면에서의 선택 문제이다. 우선 제한된 예산하에서 어떤 프로그램을 제작 혹은 구매(수입)할 것인지를 결정해야 한다. 다음으로 갖추어진 프로그램을 일일, 주간, 계절, 연 단위로 어떻게 배분(편성)할 것이냐를 결정해야 한다.

자유 경쟁을 선호하는 미국은 이러한 소비자와 방송사의 선택 문제를 정부가 개입하여 조정하기보다 시장에서 자율적으로 형성되는 질서를 더 선호한다. 반면 사회민주주의 전통이 다소 강한 유럽은 시장에서의 결정보다 정부 및 공공 기관의 개입을 보다 선호하는 편이다. 따라서 대부분의 유럽 국가들은 공영 시스템을 지상파 방송 제도의 근간으로 삼았다.

지상파 방송 제도에서 민영과 공영 시스템의 가장 큰 차이는 방송 프로그램의 비용을 충당하는 방식일 것이다. 민영 시스템은 광고가 주된 수익이다. 광고 수입은 시청률에 연동하기 때문에 가능한 최대의 시청자들을 확보하는 것이 방송사업자들의 주된 관심이다. 이에 따라 다수 취향의 오락 프로그램이 넘칠 수밖에 없고, 다양한 편성 전략을 통해 시청자들을 텔레비전 앞에 계속 붙들어 두고자 한다. 이에 따라 시청률이 낮은 프로그램은 퇴출되기 마련이고, 혹 살아남더라도 상대적으로 시청률이 낮은 시간대(새벽, 낮, 심야)에 배치된다. 광고주는 비용을 직접 지불하는 주체이기에 그 영향력을 무시할 수 없으며, 시청자들이 싫어하는 중간 광고나 삽입 광고(PPL), 간접 광고 등도 광고주의 입맛에 맞춘 것이라 할 수 있다.

반면 공영 시스템의 주된 수익은 시청자들이 지불하는 수신료다. 방송사의 연간 수익이 안정적으로 확보됨으로써 시청률에 일희일비 하지 않고 시청자들에게 유익하다고 생각되는 프로그램을 제작해 방영할 수 있다. 또한 텔레비전 수상기를 보유한 모든 시청자들이 균일하게 비용을 분담하기 때문에 소수 취향의 프로그램일지라도 공평하게 제공할 의무가 있다. 최근 공영 시스템도 광고를 보조 수입 수단으로 활용하고 있지만, 광고주의 영향력을 최소화시키고자 방송 프로그램과 구별된 별도의 광고 시간대를 지정하여 블록 광고 형태로 운용한다.

이와 같이 민영과 공영은 각각의 장단점이 있고, 비용과 직결된 지불방식에 있어 커다란 차이가 있다. 그렇지만 《텔레비전 경제학》은 세계 시장 차원에서 방송 산업을 분석한 것이 아니라, 미국의 시장에 국한시켰다. 따라서 이 책을 제대로 소화하기 위해서는 미국의 방송 시장 구조를 먼저 이해할 필요가 있다. 그림 2에서와 같이 1970년대 미국 방송 시장은 크게 일곱 행위자(조직)가 있었다. 시청자, (지역) 방송사, 네트워크, FCC, 신디케이션, 프로그램 제작사, 광고주 등이다.

1972년 미국에서는 6,600만 가구가 최소한 1대 이상의 텔레비전을 소유하고 있었다. 그중 3,700만 가구에서 컬러 텔레비전을 갖추었다. 가구당 텔레비전 시청 시간은 하루 평균 약 7시간 정도였다. 당시 방송사들은 대략 900개 정도였다. 이들 중 220개는 교육 혹은 공공 방송(PBS: public broadcasting station)이었고, 나머지 680개가 상업 방송사들이었다. 이들은 네트워크에 속하거나 혹은 독립적으로 운영되었다.

ABC, CBS, NBC의 3대 네트워크 외에도 휴즈 스포츠 네트워크

▶ 그림 2. 1970년대 미국 텔레비전 산업의 구조

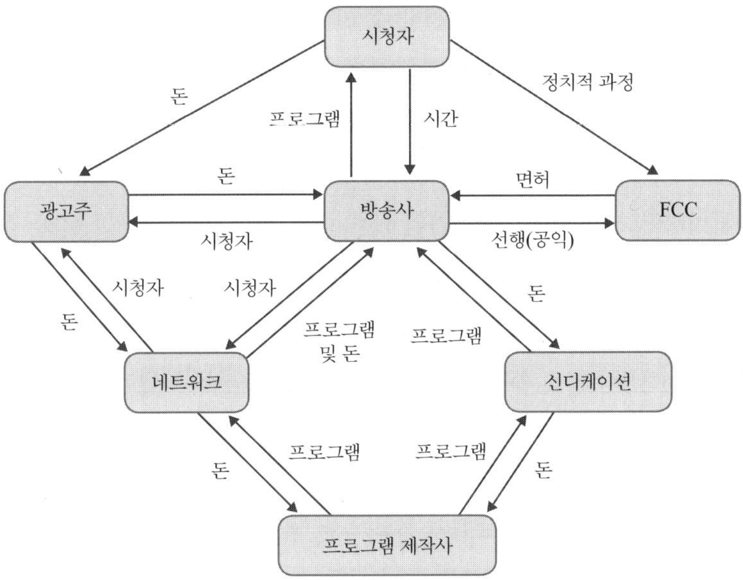

Hughes Sports Network와 같이 특정 시간대에 특화된 프로그램을 공급하는 네트워크들도 상당히 많았다. 3대 네트워크는 지역 방송사들과 광고주 및 프로그램 제작사를 연결시켜주는 중개자 역할을 수행했다. 제휴 지역 방송사*affiliate*들이 광고주나 프로그램 제작사들을 일일이 찾아다니는 번거로움을 해소해주는, 다시 말해 거래 비용을 감소시키는 것이 주된 기능이었다.

FCC는 주파수를 할당하고 방송 면허권을 가짐으로써, 시장 경쟁자들의 수를 조절하는 역할, 즉 시장 진입을 규제했다. FCC는 '공익' 차원에서 스펙트럼을 할당해야 하는 임무를 맡고 있었기 때문에 가격을 통한 시장 메커니즘, 즉 경제적으로 자원을 할당하는 데 어려움을 겪었다. 이 당시에 이미 주파수를 사유재처럼 매매하게끔 하자는 주장이 R. 코스R. Coase 등에 의해 제기되었다. '사유 재산권'이 명확히 규정되어 전파 혼선의 문제를 해결할 수 있다면, 다시 말해 민간이 자유롭게 그 권리를 이용할 수 있도록 허용한다면 가장 생산적인 방법으로 주파수가 활용될 수 있다는 것이다. 그렇지만 공중들에게 시장 메커니즘의 확신을 심어주지 못한 관계로, 혹은 빅 브라더Big Brother와 같은 거대 미디어 기업의 출현을 두려워 해서, 이론적으로만 논의되고 실제 적용은 되지 못했다.

한편 1971년 자료에 의하면, 전체 광고 시장에서 텔레비전 광고가 차지하는 비중은 17%에 불과했고, 신문이 30%로 최대의 광고 매체였다(현재 이 순위는 역전되었다. 심지어 신문 광고는 인터넷 광고보다 비중이 낮아졌다). 1970년대 텔레비전 광고는 세 부분으로 이루어졌다. 첫째는 '네트워크 광고'로, 네트워크 프로그램에 끼워 파는 광고이다. 이는 가장 많은 시청자에게 도달하기 때문에 높은 가격(주 시청 시간대 기준으로 분당 5만 달러 이상)에 팔렸다. 그렇지만 광고 도달률 기준으로 보면 상대적으로 낮은 가격(한 가구당 1시간 시청에 대략 2센트 정도)이었기에 광고주들에게 매력적이었다. 둘째는 '전국 스폿 광고'로, 전국 광고주가 지역 텔레비전 방송사(혹은 대행사)로부터 직접 광고 시간을 구매하여 특정 지역의 시청자들에게 광고를 전달하는 것이다. 네트워크 광고가 광고주들이 판매점을 갖고 있지 않거나 판매 전망이 불투명한 지역일지라도 광고를 집행할 수밖에 없다면, 전국 스폿 광고는 광고주들이 판매하고자 하는 재화의 목적에 따라 광고를 효과적으로 집행하는 장점이 있다. 셋째는 '지역 광고'로, 특정 지역 시청자에 도달하기를 원하는 그 지역의 회사나 상점주들이 주요 광고주였다. 이와 같이 텔레비전 광고는 광고주들이 도달하기를 원하는 구매자의 특성에 의해 구별되었다. 광고비 기준으로 이들 각각의 비중은 44.4%, 33.3%, 22.2%였다.

프로그램 제작사 및 신디케이션(네트워크 가맹사는 물론 네트워크에 가입하지 않은 독립 방송사 등에서 재방송되는 방송 프로그램의 후속 시장)은 미국의 지역 방송사들이 직접적인 프로그램 제작도 했지만 상당히 많은 분량을 방송사 외부에서 구매하거나 공동 제작했음을 보여 준다. 경제학적인 용어로 말하자면 한국의 방송사들은 1990년대 중반까지 '기획-제작-유통'이 수직적으로 통합된 구조였다면, 미국의 초창기 텔레비전 방송은 '기획-제작'과 '유통'이 분리된 구조였다. 이는 미국의 경우 할리우드로 대표되는 거대 스튜디오가 방송 프로그램 제작에도 상당한 역할을 했음을 보여 준다.

FCC는 1970년 핀신 규칙(fin-syn rules: Financial Interest and Syndication Rules)을 제정했다. 이는 지상파 네트워크(ABC, CBS, NBC)가 외주 제작으로 구매한 프로그램에 대해서는 1차 방송권만 가지고, 신디케이션 시장에서 재판매하여 얻는 추가적 이익의 권리(판권)는 프로그램 제작사에게 몰아준 것이다. 물론 네트워크가 프로그램 제작에 자본과 인력을 투자한 경우에는 네트워크가 판권을 가질 수도 있다. 이러한 규칙을 통해 프로그램 제작사들은 신디케이션 시장에서 부가적인 수익을 거둘 수 있었고, 재정적으로 안정을 얻었다. 특히, 1980년대 이후 케이블 텔레비전의 등장은 프로그램 제작사들의 입지를 더욱 강화시켰다. 프로그램 제작사들이 시장에 안착했다고 판단한 FCC는 1993년 핀신 규칙의 주요 부분을 폐기했고, 1995년에는 완전히 폐기시켰다.

한국의 경우에는 지상파가 제작도 겸했기 때문에 재방송 프로그램에 대한 판권도 거의 전적으로 지상파가 쥐고 있다. 독립 프로그램 제작사를 활성화시키기 위해 외주 편성 비율을 정책적으로 늘려왔지만 판권 부분은 손을 대지 못했다. 그 주된 이유는 독립 제작사들이 영세한 자본과 협소한 협상력으로 인해 지상파 방송사들의 투자를 일정 부분 안고 갈 수밖에 없었기 때문이다. 한류 열풍과 더불어, 일부 해외 판권은 독립 제작사들에게 부여되는 경우가 있긴 하다. 그렇지만 독립 프로덕션의 경영 여건은 결코 안정적이지 못하다. 이에 따라 미국의 프로그램 제작사들 일부가 핀신 규칙의 부활을 계속 요구했지만 받아들여지지 않았다. 이는 지상파 네트워크의 영향력이 감소했기 때문이다. 핀신 규칙이 제정되던 1970년에는 미국의 지상파 네트워크가 90% 이상의 시청률을 차지했지만, 현재는 50%에도 못 미치기 때문에 지상파에 대한 과도한 규제가 될 수 있다고 본 것이다. 반면 한국의 경우, 케이블 TV와 위성 방송 등으로 방송 채널이 늘어난 것은 사실이지만, 상당 부분 지상파 프로그램이 재유통되고 있는 실정에서 핀신 규칙과 같은 획기적인 전기가 마련될 필요는 있어 보인다.

이상에서 살펴본 바와 같이, 방송 시장 구조는 그림 2처럼 단순하게 보일지 모르지만 그 속에서 이루어지는 경제적 행위는 실로 복잡다단하다. 또한 방송 시장은 새로운 전송 기술, 예컨대 케이블 TV, 위성 방송, 인터넷, DMB, 태블릿 PC, 스마트폰 등으로 인해 계속 확대되어 왔다. 그럼에도 불구하고 이 책을 방송 분야의 명저로 선택한 것은 경제적 관점에서 핵심적인 주장들을 펼치고 있기 때문이다. 이러한 주장들은 방송 환경의 변화에도 불구하고, 그리고 지금 현재의 시점에서도 많은 것을 생각하게끔 한다.

먼저, 방송 정책의 첫 단추가 잘못 끼워졌다고 했다. 경제학자들은 시장의 효율성이 경쟁에 의해 달성된다고 설명한다. 한 사업자가 적정 이윤을 넘어 과도한 이윤을 획득하고 있다면 새로운 진입 기업이 출현하여 초과 이윤이 0이 될 때까지, 다시 말해 자본과 여타 투자가 시장 가치에 상응하는 이윤만을 얻도록 해야 한다는 것이다. 이것이 가장 중요한 시장 메커니즘임에도 불구하고, 텔레비전 산업에서는 제한된 사업자에게 주파수를 할당함으로써 방송 면허 희소성이 발생했고, 이로 인해 경제적 지대*economic rents*가 발생하여 기존 사업자에게 과도한 이윤이 발생하도록 방관했다는 것이다. 영국의 E. P. 톰슨E. P. Thompson 경은 이를 빗대어 "돈을 찍어내는 면허*license to print money*"라고까지 표현했다. 이런 측면에서 주파수 할당을 사유재처럼 매매하도록 했어야 한다는 것이다.

저자들은 주파수 할당에 대한 책임이 FCC보다 법원에 있다고 평가했다. 1959년 법원에 의해 이른바 '캐롤 원칙Caroll Doctrine'이 수립되었다. 이는 기존의 방송 시장에 새로운 진입자가 들어오고자 한다면 이들에 대한 신규 면허가 기존 방송사에게 경제적인 해악을 미치지 않는 범위 내에서 허용되어야 한다는 것이다. 이미 방송 면허를 취득한 방송 사업자들은 공익에 봉사하겠다는 의무 조항에 따라 허가를 받은 것이므로 그들의 방송 사업 — 실제 방송 내용이 어떠하든지 간에 — 은 기본적으로 공익적이라는 것이다. 아니라면 애초의 방송 면허가 잘못 부여된 것이 되고 만다. 또한 면허를 갱신 받은 경우도 결국 공익에 봉사했다는 것을 다시금 인정받은 것이라고 보았다. 이는 기독교 교리와 닮았다. 기독교에서는 어떤 사람이든 그리스도를 영접하는 순간 모든 죄를 용서받고 의인이 된다(최초의 방송 면허). 인간은 의지가 박약하여 그리스도를 영접한 이후에도 크고 작은 잘못을 저지를 수 있다. 그럼에도 불구하고 구원받은 사실 그 자체가 훼손되지 않으며, 회개를 통해 다시금 의로움이 회복된다(갱신 받은 방송 면허). 그렇지만 세속적 기준으로 봤을 때 FCC는 기존 방송 사업자의 보호자처럼 행동한 것이 사실이다. 결국 시청자를 희생시킨 대가로 방송사를 부유하게 만들었다. R. 포스너R. Posner가 밝힌 바와 같이 규제 기관이 규제를 받아야 할 대상자에게 오히려 포획(규제 대상자들의 이익을 보호)된 전형적 사례라는 것이다.

첫 단추를 잘못 끼운 옷맵시는 어색하다. 다시 풀어 채워야만 한다. 그런데 옷단장을 다시 하는 것은 쉽지만 사회적 선택의 출발이 잘못 되었을 때, 이를 원초적인 상태*zero base*에서 혁명적으로 다시 한다는 것은 어렵다. 새로운 출발이 올바르다는 확신도 없다면 더욱 그러하다. 따라서 많은 것들이 얽히고설킨 기이한 제도와 기득권이 생기고, 이것이 상황을 더욱 복잡하게 만든다. 이는 굳이 방송 정책만의 문제가 아니라 일반적인 사회 선택의 문제라 할 수 있다.

둘째, 공익*public interest*이라는 그릇된 신화를 비판했다. 이는 공익이 나쁘다는 것이 아니라, 공익이라는 미명하에 사익을 추구하는 교묘한 행위를 드러냈다는 것이다. FCC의 입장에서, 방송은 공익 정신이 투철한 시민이 운영해야 하고, 이런 점에서 방송인은 공익의 수탁자이지만, 불행하게도 운영 비용을 충당하기 위해 어쩔 수 없이 상업적 광고를 팔아야만 하는 준공직자*quasi official*로 보았다. 그렇다 할지라도 방송 경영인의 의무는 시청자 공중에 대한 것이지 방송사를 소유한 주주들에 대한 것이 아니라는 것이 FCC의 공식적인 견해다. 이러한 비현실적인 견해는 비효율적인 정책의 근원이었을 뿐만 아니라 두 가지 심각한 해악을 낳았다고 한다. 그 하나는 방송 경영인이 공익이라는 신화를 이용해 각종 보호주의 정책을 조장하였고, 이는 실제로 사적인 이익을 부풀리는 역할을 했다는 것이다. 다른 하나는 미국에서의 방송의 역할과 기능에 대해 공중이 오도되었다는 것이다. 미국의 방송이 다소 문제(오락 프로그램)가 있지만 넓게 보면 공익에 봉사하는 것으로 오인하게끔 했다는 것이다. 즉 뉴스나 종교 방송처럼 건전한 여론을 조성하는 기능도 있으며 이밖에 유익한 정보나 프로그램도 많은 것이 사실이 아니냐는 인식을 심었다는 것이다.

셋째, 방송은 공공재이므로 수용자 복지를 극대화시켜야 한다고 주장했다. 어떤 의미에서 앞서의 두 가지 문제도 방송 프로그램이 공공재이기에 발생할 수밖에 없는 숙명이라고 할 수 있다. 시장에서 순수 공공재는 적절한 수준과 가격으로 공급하기 힘들기 때문이다. 또 이미 존재하는 공공재일 경우 무임 승차를 하고자 하는 소비자를 배제시킴으로써 얻는 실익이 없다. 예컨대 지상파를 통해 방송되는 프로그램이 사회적으로 유익하다면 시청자들이 한 명이라도 더 보는 것이 낫고, 광고를 기피하는 시청자를 추려낼 방법도 없는 것이다. 한편 공공재는 비경합적*non rivalry*인 속성으로 인해 차별적인 가격도 설정하기 힘들다. 공공재는 많은 사람이 이용할수록 효율적인데, 가격이 너무 높으면 그 가격 이하의 가치를 부여하는 소비자가 배제되고, 반대로 가격이 너무 낮으면 최소한의 생산비를 충당할 수 없다. 이 때문에 공공재는 진입이나 경쟁으로부터 생산자를 보호할 수밖에 없다. 국가 안보(국방)가 전형적인 사례인데, 정규군을 대체할 새로운 진입자가 없을뿐더러 경쟁 시스템으로 국가 안보의 질과 효율이 높아지는 것도 아니다. 이 때문에 공공재는 자연 독점*natural monopoly*으로 귀결되기 쉽다.

수용자 복지의 극대화를 모색하기 위해 저자들은 프로그램 선택*program choice* 이론을 제시했다. 어떤 의미에서 이 책의 핵심 내용이라고 할 수 있다. 이 이론은 시청자의 선호 구조, 채널 수, 시장 구조(독점인가 경쟁인가), 프로그램 지원 방식(광고주 지불 혹은 시청자 지불), 프로그램 비용 등을 고려하여 가장 바람직한 사회적 선택지를 제시한다. 이에 따르면, '채널수가 제한된 상황'에서는 독점일 경우가, 보다 다양한 프로그램 믹스를 제공하여 더 많은 수의 시청자들을 만족시킴으로써, 경쟁보다 더 낫다고 보았다. 또한 독점이면서 광고를 통해 비용을 충당하는 조건에서는 공통 분모의 다수 취향 프로그램들이 선호됨을 논리 실증적으로 밝혔다. '충분한 수의 채널이 제공되는 조건'에서는 소수 취향의 프로그램 공급이 광고 기반하에서도 가능하며, '거의 무제한에 가까운 채널이 제공되는 조건'이라면 경쟁 구조가 보다 다양한 프로그램 유형을 제공하기 때문에 독점 구조보다 더 나을 것이라는 결론을 제시했다. 1980년대부터 채널이 점증하기 시작했으므로 방송 정책 기조를 경쟁 구조로 전환해야 함을 미리 시사했다고 평가할 수 있다.

경제학자들은 대체로 독점보다 경쟁을 선호한다. 일반인들도 독점이라면 뭔가 나쁘다는 인상을 갖고 있다. 그런데 '독점 규제론'으로 하버드학파가 득세하던 1970년대의 시대 분위기에서, 경우에 따라 독점이 나을 수 있다는 주장은 상당한 도전이었음을 상기할 필요가 있다. 시류에 편승하지 않고 엄밀한 분석 결과에 따라 말하고자 하는 바를 있는 그대로 했다는 점도 후학의 교훈으로 삼을 만하다.

:: 《텔레비전 경제학》 그 이후

《텔레비전 경제학》 저자들의 중심 역할을 했던 오웬은 이 책을 저술하기 전과 그 후에도 경제학적 시각 및 법학적 시각을 기반으로 방송 산업과 관련한 다수의 논문과 저작을 발표했다. 그가 경제학뿐만 아니라 법학적 관점에도 관심을 가졌다는 사실은 방송 산업에 대한 특수성(정책적 규제의 필연성)을 꿰뚫고 있었다는 반증이다.

오웬은 《텔레비전 경제학》 이후, 1992년 스티븐 와일드먼Steven Wildman과 함께 쓴 《영상 경제학*Video Economics*》을 출간했다. 18년의 세월이 흐르는 동안 지상파 3대 네트워크가 지배했던 미국의 방송 시장은 케이블 TV와 위성 방송 등 유료 다채널 텔레비전이 실질적인 경쟁자로 부상했다. 정부의 규제 정책도 상당히 완화되었고, 사업 주체들의 역할이 한층 강화되었다. 《영상 경제학》에서는 방송 프로그램의 수익 극대화를 위해 창구화*windowing*라는 다단계 배급 방식을 독창적으로 제안했다. 또한 광고 지원 외에 유료(시청자 지불) 방송의 비중을 크게 다루었다. 프로그램 선택 모형도 현대적인 모형들이 추가되었다. 그럼에도 불구하고 《텔레비전 경제학》에서 다루었던 주요 논점은 여전히 유지되었다.

이어서 1999년에는 오웬 홀로 인터넷이 방송에 미치는 영향을 분석한 문제작 《인터넷과 텔레비전*The Internet Challenge to Television*》을 출간했다. 이 책은 인터넷의 영향력을 과소평가함으로써 독자들의 비판과 질책을 받았다. 역설적이게도 이 책을 통해 오웬이 텔레비전을 얼마나 중요하게 여겼는지, 그에 따라 텔레비전의 편이성에 왜 집착했는지도 알 수 있다. 그렇지만 집착이 바람직한 결과를 낳기 힘들다는 점에서 이 책의 실패는 이미 예견된 것이었다.

최근 방송과 통신의 융합 추세 및 그에 따른 다매체·다채널 현실로 인해 방송의 특수성, 특히 공적 책무에 대한 논의보다 상업적 성공 가능성 논의가 주를 이루고 있다. 또한 방송 기술 우선 논리가 학계를 지배하는 분위기다. 사실 인문·사회과학적으로 방송을 접근해왔던 학자들이 방송 기술의 변화 속도를 좇아가기 벅찬 현실이다. 이 때문에 사업자들의 이해관계를 정확히 파악하지 못한 채, 단순 거수기 역할에 그치는 학술적 논의가 없는지 반성해야 한다. 이런 점에서 수용자 복지, 즉 '방송의 주인이 누구인가'라는 본질적 질문에서 출발한 오웬의 고심을 되새김질 할 필요가 있다.

시청자는 소비자이면서 시민이다. '소비자가 왕'이고, '주권은 국민으로부터' 나오는 것이라면 시청자는 광고주에게 있어서도, 공직자에게 있어서도 우월적 존재다. 그러므로 사업자(광고주 및 방송사업자)와 여기에 결탁된 공직자에 의해 시청자를 기만하는 정책이 입안되어서는 안 될 일이다. 여기에 편승하는 즉자적卽自的 방송학자가 아니라, 시청자의 이익을 대변하는 대자적對自的 방송학자가 더 많기를 바란다.

함께 읽으면 좋은 책

영상 경제학 Video Economics

브루스 오웬 · 스티브 와일드먼 지음 | 1992 | 최양수 옮김 | 나남 | 2004

방송 프로그램의 수익 극대화를 위해 창구화라는 다단계 배급 방식을 독창적으로 제안한다. 또한 광고 지원 외에 유료(시청자 지불) 방송의 비중을 크게 다루었으며, 프로그램 선택 모형도 현대적인 모형들이 추가되었다.

미디어 경제경영론 Handbook of Media Management and Economics

앨런 앨버런Alan Albarran · 마이클 워스Michael Wirth 지음 | 2006 | 김동규 · 정재민 · 서상호 옮김 | 나남 | 2009

미디어 융합과 함께 기존의 미디어 시장이 급격한 변화를 겪고 있을 즈음 21명의 최고 필진에 의해 압축 요약된 미디어 경제 · 경영 관련 최신 연구 동향. 각 장마다 소개된 참고 문헌을 모두 읽으면 해당 주제에 대한 연구 흐름을 파악할 수 있다.

이루지 못한 방송 개혁의 꿈

애넌위원회

〈애넌위원회 보고서〉

정용준

19

영국은 방송 면허를 갱신하거나 새로운 방송의 도입을 결정할 때 독립적인 방송조사위원회를 통하여 주요 정책을 결정하는 전통을 가지고 있다. 애넌위원회는 1974년에 설립되어 1977년에 보고서를 제출한 여덟 번째 조사위원회이다. 애넌위원회는 현재의 방송이 지나치게 주관적이며, 선출되지 않은 권력들이 통제하고 영국의 문화를 풍성하게 하기보다는 조직을 보전하기에 급급하다는 것이다. 이러한 문제점을 극복하기 위해 다원주의*pluralism* 철학을 제시하고, 공공 서비스 방송을 엘리트와 대중적 문화 가치가 공존하는 공간으로 정의하면서 '방송 출판사'의 역할을 하는 채널4 방안을 제안하였다. 〈애넌위원회 보고서〉(《애넌 보고서》)는 공공 서비스 철학이 시장 자유주의로 넘어가는 과도기인 1970년대의 유산이다. 〈애넌 보고서〉는 공공 서비스 철학의 마지막 보고서이자, 시장 자유주의 철학의 첫 번째 보고서라고 할 수 있다.

◆◆◆ 정용준은 서울대학교 신문학과를 졸업하고, 같은 학교 대학원에서 석사와 박사 학위를 받았다. 현재 전북대학교 신문방송학과 교수이다. 책으로는《디지털 방송의 공익성》,《시민 사회와 방송 개혁》(공저),《스포츠 방송과 보편적 시청권》(공저) 등이 있으며, 논문으로는〈존 리스의 공영 방송 이념에 대한 비판적 검토〉,〈지상파 재송신 제도에 대한 비판적 성찰〉등이 있다.

:: 방송 개혁의 시대

영국은 1950년대에 보수와 진보의 타협적인 정치와 경제적 번영을 이루었고, 런던 중심의 중산층 문화로 안정되어 있었다. 하지만 1960년대부터는 보수당과 노동당이 양극화되고, 인플레와 경기 침체의 이중고에 시달렸다. 또한 스코틀랜드와 웨일즈의 민족주의 갈등이 표면화되었고, 1968년 프랑스 학생 운동과 파업 그리고 베트남 반전 운동의 영향으로 그동안 억눌려 있었던 여성 운동, 환경 운동이 활발하게 전개되었다.

사회적 불만과 개혁의 요구가 늘어나는 시기에 TV의 정치적 역할에 대해 관심이 고조되었다. 기존의 방송이 평범한 시민들의 의견을 제대로 반영하지 못하였고, 방송과 권력이 유착되었으며, 선출되지 않은 언론 권력의 행사 등에 대해 많은 비판이 쏟아졌다. 특히 글래스고대학 미디어 그룹(GUMG)은 〈나쁜 뉴스*Bad News*〉 시리즈를 통하여 BBC와 ITV가 노동조합 보도를 왜곡하였다고 주장하여 상당한 충격을 주었다. 영국의 방송이 가치 중립적이 아니라 친정부적이고 반노동자 입장이며, 텔레비전 보도의 상당 부분이 권력의 입장을 반영한다는 것이다.

영국은 방송 면허를 갱신하거나 새로운 방송의 도입을 결정할 때에 정부가 일방적으로 방송 정책을 결정하기보다는 독립적인 방송조사위원회를 통하여 주요 정책을 결정하는 전통을 가지고 있다. 1923년의 사이크스위원회부터 1998년의 데이비스위원회까지 11차례의 방송조사위원회를 통하여 시대 상황에 맞게 공공 서비스 방송의 전통을 끊임없이 혁신하였다. 크로포드위원회를 통하여 상업 방송인 BBC가 공영 방송으로 전환되었고, 필킹턴위원회를 통하여 BBC2가 출범하고, 애넌위원회를 통하여 채널4가 신설되었다.

1967년 체신부 장관이 방송에 대한 체계적인 조사의 필요성을 제기하면서 애넌위원회의 설립 논의가 시작되었다. 노동당 정부는 1976년에 만료되는 BBC와 ITV의 면허 갱신 문제를 논의하고 영국 방송의 청사진을 제시하기 위하여 런던대학 부총장인 애넌 경Lord Annan을 위원장으로 하는 방송조사위원회를 발표하였다. 하지만 노동당이 1970년 총선에서 패배하면서 애넌위원회는 위원장만 선임한 채 무산되었다.

1970년대에도 노동당과 시민 단체 그리고 학계를 중심으로 방송개혁을 지속적으로 요구하였다. 1972년 노동당은 미디어정책위원회The Home Policy Committee를 결성하여 2년간 토론을 거쳐 〈국민과 미디어The People and the Media, TPATM〉 보고서를 발표하였다. 노동당 좌파의 정신적 지주인 토니 벤Tony Benn 의원이 위원장을 맡고 필립 화이트헤드Phillip Whitehead 의원, 니콜라스 간햄Nicholas Garnham과 제임스 커런 교수 그리고 앨런 새퍼Alan Sapper 방송노조위원장이 참여하였다. 이 보고서에서는 BBC와 ITV의 경쟁으로 인한 상업주의를 막고, 케이블 방송과 상업 라디오의 사유화를 금지해야 한다고 하였다.

보고서에서는 "방송사들의 독립성 신화를 비판하고, 국가가 수신료와 광고 부담금의 액수, 정치적 보도의 범위 등에 개입해야 한다"고 주장하고 "TV가 지역적이고, 독립적이며, 비상업적으로 재구조화되어야 하며, 노동자들 선거로 구성되는 노동자 위원회에 의해 일상적인 방송사의 통제가 이루어지고, 노동자들과 지역 주민들에 의해 뽑힌 이사회가 중장기적인 의사 결정을 해야 한다"고 하였다. 이를 위해 BBC와 ITV

를 폐지하고, 모든 방송 체계를 감시하는 '공영커뮤니케이션위원회Public Communications Commission' 설립을 제안하였다. 보고서에서는 TV 채널(BBC1, ITV, BBC2)을 함께 통제하고, 중앙 집중적인 광고 징수와 프로그램 제작을 지역 분권하며, 공영 방송 수신료를 폐지하고 교부금과 광고로 대체한다는 대단히 급진적인 제안을 하였다. 특히 흥미를 끄는 것은 공영 방송 수신료의 폐지이다. 이들은 시청자들이 수신료를 직접 지불하는 대신에, 세금을 채택하면 노인과 가난한 사람들이 덜 지불하게 되고, 부유한 계층들이 더 지불하게 된다는 것이다.

학계에서도 방송 개혁을 요구하였다. 학계에서는 주로 네오마르크스주의 입장에서 미디어가 경제적, 이데올로기적으로 지배 집단에 봉사한다고 연관성이 있다고 주장하였다. 스튜어트 홀이 1968년부터 버밍엄대학 현대문화연구소(CCCS)를 이끌었고, 간햄이 런던 폴리테크닉대학(나중에 웨스트민스터대학으로 이름 바꿈)에서 관련 연구를 진행하였다. 또한 리즈대학, 레스터대학과 카디프대학에서 커뮤니케이션 연구 그룹들이 있었다. 이들은 1973년에 방송 상설 컨퍼런스 모임(SCoB: Standing Conference on Broadcasting), 일명 대안적 애넌위원회alternative Annan Committee를 결성하였다. 이 그룹에 노동당의 정책 전문가인 니콜라스 간햄, 앤터니 스미스Anthony Smith와 제임스 커런은 물론이고 스튜어트 홀, 제이 블룸러Jay Blumler, 톰 번즈Tom Burns, 제임스 할로란James Halloran, 힐더 힘멜바이트Hilde Himmelweit, 스튜어트 후드Stuart Hood, 데니스 매퀘일Denis McQuail, 콜린 세이무어-우르Colin Seymour-Ure, 레이먼드 윌리엄스 등이 참가하였다. 이들은 "BBC와 IBA가 특권적 위치를 차지해서는 안 되고, 공공 서비스의 공복이어야 한다"고 하였다. 이들은 광고 수입의 중앙 징수, 책무성에 대한 강조 그리고 방송 정책 조언자로서의 '전국방송정책평의회'와 방송 통제 기구로서의 '전국방송위원회'의 신설을 제안하였다. SCoB는 노동당 좌파의 〈국민과 미디어〉 보고서와 유사하게 급진적인 제안을 하였다.

방송 현업과 시민 사회도 조직적으로 방송 개혁을 요구하였다. 1969년 노동당 의원, 방송 현업을 중심으로 76그룹(이름은 BBC 칙허장이 갱신되는 1976년으로부터 나옴)을 결성하였다. 이 그룹은 왕립방송위원회Royal Commission on Broadcasting를 설립하여 점진적인 방송 개혁을 추진하였다. 76그룹은 4번째 채널이 ITV로 넘어가는 것을 반대하는 안티-ITV2 캠페인과 대규모 조사연구위원회 설립을 요구하였다. 노동당 좌파와 학계 그리고 시민 단체의 급진적인 방송 개혁 요구에 대해 BBC는 현재의 방송 제도를 붕괴시킬 것을 우려하였다. 또한 분산적인 프로그램 제작 모델은 TV 센터와 같은 대형 프로그램 제작 스튜디오의 수정을 필요로 하며, 수신료의 폐지는 방송의 독립성을 파괴할 것이라고 반대하였다.

:: 애넌위원회의 다원주의 방송 철학

1974년 총선에서 노동당이 다시 집권하자, 왕립신문위원회와 더불어 애넌 경을 위원장으로 하는 방송미래위원회The Committee on the Future of Broadcasting가 발족하였다. 애넌위원회 설립이 부활한 것은 해럴드 윌슨Harold Wilson 수상의 정치적 목적이 가장 컸다. 윌슨 수상은 정치적 경쟁자이자 좌파의 리더인 토니 벤이 방송 담당 부서인 체신부를 관장하는 것에 대해 많은 우려를 하였다. 이에 체신부를 폐지하고 방송 담당 부서를 정치적 동료인 로이 젠킨스Roy Jenkins가 주관하는 내무부로 이관하였다. 또한 애넌위원회를 설립하여 토니 벤을 중심으로 하는 급진적 방송 개혁 요구를 침묵시키고, 점진적인 방송 개혁을 하고자 하였다.

애넌위원회는 1974년에 설립되어 1977년에 보고서를 제출한 영국 정부의 여덟 번째 방송 관련 조사위원회이다. 역대 방송 조사위원회 가운데 가장 오랜 기간(3년) 동안 가장 많은 회의(본회의 44회와 소위원회 28회)와 의견 청취(편지 6000개와 의견서 750개)를 거치고 가장 많은 정부 예산(31만 5000파운드)을 들여 가장 많은 분량(522페이지)의 보고서에서 가장 많은 제안(174개)을 하였다. 저널리스트이자 학자인 애넌 경이 직접 초안 작업을 하여 세련된 문체와 균형적인 입장을 견지하였다는 평가를 받았다. 정부는 BBC와 IBA의 면허를 3년간 연장하여 애넌위원회가 시간적 여유를 가지고 조사 작업을 할 수 있도록 하였다.

당시 영국 방송의 관심사는 애넌위원회가 네 번째 TV 채널을 누구에게 할당하는가의 문제였다. 세 번째 채널에서 배제된 ITV는 자신들이 할당받기를 원하는 반면, BBC는 교육 및 공공 채널로 할당되기를 원하였다. 하지만, 애넌위원회는 공공 서비스 독과점 체제가 다수 국민들의 의견을 제대로 반영하지 못하였다고 비판하고, 다수의 목소리들이 서로 경쟁하여 균형을 맞추는 다원주의*pluralism* 방송 철학을 제시하였다. 애넌위원회는 BBC와 ITV를 배제하고 공개방송공사(OBA: Open Broadcasting Authority)를 통하여 '방송 출판사'(방송사 자체 제작보다는 프로그램을 외부에서 구입하여 단순히 발행*publish*하는 방송사)의 역할을 하는 채널4 방안을 제안하여 신선한 충격을 주었다.

애넌위원회 위원 중 학자는 3명(애넌 경, 힘멜바이트, 심스)이며, 의회의원(화이트헤드와 워슬레이), 노동조합(잭슨과 폴록), 여성 정치인(로렌스와 모리슨), 창작 분야(제이와 라스키)가 각각 2인이었다. 웨일즈(루이스), 스코틀랜드(맥케이), 소수 인종(낸디), 사업가(팍스)와 소비자(골드먼)가 각각 1인이었다. 위원 가운데 가장 주목받은 사람은 화이트헤드 의원이었다. 그는 〈국민과

▶ 애넌위원회의 위원 구성

위원	대표성(직위)
애넌 경	학자(런던대학 부총장)
피터 골드먼 Peter Goldman	소비자/보수당(소비자협회 회장)
힐더 힘멜바이트	학자(런던경제대학 사회심리학 교수)
톰 잭슨	노동조합(체신부 노동조합 위원장)
앤터니 제이	창작 분야(TV 작가/프로듀서)
마르가니타 라스키	창작 분야(소설가, 비평가, 저널리스트)
H. M. 로렌스 Mrs H. M. Lawrence	여성 정치인(하트포드셔 시의회 의원)
A. 듀이 루이스	웨일즈(디버드 지역 보건위원회) 의장
제임스 매게이 경 Sir James MacKay	스코틀랜드 공무원(퇴직 공무원)
찰스 모리슨	여성 정치인(보수당 부의장)
디팍 낸디 Dipak Nandy	소수 인종/학자(사회와 공동체 연구위원회 위원)
J. 팍스 J. Parkes	사업가(유니레버 머지사이드 위원회 의장)
존 D. 폴록 John D. Pollock	노동조합/스코틀랜드(스코틀랜드교육위원회 의장)
G. D. 심스 G. D. Sims	학자(사우스햄프톤대학 전자공학과 학과장)
필립 화이트헤드	하원의원(북런던 더비 지역구 국회의원)
마커스 워슬레이 경	하원의원(첼시 지역구 국회의원)

미디어〉, 76그룹과 SCoB에 적극적으로 참여한 급진적 미디어 개혁론자였다. 애넌 경과 내무부 관료들이 반대하였음에도 불구하고, 내무부 장관과의 정치적 친분으로 위원에 선임되었다. 이는 불편부당성의 원리에 입각하여 편향적인 사람은 위원이 될 수 없다는 원칙과 의회의원이 구성원이 될 수 없다는 불문율을 깨뜨린 것이다.

야당 당수인 에드워드 히스Edward Heath는 3인을 추천하였다. 전임 장관 존 이든John Eden 경은 거부당하고, 마커스 워슬레이 경Sir Marcuse Worsley이 선임되었으나, 몇 달 뒤 총선에서 의회를 떠났다. 정치적 동료였던 찰스 모리슨Charles Morrison이 당부의장을 사퇴하면서 애넌위원회에서 보수당의 대표성은 약화되었다. 예상과는 다르게 앤터니 스미스Anthony Smith가 위원회 인선에서 배제되었다. 스미스는 노동당 미디어 정책위원회와 SCoB의 위원으로 방송 출판사로서의 네 번째 채널 개념을 처음 제안하였고, 방송 정책 토론에서 영향력이 있었다. 애넌 경도 그에게 호의적이었고, 마지막 단계까지 위원 명단에 있었으나, 수상이 급진적이라는 이유로 배제하였다.

BBC는 애넌위원회와의 연계가 매우 강했다. 톰 잭슨Tom Jackson은 전임 경영위원이었고, A. 듀이 루이스A. Dewi Lewis는 BBC 웨일즈 자문위원회 위원장이고, 마르가니타 라스키Marghanita Laski는 오랫동안 BBC 직원이었다. 앤터니 제이Antony Jay는 전직 BBC 임원이었고, 워슬레이와 화이트헤드는 BBC에서 일한 경력이 있다. 반면 상업 방송인 IBA는 화이트헤드 의원만이 IBA에서 일한 적이 있으나, 오히려 급진적 입장을 견지하여 매우 불안해한 것이 사실이다. 애넌위원회 간사인 진 구스Jean Goose는 전임 체신부 장관 비서이며, 현직 내무부 관리였다. 그녀는 방송 사업자에게 공평하였지만, BBC에 특히 호의적이었다. 필킹턴위원회에서 간사였던 데니드 로렌스Dennid Lawrence는 위원회 보고서 초안의 상당 부분을 집필하였는데, 그는 ITV에 대해 상당히 적대적이었다. 대체로 애넌위원회의 인적 구성은 노동당의 중도파 입장을 담고 있으며, 급진적 입장은 배제하였다.

애넌위원회는 기존의 BBC와 ITV의 방송 체제가 방송사의 폐쇄성과 독단성, 낮은 책무성 이행 수준, 시청자의 권리 소외 등과 같은 문제들을 안고 있는 같은 '규제된 복점*regulated oligopoly*'이라는 비판으로부터 출발하였다. 현재의 방송이 지나치게 주관적이며, 선출되지 않은 권력들이 통제하고 영국의 문화를 풍성하게 하기보다는 조직을 보전하기에 급급하다는 것이다. 애넌위원회는 공공 서비스 방송 제도를 유지하면서 새로운 구조를 창출하고 정부를 포함한 사회적 압력 집단으로부터의 자유를 획득하는 방안을 제시하고자 하였다. 이를 위해 애넌위원회는 기존의 관료적, 간섭주의적 공공 서비스 철학 대신에 다원주의*pluralism* 철학을 제시하였다. 방송이 다원주의 사회에서의 다양한 의견과 태도를 적극 수용해야 한다고 하였다. 애넌위원회는 공공 서비스 방송을 엘리트와 대중적 문화 가치가 공존하는 공간으로 새롭게 정의하였다. 공공 서비스 방송은 소수의 교양 있는 사람들을 위한 좋은 프로그램과 다수 대중을 위한 대중적 프로그램을 제공해야 한다는 것이다. 이를 위해 방송의 목적을 유연성*flexibility*, 다양성*diversity*, 편성의 독립성*editorial independence*과 책무성*accountability*으로 제시하였다.

:: 방송 개혁 기구 반대와 채널4 신설

노동당 좌파, 학계와 시민 단체들이 급진적인 방송 개혁을 요구하고, 보수당과 방송사들이 기존의 방송 질서를 유지하고자 하는 상반된 압력

속에서 애넌위원회는 출범하였다. 애넌위원회는 좌우파의 미디어 개혁 요구를 모두 경청하면서 독자적인 방송 철학과 개혁 방안을 제시하고자 노력하였다. 가장 쟁점이 되었던 것은 BBC/ITV 개혁과 채널4의 신설 방안이었다.

노동당 좌파와 학계 중심의 모임인 SCoB의 급진적 개혁 방안에서는 수신료 공영 방송과 광고 상업 방송의 분리가 BBC의 관료화와 ITV의 상업화를 초래하였다고 비판하였다. 따라서 방송 전반을 감시하고 재원을 할당하는 공영 방송위원회Public Broadcasting Commission 방안을 제시하면서 BBC와 ITV의 통합 운영과 수신료 폐지, 중앙 집중적인 광고 징수와 지역 분권적 프로그램 제작 방안을 제시하였다. SCoB 위원들은 정부, 방송사와 시청자가 참여하는 조합주의 모델을 제시하였다. 애넌 경은 통합 기구에 대해 "조합주의 체제에서는 수상이 위원회의 1/3만 임명하며, 2/3는 노동조합, 정치 정당, 프로그램 제작자, 시청자 조직들이 선임하게 된다. 그 결과 방송이 의회 민주주의의 재앙이 될 것이며, 수상의 권력이 사라지고 병점*oligopoly*은 정치적, 사회적 이해관계를 반영하는 독점*monopoly*으로 대치될 것"이라고 비판하였다. 또한 통합 기구는 "자신의 사무국을 두어 편성권과 시사 문제 방송 시간, 교육과 정치 방송 등에 대해 공무원들이 수상에게 충고하는 의무를 빼앗는다. 통합 기구는 필연적으로 개별 프로그램에 개입하게 되고 자신의 조직을 변호하고 생존을 위해 권력을 강화하는 기득권 집단"으로 변질한다는 이유로 제안을 거부하였다.

또한 급진 진영이 제안한 방송평의회 또는 방송센터에 대해서도 반대하였다. 방송 환경을 지속적으로 연구하고 검토하는 방송평의회 방안은 앤터니 스미스와 제이 블럼러 박사가 제안하였다. 방송사들이 폐쇄적이므로 센터가 지속적인 연구를 통하여 정보를 공개하고 사회적인 쟁점으로 검토하는 것이 필요하다는 것이다. 애넌위원회는 이에 대해 연간 50만~75만 파운드가 들어가며 대학 내 독립적인 미디어 연구소들이 이 기능을 할 수 있고, 정책 결정자들이 관여하지 않는 독립적인 연구가 정책 결정에서 제대로 이용되기 힘들다는 이유 등으로 거절하였다. 애넌위원회는 급진적인 공영 방송위원회와 방송센터 대신에 방송불만처리위원회 Broadcasting Complaints Commission와 공공방송조사국(PEBB: Public Enquiry Board for Broadcasting)의 설치를 제안하였다. 방송불만처리위원회는 방송 프로그램에 대한 시청자들의 불만을 처리하고, 공공방송조사국은 7년마다 BBC와 IBA의 활동을 평가하는 청문회를 개최한다. 또한 정부나 방송 기구의 요청에 의해 TV 폭력, 채널의 교육적 성격이나 다섯 번째 채널이나 위성 채널의 공공 서비스 태도 등에 대한 다른 청문회도 개최할 수 있다는 것이다.

지역 분권적인 방송 구조에 대해 애넌위원회는 TV와 라디오의 분리를 제안하였다. 지역 공동체의 의견을 적극 반영해야 하는 지역 라디오가 BBC와 IBA의 관할에 있으면, 네트워크 서비스에서 벗어나기 힘들다는 것이다. 따라서 지역 TV 연합체(RTA: Regional Television Authority)와 지역 라디오 연합체로 분리하는 방안을 제안하였다. 이외에도 애넌위원회는 공동체커뮤니케이션그룹(COMCOM: The Community Communications Group)의 작은 라디오 운동에 대해 적극적으로 동감하였다. 공동체커뮤니케이션그룹은 1977년 봄에 결성되었다. 굴벤키언재단(1955년 영국의 실업가 칼로스트 굴벤키언Calouste Gulbenkian이 창설한 예술 · 과학 · 교육 · 진흥을 위한 재단)으로부터 지원을 받아 공동체 케이블 방송을 다른 지역 공동체 운동과 연결하는 작업을 하고 애넌위원회에 자문을 하였다. 애넌위원회가 제안한 지역방송위원회Local broadcasting Authority 산하에 BBC, IBA 라디오와 함께 공동체 라디오가 병존하도록 청원하였다.

공동체 커뮤니케이션 그룹은 1978년 의회의 국영산업특위에 지역 공동체의 역할을 강조하여 최종 권고안에 저주파수 라디오를 허용하도록 하였다. 애넌위원회는 캐나다와 다른 지역에서 협동적이고 비상업적인 트러스트가 라디오를 직접 소유하였던 경험에서 감동을 받아, 내무부를 설득하여 5개 케이블 라디오를 허가하게 하였다.

기존 방송의 개혁과는 별도로 새로운 채널의 신설 문제는 오랫동안 쟁점이었다. 1960년대의 필킹턴위원회는 ITV가 개혁되면, 두 번째 채널이 주어져야 한다고 하였다. 이후 채널4의 신설 방안에 대한 많은 토론이 있었으나, 보수당과 노동당 정부가 번갈아가며 두 번째 상업 채널 방안에 대해 거부하였다. 또한 웨일즈 지역에서는 중앙 정부의 반대에도 불구하고 웨일즈 정부가 웨일즈어 채널을 준비하고 있었다. 웨일즈 국민당Wales National Party은 수신료 거부 운동, 송신 센터 폐쇄와 파업 등으로 중앙 정부와 갈등을 겪었다.

애넌위원회는 채널4 신설 방안을 ITV2, 교육 채널, 소수자 채널로 나누어 검토하였다. IBA 측에서는 네 번째 채널이 전적으로 ITV에 할당되어서는 안 되고, 소수자와 교육 프로그램 그리고 독립 제작사들을 위한 시간과 프로그램이 할당되어야 한다고 하였다. 이들의 아이디어는 ITV가 광고를 통하여 돈을 벌고, 일부분을 공익을 위해 할당하는 ITV2 방안이다. ITV2 방안에 대해 노조와 신문사가 신문 광고의 흡수를 이유로 반대하였다. 교육 채널 방안은 주로 교육계나 개방대학이 요구하였지만, BBC는 교육 채널과 일반 채널을 분리하는 것에 반대하였다. 가장 혁신적인 제안은 다양한 프로그램을 제작하는 인적, 물적 자원을 제공하는 전국TV재단의 설립이었다. 재원은 광고 부담금*levy*, 교육 당국으로부터 지원금과 프로그램 스폰서로 충당한다. 재단은 칙허장으로 설립되고 정부와 노조를 포함한 다른 조직들에 의해 선임된 이 사회를 통하여 운영된다.

애넌위원회는 당시 집권당인 노동당의 급진적 방송 개혁과 보수당의 시장 경쟁론에 휘둘리지 않고 자유주의적 다원주의에 입각하여 영국 방송이 규제된 다양성*regulated diversity*을 추구해야 한다고 주장하였다. 이를 위해 채널4가 소수 집단의 이익을 대변하고, 기존 제작 방법에 얽매이지 않고 실험 정신이 강한 프로그램을 만들어야 한다고 하였다. 채널4는 BBC나 ITV보다는 OBA를 신설하여 관장하도록 하였다. OBA는 의회에 궁극적인 책임을 지기는 하지만, 프로그램을 외부에서 사서 단순히 발행*publish*하는 역할만을 담당하도록 하였다.

당시 급진적 개혁주의자들은 채널4의 신설보다는 기존의 방송 개혁을 요구하였다. 국제적인 경제 위기의 상황 속에서 신규 채널 수요에 대한 구체적인 검토와 기존 채널들이 다양성과 창조성을 진작시키지 못하는 이유에 대해 제대로 검토하지 못하였다는 것이다. 레스터대학의 여론 조사 결과에 의하면 네 번째 채널에 대한 공공적 요구가 없었다고 한다. 설혹 채널4를 신설하더라도 공적 재원을 통한 정치적 통제와 공공 방송에 대한 수신료 재원의 적합성을 검토하고, 광고 재원이라면 ITV와 OBA의 경쟁에 대해 면밀하게 검토해야 한다는 것이다. 급진주의자들의 채널4 신설에 대한 반대에도 불구하고, 애넌위원회는 채널4 신설을 통하여 산업적 활성화와 다양성의 확대라는 '두 마리 토끼'를 잡고자 하였다.

:: 〈애넌 보고서〉 평가와 이후

〈애넌 보고서〉는 사회의 다양한 의견을 경청하여 급진적인 비판을 중화시켰다. BBC와 ITV 폐지 제안에 대해 오히려 수신료의 지속을 지지하고 광고 판매의 중앙 집중화 방안도 거절하였다. 〈애넌 보고서〉에서 강조되었던 것은 기존의 방송 질서 유지와 점진적인 변화였다. 그럼에도 불구하고 〈애넌 보고서〉는 공영 방송의 손을 들어 주고 상업방송에 비판적인 태도를 채택하여 새로운 채널은 ITV2가 아니라 공적 기구인 OBA에 맡겨졌다. 또한 이 보고서는 노동당의 미디어 정책을 상당 부분 충족하였다. 노동당이 강조하였던 접근성*access*, 책무성*accountability*, 다양성*diversity*을 강조하였고 급진파의 요구는 공공 기구를 통한 채널4 신설로, 중도파들의 요구는 공공 서비스 방송의 유지와 구조적 안정으로 만족시켰다.

애넌위원회는 방송 사업자들이 의회와 정부에만 관심이 있으며 공중에 대해 무관심하였다는 책무성을 본격적으로 제시하였다. 방송에서 공중 책무성이 강조되었던 것은 1940년대 미디어 일반에 대한 허친스위원회의 강조 이후 처음이라고 할 수 있다. 특히 의회에 대한 책임을 공중에 대한 책무성으로 확장하고, 필킹턴위원회에서 강조되었던 좋은 프로그램뿐만 아니라 공영 방송의 의사 결정으로 책무성 범위를 확대한 것이 가장 큰 업적 중 하나라고 할 수 있다.

〈애넌 보고서〉 제출 이후 내무부는 네 번째 채널을 운영하기 위한 OBA 설립 방안을 거부하고 대안으로 ITV2로 설정하였다. 재무부는 국가가 공공 지출 삭감을 하는 시점에 국가가 새로운 채널의 재원으로 보조금을 주는 것에 대해 반대하였다. 하지만 화이트헤드 의원은 토니 벤과 다른 의원들이 ITV2에 채널을 주는 방안을 거부하도록 로비하였다.

▶ 애넌위원회 제안과 정책 실현 여부

애넌위원회 제안	정책 실현 여부
네 번째 채널을 운영하기 위한 OBA 설립	거부
네 번째 채널은 새로운 방식으로 새로운 프로그램 제작하는 것을 촉진	채택
새로운 기구는 프로그램 출판사의 역할을 하고 콘텐츠에 대해 책임지지 않아야 한다	거부
BBC와 ITV는 자체 제작보다는 독립 제작사 프로그램 구입을 늘려야 한다	채택
개인이나 그룹들이 전문가들의 도움을 받아 제작하는 액세스 프로그램에 더 많은 방송 시간이 할애되어야 한다	채택
방송은, 특히 신설 채널은 주요 오페라, 발레와 음악, 드라마 방송물들을 예술평의회의 도움을 받아 아카이브화하여야 한다	거부
BBC와 ITV는 단일 시청률 조사 체제를 갖추어 소모적인 경쟁을 지양해야 한다	채택
IBA는 RTA(Regional Television Authority)로 이름을 바꾸고(거부), 단일한 지역 TV 서비스를 제공해야 한다(채택)	거부/채택
프로그램 준비에 대해 간섭이 최소화되어야 한다	채택
BBC의 수신료는 지속되어야 하지만(채택), 연금 수급자들은 할인을 해주어야 한다(거부)	채택/거부
BBC는 위원회가 지칭한 '주요 국가적인 방송 기구'로 지속되어야 한다(BBC 스스로 이 표현을 즐겨 사용)	거부

그 결과 제임스 캘러헌James Callaghan 수상을 위원장으로 하는 내각위원회를 꾸리면서 방송의 미래는 전문가들을 벗어나 정부로 귀속되었다.

〈애넌 보고서〉는 캘러헌 노동당 정부의 말기인 1977년에 완료되어 제출되었다. 하지만 이후 대처의 보수당 정부가 집권하면서 채널4는 다시 상업 방송의 영역으로 귀속되고, 시장 경쟁을 주장하는 피코크위원회가 출범하였다. 피코크위원회는 대처의 보수당 정부에서 BBC를 길들이기 위해 구성한 위원회이다. 대처 수상은 절친한 친구인 경제학자 앨런 피코크Alan Peacock 경을 위원장으로 임명하여 방송에 경쟁을 도입하고 BBC 수신료를 없애는 방안을 주문하였다. 하지만 피코크위원회는 공영 방송 BBC의 역할을 높이 평가하고 앞으로도 존속해야 한다는 결론을 내렸다. 물론 중장기적으로 수신료를 대신하는 가입제 요금*subscription fee*과 시장 경쟁을 도입하는 방안을 제시하였다.

애넌위원회가 출범하였던 1960년대와 1970년대 영국에서는 근본적인 방송 개혁에 대한 열망이 강하였다. 수신료의 폐지와 공영 방송과 상업 방송의 통폐합이라는 근본적인 방송 개혁의 열망이 진지하게 제안되었다. 뿐만 아니라 지역 주민과 방송사 노조가 공영 방송을 결정하고 지역 분권적인 프로그램 제작 모델을 제시한 것은 대단히 급진적이라고 할 수 있다. 급진주의자들의 근본적인 방송 개혁 방안은 1980년대 대처의 시장자유주의를 거치면서 많은 수정을 거치게 된다. 예를 들어 공영 방송에 대해 이데올로기적 국가 기구로 비판하던 1970년대와는 달리, 공영 방송과 수신료 제도를 적극적으로 옹호하게 된다. 이로써 급진주의자들의 근본적인 방송 개혁의 꿈과 변화를 위한 기회는 상실되고 말았다.

〈애넌 보고서〉는 당시 집권당이었던 노동당 활동가들, 사회주의 지식인 그리고 노동조합들이 주장하였던 복점*duopoly* 비판에 대해 거부하는 힘든 작업이었다. 변화의 필요성은 인정하지만, 공공 서비스를 강화해야 한다는 원칙을 가지고 있었다. 진보 진영에서는 애넌위원회가 자유 경쟁 원칙을 도입하였다고 비판하고, 보수 진영에서는 공공 서비스 이념 위주라고 비판하여 다르게 해석하고 있다. 실제 〈애넌 보고서〉는 공공 서비스 철학이 시장자유주의로 넘어가는 과도기인 1970년대의 유산이다. 이런 측면에서 〈애넌 보고서〉는 공공 서비스 철학의 마지막 보고서이자, 시장 자유주의 철학의 첫 번째 보고서라고 할 수 있다.

:: 범국민적 방송 개혁 운동 필요

〈애넌 보고서〉는 지금부터 30년 전에 공영 방송의 요람이었던 영국에서 활발하게 진행되었던 방송 개혁 방안을 정리한 것이다. 그럼에도 불구하고 〈애넌 보고서〉에서 제시했던 방송 개혁 방안은 여전히 우리에게 많은 의미를 부여하고 있다.

우선 기존의 방송에 대한 불만과 개혁의 요구가 많다는 것이다. MB와 박근혜 정부가 들어서면서 공영 방송의 정치적 중립성은 심각하게 훼손되었다. 이로 인해 KBS와 MBC는 장기간 노조 파업이 있었고, 일선 현장에서는 시민들로부터 취재를 거부당하는 경우도 있었다. 특히 18대 대선에서 국가정보원과 더불어 공영 방송은 박근혜 후보가 당선되는 것에 결정적인 기여를 하였다. 1970년대의 영국에서도 BBC와 ITV가 정치적으로 편파적이며, 평범한 시민들의 의견을 반영하지 못하여 각계각층으로부터 방송 개혁 요구가 있었고, 이를 반영한 것이 애넌위원회이다. 공영 방송의 정치적 편파성과 과도한 상업주의 그리고 졸속으로 출범한 종합 편성 채널 등을 고려할 때, 애넌위원회와 같은 범국민적인 방송조사위원회가 출범하여 근본적인 방송 구조 개편을 시도해야 할 때이다.

또한 평범한 시민들과 소수 계층의 목소리를 담아내는 새로운 창구로서의 '채널4'와 같은 방송이 필요하다. 채널4는 혁신적인 목소리를 담아 내고 외주 제작물과 영화의 배급 창구로 기능하여 지금까지도 영국 방송의 가장 뛰어난 성과물로 인식되고 있다. 국내에서도 채널4의 아이디어를 받아들여 새로운 채널을 설립하자는 움직임이 기존 방송의 반대에 부딪혀 번번이 좌절되고 말았다. 제대로 기능하지 못하는 KBS2, MBC, EBS 중 하나를 채널4로 구조 개편하는 것은 외주 제작의 활성화뿐만 아니라 새로운 목소리를 반영하기 위해 반드시 필요한 작업이다.

공영 방송의 위상 정립과 TV 수신료 인상에 대한 개혁을 위해서 〈애넌 보고서〉는 좋은 참고가 될 수 있다. 2000년대 중반부터 여러 차례 수신료 인상이 좌절되었으며, 최근에도 KBS가 수신료 인상을 적극적으로 추진하고 있다. 원론적으로 수신료 인상과 광고의 축소를 통한 공영 방송의 위상 정립이 필요한 것은 사실이지만, KBS의 정치적 편파성과 내부 개혁에 대한 시정 노력이 없이는 수신료 인상이 국민적 공감을 얻기 힘든 것으로 보인다. 영국 노동당 좌파는 한때 국가적 이데올로기 기구인 BBC의 수신료를 폐지하는 방안까지도 검토하였다. 공영 방송이 정치적 편파성을 일관한다면 1980년대 말의 '시청료 거부 운동'이 재현될 수 있다. 한때 '드라마 왕국'의 대명사였던 MBC가 과도한 정치적 편파성으로 신뢰를 상실하여 시청률이 추락하였던 사실을 교훈으로 삼아야 할 것이다.

방송 개혁은 정치권과 전문 학자뿐만 아니라, 시민 사회의 적극적인 공감과 노력이 있어야 가능하다. 각계각층의 방송 개혁 요구로 이루어진 애넌위원회도 절반의 방송 개혁에 성공했을 뿐이다. 권력 집단과 방송 기득권층이 방송 개혁을 허용할 리 만무하다. 공영 방송의 편파적인 정치 개입을 멈추기 위해서는 범국민적 개혁 운동과 방송조사위원회가 필요하다.

함께 읽으면 좋은 책

미디어 파워 Media and Power

제임스 커런 지음 | 2002 | 김예란 · 정준희 옮김 | 커뮤니케이션북스 | 2005

〈애넌 보고서〉 작업에도 참여하였던 영국의 미디어 개혁 학자 제임스 커런은 미디어 역사에서 나타나는 자유주의 이데올로기의 문제점을 제시한다. 신수정주의를 중심으로 국가와 기업에 대항하는 미디어 개혁론을 제시하고 있다. 특히 〈애넌 보고서〉가 못다 이룬 방송 개혁 방안을 구체적으로 제시하여 한국 공영 방송의 편파성을 시정할 수 있는 힌트를 얻을 수 있다.

전환기의 방송 정책

김정기 지음 | 한울 | 2003

방송위원회 위원장이자 교수였던 저자는 현장 경험을 토대로 한국 방송의 문제점을 이론적으로, 실제적으로 다루고 있다. 한국 방송이 청와대, 국회 그리고 대기업으로부터 자유롭지 않다는 것을 잘 나타내준다.

미디어 공공성 위기에 대한 정치경제학적 분석과 대안의 모색

그레이엄 머독

《디지털 시대와 미디어 공공성: 미디어, 문화, 경제》

이진로

20

디지털 시대와 미디어 공공성: 미디어, 문화, 경제
Media, Culture and Economy: Critical Interrogations

그레이엄 머독
Graham Murdock

이진로 외 옮김 | 나남 | 2011

방송이 시장 논리와 공공 서비스 논리 사이에서 치열한 다툼을 벌이는 과정과 배경을 다룬 책이다. 영국에서 BBC와 같은 공영 방송 중심 시스템이 약화되는 과정에는 정부에 의해 다양한 상업 채널이 도입되고 지원되는 정책이 있다. 또한 그 배경에는 국가, 시장, 시민 사회 간의 긴장 관계가 상업적 이해의 확대와 국가 기구의 확대라는 이중 과정이 놓여 있다. 이러한 현상은 영국에 그치지 않고 전 세계로 확산되고 있다. 중국, 인도, 러시아 등도 개인주의, 소비주의, 상업주의와 같은 자본주의적 근대성 모델의 영향을 받고 있기 때문이다. 이 책을 읽는 독자는 자본주의 사회에서 시민 사회의 위상이 국가와 기업에 의해 영향을 받는 과정에서 숨겨진 미디어의 역할을 밝혀내고, 시민 사회가 미디어의 주역이 되는 방안을 모색하게 된다.

그레이엄 머독은 미디어와 문화, 사회와의 관계를 정치경제학적으로 살펴본 영국 레스터대학 매스 커뮤니케이션 연구센터의 창립 학자로 현재 러프버러대학의 '문화와 경제학과'에서 교수로 재직 중이다. 그의 최근 관심은 방송을 특정 개인과 기업, 국가의 지배에서 벗어나 시민 사회 누구나 참여하는 디지털 공유지로 건설하는 방안을 연구하는 것이다.

◆◆◆ 이진로는 서울대학교 언론정보학과를 졸업하고 같은 학교 대학원에서 석사, 경희대학교에서 신문방송학 박사 학위를 받았다. 미국 퍼듀대학교 방문 학자Visiting Scholar와 한국소통학회장을 역임했고, 현재 영산대학교 신문방송학과 교수이다. 책으로는 《정보 사회의 이데올로기》, 《커뮤니케이션 구조의 정치경제학》, 《정보 사회 입문: 국가, 기업, 시민과 민주주의》, 《한국 민주주의의 현실과 도전》(공저), 《방송학개론》(공저), 《디지털 시대와 미디어 공공성》(공역) 등이 있다.

2010년대 우리나라의 미디어는 공공성의 위기를 겪고 있다. 이명박정부 시절 미디어법의 개정(2009)으로 신문과 방송 등의 겸영이 가능해졌다. 보수적 논조의 메이저 신문이 종합 편성 채널(종편 채널) 허가를 받아 2011년 말 방송 시장에 진입했다. 종편 채널의 뉴스와 평론이 전개하는 논조는 연관된 메이저 신문과 비슷하게 반복, 확산됐다. 2012년 말 대통령 선거 기간 여야 양대 정당 후보가 지지율에서 박빙을 유지했으나 투표 결과 박근혜 새누리당 후보가 51.6%의 득표율로 문재인 민주당 후보의 48.0%에 비해 3.6% 앞서면서 대통령으로 당선됐다. 그러한 선거 결과 배경의 하나로 미디어 구조의 개편과 종편 채널의 영향이 지적됐다.

종편 출범 이전의 미디어 구조는 상대적으로 보수와 진보의 균형적 측면이 강했다. 먼저 전통적 미디어인 신문의 경우 메이저 신문이 주로 보수적 논조를 전개했지만, 새로운 미디어인 인터넷과 소셜 미디어의 경우 광범위한 시민(네티즌)의 참여가 자유로워지자 진보적 논조도 활발했다. 또한 공영 방송의 경우 사장 선임이 집권 정부의 영향을 받음에도 불구하고 노조의 활발한 역할에 따라서 비교적 균형된 논조가 유지됐다.

그런데 종편의 등장은 이러한 균형 구조를 보수 중심의 구조로 전환시켰다. 종편은 방송 시장 진입 초기에 지상파 방송이 유지해온 시청률의 단단한 벽을 깨는데 어려움을 겪었다. 하지만 대통령 선거 기간을 전후로 하여 정치적으로 편향되고 직설적 보도라는 지적에도 아랑

곳 않고 보수적 후보를 지지하는 논조를 꾸준히 전개했다. 이러한 보도 경향은 특히 정치적 관심이 높은 50대 이후의 유권자에게 영향을 주었다. 또한 공영 방송의 보도 논조 역시 정부의 강한 영향력하에 임명된 사장이 지속적으로 노조의 활동을 억압함으로써 균형성을 상실한 채 집권 여당에 유리하게 보도했다고 지적됐다. 그리고 인터넷과 소셜 미디어의 공론장도 정부의 정보기관 직원들이 댓글 활동을 통해 불법적으로 선거에 개입하는 사례가 드러났다.

미디어 구조는 정치와 선거에만 영향을 주는 것이 아니다. 박근혜 대통령이 후보 시절 공약으로 제시했던 경제 민주화와 복지 관련 정책이 취임 이후 진행 과정에서 축소, 변질되는 과정에 주요 미디어 기업의 보수적 논조가 영향을 주거나 그러한 결정을 뒷받침하는 보도 형식으로 연관됐다. 이와 함께 보수적 미디어 구조는 국정원의 댓글 활동을 통한 대통령 선거 개입을 처벌하는 검찰 활동에도 영향을 주었다. 국정원 선거 개입을 지휘했던 검찰총장이 한 보수적 입장의 미디어로부터 비윤리적 의혹 공세를 받았고, 사법적 판단을 받기 전에 법무부 장관의 감찰 지시에 따라 2년 임기 중 6개월 만에 사퇴한 것이 그러한 사례다.

미디어는 신문과 방송의 보도에서 보듯이 뉴스와 의견의 전달을 통해 공론장을 형성함으로써 민주주의가 구현되는 데 기여할 것으로 기대됐다. 미디어의 정치적 기능은 문화의 형식으로 수행된다. 최근에는 한류로 지칭되듯이 방송 콘텐츠를 중심으로 해외 진출이 활발해 산업적 역할이 강조되고 있다. 미디어의 경제적 기능이다. 우리 사회에서 미디어의 본질적 가능성과 한계를 분석하기 위해서는 미디어에 대해 정치적, 문화적 측면과 경제적 측면 모두를 복합적으로 접근하는 시각이 필요하다. 그레이엄 머독의 《디지털 시대와 미디어 공공성: 미디어, 문화, 경제》는 유럽과 다른 세계 각국의 미디어가 시장화 추세라는 공통성을 지니지만, 나라별로 특수한 여건에 의해 영향을 받으면서 시민으로부터 멀어지는 공공성의 위기를 경험하고 있음을 보여 준다. 이 책에 실린 14편의 글은 머독 본인이 여러 학술지에 게재한 논문 중에서 한국의 상황에 적합한 내용을 중심으로 특별히 엄선한 것이다. 우리나라 미디어의 분석과 대안 모색에 시사점을 준다는 점에서 미디어 전문가와 학자, 학생들이 반드시 읽어야 할 미디어 명저의 하나로 꼽는다.

:: 영국의 방송 환경 변화와 미디어 정치경제학의 형성 배경

그레이엄 머독이 걸어온 미디어 정치경제학 연구의 길은 C. 라이트 밀즈C. Wright Mills의 《사회학적 상상력*The Sociological Imagination*》에서 시작된다. 밀즈가 제시한 "가장 비인간적이고 멀리 있는 변화에서부터 인간 자신의 가장 친숙한 특징까지 아우르면서 이 둘 사이의 관계를 관찰할 수 있는" 연구는 머독을 사로잡았다. 이와 함께 그는 엥겔스가 말했던 "인류는 스스로 역사를 만들어간다. (하지만) 그들에게 주어진 환경과 조건 아래에서 만들어간다"는 구절을 통해 해답을 얻었다. 이러한 통찰로부터 머독은 사람들의 행동을 가로막는 장애물과 숨겨진 잠재력을 실현시키는 자원들 모두를 조명하는 비판적 현실주의 인식론을 수용했다.

머독은 2차 세계 대전 직후의 영국 런던을 배경으로 성장하면서 환경에 잘 대응하기 위해서는 물질적 자원뿐만 아니라 문화적 자원을 잘 이용하는 것이 중요하다고 생각했다. 전쟁 직후 집권한 사회주의 정부는 의료 서비스의 국유화를 비롯해 공동 주택 건설, 연금과 실업 급여 보장 등 복지 정책을 폈다. 텔레비전 방송에서 BBC는 유일한 공공 서비스 방송으로 인정됐다. 이 밖에도 예술위원회Arts Council의 창작 활동 자금 지원, 공공 도서관 확대, 16세 의무 중등 교육 도입 등도 시민들의 민주주의 참여를 보장하고 자긍심을 고취하는 데 기여했다. 하지만 영국은 1950년대 중반 이후 경제 기반이 갖춰지면서 실질 임금 상승에 따른 소비 문화의 확대라는 새로운 환경을 맞이했다. 중산층은 미국에서 수입된 시트콤 속의 생활을 동경했고, 계급 불평등에 저항하는 청년 하위 문화는 상업적 미디어의 영향에 저항했지만 오히려 확산시키는 결과를 초래했다.

대학에서 부전공으로 경제학을 공부한 그는 대중 문화를 통제하는 상업적 원리(핵심)를 찾고, 분석하면서 자신의 연구를 '정치 경제'와 동일시했다. 커뮤니케이션의 비판적 정치경제학은 재화의 생산과 유통을 어떻게 조직할 것인가라는 문제가 자유, 평등, 상호성 고취와 밀접히 연결됨을 의미한다. 그의 관심은 구체적으로 다음 세 가지에 초점을 맞춘다. 첫째, 미디어 기업의 조직 방식으로 미디어 집중 유형, 소유와 통제 구조, 광고 재원의 역할 등이 포함된다. 둘째, 텔레비전 드라마 제작의 조직화에 대한 사례 연구를 통해 미디어 기업의 소유와 운영 방식이 창작 활동에 미치는 영향을 탐구하는 것이다. 셋째, 커뮤니케이션 미디어 시스템을 평가하고 비평하는 척도로서 방송이 정보, 지식, 재현, 참여 등 네 가지 핵심 시민 권리 확보에 얼마나 기여하는가이다.

그는 특히 BBC를 비롯한 방송이 대중에게 큰 영향을 준다는 점에서 환경의 변화에 따른 대응 방식과 내용에 대해 주목했다. 즉 시장 지향적 정부들이 상업 미디어를 지원하고 장려하면서 BBC가 약화되고, 해체의 위기를 겪으면서 대응 전략을 제시했지만 결국 시민권의 구현 능력을 희석시켰다는 것. 이 과정에서 그는 국가, 시장, 시민 사회 사이의 긴장 관계가 19세기 초 이래 지금까지 지속되고 있고, 사람들의 정체성도 시민, 소비자, 코뮤나르드*communard* 사이에서 역동적으로 변화한다고 본다. 여기서 시민은 사회의 주권자로서, 소비자는 기업이 생산한 상품의 선택과 구매자로서, 그리고 코뮤나르드는 1871년 파리코뮨(인민회의)에 참여했듯이 스스로 권력을 쟁취하고 정부를 수립하는 노동자로서의 정체성을 각각 지칭한다면서 머독은 각 용어의 차이점을 설명한다.

머독의 정치경제학을 이해하기 위해 실증주의, 해석학적 연구로서 구조주의와 민족지학적 연구, 문화 연구 그리고 정치경제학에 대한 다른 연구자들의 시각을 대조해 보자. 먼저 인문·사회과학 연구를 보고, 설명, 기술, 평가 등 네 가지로 분류한 W. 런시맨W. Runciman의 《사회 이론의 명제*A Treatise on Social Theory*》에 의한다면 실증주의 연구는 자연과학에 비견할 만한 체계성을 내세우지만 단지 보고와 설명만을 다루는 점에서 설명력이 빈약한 얇은 기술*thin description*에 해당한다. 이 연구는 통계학의 도움으로 진리와 통찰력을 얻는다고 주장한다. 하지만 실험 연구에서 보듯이 통제에 따른 다른 요인의 접근을 포기함으로써 잘못된 추론을 가져오기 쉽다.

다음에 해석학적 연구는 삶을 연구하는 것은 역사와 문학의 연구에 포함되므로 폭 넓은 의미를 다루는 점에서 설명력이 풍부한 두터운 기술*thick description*을 제공한다. 그중에서 구조주의는 범주와 코드를 통해 우연성과 혼돈을 푼다고 약속했지만 변화와 모순을 수용하지 못하는 한계를 지닌다. 포스트모더니즘도 구조의 작동 모델과 복원력이 결여된 점에서 부적절하다. 모순과 빈틈에서 나아가 불가피성을 제시해 해방의 가능성을 높여야 한다. 민족지학적 연구의 경우 사회적 행위를 하나의 텍스트로 보고, 문학적 분석을 응용한다. 현지 조사를 통해 사람들의 행동에서 나타나는 다양성, 유동성, 변동성을 충분히 인식한 다음에 해석한다. 민족지학은 일기, 편지, 심층 인터뷰, 포커스 그룹 인터뷰(FGI)를 활용한 분석으로 그 범위가 확장될 수 있다. 민족지학적 연구는 사람들의 설명에 숨겨진 의미를 찾아 제시한다는 점에서 연구자에게 침범과 고통을 내포하는 실천을 요구한다. 구조주의와 달리 법칙이 아니라 의미를 추구하는 해석학적 과학으로서 문화 연구는 깊은 낭만주의의 감수성을 바탕으로 판에 박힌 일상과 순응의 지배에 맞서 저항과 재창조가 거두는 작은 승리들에 주목했다. 존 피스크의 설명처럼 문화 연구는 사회적 변화를 지지대로 삼기 때문에 주변적인 것, 표준에서 벗어난 것, 예외적인 것들이 항상 의미를 부여받는데, 의미 작용을 명확히 밝히는 모델이 부족하고, 수용자들의 신중함과 보수성이 왜 그리고 어떻게 발생하는 가에 대한 분석도 미흡하다. 즉 문화의 붕괴에 대한 표현은 뛰어났지만 동시대의 문화와 그것을 형성하는 힘을 비롯해 재생산과 같은 연속성과 타성에 대한 포괄적 설명이 부족했다. 문화 분석의 설득력을 높이려면 확장된 민족지학의 수용과 더불어 시민의 사회적 네트워크 접근권과 문화적 담론과 수행, 재현 능력에서 나아가 물질적 영역(개인의 자본, 시간, 공간 활용 역량)까지 비판적으로 분석해야 한다.

끝으로 정치경제학 연구의 다양한 시각 중에서 댈러스 W. 스마이드Dallas W. Smythe는 텔레비전 광고주가 상업 방송으로부터 구매하는 것은 광고에 대한 시청자의 주목과 수용이라면서 "수용자 상품*audience commodity*"을 주장한다. 프로그램은 광고에 부속된 선술집의 공짜 안주인 감자 칩과 땅콩이라는 것. 이처럼 가정에서 여가 시간에 사람들이 광고 시청을 통해 스스로에게 상품과 서비스를 파는 것은 상품과 자본 순환에 참여하는 점에서 노동의 연속에 해당한다. 셧 잘리Sut Dhally와 빌 리반트Bill Livant는 잉여 노동의 개념을 응용하여 잉여 시청 시간으로부터 상업 방송의 이익이 창출된다고 주장했다. 정치 경제와 문화를 분석하는 이러한 연구 시각에 대해 머독은 반대하면서 비판적 분석은 커뮤니케이션의 상징적 형성물 측면과 경제적 시스템 측면 모두를 다루어야 한다고 강조한다.

머독은 냉전 시대의 붕괴로 인해 효용 가치를 상실했다고 평가된 마르크스의 저작이 21세기에 자본주의의 모순이 심화되고, 현재화되는 상황에서 그 필요성이 크다고 본다. 하지만 그의 정치경제학은 마르크스의 주장을 그대로 재현하는 것이 아니라 달라진 상황에서 재창조한다. 구체적으로 상업화, 모순, 세계화 등 세 가지 중심 테마로 오늘날 자본주의의 문화적 지형에 대해 적절한 비판적 분석을 시작하는 것으로 나타난다. 상업화에는 상품 형태로 존재하는 사회 생산물의 비밀이 숨겨져 있다. 모든 것이 시장에서 거래되는 시대에 상품의 효용, 편리함, 그리고 즐거움 뒤에는 생존을 위한 일상적 투쟁이라는 고된 현실이 감추어져 있기 때문이다. 모순은 자본주의가 추구하는 이익의 극대화가 자신을 파괴하는 조건을 만드는 것으로 마르크스는 《프랑켄슈타인》 소설에서 과학자가 괴물을 창조하여 맞서는 것과 같다고 말한다. 자본주의의 두 가지 취약점은 생산성의 향상으로 판매량 이상 생산함으로써 재고가 쌓여 과잉 생산에 따른 공황이 발생하고, 노동자들이 집단 거주함으로써 생활 조건을 인식하고 변화를 위해 조직하는 사회적 공간의 창출이다. 마르크스의 이러한 시각에 대해 머독은 민족주의적 호소에 따른 계급 의식의 약화를 비롯해 소비를 통한 만족 추구라는 감언이설, 국가의 경제적 개입(복지, 전쟁을 위한 재화와 서비스 구매) 등 자본주의의 회복력을 과소 평가했다고 지적한다. 세계화는 시장과 소비를 찬양하는 목소리가 세계로 확장되는 것으로 중국, 인도, 러시아 등에서 나타났다. 또한 많은 정부들이 무역 자유화라는 세계 시장 경제에 스스로 편입되거나 WTO와 같은 국제 기구로부터 편입을 요구받으면서 결국 소비주의라는 통치 이데올로기에 지배받는다. 머독의 정치경제학은 분석에만 머무르는 것은 아니다. 착취와 빈곤의 세계화 추세에 대한 대응으로 세계 시민권*cosmopolitan citizenship*에 주목하듯이 대안을 모색한다. 아동 노동과 환경 파괴 상품에 대한 시민의 구매 거부 운동과 지구 온난화에 대한 투쟁 가능성, 인터넷 정보와 지식의 호혜적 이용 등이 세계 시민권을 형성하는 사례다. 이러한 개별적 시민 운동을 대중적 커뮤니케이션의 전 지구적 네트워크 구축으로 강력한 세계 시민권으로 발전시키는 것이 머독의 정치경제학이 추구하는 과제다.

:: 문화 산업의 시장화 속에서 요구되는 디지털 공유지의 구축

자본주의 미디어의 지속과 '탈'이라는 표현의 한계

머독은 자본주의 조직 내의 변화와 모순 분석으로 현실의 문제점을 규명한다. 그는 현대 세계를 후기 또는 탈*post*이라는 접두사를 붙여 설명하기보다는 표면적 혼란과 변동 아래 놓여 있는 본질적 변화를 밝힐 것을 제안한다. 이와 관련해 주요 개념과 연구 영역에 해당하는 기술, 근대성, 세계화, 자본주의, 제국의 순으로 '탈'이라는 용어가 지니는 한계를 알아보자.

첫째, 기술에서 '디지털 혁명'과 '새로운 미디어'가 과거와 단절을 시사하지만, 실제로 제도와 시스템 측면에서 미치는 영향은 그다지 크지 않다. 또한 디지털화의 영향을 과도하게 인정할 경우 미디어 중심주의나 기술 결정주의에 빠질 우려도 있다. 오히려 기술 측면에서 통신 네트워크와 관련해 휴대전화 축전기의 원료인 콜탄을 콩고에서 확보하는 과정에 내전이 지속되고, 주민들이 고향을 떠나는 현상을 영국과 한국에서 휴대전화를 사용하는 모습에서 나타나는 기술의 영향과 연관성을 함께 볼 필요가 있다.

둘째, 근대성과 탈근대성이 대조되지만 공장, 관료제, 민족 국가 등과 같은 근대성은 지금도 계속 유지되고 있다. 때로는 공장이 고층 아파트로, 발전소가 아트 갤러리로 바뀌지만, 근본적으로 자본주의 체제가 내리는 이익 극대화와 축적이라는 명령은 변하지 않는다. 따라서 탈근대성에 눈길을 돌리느라 근대성의 본질적 영향을 놓치는 우를 범하지 말아야 한다.

셋째, 세계화는 지난 20년간 자본주의의 요구에 의해 진행됐다. 하지만 최근 문화 세계화 모델은 문화의 다면적 현상에 주목하고, 계급이라는 수직적 구조를 외면한다. 여전히 계급적 측면을 중시할 필요가 있다. 그것은 커뮤니케이션과 사회 문화적 자원에 대한 접근에서 소득 수준과 같은 경제적 위치의 영향이 크기 때문이다.

넷째, 시대 변화로 인해 자본주의의 성격이 공고해진 것은 아니다. 소련의 붕괴에 따라서 자본주의가 현실적인 체제로 간주됐을 뿐이다. 기업의 활동 영역에서 중상 자본주의 시대의 인클로저 방식이 적용됐고, 공공재에 대한 규제의 개념이 변화했고, 시장의 논리와 평가 기준이 모든 조직에 적용됐고, 사람들이 시장의 주인이라는 소비주의라는 이데올로기가 이러한 현상을 뒷받침하는 정도의 변화로 볼 수 있다.

다섯째, 자원과 소비지를 확대하기 위해 국경을 넘어서 연결망을 확보한다는 의미에서의 제국주의 국가가 사라지지 않았다. 엘런 메이킨스 우드Ellen Meikins Wood는 상업 제국, 식민 제국에 이어 군사적 모험주의로 뒷받침되는 새로운 자본 제국이 등장했다고 지적한다. 9·11과 같은 테러는 감시 사회를 강화하지만 재래식 무기로 무장한 테러 단체의 역습이 항존恒存한다.

지금까지 살펴본 내용은 현대 사회가 기존의 자본주의와 본질적으로 단절되지 않은 채 현상 측면에서 변화했다는 점이다. 따라서 이러한 변화에 부합하는 시민의 대응 방안을 모색할 필요가 있다. 시민들은 상호성과 공공적 권리라는 대항 원칙으로 공적으로 지원된 정보와 자료에 대한 접근권을 확보하고, 흩어진 구성원을 통합하고 연대하도록 시장 밖에서 작동하는 커뮤니케이션 네트워크를 모색해야 한다.

현대 커뮤니케이션에서 계급 문제의 재조명

머독은 현대 자본주의의 변화된 모습에도 불구하고 계급은 여전히 우리 삶의 방식을 규정하는 근본적인 구성 원리임을 강조한다. 이른바 포스트모던에 대한 이론적 관심은 신자유주의 물결과 흐름을 함께 했다. 계급에 대한 관심을 돌리고 새로운 개인주의로 눈길을 돌리는 것은 힘들게 싸워 얻은 복지와 공적 자원을 급격히 무너뜨리는 일과 다르지 않다. 상품 판매의 수사*rhetoric* 뒤에는 구조적 불평등의 메커니즘이 있고, 개인은 역사 속에서 계급으로 존재한다. 계급 분석은 계급 구조, 계급 형성, 계급 문화, 계급 의식, 계급 행동 등 다섯 가지 측면에서 확인할 수 있다.

첫째, 계급 구조는 경제적 지위를 반영한다. 마르크스는 더 많은 생산 요소가 대기업에 집중되고, 더 많은 노동자가 임금을 벌기 위해 일하므로 양극화가 증대하는데, 중간 계급은 하찮은 존재로 여겨지지만 여전히 미해결 영역이다.

둘째, 계급 형성은 자본에 대한 지배력에 따라 이루어진다. 노동은 부가 가치를 생산하지만, 임금은 일부에 국한된다. 마르크스는 집단화된 노동자는 행동의 가능성을 갖고 있지만, 농민의 경우는 집단적으로 이익을 추구하는 대자적 계급이 될 수 없고, 자루 속의 감자처럼 무기력하다고 말한다.

셋째, 계급 문화는 계급 구성원의 경험에서 나온 감정, 사고방식, 인생관의 체계를 바탕으로 형성된 문화다. 계급적 의미 체계의 역할 분석에서 다른 담론과 만나는 방식을 찾아야 한다.

넷째, 계급 의식이 항상 활성화된 것은 아니다. 노동자들이 항상 자본가들을 주적으로 여기거나 계급 해방을 추구하지는 않는다. 하지만 대자적 계급이 되려면 노동자들의 저항을 뒷받침하는 언어가 필요하다.

다섯째, 계급 행동은 소비주의에 뿌리내린 상업 미디어 문화에 의해 위축된다. 상품은 노동의 소외로 나타났는데, 필요와는 무관하게 자유의 영역을 약속한다. 마르크스는 지식인과 문화 노동자의 경우 자본가 계급에 종속된 충실한 부관으로 자본가와 적대적 상황에 직면할 경우 자동적으로 무화無化된다고 본다.

이상에서 살펴본 계급의 세부 내용은 언론인의 노동 특성과 계급 연구에 대한 관심의 부활이 정치경제학 연구가 미디어의 작동 논리를 밝히는데 도움이 된다고 본다. 머독은 새로운 커뮤니케이션에 적합한 계급 연구와 관련해 차별적인 시장 능력*market capacities*을 중시하는 막스 베버의 연구 그리고 아비투스*habituses*에 의한 문화 자본을 상징 자본으로 전환하는 선별적 능력을 통해 계급 불평등이 재생산, 정당화된다고 본 부르디외의 연구를 수용할 것을 제안한다. 또한 최근 문화 노동 시장의 유연화는 한편으로 노동자를 불안정하고 열악하게 만드는 프롤레타리아화의 과정에 있고, 다른 한편으로 전문적인 교육을 요구하고, 우연한 기회에 취업과 명성을 높이기도 하는 점에서 육체 노동자와의 차이점을 함께 보여 준다고 지적한다.

문화 산업에서 시장화를 추진하는 정책

문화 산업은 호르크하이머와 아도르노가 1944년 제안한 것이다. 미국의 영화와 음악이 산업화되고 표현의 다양성과 경험의 단순화 속에서 익숙하고 인정된 것을 새롭고 놀라운 내용과 함께 다양하게 반복 생산하는데 주목하여 이 용어가 사용됐다. 1970년대 이후 문화 산업은 지적 자산과 창의성 기반의 산업에서 생산한 문화 상품이 시장에서 활발히 거래되는 현상을 의미하게 되었다. 머독과 피터 골딩Peter Golding은 미디어 분야에서 이루어진 시장화는 두 가지 방식으로 나타난다고 지적한다. 하나는 제도적 차원에서 민간 기업의 활동 분야를 더욱 확대하고, 공적 문화 기관의 역할은 축소하는 정책이다. 다른 하나는 이데올로기 차원에서 시장의 기준이 기관 평가의 척도가 되고, 혁신적 기업가와 선택적 행동의 소비자가 자본주의의 주역으로 찬사받는 것이다. 시장화와 관련된 정책적 개입으로 민영화, 자유화, 상품화, 탈규제화 등이 있다.

첫째, 민영화*privatisation*는 공적으로 소유된 자산을 사적 소유로 변화시키고, 공사와 공기업을 이윤 추구의 사기업으로 전환시키는 것이다. 통신 분야의 민영화는 많은 나라에서 일어났고, 방송의 경우 프랑스의 TF1이 해당한다.

둘째, 자유화*liberalisation*는 독점적 또는 과점적 시장의 신규 진입을 허용하는 것으로 방송 시장의 경우 경쟁이 치열해지면서 콘텐츠 제작 방식과 내용에 영향을 미친다. 1980년대 이탈리아와 영국에서 공영방송과 더불어 상업 방송이 경쟁했지만, 1990년대 말에는 공영 방송 독점을 찾아보기 어려워졌다. 경쟁 구조 속에서 공영 방송은 탐사 다큐멘터리와 단편 드라마와 같은 소수 시청자 중심의 프로그램을 축소시키고, 대중적 장르를 프라임 타임에 편성하여 시청률 제고와 광고 수익 확대를 추구하게 됐다.

셋째, 상품화*commodification*는 문화와 커뮤니케이션의 핵심 자원에 대한 접근이 유료화되면서 저소득층의 문화적 권리가 약화되는 결과를 가져왔다. 가정 내 인터넷 접속의 경우 데스크톱 컴퓨터의 초고속 인터넷망 접속, 노트북을 통한 무선 접속(wi-fi)에 상당한 비용이 소요된다. 또한 저소득자가 저속망을 이용할 때 고소득자는 고속망을 이용하여 정보 격차가 발생한다.

넷째, 탈규제화*re-orienting regulation*는 역사적으로 유럽에서 커뮤니케이션 분야에 대해 공익성의 원리에 따라 이루어진 규제 정책이 미디어 기업의 활동을 지원화기 위해 규제를 축소, 완화하는 방식으로 진행됐다. 탈규제화에 따라 방송사의 공공 서비스 프로그램(지역 뉴스, 종교 프로그램, 현안을 다루는 다큐멘터리, 소수자 프로그램 등) 제작 요구가 약화된다. 로웨Lowe는 규제 완화의 이유로 시장 개방과 경쟁에 따른 소비자의 이익 증진을 제시한다.

다섯째, 기업화*coporatisation*는 공공 기관의 재원 삭감을 통해 광고 수익의 증가와 같은 상업적 기회를 공격적으로 추구할 것을 요구받는 정책이다. 영국의 공영 방송 BBC는 공적 재원의 감소에 따른 추가 수익 확보를 위해 시청률과 광고 확보 측면에서 상업성이 높은 제작 방식을 추구했는데, 이 과정에서 프로그램 의사 결정이 프로그램 제작자보다 마케팅 전문가와 국제 파트너에 더 의존하게 됐고, 새롭고 위험한 투자를 회피하게 됐다. 이로 인해 독립 제작사에서 비정규직이 늘어났고, 프로그램 스타일도 유사해졌다.

이상에서 살펴본 시장화의 다섯 가지 정책으로 인해 수익 극대화가 제작 원리로 자리를 잡으면서 콘텐츠 제작에서 인기 있는 장르 중심의 유사한 포맷 운영을 증가시키고, 내용에서도 시청자에게 필수적인 프로그램이 축소되는 등 미디어 산업의 공익성을 약화시켰다.

방송 산업의 상업화로 인해 유럽에서 공영 방송의 기반이 흔들리고 있다. 공영 방송 축소론자는 케이블 방송과 위성 방송 등 채널 증가로 전파의 범위가 제한된 시대에 필수적인 공영 방송의 역할이 감소됐다고 주장한다. 수신료는 개인의 선택권에 어긋나고, 방송 시장에서 자유 경쟁이 일어나므로 공영 방송에 대한 공공 자금의 지원도 불공평하다는 것이다.

머독은 개인화와 상업주의가 증가하는 시대에 공공 영역의 재창조가 긴급히 요구된다며 이러한 주장을 반박한다. 방송은 현재와 미래에서 문화적 삶의 중심이다. 따라서 방송이 디지털 시대에 적합한 공공 서비스를 제공해야 한다. 구체적으로 공영 방송은 독자적 조직이 아니라 공공과 시민 주도권의 네트워크의 중심 연결 고리다. 따라서 공영 방송은 새로운 문화적 공유 공간인 디지털 공유지의 기반을 제공할 수 있다는 것이 머독의 강조점이다.

그는 대중 민주주의 시대 시민권은 수입과 주거, 의료, 교통, 휴일 등과 같은 물질적 자원(권리)뿐만 아니라 정보, 지식, 숙의, 재현, 참여 등과 같은 문화적 자원(권리)에 의해 뒷받침된다고 본다. 첫째, 정보권 *Information Rights*은 정부와 기업의 계획과 활동에 관한 정보를 이해하기 쉽도록 시민에게 제공하는 것이다. 둘째, 지식권*Knowledge Rights*은 시민들이 모든 상황에 대해 설명을 듣고, 원인을 파악하고, 특정 사건과 정책의 사회적 영향을 숙고하여 바람직한 해결 방안을 선택할 수 있어야 한다. 셋째, 숙의권*Deliberative Rights*은 복잡한 사회에서 다양한 해설과 제안을 적절한 사례와 증거로 검증하고, 윤리적 가치를 평가하여 공적 생활에 미치는 영향을 평가하도록 숙의적 토론장*deliberative fora*에 접근할 필요가 있다. 민주 사회에서 숙의가 필수적 요소라는 점을 하버마스도 '정치정 공론장'이란 표현으로 강조했다. 신자유주의 경제학자로서

BBC 개혁 방안을 논의했던 앨런 피콕 교수 역시 상업적으로 자립하기 어려운 방송 서비스에 대한 공적 보조금이 지속적으로 요구된다고 보았다. 넷째, 재현권*Representive Rights*은 다양한 사회 구성원의 경험, 신념, 열망이 복합적으로 온전히 묘사될 필요가 있고, 잘못된 재현에 대해서는 바로잡을 권리를 부여하는 것이다. 다섯째, 참여권*Participation Rights*은 공영 방송이 전통적으로 수용자를 청취자, 관객 등 수동적 존재로 보아온데서 벗어나 영상 문화의 제작자, 공공 토론의 발언자와 같이 능동적 존재로 접근하여, 참여를 확대시키는 것이다.

인터넷 시대의 시민은 경제적 격차로 문화적 자원에 대한 접근에서 제한되므로 공론장이 해체되거나 상이한 관심과 취향에 따라 집단 간 대화가 단절되는 파편화 상황에 직면한다. 이에 따라 집단적 문제에 대한 숙의를 통해 공적 해결의 추구가 어려운 상황에서 접촉과 연대의 새로운 지점을 형성할 필요가 있다. 이러한 배경에서 공영 방송은 디지털 공론장의 허브를 제공할 유일한 미디어로 부각된다. 그러한 이유는 다음 네 가지다. 첫째, 공영 방송은 생활 속에 깊숙이 통합되어 있고, 누구나 쉽게 접근할 수 있다. 둘째, 공영 방송의 디지털 전환은 방송과 인터넷 분야를 통합하고, 활동 역량을 강화시킨다. 셋째, 공영 방송의 높은 신뢰는 시민의 웹 서핑이 시작되는 포털이 될 가능성을 높인다. 넷째, 공영 방송은 시장화의 논리를 넘어서 콘텐츠를 공공재로 제공하는데, 특히 BBC의 '창의적 아카이브*Creative Archive*' 설립 제안은 시민이 BBC의 과거 모든 프로그램을 재활용, 재창조하도록 만드는 점에서 막대한 잠재력을 갖고 있다.

요컨대 공영 방송은 인터넷 시대의 시민권 확보와 사회 통합을 위한 최적의 기관으로 디지털 공유지 구축에 핵심적 역할을 수행할 것으로 기대된다.

:: 시장화, 세계화, 디지털화라는 역동적 변화의 현실 연구는 새로운 세대의 과제

미디어 연구는 시대의 정치적, 경제적, 사회적 상황에 따라 방향을 찾는다. 경제적 개발이 최우선 과제인 시대엔 미국을 중심으로 제기된 발전이론이 등장했다. 발전 이론은 경제적 발전을 위해 언론이 국민을 계몽하고, 동원하고, 정책 추진의 동의와 지지, 참여를 이끌어내야 한다는 논리를 제시했고, 국가 주도의 경제발전 요구를 수용했기 때문이다. 하지만 권위주의 시대 정권의 비민주적 통제와 장기 집권에 따른 부작용이 커지는 상황에서 비판적 연구가 주목됐다. 우리나라에서 1987년 민주화 운동을 전후로 하여 미디어가 정치적으로 국민에게 지배 이데올로기를 전달하고, 경제적으로 이익을 추구한다는 유럽의 정치경제학 연구가 자연스럽게 관심을 끌었고, 우리나라 미디어 지형의 개편에 시사점을 주었다. 니콜라스 간햄, 피터 골딩, 로버트 맥체스니Robert McChesney, 빈센트 모스코Vincent Mosco, 노엄 촘스키Noam Chomsky, 그레이엄 머독 등 미디어 정치경제학자들의 연구가 소개됐고, 특히 우리나라 연구자들은 미디어의 소유와 운영에서 공공성을 확보하고 시민의 참여를 확대하는 것이 중요하다는 점에 대해 공감했다.

그런데 1990년대부터 20년 가까이 우리 사회의 민주화가 진행되고, 전 세계적인 신자유주의 물결이 미디어 산업에도 영향을 미치는 가운데 미디어 정치경제학 연구에 대한 관심이 줄었다. 하지만 2010년대 들어 공영 방송에 대한 정부의 정치적 개입 확대를 비롯해 상업 유료 채널의 증가, 보수적 논조의 메이저 신문을 중심으로 한 미디어 겸영의 확대, 시민의 입장을 대변하는 언론의 상대적 비중 감소 등은 미디어가 민주주의를 위협하고, 미디어 공유지 건설이 시급하다는 머독이 주장한 미디어 정치경제학의 설득력을 높였다. 머독이 영국을 중심으로 논의한 미디어 산업의 상업주의에 따른 부작용과 공영 방송의 역사와 역할 제고의 논리는 우리 현실과 유사하거나 앞으로 전개될 미래에 해당한다. 그런 점에서 우리나라 미디어의 상업화 현상이 가져오는 폐해에 주목하고, 미디어 공공성이 시민의 삶과 민주주의 유지에 긴요하다고 생각하는 학자에게 이 책이 의미하는 바는 결코 작지 않다.

끝으로 머독은 이 책의 번역판 서문을 통해 우리나라 미디어 역시 시장화, 세계화, 디지털화라는 세 가지의 역동적 변화가 교차한다고 지적하면서 세계적 흐름과 일치한다고 본다. 예컨대 1997년 경제 위기 이후 우리 정부의 신자유주의 정책이 정부 주도 '개발주의'의 특징을 다분히 띠고, 영화 산업에서 큰 성과를 보였고, '한류'를 통해 콘텐츠 판매 수익과 관광 수입 증가 효과를 거두었고, 디지털 기술이 빠르게 수용되면서 감시 장비가 확대되면서 포괄적인 '통제 사회*control society*'의 디지털 그물망이 출현하고 있다는 점을 지적한다. 또한 그는 우리나라에서 나타난 열린 커뮤니케이션과 국가 안보 사이의 갈등은 북한의 적대적 군사 행동이 항시적 가능성을 지니므로 특수하다고 본다. 이와 함께 우리나라는 1997년의 경제 위기에 따른 구제 금융으로 사유화와 자유화 정책이 급격히 실시됐고, 한미 FTA(자유무역협정)가 미국의 이익 확보를 뒷받침할 것으로 전망한다. 하지만 머독이 논의한 우리나라의 미디어 현실은 어디까지나 일부 특징의 언급에 불과하다. 구체적으로 우리나라 커뮤니케이션 시스템의 성격과 변화 양상을 분석하고, 적극적 시민권의 구현을 위해 정보와 문화적 자원을 제공함으로써 민주주의를 성숙시킬 대안을 제시하는 것은 온전히 우리 연구자의 몫이다.

함께 읽으면 좋은 책

미디어 시장과 공공성

김승수 지음 | 한울 | 2010

우리나라에서 미디어를 둘러싼 대립과 갈등이 극심한 원인을 한국 자본주의의 양극화에서 찾는 김승수는 1980년대 이래 30년간 정치경제학 연구의 현실 적용을 시도해 왔다. 미디어 산업이 진화하면서 집중되는 반면에 공영 방송의 위상은 허약해지는 현실을 비판하고, 그 기저에 놓여있는 광고 산업과 미디어 생산 방식과 노동, 소비의 특성을 드러내고, 민주주의와 미디어 공공성을 과제로 제시한다.

커뮤니케이션 정치경제학

빈센트 모스코 지음 | 김지운 옮김 | 나남 | 1998

커뮤니케이션 정치경제학의 업적과 논쟁들, 다른 연구와 시각과 논리에서의 차이점과 상관관계를 잘 보여 주는 책. 정치경제학적 시각은 사회 속에서 일어나는 상품화, 공간화, 구조화라는 세 가지 과정에서 커뮤니케이션을 역동적으로 바라본다. 모스코는 정치경제학의 쇄신과 성찰을 목표로 이 책을 저술했고, 동료로부터 큰 찬사를 받았다.

여론 조작

Manufacturing Consent: The Political Economy of the Mass Media

에드워드 허먼Edward Herman · 노엄 촘스키 지음 | 1988 | 정영목 옮김 | 에코리브르 | 2006

언어학에서 변형 생성 문법 이론을 창시한 석학으로 미국을 제국주의로 보고 비판에 앞장선 노엄 촘스키와 미디어 정치경제학자 에드워드 허먼이 쓴 책. 미국이 세계적으로 패권을 추구하는 외교 전략의 이면에는 조작된 진실과 기만적 선전 도구로 역할을 수행한 주류 미디어가 있음을 정치경제학적 시각에서 재조명한다. 미디어의 '선전 모델'을 제시하고, 언론이 지배 계급의 통치 도구로 작동할 때 나타나는 문제를 보여 준다.